Lust auf Frankreich

interconnections

Michael Kuss-Setz

Lust auf Frankreich

**Leben, Urlaub, Arbeit, Freizeit
Der große Frankreichratgeber**

interconnections

Impressum

Michael Kuss-Setz
„Lust auf Frankreich"
Verlag interconnections,

D-79102 Freiburg, Schillerstr. 44,

Tel. +49 761-700 650, Fax: 07161-700 688

info@interconnections.de

www.interconnections.de

2004, 2003

Copyright interconnections
ISBN 3-86040-114-9
Druck: Samuelson & Nordhaus, Polen

Autor: Michael Kuss-Setz

kus.info@wanadoo.fr

www.kussmanuskripte.de

www.frankreichkontakte.de

Inhaltsverzeichnis

Das Französische als wichtigste Voraussetzung 11
Sommer- und Feriensprachkurse an Hochschulen 13
Homestay 13
Intensivsprachkurse 14
für Manager, Lehrer, Geschäftsleute, Fachkräfte 14
Erfahrungen und Empfehlungen Ehemaliger 15
Lernhilfen, Wörterbücher, Unterrichtsmaterialien 17

Erfahrungsberichte, Gespräche, Reportagen, Meinungen 19
„Liebeserklärung mit kleinen Flecken" 19
„Nach Frankreich ziehen nicht Hinz und Kunz!" 22
Aussteigergeschichte: 29

„Französische Liebschaften" 31
Liebesaffären berühmter Leute 31
„Gut vorbereitet ist schon die halbe Miete" 34
„Der tägliche Kleinkram ist zwar nervig, muss aber erledigt werden!" 37
„Alles was Recht ist" 40
„Herr Konsul, bitte helfen Sie!" 47
„Nicht auf Sand, sondern auf gute Grundlagen bauen" 50
„Mehr als Kinderwagen schieben und Aletebrei aufwärmen" 55
Grundlagen für Aupair 63
„Von der Hand in den Mund" 64
Studium an Hochschulen und Universitäten 71
„Arbeit?!" Haben Sie Arbeit gesagt? 79
Deutschland, Frankreich, Europa im Pressespiegel 86
Ehen von Schwulen, Lesben und Heiratsmuffel 90
„Und wäre ich Präsident, würde ich alles anders machen!" 93

Frankreich für den Alltag von A – Z 101

Reisen – Urlaub – Freizeit – Sport 154

Fit für Frankreich? 164

Frankreich im Buch 177
   Geschichte 177
   Reise & Freizeit 178
   Architektur 179
   Essen & Trinken 180
   Wirtschaft, Geschäfte, Recht & Finanzen 180
   Arbeit & Soziales 181
   Deutsch-französisches Verhältnis 181
   Kunst & Kultur 181
   Literatur 182

Frankreich im Internet 184

Ferienjobs, Praktika u. Feste Stellen - Frankreich

ISBN 3-86040-114-9

Erhältlich über

http://shop.interconnections.de

„Für die beiden Nachbarländer
Deutschland und Frankreich
ist nichts wichtiger,
als sich besser kennen zu lernen,
mehr voneinander zu wissen
Unkenntnis und Irrtümer können hier
die schlimmsten Folgen haben"

Heinrich Heine (1855)

Vorwort

„Neben der Deutsch-Französischen Zusammenarbeit gibt es international keine vergleichbare Größe auf der politischen, wirtschaftlichen, privaten und kulturellen Ebene. Nie zuvor hat es so viele Kontakt- und Austauschmöglichkeiten zwischen unseren Ländern gegeben wie heute! Frankreich und Deutschland sind Motor und Voraussetzung für ein Europa von morgen! Nutzen wir diese Chance im privaten und beruflichen Bereich!"

Der Autor

„Frankreich und Deutschland sind die Schwungräder Europas!"
Gerhard Schröder zu Jacques Chirac am 15. März 2001 in seiner Eröffnungsrede zum Pariser Buchsalon. Die Bundesrepublik Deutschland war Ehrengast. Zum Empfang war auch der Autor des vorliegenden Ratgebers eingeladen.

Zu diesem Buch:

Sicher ist es übertrieben, wenn ein Autor oder ein Verlag versprechen würden, ein Buch enthielte „alles Wissenswerte". Kein Buch der Welt kann das leisten, denn allein die Themen „Automobil" oder „Urlaub", „Arbeitsrecht" oder „Wassersport" benötigen mehrere Bände. Es geht aber auch kürzer und kompakter; trotzdem ist die gleiche Effektivität erreicht: Dieser Ratgeber offeriert aktuelles Wissen in geraffter Form, das ein jeder zu ganz unterschiedlichen Themen nutzen kann.

Von Wochenendfreizeit bis Urlaubsvergnügen, von Sprachkurs bis alternative Ferien. Vom beruflichen Aufenthalt in Frankreich, bis zu Geschäften, Immobilien oder Forschungsarbeiten! Von der Aufenthaltsgenehmigung bis zur Konsulatshilfe. Vom Alltagsleben bis zur Geschäftseröffnung, von Landesgesetz bis zur Liebeserklärung, von Freizeitkontakten bis Love-Story ist eine Mischung entstanden, die

dieses Buch zum umfangreichsten und vielseitigsten Frankreichratgeber macht. Auch die deutsche Botschaft Paris und die Französische Botschaft Berlin haben dies erkannt und empfehlen unseren Ratgeber und die Web-Informationen auf ihren Internet-Seiten.

Dabei kam es nicht darauf an, eine ewig lange Liste von Adressen aneinanderzureihen. Es geht zunächst um die „Praxis"! Um viele – teilweise sehr persönliche – Erfahrungsberichte! Für die aktuelle Verwertbarkeit wurden sie logischerweise mit den nötigen Adressen und Gesetzeshinweisen ergänzt.

Wer den einen oder anderer Begriff vermißt, teilen bitte mir als Autor oder dem Verlag seine Meinung, Kritik und Einschätzung mit. Gleichzeitig bitte ich aber auch alle, aber wirklich alle Möglichkeiten zu nutzen, die dieser Ratgeber bietet! Wer alle in diesem Buch gegebenen Informationen, Adressen, Gesetzesbeispiele, Webseiten, Literaturhinweise und Erfahrungsberichte – wie im Schneeballsystem nutzt und ausschlachtet, kann auf über einhunderttausend Adressen und mehrere hunderttausend Seiten zusätzlicher Informationen zum Thema „Frankreich" kommen.

Hinzu kommt eine Neuerung, die kaum ein anderes Buch bietet: Sie können sich laufend und kostenlos im Internet über neue Frankreich-Tipps informieren. Auf *www.frankreichkontakte.com* werden alle Neuigkeiten veröffentlicht, die bei Redaktionsschluss des Buches noch nicht vorlagen. Die Aktualisierungen lassen sich auch kostenlos ausdrucken oder heruntergeladen. Ferner gibt der Autor monatlich einen kostenlosen Newsletter „Frankreichkontakte" heraus. Aufbauend auf dem vorliegenden Buch werden darin die Informationen erweitert und vertieft und somit im Laufe der Zeit zu einem Frankreicharchiv verarbeitet. Im Newsletter außerdem: Kostenlose private Kleinanzei-

gen zum deutsch-französischen Stellenmarkt, zur Suche von Wohnungen, Jobs
oder Bekanntschaften. (Kostenloses
Newsletter-Abonnement:
www.frankreichkontakte.com, dort über
die Links „newsletter-info" und „news-
letter-Archiv").

Michael Kuss

Zum Autor:

Michael Kuss, ursprünglich Sozialarbeiter
in Jugendclubs und Altenheimen, tingelte
danach einige Jahre als Weltenbummler
durch vier Erdteile und schlug sich mit
diversen Jobs durch, bevor er eine Journa-
listenausbildung absolvierte und als Redakteur für deutschsprachige Zeitungen
und Radiosender im Ausland arbeitete. Es
folgten mehrere Sachbücher und Kurzge-
schichten. Kuss hielt an Volkshochschulen
und anderen Bildungseinrichtungen „Aussteiger"-Seminare zum Thema „In Frankreich, Europa und Übersee leben und
arbeiten". Seit 1990 lebte und arbeitete
Kuss als freier Journalist und Autor, sowie
als Europa- und Frankreichberater ab-
wechselnd in Deutschland und Frankreich.
Allerdings kennt er das Leben und die
Frankzosen nicht erst seit zwölf Jahren
journalistischer Tätigkeit. Während seinen
„Lehr- und Wanderjahre" als Student quer

durch Frankreich erfuhr Kuss intensiv das
praktische Leben in unserem Nachbar-
land: Seine Erfahrungen als Taxifahrer in
Paris und Reiseleiter am Mittelmeer, als
Erntehelfer in der Obst- und Weinlese von
Calvados bis Cognac, als Hafenarbeiter in
Marseille und Fischer in Bordeaux, als
Sprachschüler in Aix und Student in Paris
gaben ihm bereits früh Gelegenheit,
Frankreich und Franzosen intensiv und in
vielen Nuancen kennen zu lernen. Diese
„Schule des Lebens" ist für ihn die
Grundlage seiner praktischen Arbeit. Kuss
lebt heute als Publizist und Frankreichbe-
rater in der Nähe von Marseille.

Dank

an meine Lebensgefährtin Andrée
Jacqmain, die nicht nur die französischen
Texte korrigierte, sondern mit Geduld,
lieben Worten und nachts mit mancher
Tasse heißem Tee die Arbeit an diesem
Buch unterstützte. Dank an Diplom-
Kaufmann Oliver Kirner und Rechtsan-
walt Dr. Thomas Schrade, sowie an Herrn
Generalkonsul Dr. Wolfgang Moser und
seine Crew, die mir mit Rat und Tat bei
wichtigen Frankreichfragen zur Verfü-
gung standen.

Michael Kuss

Verlagsprogramm

Reise u. Interrail

Preiswert durch Europa - Per Interrail, Europabus und Mitfahrzentrale Reisesparbuch für Interrailer und alle, die sich lieber per Bus, Bahn und Mitfahrzentrale fortbewegen, gibt es jetzt einen kompakten Reiseführer, flott geschrieben und vor Ort eine wirkliche Hilfe. ISBN: 3-86040-040

Preiswert durch Namibia, Botswana und Simbabwe

»Preiswert durch Namibia, Botswana und Simbabwe« verrät Ihnen, wo Sie .mitten in der Wüste aus einem dampfenden Pool heraus Sternschnuppen zählen können. ISBN: 3-86040-081-9

Preiswert durch Südafrika
ISBN: 3-86040-065-7

Preiswert Übernachten Südafrika & Namibia

Mit Botswana, Lesotho, Mosambik, Sambia, Simbabwe und Swasiland ISBN: 3-86040-091-6

Übernachten Preiswert - USA

Billig und dennoch angenehm übernachten in den USA: Gibt es das überhaupt im Lande der Hotelzimmer zu $ 200 und darüber? Antwort gibt dieses Buch. Mit 2.400 Adressen in 1.200 Städten. ISBN: 3-86040-013-4

London Preiswert

ISBN 3-86040-021-5

Eine Reise- und Erlebnisbuch

Jobs, Praktika, Studium

Abenteuer Kreuzfahrt - Jobs und Feste Stellen auf See ISBN: 3-86040-076-2

Der Amerikanische Traum Mit Green-Card oder Visum in die USA. ISBN 3-86040-096-7

Ferienjobs USA mit Kanada ISBN: 3-86040-094-0

Ferienjobs und Praktika - Europa und Übersee. Für Schüler, Studenten und Berufstätige, die im Ausland Geld verdienen, Berufserfahrung sammeln oder sinnvoll helfen wollen. ISBN: 3-86040-009-6

Ferienjobs und Praktika Großbritannien ISBN: 3-86040-008-8

Ferienjobs, Praktika und feste Stellen Frankreich ISBN: 3-86040-001-0

Internationale Freiwilligendienste ISBN: 3-86040-092-4

Jobben Weltweit ISBN: 3-86040-002-9

Jobben für Natur und Umwelt In Zusammenarbeit mit der "Naturschutzjugend im Naturschutzbund Deutschlands". ISBN: 3-86040-053-3

Praktika USA Eine ganze Reihe amerikanischer Unternehmen bietet die Möglichkeit, einen Ferienjob zu ergattern oder ein Praktikum abzuleisten. ISBN: 3-86040-095-9

Studium & Sprachschulen – Italien ISBN: 3-86040-069-X

Unterwegs für die Umwelt ISBN: 3-86040-090-8

Das vollständige, aktuelle Verlagsprogramm findet sich unter www.interconnections.de bzw. unter http://shop.interconnections.de

interconnections, Schillerstr. 44, D - 79102 Freiburg

Tel. 0761-700 650, Fax - 688, info@interconnections.d

Das Französische als wichtigste Voraussetzung

Ohne Sprachen läuft nichts *„Bonjour, mes amis!"* Machen wir uns nichts vor, reden wir Klartext: Wer im künftigen Europa nicht mehrere Sprachen beherrscht, verpasst den Zug und wird beruflich und auch im privaten Bereich auf Nebengleise verschoben. Und wer glaubt, irgendeine Aktivität in Frankreich ohne Französischkenntnisse in Angriff nehmen zu können, ist blauäugig. Vielleicht helfen im Urlaub noch Fingerzeige und ein paar Sätze aus dem Wörterbuch für Touristen. Aber wer richtig in Frankreich leben, arbeiten, studieren, ein Haus kaufen oder Geschäftskontakte knüpfen, wer hier mit Nachbarn und Behörden kommunizieren, Zeitung lesen und TV-Programme sehen will, wer beruflich und privat Erfolg haben möchte, der darf sich nicht nur auf ein paar französische Sätze beschränken! Lernen Sie Französisch! Egal wie! In der Schule, im Abendkurs, im Feriensprachkurs, beim Zeitunglesen oder Fernsehen, mit dem Liebhaber bei Wein und Kerzenschein, oder im Selbststudium am PC. Das Erlernen dieser wunderschönen, melodischen Sprache ist leichter, als gedacht!

Französisch wird nicht nur in Frankreich gesprochen; es ist Weltsprache und in zahlreichen Ländern der Erde geläufig. Entweder als Nationalsprache, wie in Frankreich, in Monaco, im Süden Belgiens und Brüssel, in der französischen Schweiz von Genf und Lausanne, in der kanadischen Provinz Quebec und deren Hauptstadt Montreal und als Amtssprache in Luxemburg, in Andorra und z.T. auf den Kanalinseln. Oder als Verwaltungs- und Kultursprache in Marokko, Algerien, Tunesien, Senegal, Mali, Benin, Elfenbeinküste, Gabun, Kongo, Madagaskar, Mauretanien, Niger, Burkina Faso, Tschad, Zentralafrika, also in den Ländern der ehemaligen Französischen Gemein-

schaft, sowie in Tahiti, auf den Marquesainseln (Französisch-Polynesien), im Nordosten Südamerikas (Französisch-Guayana), in Teilen Indiens und Neukaledoniens, auf den Antillen mit Guadeloupe und Martinique, z.T. auch noch im Mississippidelta (New Orleans), in Neufundland und auch in Israel. In einigen osteuropäischen Ländern (z.B. Bulgarien, Rumänien und Ungarn) ist Französisch als Reisesprache willkommen. Bei internationalen Sporttreffen und wichtigen Konferenzen werden die Ansprachen und Simultanübersetzungen außer in Englisch auch auf Französisch gehalten (Olympia, WM, EM, Tenniscups, etc.).

Französisch ist eine Sprache der Europäischen Union! Europäische Bürger beherrschen neben anderen Sprachen Französisch! Nicht nur zwecks beruflichen Erfolg. Nicht nur bei privaten Freundschaften. Sprachen überbrücken Grenzen, bringen Menschen zueinander, tragen zur Verständigung und zum Frieden bei, bauen Vorurteile und Fremdenhass ab. Vielleicht nicht heute, aber morgen werden unsere Kinder wie selbstverständlich im Freundes- und Kollegenkreis von einer Sprache in die andere, von einem Land ins andere wechseln. Da kommt Freude auf!

Sprachreisen und Ferienkurse für Jüngere

Das Angebot könnte kaum größer und vielfältiger sein. Vor allem in den Gelben Seiten und in den Tageszeitungen (Anzeigenteil „Unterricht und Bildung") werben die Sprachschulen um – meist jüngere – Kunden, oder um deren zahlungskräftige Eltern. Auch die Reisebüros halten farbenprächtige Sprachreisekataloge mit den Fotos fröhlicher Menschen bereit. Da aber kaum noch eine kurze Sprachreise unter 1.200.- Euro zu haben ist, sollten Interessenten weniger auf die bunten Fotos, und mehr auf die Inhalte achten. Nicht das Angebot der vielen zusätzlichen Freizeitveranstaltungen, sondern die Effektivität des Sprachkurses sollte erste Voraussetzung für eine Sprachreise sein. (Siehe auch >>> *Erfahrungen und Empfehlungen Ehemaliger*)

Eine Übersicht über das Angebot an Sprachkursen bietet das Buch

„Französisch lernen in Frankreich, Kanada und der Schweiz", interconnections Verlag, ISBN 3-86040-119-x, erhältlich über doe Webseite des Verlags www.interconnections.de, dann „Verlagsprogramm" oder direkt über http://shop.interconnections.de bzw. über den Buchhandel. Der Clou: viele Anbieter gewähren bei Vorlage des Buches einen satten Rabatt, so daß der Kaufpreis rasch wieder reingeholt ist.

Die Spreu vom Weizen will die ABI trennen:

(ABI) Aktion Bildungsinformation e.V., Alte Poststr. 5, 70173 Stuttgart, Tel. 0711-29 93 35, Fax: 0711 29 93 30, www.abi-ev.de

Für etwa 15.—Euro (einschl. Versandkosten) gibt es bei der ABI die Broschüre *„Nach Frankreich der Sprache wegen".* Darin werden Sprachschulen, Sprachreiseveranstalter, Qualität und Preise aufgelistet und verglichen. Außerdem gibt es Informationen darüber, ob eine Sprachreise als *Bildungsurlaub* angerechnet, als *Werbungskosten* in der Steuererklärung abgesetzt, oder mit *anerkannten Prüfungszertifikaten* und Zeugnissen absolviert werden kann. Die ABI hält auch *Erfahrungsberichte Ehemaliger* bereit. Deshalb eine Bitte: Egal, ob positive oder negative Erfahrungen bei Sprachreisen nach Frankreich (oder in anderen Ländern) gemacht werden: die ABI sollte kurz schriftlich darüber unterrichtet werden. Dadurch und durch mehr Kontrolle läßt sich eine Qualitätsverbesserung erzielen,

von der spätere Teilnehmer Nutzen ziehen werden.

Weitere Informationen und Programmangebote bei folgenden weiteren unabhängigen Stellen:

Deutsch-Französisches Jugendwerk (DFJW), *Büro Berlin: Molkenmarkt 1 – 3, D-10179 Berlin, (Palais Schwerin), Bushaltestelle: Mühlendammbrücke, S-Bahnhof: Alexanderplatz, Tel. 030-288 757 88, Fax 030 28 87 57 88, www.dfjw.org*

Office Franco-Allemand pour la Jeunesse (OFAJ), 51, rue de l'Amiral-Mouchez, F-75013 Paris (Metro: Cité Universitaire), Tel. 01 40 78 18 18, Fax 01 40 78 18 88, *www.ofaj.org*

vom

Deutschen Akademischen Austauschdienst (DAAD), *53175 Bonn, Kennedyallee 50, Tel. 0228-882-0 Web: www.daad.de, mit Außenbüros in Berlin und Paris*

Sowie von der

Gesellschaft für übernationale Zusammenarbeit e.V. (GÜZ), Dottendorfer Str 86, 53129 Bonn, Tel. 0228 9239810, guez.dokumente@gmx.net, www.guez dokumente.org, Frau Dorothee Rieche Wagner, Frau Charlotte Blanchard

Die GÜZ bietet Begegnungen u. Austausch m. Franzosen, Sprachkurse, Sport, Ausflüge und Exkusionen, und unterhält mehrere Zentren in Frankreich und Deutschland.

Quellen: Kroll/Setz: *„Zu Hause in Europa",*

Omnia-Verlag, PF 50 16 26, 50976 Köln, Tel. 0221-93 53 93-0

„Alles über Sprachreisen", Aktion Bildungsinformation (ABI) Stuttgart. Anschrift s. o.

Sommer- und Feriensprachkurse an Hochschulen

Im Sommer, wenn die Großstädte verwaist und dafür die Strände und Urlaubsgebiete übervölkert sind, ist auch in Frankreich Platz an Hochschulen und Universitäten. Das ist die Zeit für *„L'Université d'été"*, also die Sommeruniversität. Alt und Jung, Akademiker und Hilfsarbeiter, Hausfrau und Azubi, alle können – oft kostenlos oder preisgünstig – einen Ferienkurs belegen. Das geht von „Mittelalterlicher Malerei" über „Psychologie am Arbeitsplatz" bis „Modernes Wirtschaften mit dem PC". Alles natürlich auf Französisch! Ein weiterer Programmpunkt der Sommeruniversität sind *Sprachkurse für Ausländer:*

Die Kurse gelten für alle Alters- und Kenntnisstufen; wählen kann man zwischen Kursen für Anfänger, Mittelstufe oder sehr weit Fortgeschrittene ab einer Woche bis zu mehreren Monaten – oder für das ganze Jahr. Ein Eingangstest am ersten Unterrichtstag bestimmt, in welche Klasse man eingestuft wird.

Die *Nachteile* dieser Kurse: die Klassen sind mit mehr als 15 Schülern mitunter überfüllt und weniger effektiv. Sie haben sich selbst um Unterkunft und Verpflegung zu kümmern, wobei die Universität oft behilflich ist. Während der Semesterferien ist Platz in Studentenwohnheimen oder in Gastfamilien.

Die *Vorteile:* Man reist nach eigenem zeitlichen Ermessen an und ab; ist weder an feste Zeiten noch Verträge gebunden und kann nach Belieben den Kurs abbrechen und abreisen. Man wählt das Verkehrsmittel, das ebenso wie Unterkunft und Verpflegung nicht in den Kursgebüh-

ren enthalten ist. Die Kurse sind preisgünstiger als herkömmliche Sprachreisen. Lehrmittel (Bibliotheken, Videoräume, Sprachlabor, u.a.) sowie die Mensa oder das Restaurant (auf Wunsch auch die Studentenarbeitsvermittlung) der Hochschule oder Universität lassen sich mitbenutzen.

Infobroschüre „Sommersprachkurse an ausländischen Universitäten" beim *DAAD*, s. Index, mit Außenbüros in Berlin und Paris.

Homestay

Eine weitere, höchst attraktive Möglichkeit, Französisch zu lernen, bietet sich über einen Aufenthalt in einer Gastfamilie, einem „séjour en famille". Er grenzt sich von Sprachreisen dadurch ab, daß kein Sprachkurs gebucht werden muß. Herkömmlicherweise lassen sich solche Familienaufenthalte auch über diverse Anbieter buchen, neuerdings auch von Privat zu Privat direkt. Es ist offensichtlich, daß der Masser der Suchenden auch ein breites Angebot von Familien gegenübersteht. Sie benötigen Mithilfe rund ums Haus (Kinderbetreuung, Haustiere, Entrümpelung, Garten, Hausbewachen, Sprachunterricht, Großeltern versorgen usw.). Dafür gewähren sie oft gern kostenlos Kost und Logis, manche zahlen obendrein ein Taschengeld, andere verlangen eine Kleinigkeit. Günstigenfalls hat man also nicht nur keine Kosten, sondern sogar einen Verdienst.

Auf der Website **www.homestays.de** können sich Anbieter und Suchende treffen und alle Bedingungen unter sich ausmachen.

Musterbrief:

Mesdames, Messieurs,

j´aimerais suivre des cours de langue francaise dans votre pays. Je vous prie de bien vouloir m´envoyer vos programmes et conditions, principalement ceux se rapportant à la période des vacances d´été. D´autres informations sur ce sujet – habitation, loisir etc. seront bienvenues.

En vous remerciant

(Unterschrift)

Intensivsprachkurse

für Manager, Lehrer, Geschäftsleute, Fachkräfte

Mann und Frau müssen beim Thema „Intensivkurs" schon etwas tiefer in die Tasche langen sowie Disziplin und Zeit mitbringen. Aber das hat auch nichts mehr mit „Ferienkurs" zu tun, sondern mit harter Arbeit! Erfahrungsbericht des 35jährigen Chefeinkäufers eines deutschen Großkaufhauses:

„Privatschulen, besonders jene die im Ausland Einzelunterricht anbieten, sind – einschließlich Reise, Unterkunft, Verpflegung – zwar sehr teuer, andererseits aber, wie versprochen bzw. wie im Vertrag festgelegt, höchst effektiv. Von der Schule – einige von ihnen genießen Weltruf – sind nahezu alle Voraussetzungen für einen erfolgreichen Abschluss geschaffen. In einem Managerintensivkurs habe ich in vier Wochen mehr gelernt als zuvor in zwei Jahren Abendschule und Selbststudium. Das hatte natürlich seinen Preis; ich zahlte für vier Wochen und rund 240 Unterrichtsstunden mit allem Drum und Dran rund sechstausend Euro. Aber das wird sich in zwei bis drei Jahren in meiner beruflichen Position bezahlt gemacht haben. Ferner wurde ein Teil der Gebühren von meiner Firma getragen, die ferner von der Schule einen Preisnachlass von fünf Prozent erhielt, da ich bereits der vierte Teilnehmer unserer Firma war. Die restlichen Kosten konnte ich als **Werbungskosten** absetzen. Hier sollten zahlreiche Urteile von Finanzgerichten be-

achtet werden, die deutlich abgrenzen, ob es sich um einen getarnten Urlaub oder um eine „Bildungsreise für berufliche Zwecke" handelt. Zum Erfolg eines Einzelintensivkurses wird nicht nur die Schule beitragen; für ausschlaggebend halte ich meine eigene Bereitschaft, einige Wochen oder sogar Monate hart zu arbeiten, mich auf den Unterricht zu konzentrieren und einen teueren Intensivkurs nicht mit Urlaub zu verwechseln. Die Freizeit in einer solchen Sprachschule ist äußerst beschränkt. Allerdings geben sich die Veranstalter nach meiner Erfahrung große Mühe, den Feierabend ruhig, ausgeglichen und kulturell auszufüllen. Man kann sich also, oft in ländlicher Umgebung, vom anstrengenden Tagespensum erholen und entspannen, mitunter mit einem Theaterbesuch oder in einer Gesprächsgruppe; aber für Erlebnishungrige ist in einem Einzel- oder Intensivkurs sicher kein Platz. Positiv ist zu bemerken, dass man beim Einzelunterricht mit mehreren Lehrkräften zusammenkommt; der Unterricht wird lebhafter, die Sprache bekommt hinsichtlich Betonung und Ausdruckskraft mehrere Aspekte. Anfangs fand ich es von Nachteil, dass nicht alle Lehrkräfte Deutsch, sondern nur die zu erlernende Fremdsprache sprachen. Schließlich hat sich das als Vorteil herausgestellt: ich war gezwungen, sofort in der anderen Sprache zu denken, zu antworten und die technischen Lernmittel zu bedienen. Sollte man mit einer Lehrkraft im Einzelunterricht unzufrieden sein, wird sie nach Reklamation ausgewechselt. Ich denke, die meisten Anbieter von Intensivkursen sind in ihren Werbekatalogen sehr realistisch; vielleicht sollte man vereinzelt noch versuchen, die bunten Hochglanzfotos der „Freizeitgestaltung" weiter einzudämmen, und klar und deutlich darauf hinzuweisen, dass es sich um intensives Lernen und Arbeiten handelt!"

Erfahrungen und Empfehlungen Ehemaliger

Internationale, also gemischte Klassen mit Schülern aus mehreren Nationen bringen Vorteile. Man muss sofort und laufend auf Französisch denken und sprechen. Man achte darauf, nicht in reine „deutsche" Klassen zu kommen. Sprechen Sie bei jeder Gelegenheit Französisch, auch mit eigenen Landsleuten, nicht nur im Unterricht, auch in der Freizeit. Das mag nur zu Beginn komisch oder ungewohnt erscheinen; später geht es in wirksame Gewohnheit über. Untersuchungen lassen den Schluss zu, daß die Wirksamkeit eines Sprachkurses um ein Vielfaches steigt, wenn die „Muttersprache" völlig abgelegt und nur die zu erlernende Fremdsprache benutzt wird!

Etliche Schulen versprechen Sprache _und_ Ferien bzw. _viel Freizeit!_ Aber dabei lassen Schulnoten sich selten verbessern! Meist werden (außer bei Intensiv- und Geschäftskursen – oft mit Einzelunterricht –) die Teilnehmer nicht allzu sehr gefordert, denn die Schule möchte auch dem Ruf der guten Freizeit- und Feriengestaltung Rechnung tragen. Will man effektiv die Schulnote verbessern, muss man sich eben entscheiden: _entweder_ Segel- und Ponyferien _oder_ Intensivkurs. Wer aber sein Kind nur „gut über die Ferien" bringen will, ist bei der „Mischung" gut aufgehoben. Moderne Sprachreiseveranstalter bieten heute alles an: sowohl den effektiven Intensivkurs, als auch den „gemischten Ferienkurs". Hier liegt es an jedem selbst, die Angebote gründlich zu durchforsten und um dann zu buchen.

Vor Vertragsunterschrift erkundige man sich erst konkret und mit schriftlichem Nachweis über die Klassenbelegung (Klassen mit mehr als 12 Teilnehmern bei einer Lehrkraft können kaum effektiv sein), 8 bis 12 Teilnehmer sollte die noch vertretbare Norm sein.

Man informiere sich über die Unterbringung (z.B. in Schülerwohnheimen oder bei Gasteltern). Wieviel Schüler welcher Nationen wohnen in einer Gastfamilie? Habe ich ein Reiserücktrittsrecht unter welchen Bedingungen? Wie ist die Verpflegung geregelt? Wie weit ist die Schule von der Unterbringung entfernt? Welche Verkehrsmittel und welche Zusatzkosten bestehen? Wie sind die Versicherungsfragen geregelt? u.v.a.m.

Fast alle Schulen von Sprachreiseveranstaltern bieten _**Kontakte zu Einheimischen"**_ an, ein relativer aber _**wichtiger Begriff!**_ Durch Kontakte mit einheimischen Franzosen soll schließlich nicht nur die Sprache geübt und verbessert sowie der Unterricht praktisch ergänzt, sondern auch Landes- und Sozialkunde vermittelt werden. Diese Kontakte mit Einheimischen sind also ein entscheidender Baustein im Programm! Bestehen nun diese „Kontakte" nur aus einem gelegentlichen Besuch eines Bistros oder im örtlichen kleinen Supermarkt, dann dürfte das als ungenügend gelten. Einige Sprachschulen veranstalten Disco- und Kennenlernpartys mit einheimischen französischen Jugendlichen. Andere Schulen gehen soweit, auch den Besuch einer Gerichtsverhandlung, Besuche auf Postämtern und Banken, Diskussionen mit französischen Schülern oder Erwachsenen zu aktuellen Themen (Arbeit, Soziales, Politik, Mode, Unterhaltung, Umwelt, u.a.) zu organisieren. Hier bietet sich also ein weites Programmspektrum, worüber man sich vorher schlau machen sollte. Denn bei den nicht gerade niedrigen Gebühren sollte zwar der Lernerfolg Vorrang haben, aber auch die Kultur nicht zu kurz kommen.

Und nicht vergessen: Jede bei uns ge-
buchte Sprachreise unterliegt genau wie
andere (Urlaubs-)Reisen *unserem Reise-
recht.* Dies bedeutet für den Verbraucher,
dass er wegen Nichterfüllung bestimmter
Vertragspunkte vor einem Gericht bei uns
gegen den Reiseveranstalter klagen und
Wertminderung bzw. Schadenersatz bekommen kann, wenn bestimmte Voraussetzungen erfüllt sind. Wichtig bei einer
Sprachreise ist es deshalb, alle Vertragspunkte schriftlich abzufassen und zu kontrollieren. Hier aber besteht leider die
Gewohnheit, die positiven Seiten eines
Sprachkurses in dicken und wohlklingen-
den Sätzen und bunten Bildern groß anzu-
zeigen; dagegen bleiben die Vertragsfein-
heiten und Klauseln oder Haftungsbe-
schränkungen all zu oft im Kleingedruck-
ten versteckt. Aber gerade in diesen De-
tails steckt der Teufel, allerdings nicht nur
bei einigen Sprachschulen.

Profitieren Sie von jeder Gelegenheit, den
Wortschatz zu üben, damit zu experimen-
tieren, zu erweitern. Selbst die sogenannten selbstverständlichen Kleinigkeiten des
Alltags helfen dabei: Litfaßsäulen betrachten, Straßenschilder, Schaufenster
und Werbeanschläge beachten; *französische Zeitungen* >>> und Illustrierte lesen
(oder anfangs wenigstens darin herum-
blättern und die Texte mit den Fotos in
Zusammenhang bringen). Gehen Sie ins
Kino, schauen Sie *französisches TV* >>>,
oder ein Theaterbesuch, auch wenn Sie in
der Anfangsphase nur „Bahnhof" verstehen! Sprache ist wie ein wunderschönes
Mosaik: täglich lassen sich neue Steinchen
hinzufügen!

Auch im Französischen gibt es neben dem
Argot, der Umgangssprache, Dialekte,
dialecte, oder etwas abfällig auch *Patois*
genannt. Das Nord-Süd-Gefälle von der
Normandie über Paris bis zu den Akzen-
ten der Vogesen oder von Marseille ist
weit. Schließlich ist das in Deutschland
zum Beispiel zwischen Rheinländern,
Sachsen, Berlinern und Bayern nicht viel

anders. Hinzu kommen Schweizer, Belgi-
er, Kanadier, die zum Teil sogar völlig
andere Wortbegriffe kennen; das rauhe,
gurrende Französisch der arabischen
Staaten, das „Taubengezwitscher" aus
Schwarzafrika. Und nicht vergessen: In
Teilen Frankreichs spricht man andere
Sprachen: Bretonisch, Okzitanisch, Katalanisch (Roussillon), Italienisch (Korsisch;
auch um Nizza), Provenzalisch, Flämisch
und auch Deutsch (Elsaß, Lothringen),.
Versuchen Sie im Laufe der Zeit, die
einzelnen Dialekte und Unterschiede fest-
zustellen, vielleicht sogar nachzuahmen,
je nachdem, in welcher Region Frankreichs Sie leben, arbeiten oder studieren
möchten, oder in welcher Region der Erde
Sie vielleicht einmal mit Französisch
sprechenden (Geschäfts-)Partnern zu tun
haben werden.

Auch bei bei Journalisten und Redakteu-
ren, herrschen Unterschiede. Man vergleiche mal den Sprachstil zwischen *Le Figaro*, *Le Monde* und *Liberation*. Ist bei einer
Zeitung der Sprachstil auf den populären
und nicht zu anspruchsvollen Leserbedarf
zugeschnitten, so braucht man z.B. zum
Verständnis von *Le Monde* nahezu ein
Universitätsstudium über Politik und
Ökonomie, oder bei *Liberation* das Gehabe französischer Intellektueller mit philo-
sophischem Verstand. Schließlich ist das
in Deutschland nicht anders: so wenig wie
man Äpfel mit Birnen vergleichen kann,
so wenig kann man den Sprachstil und die
Leserschaft von BILD, FAZ, TAZ, Super
Illu oder Frankfurter Rundschau in einen
Topf werfen.

Oder öffnen Sie einmal genau die Ohren
bei Diskussionen in den Intellektuellen-
und Studentencafes der französischen
Universitätsstädte, oder freitagabends in
den Arbeiterkneipen des Pariser Nord-
ostens, bei den Fischern und Hafenarbei-
tern von Brest oder Marseille, bei den –
fast unverständlichen – Bauern der Vogesen oder den harten Sätzen der Winzer
zwischen Cognac und Bordeaux. Bekom-

men Sie trotzdem keine Minderwertigkeitskomplexe und verlieren Sie bitte nicht die Lust am Lernen, wenn Sie nicht gleich zu Beginn Ihres Frankreichaufenthaltes alle diese Dialekte und Unterschiede verstehen oder einordnen können.

Die in Frankreich ansässigen deutschen *Goethe-Institute* haben in ihren Leihbibliotheken zweisprachige Bücher deutscher und französischer Autoren sowie verschiedene Zeitschriften. Die Publikationen können teils entliehen, teils im Lesesaal eingesehen werden.

Lernhilfen, Wörterbücher, Unterrichtsmaterialien

Nicht nur Marktführer wie *Klett* oder *Langenscheidt, Hueber* oder *Humboldt* führen ein breites Angebot zum Thema „französische Sprache"; zahlreiche kleinere Verlage bieten wahre Schätze für jene an, die sich mit Französisch befassen. Das geht von humorvollen Texten für französische Sprichwörter über Hörkassetten, Sprachkurse auf CD-Rom, Videokassetten, bis zu dicken Wälzern in Universitätsstärke. Geben sie bei www.amazon.de den Suchbegriff „Frankreich" ein und verfeinern Sie dann die Suche mit den jeweils gewünschten Begriffen „Küche", „Geschichte", „Reiseführer", „Literatur", etc., etc.

Wir beschränken uns in diesem Ratgeber auf einige „ausgefallene" Angebote, die man auch außerhalb eines schulischen Sprachprogramms zum Selbststudium oder zum Vergnügen verwenden könnte.

Empfehlung: Vielleicht sollten Sie sich bei speziellen Kursen und Übungsbüchern erst mit der Sprachschule oder den Lehrkräften abstimmen, bevor Sie sich für den Kauf entscheiden.

„Auf ein Sprichwort", 333 Sprichwörter auf Deutsch, Französisch und Englisch, Rowohlt-TB-Verlag. 7,60 Euro.

„Kauderwelsch, Französisch Slang, das andere Französisch", ein Führer durch Frankreichs Dialekte und Slangs. Verlag Reise-Know-How Rump. 7,60 Euro.

„La Conversation en s'amusant. Sprachsituationen mit Witz gemeistert", Rowohlt TB-Verlag. 7,60 Euro.

„Französisch fürs Gespräch", Ein modernes Konversationsbuch, Langenscheidt-Verlag. 11,70 Euro

Französischer Vokabeltrainer für Windows (Etudes Francaises), 2 CD-Roms, Heureka-Klett Verlag. 82 Euro

„Französisch in 30 Tagen" als CD-Rom, Humboldt-TB. 51 Euro

„Intensivkurs Französisch" auf CD-Rom für Windows 95/98/NT. Digital-Publishing München. 101 Euro.

„Kommunikationstrainer Francais" auf CD-Rom. Spielerische interaktive Kommunikation in realistischen Situationen. Digital-Publishing, 21 Euro

Volltextübersetzer Deutsch-Französisch, CD-Rom für Windows. Hexaglott-Verlag Heidelberg. 153 Euro.

Basiswortschatz Französisch. CD-Rom für Windows. Für schule, Beruf und Reise. Humboldt-Verlag, München. 15.30 Euro.

„C'est la vie", TV-Sprachkurs des Bayrischen Rundfunks. 2 Video-Cassetten zum Lehrbuch. VHS. TR-Verlags-Union, München. 153 Euro.

„Französisch, ein Kinderspiel", ein lustiger Sprachkurs für Kids ab 5/6 Jahren. Ernst Klett-Verlag, Stuttgart. 20,35 Euro.

„Berufe mit Fremdsprachen". Eine Auflistung von Berufen, in denen Fremdsprachen eine Rolle spielt. Vergleiche und Analysen für einen beruflichen Werdegang mit Fremdsprachen. BW-Verlag. 20 Euro

„Kinder begegnen Fremdsprachen". Lernmaterialien für Lehrkräfte im Fremdsprachenunterricht. Westermann Schulbuch. 11,25 Euro

„50 praktische Tips zum Sprachenlernen". Klett-Verlag, 5,10 Euro

„Kauderwelsch Franko-Kanadisch", für das „andere" Reisen im französischen Kanada. Verlag Reise-Know-How, Rump. 7,56 Euro

„Kauderwelsch, Französisch für Afrika-Reisen". 1 Cassette. Verlag Reise-Know-How, Rump. 7,56 Euro

„Französisch im Ohr". Die Reise-Cassette bereits für die Autofahrt in den Frankreichurlaub. Langenscheidt-Verlag, München. 10,20 Euro.

„Französisch in letzter Minute". Buch und Audio-CD. Ein Sprachkurs für Überflieger. Rowohlt-TB-Verlag. 15,28 Euro

„PONS-Wortschatztrainer für Urlaubsreisen Französisch". 1 Hörkassette

mit Beiheft. Ernst Klett-Verlag, Stuttgart. 9,17 Euro

„Gourmet-Sprachführer" Ein kulinarischer Streifzug. Damit Sie in Frankreich französisch und keine Bockwurst essen. Hueber-Verlag. 18,80 Euro.

„Französisch für Gourmets" Küche – Keller – Menüs – Märkte. Sprachführer und Kulturvermittler. Hallwag-Verlag. 17,80 Euro

„Essdolmetscher Frankreich". Orbis-Verlag. 4,06 Euro

„Flirt-Sprachführer Französisch". Damit's Ihnen nicht die Sprache verschlägt. Humboldt-TB-Verlag, München. 6,60 Euro

Weitere Literaturhinweise und Buchtipps zu Frankreich zu Ende der jeweiligen Kapitel bzw. im Kapitel 7, „Frankreich im Buch"

Erfahrungsberichte, Gespräche, Reportagen, Meinungen

„Liebeserklärung mit kleinen Flecken" Der Autor und sein Verhältnis zu Frankreich

Nach Frankreich nicht nur zum Urlaub, sondern dort arbeiten oder studieren, also „richtig zu leben", daran war anfangs gar nicht gedacht. Das kam erst viel später.

Da war zunächst nur der Urlaubsort und das Zauberwort Frankreich! Seit meiner Kindheit übte dieses Land eine unbeschreibliche, geheimnisvolle Anziehungskraft auf mich aus. Und erst die Übersetzung: La FRANCE! Welche Geheimnisse verbargen sich hinter der Weichheit dieser Worte?! Mein kindliches Gemüt und später die jugendliche Neugier stolzierten durch üppige Phantasien und wurden zur Abenteuerlust. Es waren frühe französische Filme zum Beispiel mit Jean Gabin, mit Catherine Deneuve (*Ekel* und *Belle de Jour*), vor allem mit Michel Piccoli (*Themroc, La grande bouffe*), später mit Gérard Depardieu, Sammy Frey (*Porqui pas?*) oder Isabelle Adjani (*Geschichte der Adele H.*), oder die erste französische Emanze, die ich auf der Leinwand kennen lernte: Bernadette Lafont in *Die Verlobte des Teufels*, die mich verstört und erschrocken im Kinosessel festhielt, bis ich mir Gedanken machte über deutsche und französische Frauenbilder. Diese und andere Akteure, Vertreter einer fremden Welt, die mich in ihrer damals für mich außergewöhnlichen und geheimnisvollen Art für Frankreich begeisterten. Zu einer Zeit, als deutsche Filme und Schauspieler noch bieder und leblos waren, so bieder wie die Oberflächlichkeit des damaligen deutschen Alltags. Oder mein erstes französisches Buch: Jean-Paul Sartres *Das Spiel ist aus* und später seine Berichte über die letzten Tage der deutschen Besatzung in Paris. Und es waren die Farben von *Renoir, Degas* oder *Monet*, die Farben der Verführung zu Sonne und Meer, die mich verführten.

Und endlich meine ersten Besuche. Zunächst Paris! Dieses nur unklar definierbare Traumwort Paris gaukelte mir vor: Rififi am Place Pigalle, Erotik und modische Geschöpfe auf der Avenue des Champs-Élysées, Jean Gabin wandert als Maigret mit grimmig-entschlossenem Gesicht und der Pfeife im Mund durch den Justizpalast, Liebespaare am Quai de la Seine, Studenten im Quartier Latin, nur einmal Jean Paul Sartre an Simones Seite lesend oder diskutierend vor Chopins Denkmal im Jardin du Luxembourg sehen, oder Picasso in seiner Stammkneipe am Montparnasse. Oder schlicht und einfach der Eiffelturm, – den ich dann bei meinem ersten Besuch glatt verpasste, weil ich mich in eine junge, bildhübsche Französin verknallt hatte. Aber meine erste zarte Pariser Liebe wurde nicht erwidert; eine Stunde starrte ich sie wort- und damals noch sprachlos vom Nebentisch eines Bistros zwischen Seine und Notre Dame vergeblich an, bis ihr Freund kam, sie sich küssten, und ich traurig träumend zum *Gare de l'Est* trottelte und beinahe meinen letzten Zug für die Rückfahrt nach Deutschland versäumte. C'est la vie!

Und das war Weißbrot; langes, frisches, knuspriges Weißbrot, an dem man noch die Wärme der Backstube roch und spürte, Rotwein und frischer Käse. Ein ganzes langes, goldgelbes, holpriges Weißbrot, der Länge nach aufgeschnitten, und einen leibhaftigen französischen Camembert darauf gelegt und dann hineingebissen, auf einer Parkbank sitzend, die Sonne scheint, flatternde Röcke und vielversprechende Gesichter, der Akkordeonspieler überschlägt im Hut seine Tageseinnahme, eine Amerikanerin sagt „beautiful", drei Japaner fotografieren, ein Clochard schneuzt sich die Nase und blickt verklärt auf die halbvolle Weinflasche.

Und es waren Straßencafés, Häuser wie Taubenschläge, mit Terrassen und viel Trubel; nicht wie im alten und langweiligen Mief unseres heimatlichen Ratskellers, in denen ich als Kind immer still und brav meine Bockwurst mit Limonade verdrücken musste, während daneben meine Eltern sich über die Intrigen zwischen örtlichem Kaninchenzucht- und Karnevalsverein unterhielten. Jetzt, in Paris, waren es vorbeiwogende Menschen, Kleider, Beine, Gesichter, man konnte sich eines davon aussuchen und die Phantasie Purzelbäume schlagen lassen. Flotte Kellner, die alle durcheinander schrien, und Geld, das man beim Weggehen einfach auf dem Tisch neben den Kassenbon legt; „le garcon", flink, wachsam, schnodderig, immer auf Achse aber nicht übermäßig höflich, würde sich des Geldes sicher gleich bemächtigen.

Hektischer Betrieb in der Metro, damals noch primitiv, klappernd durch die Schächte rasselnd; heute modern, pfeilschnell und auf Hartgummirädern im surrenden Minutentakt. Studentinnen im Jardin du Luxembourg, gelehrige Bücher unterm Arm, mit melancholischen oder abweisenden, herausfordernden, vielversprechenden oder verschlossenen Gesichtern und wehenden Röcken. Und die Liebespaare an der Seine sind keine Erfindung der französischen Touristenwerbung, sondern echt, leibhaftig und Appetit anregend.

Morgens um Sechs, Marktgeschrei in engen Gassen, Obst und Gemüse wie Meisterwerke aufgebaut, Rendezvous der Nachtbummler und Frühaufsteher, den ersten starken Espresso an der Bar im Stehen, Straßenreinigung und kläffende Hunde, das Wasser perlt und spritzt aus den Hydranten, der Müll einer Nacht wird weggeschwemmt, bergab, von afrikanischen Reinigungsarbeitern mit dem Besen getrieben in Richtung Seine. Die ersten Geschäfte öffnen, Metroschächte spucken ihr Tagespensum aus, die Widersprüche von Paris sagen sich Guten Morgen und gehen Hand in Hand durch den Tag. Ein Gefühl unbändiger Freiheit überkommt mich, als würde ich schweben, als sei ich losgelöst vom schnöden Arbeitsalltag, als könne ich hierbleiben, könne mich hineinfallenlassen in die Pariser Atmosphäre, und müsse nie mehr nach Deutschland zurück.

In späteren Jahren kamen die Hafen- und Werftarbeiter von Marseille hinzu, Weinbauern in Cognac, Segelfreunde in La Rochelle, Studenten der Sprachschule in Aix en Provence, Musikanten in Avignon, politische Gruppen und literarische Zirkel in Paris, Nichtstuer und Aussteiger an der Côte d'Azur.

Und dann wurde aus Neugier Interesse! Wahres und tiefes Interesse an den geschichtlichen, sozialen und politischen Zusammenhängen unseres Nachbarlandes Frankreich. Dabei denke ich zuerst an Heinrich Heine, an dessen Grab am Pariser Montmartre ich plötzlich zu weinen begann; Heine, der vor 175 Jahren schrieb: „Für die beiden Nachbarländer ist nichts wichtiger, als sich zu kennen. Irrtümer können hier die blutigsten Folgen haben!"

Heine wurde überhört. Die Irrtümer kamen, und auch die Folgen.

Ein neuer Anfang wurde nach dem Zweiten Weltkrieg gemacht. Ein völlig neuer Weg wurde beschritten. Jährlich kommen heute über drei Millionen Deutsche nach Frankreich. Zum Urlaub und zum Arbeiten, als Aupair und als Studentin, als Aussteiger oder als Geschäftsleute. Über 50 000 junge Franzosen und Deutsche nehmen im Rahmen des Deutsch-Französischen Jugendwerkes regelmäßig an Kontakttreffen und Jugendaustausch teil. Über 2000 Schulen, Universitäten, Forschungseinrichtungen, Gemeinden, Städte und Kreise haben Partnerschaften mit französischen Partnern geschlossen. Grenzkontrollen sind aufgehoben. Europa hat die Arbeits- und Aufenthaltserlaubnis im jeweiligen Nachbarland möglich gemacht. Die Sozialgesetze werden immer mehr angepasst. Deutsche können unter den gleichen Umständen und Gesetzen in Frankreich leben wie Franzosen. Umgekehrt gilt das natürlich auch. Zwischen keinen anderen Staaten und Ländern dieser Erde gibt es etwas an Größe und Intensität Vergleichbares wie die Deutsch-Französische Zusammenarbeit. Deutschland und Frankreich sind gemeinsam der treibende Motor Europas. Es ist diese Kraft Europa, die es uns heute und in Zukunft ermöglicht, nicht nur den Urlaub im Nachbarland zu verbringen, sondern viel, viel mehr zu unternehmen.

Wer dies in den Einzelheiten noch nicht weiß, wird in diesem Buch Schritt für Schritt darüber informiert und heran geführt – von A bis Z-

Auch wenn nicht alles Gold ist, was zwischen Rhein und Rhône, zwischen Ardennen und Pyrenäen glänzt?! Es könnten nämlich auch die Köpfe der Atommeiler oder die Schweißperlen der Hafenarbeiter sein. Unser Nachbar Frankreich hat die gleichen Probleme wie wir: Arbeitslosigkeit, Inflationsrate, Dollarabhängigkeit und Bangen um den Euro, Angst vor Terror, Regierungskrisen und Parlamentspalaver, Korruption bis in die höchsten Ränge; die Rechten erheben drohend die Glatzköpfe und die Linken diskutieren sich in Literatencafés intellektuell unter den Tisch. Abbruchhütten in den Arbeitersiedlungen, Weizen verhökern und Kursgewinne an der Börse, Lohnstreiks bei Renault und Ausländeraktionen in den arabischen Slums von Toulon oder den Vororten von Paris. Verkehrsrowdys auf Frankreichs Straßen und der Schutz von

Natur und Umwelt für die Mehrzahl der Franzosen nur ein zahmer Papiertiger. Die Vergangenheit noch unbewältigt und die Zukunft nur latent im Griff. Das klingt nicht sehr einladend. Oder?

Und trotzdem: Ich liebe dieses großartige Land und diese bemerkenswerte Bevölkerung! Kein Mensch und kein Land ist perfekt! Auch unser Nachbar Frankreich nicht. Das muss man wissen und sollte es weder verleugnen noch schönfärben! Sondern mit offenen Augen und Ohren dort leben, arbeiten, jobben, studieren oder einfach nur Urlaub machen.

Anfangs wollte ich nur für eine kurze Zeit nach Frankreich. Jahre sind daraus geworden. Als Sprachschüler und Gelegenheitsarbeiter war ich gekommen. Dann hatte ich Rückenschmerzen auf den Weinfeldern bei Cognac und Perpignan, meine Arme bogen sich schmerzhaft bei der Apfelernte in Calvados, die Haut bräunte sich in den Werften von Marseille und den Sporthäfen von Antibes und Cannes, übermüdet beendete ich meine Nachtschicht als Pariser Taxichauffeur. Und später, als es beruflich vorwärts ging, strapazierten sich Nerven und Stimmbänder bei Geschäftsverhandlungen in Paris oder als Journalist und Reporter bei Interviews und Diskussionen politischer Gruppen im ganzen Land.

Geschäftsleute und Studenten, Halunken und Hilfsarbeiter, Dichter und Dummschwätzer kreuzten meine Wege. Menschen, die wussten, was sie wollten, und Ausgeflippte, die von ihren Träumen lebten. Frankreich, besonders aber Paris und die Mittelmeerküste, sind ein Sammelbecken aller Lebensstile, die man dort leben kann, ohne Gefahr zu laufen, in die Einheitsmühle zu geraten.

Leider habe ich auch viele Gescheiterte und Gestrandete erleben müssen. Auch Deutsche, die wie Gott in Frankreich leben wollten, aber keinen blassen Schimmer davon hatten, wie das überhaupt abläuft. Reich an Erfahrung, aber arm im Geldbeutel, sind diese Möchtegernaussteiger dann zurück nach Deutschland, oder haben auf den deutschen Konsulaten um Almosen fürs Überleben und für die Heimreise gebeten. Zum „Aussteigen" gehört schon eine Kleinigkeit mehr als nur den Koffer zu packen. Und wer schon zu Hause im eigenen Land keinen Fuß auf den Boden bekommt, schafft das in Frankreich, in einer fremden Kultur und anderen Sprache, noch weniger.

Um Fehler und Rückschläge möglichst zu vermeiden, um jeden "sein" Frankreich wirklich erfolgreich genießen zu lassen, habe ich in diesem Buch meine eigenen langjährigen Erfahrungen mit zahlreichen wichtigen Adressen und Gesetzen gemischt und zu einem Ratgeber über das Leben und den Alltag bearbeitet.

Doch etwas sollte klar sein: Es geht hier zwar auch um Urlaub! Aber nicht nur! Dies ist nur sehr bedingt ein Reiseführer für Wochenendtouristen, sondern ein praktischer Ratgeber für Menschen, die einmal für kürzere oder längere Zeit aus Deutschland weg wollen, um Frankreich zu genießen. Aus welchen Gründen auch immer!

Es geht also nur in Streifzügen um den Eiffelturm, nur ansatzweise um die Schlösser an der Loire, die Skigebiete der Alpen oder um die Strände an der Côte d'Azur. Es geht vielmehr um Wohnmöglichkeiten, um Arbeitsverträge und soziale Absicherungen, um Geschäftseröffnungen oder Universitätsstudien, um Miete und Versicherung, um Kneipen und Restaurants, um tausend andere Fragen des französischen Alltags. Nicht das Liebesleben des Sonnenkönigs wird hier beleuchtet, sondern das Zusammenleben zwischen Deutschen und Franzosen in einem modernen Europa soll aufgezeigt und ermöglicht werden! Ich wäre glücklich und zufrieden, wenn ich hierzu einen kleinen Teil beitragen könnte.

„Nach Frankreich ziehen nicht Hinz und Kunz!"

Oder: „Keine Ballermänner an der Côte d'Azur?" - Welche Deutsche leben wo und warum in Frankreich.

Es streiten sich die Statistiker: Sind es nun 40 000 oder über 60 000 Deutsche, die fest in Frankreich leben? Wahrscheinlich sind es viel mehr. Zumindest mehr Häuser in deutscher Hand. Von der Ferienhütte bis zur Luxusvilla. Frankreich kennt keine Meldepflicht, auch auf den Konsulaten melden sich Deutsche nur, wenn sie in der Bredouille sitzen oder eine Auskunft brauchen. Hinzu kommen eine hohe Fluktuation, Zu- und Abgänge durch beruflichen Wechsel oder durch Scheitern, und vor allem eine hohe Dunkelziffer.

Wo leben diese ausgestiegenen Germanen nun wie die Götter in Frankreich? Und ist es immer ein göttliches, ein königliches Leben, welches Deutschland müde Neufranzosen hier gefunden haben? Mehrere hunderttausend Lebensbeispiele, Erfahrungsberichte und Schicksale würden allerhand Stoff hergeben.

In Paris leben sie zum Beispiel, in diesem enormen Schmelztiegel und seiner *Banlieu*. Als Banker oder wissenschaftliche Mitarbeiterin, als Lehrkraft an den deutschen Schulen, als Studierende an einer der Pariser Universitäten, als Vertreterin einer der zahlreichen deutschen Stellen in Paris: Handelskammer, Botschaft, Konsulat, Sozialdienste, Lufthansa und Reisebüro, Banken, Forschungsinstitute und Bibliotheken, deutschen Zweigniederlassungen, zwei deutsche Pfarrstellen, Hotelangestellte, Reiseleiterinnen, Tänzerinnen, Busfahrer, Huren und Animiermädchen, Taxifahrerin, Aupairs, Models und Topmodels, Schneidermeister und Karl Lagerfeld, Gaukler, Ex-Spione wie Berthold Baluschke, der – aufgerieben zwischen CIA, BND und Stasi – seiner Familie und sich am Pariser Boulevard St. Michel etwas Ruhe gegönnt hat. Balletttänzerinnen, Leute aus Show-Biz und Kino-Welt, und schließlich sogar als Tellerwäscher, als Clochard unter den Brücken, als Herumtreiber, Bettler, obwohl die drei letztgenannten Berufsgruppen sicher in der Minderheit sind, aber doch dazu gehören zum großen Sammelsurium der Deutschen in Frankreich. Nur dürfen die Deutschen in der Heimat nicht glauben, die Deutschen in Paris seien alle wie Mister Tagesthemen-Wickert.

Frankreich hat Millionen Flüchtlinge und Immigranten aus aller Welt aufgenommen; dem Zaren freundlich gestimmte Russen auf der Flucht vor den Bolschewiki. Adelige, die dann als Taxifahrer und Tellerwäscher arbeiten mussten. Polen der Gewerkschaft *Solidarität* auf der Flucht vor einem zusammenbrechenden Kommunismus. Irans Radikalrevoluzzer Ajatollah Khomeini wurde als Flüchtling in einem Pariser Vorort hochgepäppelt, bevor er der Welt das Fürchten lernte. Asiaten fanden nach dem Scheitern der französischen Indochinapolitik und nach dem US-Vietnamdebakel Unterschlupf, und sorgten für hunderte Asia-Restaurants, genau wie Jahre später zahlreiche Honkong-Chinesen auf der Flucht vor dem Peking-Stalinismus mit ihren Dollarvermögen in Frankreich neu begannen. Schwarzafrikaner und Araber wollten den ökonomischen und politischen Verhältnissen ihrer Länder entfliehen und lieber in Frankreich illegal und mit Hunger leben, als zu Hause in Afrika in ausgetrockneten Wüsten oder unter mörderischen und kriminellen Rebellen, die sich in den Nachkolonialzeiten als Retter und Menschenfreunde deklarierten, aber ihre Völker – teils mit Hilfe von KGB und CIA – noch mehr in Not, Hunger und politisches Elend brachten. Das Millionenheer der in Frankreich lebenden „Ausländer" ist so groß, dass die kleine deutsche Minderheit – egal ob es nun 50 000 Legale oder noch einmal die gleiche Anzahl Illegale sind – weder zahlenmäßig noch sonstwie spektakulär auffällt, von Ausnahmen abgesehen, die man dann in der Regenbogenpresse oder in Film- und Modezeitschriften findet. Wie z.B. jenen deutschen Milliardär und Kohl-Freund in Cannes, der sich aus Angst vor Anschlägen mit modernsten Sicherheitsvorkehrungen in seiner Millionenvilla regelrecht einbunkerte, und dann – Alkoholiker aus Einsamkeit und Frust – sturzbetrunken die Treppe herunterfiel und starb; banaler hätte sich auch ein gewöhnlicher, bettelarmer Wermutbruder nicht von dieser Welt verabschieden können.

Sehr viel früher und vor allem vor dem hoffentlich letzten großen Krieg waren es zum Beispiel auch Marlene Dietrich, Heinrich Mann, Heinrich Heine oder Erich Maria Remarque, die in Paris lebten, einige von ihnen auf der Flucht vor den Nazis, einige auf Studienreise wie anno dazumal Musikus Mozart als Jüngling. Oder die Mainzer Schriftstellerin Anna Seghers, die im Pariser Exil 1935 „Das siebte Kreuz" schrieb, bevor sie weiter nach Amerika flüchten musste. Später gab es Jahre, da hallten deutsche Soldatenstiefel durch Pariser Gassen, feldgraue Uniformen der Wehrmacht und das Schwarz der SS dominierten die Pariser Bistros und Opernsäle oder deportierten – zusammen mit französischen Polizisten und anderen Kollaborateuren – deutsche NS-Widerständler und Juden noch in den letzten Kriegsmomenten in die Lager. Vorbei! Schnee von gestern! Schnee von gestern?

Aber wir Deutsche ließen uns die Lust am „*savoir vivre*" nicht nehmen. Es kamen andere Deutsche: Sprachschüler, Aupairs, Jugendaustausch, – sogar Daniel Cohn-Bendit war dabei, der Deutsch-Franzose jüdischer Abstammung, der es – anlässlich der dritten Französischen Revolution – 1968 beinahe schaffte, den großen General De Gaulle zu stürzen, zumindest in staatsmännische Grübeleien mit Rücktrittsabsichten. Cohn Bendit wurde von De

Gaulle aus dem Land gejagt und kehrte 30 Jahre später als Parlamentsabgeordneter nach Frankreich zurück; er hatte viele überlebt, die unterdessen – nicht nur politisch – begraben waren. Deutsche Schulgruppen kamen, Touristenscharen zu Tausenden, Geschäftsleute, Abenteurer, Liebeshungrige für das schnelle erotische Abenteuer, und Liebende mit ernsten Absichten: Seit dem Ende des zweiten Weltkrieges wurden knapp 30 000 deutsch-französische Ehen getraut; in der Mehrzahl deutsche Frauen, die ihren Liebsten oft bei einem Aupairaufenthalt, oder beim französischen Militär in Deutschland kennengelernt hatten. Nur etwa 10 000 deutsche Männer holten sich eine Französin an den heimischen Herd; in der gleichen Größenordnung wurden Germanen in Asien findig, was für Kenner beider Mentalitäten natürlich einen emanzipatorischen Unterschied ausmacht.

Wie sich die Zeiten ändern: Da fallen mir alte Schwarzweißfotos ein; sie zeigen glatzköpfige Französinnen mit angstverzerrten Gesichtern, denen Landsleute die Köpfe kahlgeschoren hatten, weil sie sich mit deutschen Besatzungssoldaten „eingelassen" hatten; zur Schande Frankreichs, wobei die Schande einiger Liebesnächte anscheinend größer war, als die Schande französischer Kollaborateure, die französische Kunstschätze an Himmler verscherbelten oder gar Juden und Antifaschisten aus Pariser Kellerschlupflöchern herausholten, um sie an die SS und damit ins KZ auszuliefern. Schnee von gestern! In der Moderne der deutsch-französischen Beziehungen machte es die Männerfreundschaft zwischen den beiden Schlitzohren Kohl und Mitterand – und wohl auch die ELF-Schmiergelder von Leuna – möglich, am französischen geheiligten Nationalfeiertag deutsche Bundeswehrpanzer über die Champs d'Elysee rollen zu lassen, ohne dass der gallische Hahn besonders laut aufschrie. Die französische Bourgeoisie klatschte verkrampft, aber mit

diskretem Charme Beifall. Schließlich sind die Deutschen verlässliche Wirtschaftspartner.

Deutschsprachige Hoffnungen wurden in Paris groß, weltberühmt, aber auch begraben. Romy Schneider war eine davon. Oder Claudia Schiffer, um nur die derzeit wahrscheinlich berühmteste aus dem Show-Biz zu nennen, ohne jetzt Ute Lempert auf die Füße treten oder Marlene Dietrichs Andenken verletzen zu wollen. Denn die deutsche Super-Claudia ist nicht alleine; hunderte deutsche Mädchen mit Traummaßen und Träumen pilgern nach Paris; und wenn es nicht zum Topmodel reicht, so doch mit Hoffnung auf ein paar Treppenstufen zum möglichen Erfolg. Ein Mitarbeiter der deutschen Botschaft Paris: „Es vergeht kein Tag, wo nicht am Pariser Ost- oder Nordbahnhof aus den ankommenden Zügen deutsche Mädchen aussteigen, teils mit Flausen und Träumen im Kopf, teils mit konkreten Berufsabsichten!" Wie Susan Anbeh, deren Name man sich langsam merken sollte. Die attraktive Bonnerin kam als 18jährige nach Paris, ohne ein Wort Französisch zu sprechen, zog mit einem Wanderzirkus durch Frankreich, nahm Schauspielunterricht und spielte mit 23 eine Hauptrolle neben Meg Ryan in *French Kiss*. Susan machte sich rar im TV, stand lieber in Avignon und Paris auf der Bühne, hatte einen Gastauftritt im ZDF-Krimi *Denninger* und liest Drehbücher aus Deutschland und Frankreich. (Quelle: TV-Spielfilm). Wer sein Ziel kennt, macht in Paris seinen Weg; andere gehen unter oder tingeln im Mittelmaß vor sich hin. Aber zwischen den Extremen einer großer Filmkarriere und einem Schlafsackpenner unter einer Seinebrücke liegen tausend andere Möglichkeiten, die von Tausenden wahrgenommen werden.

Deutsche in Frankreich? Im Elsaß leben sie auch. Schon wegen den – bis vor kurzem noch – billigeren Häusern und dem Sauerkraut. Oder wegen Strassburg und seinen beruflichen Möglichkeiten, z.B. im Europaparlament, oder wegen der Nähe zur alten Heimat, nur kurz über eine Rheinbrücke und schon in einer anderen, nämlich der französischen Welt, und doch mitten in der gewohnten Heimat, denn die ins Elsaß übersiedelten Deutschen sind unzählbar und für etliche alte Elsässer zur Landplage geworden. 30 000 Pendler und Grenzgänger aus Baden und der Pfalz fallen täglich ins früher wilhelminische Elsaß ein und abends zurück. (Hier möchte ich Ihnen das Buch "Elsaß für Neubürger" ans Herz legen; eine amüsante, gut recherchierte und lehrreiche Lektüre für alle, die es mit dem Elsaß als neue Heimat versuchen möchten. Von Dietlev Bartels und Thomas Ehl, erschienen im info-Verlag Karlsruhe).

Im Süden leben sie! Am Meer! Von Sonnenschein überflutet (wenn's regnet, dann nur ein paar Stunden oder Tage, dafür aber wie die Sintflut und etliche Dörfer tagelang überschwemmt), vom Wein beseelt, von der Natur verwöhnt! Nicht immer, aber öfters, zumindest in den Träumen und Vorstellungen. Das französische Mittelmeer, besonders die Côte d'Azur zwischen St. Tropez, Cannes, Nizza, Monaco und Menton, ist zwar nicht so fest in deutscher Hand wie das der Ballermänner auf Mallorca oder Benidorm, dafür gibt es grundlegende Unterschiede in deren Finanz-, Bildungs- und Sozialstruktur. Um die Gesamtsumme deutschen Kapitals in Südfrankreich – einschließlich Monaco – zu erreichen, genügen alle deutsch-spanischen Ballermänner und Rentner dieser Welt nicht. Und das „billige" Halligalli am Arenal-Strand auf Mallorca ist an der Côte d'Azur ein undenkbarer Alptraum. Wenn hier Halligalli, dann diskreter und etliche Finanz- und Adelsstufen höher; wie im Strandbistro „Voile Rouge" von St. Tropez/Ramatuelle, wo sich gelangweilte internationale Playboys und ein Schwarm von Mitläufer den Champagner – die Flasche zu rund 300 Euro – bereits

mittags über Busen und Muskel laufen lassen. Aber auch die andere Seite ist vertreten: Auf dem Parkplatz im Hafen von St. Tropez haben sich deutsche Betteljungs die Automaten der Zahlstellen aufgeteilt, um in miserablem Französisch und abgerissener Kleidung den Touristen penetrant das Wechselgeld zu entlocken. Auch ein paar deutsche Strandschläfer stehen mit aufgehaltenen Händen vor französischen Aldi-Läden oder haben am Bahnhof von Cannes ein Schild vor sich liegen: „Habe Hunger! Bin auf der Rückreise nach Deutschland! Lieber betteln als stehlen!" Das deutsche Generalkonsulat in Marseille und das Honorarkonsulat in Nizza könnten ganze Szenarios für banale und gleichsam erschreckende RTL Talkshows zu diesem Thema schreiben. Aber das sind die Ausnahmen im großen Heer deutscher Frankreichliebhaber. Der Alltag sieht meist anders aus: Ballermänner sind auf der französischen Seite des Mittelmeeres tabu. Nur in winzigen Ansätzen tauchen sie auf, in den Sommerferien, auf einigen Massencampingplätzen; aber selbst dort gibt es bei den abendlichen – mitunter busenfreien – Animationsprogrammen höchstens ein artiges Händeklatschen, aber keine Ballermann Urwaldschreie von Ausgeflippten, und um Elf geht's brav ins Zelt zu Mutti und dann ins Bett, um am nächsten Morgen rechtzeitig im Zeitungsladen zu sein, Bild abholen. Die Zeiten, wo die Clique um Gunter Sachs und Brigitte Bardot nachts lautstark die Strände von St. Tropez-Ramatuelle bevölkert und sich wegen Lärmbelästigung mit Nachbarn und Polizei angelegt hatten, sind in der Regel Vergangenheit. Heute sind es mehr die Söhne reicher afrikanischer Minister oder arabischer Ölscheichs, die sich mit den Insignien westlicher Kultur (Frauen, Lamborghini, Geld, Schmuck und Champagner) schmücken und bei Tag- und Nachtpartys damit protzen. Darüber freuen sich weder Franzosen, noch die meisten anderen Deutschen im Süden Frankreichs. Das sind z.B. reiche und stinkreiche Neureiche, die ihr Geld nicht bei Günther Jauch, sondern an der Börse oder mit Immobilien gemacht haben und es dezent in Monaco anlegen oder verwalten. Wobei ihnen eine deutschsprachige Monatszeitschrift mit Ausflugstipps, Restaurant- und Landschaftsführern sowie Ratgebern hilft. So wird u.a. in deren Anzeigenteil angeboten: „Wie investiere ich mein Geld am Fiskus vorbei im Ausland". Sicher eine hilfreiche Verbraucherinformation für viele Südfrankreichinteressenten. Die „Riviera-Côte d'Azur Zeitung" (RCZ) entspricht nach Meinung von Profijournalisten zwar nicht immer den Grundsätzen des kritischen oder investigativen Journalismus; oft vermittelt sie den Eindruck einer schönen vierfarbigen Werbebroschüre mit Hochglanzfotos und Schönwetterberichten für ein fleckenloses Frankreichimage. Immerhin gibt sie in ihrem ausgeprägten Anzeigenteil den Großbanken Monacos die Möglichkeit zur kolossalen Selbstdarstellung und ihrer beachtlichen Leserschar (über 20 000) neben regionalen Tipps u.a. auch die Möglichkeit einer Kleinanzeige zu den Themen „Arbeit, Kontakte, Geschäftliches, Privates, Immobilien, Boote". Edition Mediterraneum. Internet: www.rczeitung.com

Aber es wäre unfair, nur die Schönen und Reichen zu erwähnen. Der frühere Jet-set von St. Tropez ist ohnehin Nostalgie. Brigitte Bardot ist eine ältliche Tierschützerin geworden, Roger Vadim tot, die große Catharine Deneuve und Jane Fonda waren zum letzten mal zu seiner Beerdigung in St. Tropez, Mittelmeerliebhaber Herbert von Karajan tot, Gunther Sachs ist andernorts glücklich geworden, die Ex-Schauspielerin und Ex-Ehefrau von Paul Hubschmied, Eva Renzi, ist (bei Redaktionsschluss dieses Buches) arbeitslos und will ihr Haus am Hang von Gassin sogar unter Wert verkaufen, unterdessen vermietet sie im Sommer an gut zahlende

Gäste und schläft mitunter bei Freunden auf der Matratze. Barclay hat sich aus dem Trubel verabschiedet.

Nur der Grufti Luis de Funes (der „Gendarm von St. Tropez"; Gott hab' ihn selig!) trällert mitunter nostalgisch seine Blödeleien bei schwindenden Einschaltquoten auf für Deutsche noch über die Mattscheiben, und Rockkönig Johnny Hallyday benutzt den – nicht ganz lärmfreien – Einflug mit eigenem Hubschrauber in seine Villa noch als Werbegag fürs Image, genau wie einige reiche Nachbarn, die glauben, mit ihrer Villa hätten sie auch die Lufthoheit und das Recht auf überhöhte Dezibel über dem Golf von St. Tropez gekauft; zum Verdruss vieler Menschen, die langsam auf die Barrikaden gehen. Was geblieben ist, sind Neureiche wie das Frankfurter Grundbesitz- und Immobilienehepaar Groß, die sich aus den ersparten Millionen ihrer Bauspekulationen (Firmenslogan: „Groß schafft Raum") eine vergleichsweise bescheide Ferienvilla im Hügelland von Ramatuelle leisten. Oder das Rentnerehepaar Handtmann aus Hamburg, das nach einem erfolgreichen Berufsleben (er Bankdirektor, sie Architektin) aus Altersgründen aufgab und ein Weingut *„Château de Launes"* in der Provence erwarb. Mit Eigenproduktion, 700 Hektoliter *Côtes de Provence* Export nach Deutschland und auf den Flaschen das hanseatische Familienwappen (Quelle: SPIEGEL, Nr. 9/2001, „Neue Heimat Süden"). Altmime Mario Adorf, mit einer Tropezianerin verheiratet, lässt sich im Jet-set kaum blicken; er liebt mehr die winkligen Gassen und kleinen Häuschen der Altstadt. Gekommen sind vor allem jetzt Heerscharen – auch deutscher – Touristen, die sich von Ostern bis September wie Sardinen in der Büchse durchs verstopfte und übereuerte St. Tropez schieben (Jawohl: schieben! Nicht flanieren!), bevor die Stadt im Oktober die Bürgersteige hochklappt und sich bis Ostern in den Winterschlaf begibt, ganz anders als

Cannes und Nizza (ja, sogar Marseille), wo sich viel mehr Deutsche fest hingezogen haben, weil dort Leben und Kultur – ebenso die Arbeits- und Geschäftsmöglichkeiten – auch in den, meist sonnigen, Wintermonaten pulsieren.

Aber man muss nicht Boris Becker heißen oder zur altbackenen Mittelschicht von Hans Jürgen Bäumler zählen. Es müssen auch nicht gleich ein Domizil in Monaco, eine Villa in Hanglage von Nizza oder die „Schumiprivatjets" sein. An der Côte leben Durchschnittsdeutsche wie Sie und ich: Da ist die deutsche „Aussteiger-Bäuerin" Karin (über die Sie anschließend im Bericht „Glücklich bei harter Arbeit und Ziegenkäse?" mehr erfahren können). Und da ist die 50jährige Helga, die als junge Frau noch als Reiseleiterin arbeitete, einen Franzosen heiratete und nach der Scheidung sich mit allerhand Gelegenheitsjobs über Wasser halten muss, aber trotzdem nicht zurück nach Deutschland will. Lieber schlängelt sie sich irgendwie durch, wie viele andere auch: Unter der Hand wird der Verkauf eines Häuschens gegen Provision vermittelt, in der Sommersaison ein paar Monate Arbeit in einer Hotelrezeption, danach wenigstens für eine Überbrückung Arbeitslosengeld, wenn's wirklich nötig wird auch mal kurz – da EU-Bürgerin – von der französischen Sozialhilfe leben oder zwischendurch in der Villa einer besser betuchten deutschen Familie eine Stelle als Putzfrau oder Babysitterin annehmen, obwohl frau bei diesen Gelegenheitsjobs auf eine Putzkolonnenmafia aus einheimischen Französinnen und vor allem Araberinnen, Spanierinnen und Portugiesinnen trifft, die sich den billigen Arbeitsmarkt aufteilen und gegenseitig zustecken. Einige Deutsche kommen auch mit Drahtseilakten oder mit ausgefallenen Ideen in Frankreich über die Runden. Schauspieler Vadim Glowna jobbte auf seiner Tingelreise durch Frankreich sogar in der Nobelherberge „Hotel Negresco" an der Promena-de des Anglais in Nizza, wo er als Eintänzer beim Tanztee den Ball eröffnete und alleinstehende Frauen – reich aber diskretschüchtern – übers geheiligte Negrescoparkett führte.

Nein, nicht nur arme und extrem reiche Deutsche sind in Frankreich vertreten. Das ganze Spektrum ergibt ein differenziertes Bild: Hoch bezahlte Wissenschaftler, Techniker und Ingenieurinnen mit ihren Familien im Zusammenhang mit den deutsch-französischen Luft- und Raumfahrtprojekten im Raum Toulouse. (Wobei diese Wirtschaftsregion Toulouse und besonders die Aero-Space bei Redaktionsschluss dieses Buches schwer gebeutelt wurde: Nach der Depression der USA-Anschläge geht auch in der Luftfahrt das Gespenst von Arbeitslosigkeit und Auftragsrückgängen um; hinzu kam ein verheerendes Unglück in einer Chemie- und Sprengstofffabrik im Süden von Toulouse. Angst und Unsicherheit machten sich Anfang 2002 breit. Trotzdem ist der Drang nach Frankreich, besonders in den Süden ungebrochen: Künstlerinnen und Aussteiger im Roussillon, Töpfer in der Provence, Malerinnen in der Ardeche oder Fotografen und Werbedesignerinnen auf einem alten Bauernhof in der Bretagne. Freiberufler, Übersetzerinnen, Journalisten, die sich heute mit Internet-Hilfe in jeder Ecke Frankreichs niederlassen und kreativ arbeiten können. Handwerker und Heilpraktiker haben ebenso wie Ärzte und Zahnärzte die Übersiedlung gewagt. Hat man genügend Geld oder eine berufliche Absicherung im Hintergrund, kann man in jeden wirtschaftlich schwachen Winkel Frankreichs aussteigen. Die Schwerpunkte der Deutschen liegen allerdings in strukturstarken Gebieten: Paris, Elsaß, Lyon, auch Lothringen zwischen Saarbrücken und Metz, das Mittelmeer (besonders die Cote d'Azur zwischen St. Tropez und Nizza/Monaco, begrenzter die Gebiete von Marseille Richtung spanischer Grenze), sowie das Garonne-Gebiet um Toulouse und Argen.

Wer sich aus beruflichen-, geschäftlichen oder aus Altersgründen für einen längeren oder dauerhaften Aufenthalt interessiert, findet viele Informations- und Ansprechpartner. Dabei sollten Sie aber nicht auf Dummschwätzer und Besserwisser herein fallen, die nur die schnelle Mark (oder jetzt den schnellen Euro) machen wollen. Wie ein deutscher Ex-Fremdenlegionär, der sich an der Côte d'Azur als „Bauunternehmer" niederließ, ohne irgendeine Ahnung vom Baugeschäft zu haben. Aber er hatte Ahnung, wie er naive und gutgläubige Landsleute übers Ohr hauen kann. Ohne Skrupel liess er aus Deutschland arbeitslose Bau- und Hilfsarbeiter kommen, versprach ihnen ein Königreich am Mittelmeer, presste sie hier in Wohncontainer, ließ sie schuften, und am Zahltag sahen die Leute statt Geld die fristlose Kündigung und standen auf der Straße, ohne eine Münze in der Tasche, ohne Dach über dem Kopf und ohne ein Wort Französisch zu sprechen. Aber diese Halunken sind nicht greifbar. Sie sind nirgends gemeldet, wechseln den Ort, wechseln den Firmennamen, und finden immer wieder Dumme. Denn die Freiheit und der grenzenlose Verkehr zwischen unseren Ländern hat auch seine Schattenseiten. Das Sprichwort „Gott schütze mich vor Sturm und Wind, und vor Deutschen die im Ausland sind" ist zwar nicht immer berechtigt, entbehrt aber in Einzelfällen nicht einer gewissen Wahrheit.

Diese Schattenseiten wollte auch ein deutscher Neureicher ausnutzen. Er suchte in Deutschland einen „Hausmeister", der nicht nur seine Villa in Südfrankreich beaufsichtigen und die Bauarbeiten dort leiten und organisieren, sondern dem nicht Französisch sprechenden deutschen Neureichen auch bei den schwierigen Wegen auf Frankreichs bürokratischer Administration helfen sollte. Einmal angekommen, kam für den gutgläubigen Hausmei-

ster dann alles ganz anders. Der neureiche Auftraggeber stand nun mit der Stoppuhr hinter ihm, um die Zeiten zu stoppen, die der Hausmeister – bei 39 Grad Grippefieber und Schweißausbrüchen – benötigte, um Unkraut zu rupfen und den Swimmingpool zu reinigen. Als der Deutsche Helfer mit einem Herzanfall ins Krankenhaus kam, stellte sich heraus: er war illegal im Lande; der Baulöwe hatte ihn weder angemeldet noch richtig sozial abgesichert. Die fristlose Kündigung erfolgte noch während der Krankheit. Meist enden solche Geschichten tragisch für die Gelackmeierten. Denen bleibt in der Regel nur Kofferpacken und mittellos zurück nach Deutschland, oder irgendwie zu versuchen, über die Runden zu kommen. In diesem Fall war es anders: Der Hausmeister erinnerte sich daran, dass Frankreich keine Bananenrepublik mit Willkür und Chaos, sondern ein demokratisches Mitglied der europäischen Union, und außerdem das Land von Rabelais, Victor Hugo und Voltaire, also juristisch noch immer ein Rechts- und menschlich ein Kulturstaat sei. Er zog vors französische Arbeitsgericht. Der Neureiche zog die Notbremse, ordnete alle Anmeldungen und sozialen Absicherungen rückwirkend, und gab dem Hausmeister sogar noch eine ansehnliche Abfindungssumme für einen reibungslosen beruflichen Neubeginn. Eine Verurteilung vor einem französischen Gericht und ein Skandal in Deutschland wären dem Villenbesitzer teurer gekommen.

Aber Achtung: Auch deutsche Villenbesitzer sind nicht vor Betrug und Ungemach geschützt. Einer hatte ein Haus gekauft und nahezu vollständig bezahlt, als sich herausstellte, der brave Deutsche war einem betrügerischen Deutschen auf den Leim gegangen: Das Haus war bereits achtmal verkauft; der Betrüger setzte sich – derzeit noch unbekannt – ab. Die Moral solcher Geschichten: Besser informieren! Besser vorbereiten! Lieber alles dreimal kontrollieren, als einmal herein fallen! Besser zehnmal dumm fragen, als mit einer falschen Antwort den Reinfall oder sogar den Ruin zu riskieren. Zugegeben, in Frankreich scheint oft die Sonne. Aber, Sie wissen ja, wo viel Sonne ist, da gibt's auch Schatten.

Die Generalkonsulate helfen mit Adressen von Steuer- und Rechtsberatern weiter. Die deutsch-französische Handelskammer steht mit Erfahrung und Fachleuten gegen Bezahlung zur Verfügung. Seriöse Fachleute, Anwälte und Immobilienmakler sind in diesem Buch genannt.

Nach Einschätzung deutscher diplomatischer Stellen in Frankreich hat der Boom deutschlandmüder Frankreichfans erst begonnen. Der Euro (und damit die vereinfachten Preisvergleiche), kompatible EU-Gesetze, die ökonomische und soziale Anpassung zwischen Deutschland, Frankreich und dem übrigen Europa, berufliche Möglichkeiten und größere Flexibilität, bis hin zur Sonne und zur französischen Lebensart sind Gründe, kurz- oder langfristig im Lande zu leben. Egal ob als Urlauber für drei Wochen, als Aupair für ein Jahr, als Studentin für etliche Semester, oder als Rentner oder Geschäftsperson für immer.

Hilfe und Infos für diese Vorhaben: www.frankreichkontakte.de

Aussteigergeschichte:

Glücklich bei harter Arbeit und Ziegenkäse?
Biobäuerinnen im Hinterland der Côte d'Azur.
Deutsche Praktikanten auf je vier Wochen gesucht!

Karin kam 1990 nach Frankreich, „um ein anderes Leben zu suchen". Das Aussteigen liegt in Karins Familie. Die Eltern waren als Deutsche bereits nach Chile ausgewandert. Seit 1990 lebt und arbeitet Karin – zusammen mit ihrer französischen Kollegin Odile – auf der eigenen Farm im wilden, zerklüfteten, unbekannten Hinter-

land von *Sainte Maxime,* aber keine 17 Kilometer von den Stränden der Côte d'Azur entfernt.

Wer hier seinen biologischen Ziegenkäse aus Frischmilch oder die naturreine Marmelade abholen möchte, muss eine gute Verkehrskarte haben und sie auch richtig lesen können. Obwohl die schmale, steile und kurvenreiche Straße von *Plan de la Tour* über *Peigros* nach *Roquebrune sur Agens* neu und breiter asphaltiert wurde, ist es beim ersten Besuch nicht immer leicht, die beiden Bäuerinnen zu finden. Die Fahrt selbst ist ein faszinierender Ausflug in unberührte Berg- und Pflanzenlandschaft, mit weitem Blick auf den Golf von St. Tropez. Trotzdem sollte man vorher erst anrufen: 04 94 96 57 61.

Zur Familie gehören zwei Kinder, vier aufmerksame aber wedelfreudige Hirtenhunde aus der Familie „Wuschel-Kuschel", zwei Katzen und vor allem die kommerzielle Grundlage der Weiberwirtschaft: 36 kräftige Ziegen, meckernde, störrische Viecher, sowie viele gesunde, ungespritzte Obstbäume. Im Angebot: Reiner Ziegenkäse aus biologischem Anbau, verschiedene Marmeladen und Konfitüren (Aprikosen, Maulbeeren, Zwetschen, Kastanien aus eigenem Anbau, sowie eine Vierfruchtkonfitüre aus Zitronen, Orangen, Mandarinen und Pampelmusen). Der Käse kaum fetthaltig, weich oder fest (je nach Lagerzeit) und in verschiedenen Geschmacksrichtungen, mal kräftig-würzig, mal cremig-weich. Neben der Eigenproduktion Käse und Marmelade werden auch Naturprodukte der Nachbarn angeboten: Wein und Honig, und in Ausnahmefällen frische Eier, aber die sind häufig morgens schon weg.

Die beiden Frauen haben eine solide Berufsausbildung einschließlich Studien im wirtschaftlichen und rechtswissenschaftlichen Bereich. Sie kommen aus angesehenen bürgerlichen Familien, waren geschäftlich und vor allem sportlich erfolgreich (alpiner Ski- und Bergsport). Für Odile kam vor 20 Jahren der Knackpunkt, für Karin machte es zehn Jahre später Klick. Es war ein totaler Bruch, ein Sprung ins kalte Wasser, in die völlige Unsicherheit. Am Anfang war auf dem Fleck Wildnis, wo heute die Farm steht, nur ödes Land voller Pinien, Korkeichen, Büsche und Felsen. Nur Grillen zirpten und Wildschweine sagten sich Gute Nacht (was sie auch heute noch tun). Damals ohne Licht und ohne Wasser! Viele Steine gab es und wenig Brot. Es musste gerodet, gebohrt und gebaut werden. Noch heute sieht man die beiden Frauen (in letzter Zeit auch mehr und mehr freiwillige junge Helfer beim Praktikum) nicht nur am Ziegeneuter im Kühlhaus, sondern auch mit Zementmischer, Maurerkelle, Zimmermannshobel und Malerpinsel hantieren. Freizeit gibt es kaum, für die Frauen hat der Arbeitstag 14 Stunden (für die Praktikanten 6 – 8 Stunden). Abends mal ein gutes Video über Tiere, Pferde, Landschaften, Natur und Biologie. Viel lesen, ruhige Gespräche mit Freunden und den Kindern, bei denen der Fernunterricht den Schulweg ersetzt. Mit dem Schutz der Umwelt und dem Leben mit der Natur ist es den beiden Nichtraucherinnen ernst. Karin zum biologischen Anbau: „Die Leute sollten unterscheiden zwischen dem irreführenden Ausdruck Naturprodukt und dem wahren biologischen Anbau! Da sollte jeder wissen, was er kauft und konsumiert! Wir erklären unseren Kunden und Gästen die Unterschiede, um Zweifel und Unkenntnis zu vermeiden!"

Sind die beiden glücklich? Vielleicht eine Frage ohne Fingerspitzengefühl, angesichts der müden Gesichter. „Ja! Wir arbeiten zwar ziemlich schwer, und der Verdienst hält sich noch in Grenzen, aber wir sind frei! Wir können spontan und kreativ planen und arbeiten und über unser Leben selbst entscheiden. Es ist – materiell und finanziell gesehen – ein bescheidenes Leben, und trotzdem sind wir reich. Es ist ein innerer Reichtum, den man durch Geld oder Hektik sowieso nicht erwerben kann".

Hinweis für „alternative" Praktikanten:

Karin und Odile bieten jüngeren „Multitalenten" Mithilfe und ein Praktikum von je vier Wochen auf der Farm an. Zwischen März und November. Es gibt Taschengeld, Kost und Logis. Jüngere Frauen und Männer zwischen etwa 18 und 35 Jahren, die für vier Wochen an die Côte d'Azur aussteigen möchten, und in irgendeinem Handwerks-, Landwirtschafts- oder Gartenberuf zugreifen können, aber auch das „einfache" Leben lieben und vertragen, wenden sich bitte telefonisch 00-33-494 96 57 61 auf Deutsch an Karin oder auf Französisch an Odile. Postanschrift: *Ferme de chévre de Peigros* (Odile et Karin), Route de Peigros, F-83100 Sainte Maxime.

„Französische Liebschaften"

Liebesaffären berühmter Leute

Liebesgeschichten in Frankreich – besonders in Paris – gibt es so viele wie dort Menschen leben. Das ist keine Erfindung der französischen Tourismuswerbung, sondern logisch. Nach Frankreich kommen frau und mann nicht nur wegen der Arbeit, dem Urlaub, sondern auch aus Liebe. Jeder von uns könnte da wahrscheinlich seine eigene kleine *affaire d'amour* erzählen. Im folgenden Kapitel konzentrieren wir uns auf eine kurze Rückblende über einige Frauen und Männer, die über den Durchschnitt hinaus im deutsch-französischen Rampenlicht von (Klatsch)-Presse und Öffentlichkeit standen. Es geht – als Vertreter für viele andere – um Romy Schneider und Alain Delon, Brigitte Bardot und Gunter Sachs, Claudia Schiffer und David Copperfield, einschließlich Karl Lagerfeld.

Die Entführung der Kaiserin Elisabeth nach Paris

Hat ein Franzose, ein Schwerenöter und Filmmime, ein Casanova mit Namen Alain Delon, die österreichische Kaiserin Sissi, auch unter dem Namen Romy Schneider bekannt, der deutsch-österreichischen Monarchie gestohlen und ins Sündenbabel nach Paris entführt? Warum hatte sich „unsere Romy", der Schwarm unserer Väter und Mütter, nicht für Horst Buchholz entschieden, mit dem sie 1957 in der französischen Liebesgeschichte *Monpti* einen großen Filmerfolg hatte? Immerhin waren Romy Schneider und Horst Buchholz von der deutschen Regenbogenpresse ungefragt zum Traumpaar des Jahres ausgerufen worden! Aber diese dickköpfige Göre.Romy Schneider wollte dem Sissi-Image entfliehen und setzte sich nach Frankreich ab. Unter anderem in die Arme und ins Bett von Alain Delon, der bislang in französischen Filmen den jugendlichen Liebhaber gemimt hatte. Die Schmach, sich für einen Franzosen (und für ein neues Leben und eine eigenständige Filmkarriere) entschieden zu haben, bekam die Österreicherin sofort zu spüren: Bei einer Umfrage zur Beliebtheit deutschsprachiger Filmstars purzelt Romy von Platz 1 auf den 20. Platz zurück. In Frankreich dagegen wurde sie als „das schönste Geschenk seit Marlene Dietrich" gefeiert. 1958 lernte die damals 29jährige Romy Schneider bei den Dreharbeiten zu *Christine* Alain Delon (damals 33) kennen. Der gemeinsame Film *Christine* basiert auf Arthur Schnitzlers Skandaldrama *Liebelei*. Romy erhielt für ihre Rolle in der deutsch-französischen Koproduktion eine für damalige Verhältnisse Spitzengage von 500 000 Mark. Danach begann für Romy Schneider und Alain Delon eine internationale Karriere; unter der Regie von *Luchino Visconti* realisierte Delon *Rocco und seine Brüder*, Romy Schneider spielte in *Boccaccio 70*. In den Folgejahren war es dann auch Visconti, der sich den Liebes- und anderen turbulenten Problemen der beiden Stars als eine Art Ersatzvater annahm. Mit der Verliebtheit folgte Romy ihrem Alain 1958 nach Paris, nahm dort Schauspielunterricht und bekam erste Theaterrollen. In den Folgejahren waren Romy Schneider und Alain Delon die wahrscheinlich glamourösesten jungen Stars des europäischen Kinos und der Klatschpresse. Als Romys Verlobung mit Alain Delon Ende 1963 aufgelöst wurde, begannen für sie eine Reihe von Lebenskatastrophen. Ihr erster Ehemann Harry Meyen erhängte sich und Romys 15jähriger Sohn kam bei einem Unfall ums Leben. Romys neuer Ehe (1975 – 1981) mit ihrem ehemaligen Sekretär Daniel Biasini entstammt Tochter Sarah. Die Klatschpresse warf Biasini vor, es nur auf Romys Vermögen abgesehen zu haben. Nach Romy Schneiders Selbsttötung (1982 in Paris) erbten Ehemann Biasini und Tochter Sarah nur Romy Schneiders Schulden, die Biasini mit den Erlösen aus seinem Buch „Meine Romy" teilweise bezahlen kann. Der „Entführer der Sissi", Alain Delon, lebt heute in Paris. Delon, der im französischen Indochinakrieg Fallschirmspringer war, kam zwischenzeitlich in der Presse als Kandidat für die französische Staatspräsidentschaft ins Gespräch, und zwar in Zusammenhang mit der rechtsradikalen Nationalen Front (NF). Die Gerüchte konnten nicht bestätigt werden.

Unter den Schönen und Reichen von St. Tropez Brigitte Bardot und Gunter Sachs

Noch heute, weit über 30 Jahre danach, drängen sich Touristenscharen durch die kleinen Gassen und den Hafen von St. Tropez, um sich einen Hauch jener Nostalgie um die Nase wehen zu lassen, der seit den frühen Sechzigern des letzten Jahrhunderts die Ökonomie des einstigen Fischerdorfes St. Tropez ankurbelt. Zu den großen Namen dieser Nostalgie gehören u.a. der deutsche Ex-Playboy und Millionenerbe Gunter Sachs und die französische Sexlegende und Ex-Schauspielerin Brigitte Bardot. Die beiden lernten sich im Jet-set der Côte d'Azur kennen; Gunter Sachs gehörte u.a. zum Freundeskreis von Bardots erstem Ehemann, Roger Vadim, in dessen Clique er nachts die Straßen und Strände von St. Tropez im offenen Strandflitzer „Minimog" unsicher machte. Brigitte Bardot und Gunter Sachs heirateten am 14. Juli 1966, am französischen Nationalfeiertag.

„Nicht weil sich mein Teutone für den Sturm auf die Bastille interessiert", sagte Brigitte in Anspielung auf die französische Revolution mit gleichem Datum, „sondern weil die 14 seine Glückszahl ist". Denn Gunter Sachs war ein Spieler,

der erste und letzte in Brigitte Bardots Leben. Sie flogen gemeinsam in der privaten Boeing nach Las Vegas und Monaco, wo sie der Jet-set für ein Spielchen unter Freunden erwartete. Gunter Sachs spielte mit hohem Einsatz und er gewann mit Stil, er setzte immer auf die Zahl 14. Als er eines Nachts den Einsatz verdoppelnd auf die Zahl 28 setzte (Brigittes Geburtsdatum), verlor Gunter Sachs 100 000 Dollar. Am nächsten Tag schenkte er seiner Ehefrau einen Diamanten im gleichen Wert. (Im Jahre 2001 gehörte Gunter Sachs nach einer Erhebung des Manager Magazins mit einem Vermögen von einer halben Milliarde Euro – auf Platz 98 – zu den 100 reichsten Deutschen).

Aber Geld alleine scheint tatsächlich nicht immer glücklich zu machen. Es brodelte schon nach kurzer Zeit in der deutsch-französischen Ehe. In seinem Buch „Meine drei Frauen" beschrieb Bardots erster Ehemann, der französische Filmregisseur Roger Vadim, Bardots Beziehung mit dem deutschen Sachs-Erben wie folgt: Als ich sie besuchte, sagte sie unter Tränen: „Ich langweile mich! Ich habe einen Butler, drei Hausmädchen, vier Gärtner, zwei Herzoginnen, den Ex-König von Griechenland oder Spanien – ich weiß es nicht mehr so genau -, ich kenne den zweiten Befehlshaber der Mafia, ich habe Freunde wie Paul Newman, Visconti und Ave Gardner und einen Ehemann, der mich verwöhnt, aber ich langweile mich, wie ich mich noch nie gelangweilt habe ...!"

In diesem Moment kam Gunter Sachs ins Zimmer, sah Brigitte Bardot noch immer in Jeans und sagte verärgert: „Hast du dich noch nicht umgezogen?" Darauf Brigitte Bardot gereizt: „Was hast du gegen meine Jeans? Magst du die Art nicht, wie sie sich über meinen Arsch spannen? Ich dachte, das würde dir gefallen?!"

Brigitte Bardot hatte das Herumreisen mit Gunter Sachs von Spielkasino zu Spielkasino satt. Trotz ihrer Berühmtheit war sie nicht unbedingt auf Starrummel erpicht. Ein Häuschen mit Garten und ein ruhiges Leben mit Kindern und Haustieren entsprach mehr ihren Erwartungen, als das Glimmerleben mit dem deutschen Millionär. Zwar liebte sie Luxus, gehörte aber nicht zu jenen, die ihn protzig zur Schau stellen. Eines Tages stand sie vor dem Spiegel und betrachtete sich kritisch: „Verdammt! Ich sehe heute nicht gut aus! Gunter wird mich wieder schimpfen! Wenn ich Make-up auflege, sagt er, du siehst aus wie eine Hure. Wen ich mich abschminke, sagt er: So gehst du nicht aus! Du siehst aus wie ein Dienstmädchen! ... also, ich habe wirklich die Nase voll!"

Nach der Scheidung 1969 heiratete Gunter Sachs das schwedische Fotomodell Mirja Larsson, 1971 wurde Sohn Christian Gunnar geboren. Brigitte Bardot hatte das von Gunter Sachs angebotene Geld bei der Scheidung abgelehnt und die meisten seiner Juwelengeschenke zurück gegeben. Mirja und Gunter gründeten die Mirja-Sachs-Stiftung für Kinder in Not. Gunter Sachs' Geschäftsidee, im Raum St. Tropez Schilfrohr in Massen auf Plantagen zu züchten, schlug fehl. Brigittes erster Ehemann, Entdecker und Filmmentor Roger Vadim, starb 1999 in Paris und wurde auf dem Meeresfriedhof von St. Tropez beigesetzt. Seine drei Ehefrauen, die Schauspielerinnen Brigitte Bardot, Jane Fonda und die Fabrikantentochter aus Elsaß-Lothringen, Catharina Schneider, sowie seine Ex-Verlobte, die Schauspielerin Catherine Deneuve, kamen zu seiner Beisetzung, sahen sich aber nur verkrampft an. Gunter Sachs schickte ein Beileidstelegramm. Gegenüber Roger Vadim (eigentlich: *Plemianikow*. Roger Vadim war Sohn eines französischen Konsuls im zaristischen St. Petersburg)) soll Brigitte Bardot über ihre Beziehung zu dem Deutschen Sachs gesagt haben: „Er war nur einer von vielen. Ein bisschen Glimmer, sonst nichts! Die wahre Liebe meines Lebens ist Roger Vadim!" Gunter Sachs musste das geahnt haben: Seine Eifersucht und seine Hass-Freundschaft zu Roger Vadim war im Jet-set der Côte d'Azur bekannt. Brigitte Bardot wurde nach ihrer Filmkarriere Gründerin und Motor einer beachtlichen französischen Tierschutzorganisation, der *Fondation Brigitte Bardot*, die heute in ganz Frankreich von mehreren tausend freiwilligen Helferinnen und Helfern unterstützt wird und entscheidend zur Verbesserung der französischen Tier- und Artenschutzgesetze beigetragen hat. Frau Bardot lebt heute zeitweilig in ihrem Haus „La Madrague" in St. Tropez. Mitunter sieht man sie als ältere Dame mit recht eigenwilliger Kleidung und Frisur auf dem Marktplatz oder in ihrem früheren Stammcafe.

Gunter Sachs hatte einst zu Brigitte Bardot gesagt: „Du bist wie ein großartiges Segelboot in der Mitte einer Bucht, dessen Segel hin- und herschwingen. Wenn kein Wind kommt, bleibt das Boot regungslos liegen!" Brigitte Bardot hatte später ergänzt: „Dieser Wind muss immer von irgendwo anders herkommen. Das Drama meines Lebens ist es, dass ich selbst anscheinend keinen Wind in meine eigene Richtung blasen kann." Gunter Sachs soll sinngemäß geantwortet haben: „Bei deiner unbändigen Suche und Sucht nach Liebe hast du nicht gelernt, selbst Liebe zu geben. Du forderst sie nur von anderen ein!"

Dem Zauberer erlegen?
Claudia Schiffer und David Copperfield

Am 10 Oktober 1993 begann der Liebesreigen zwischen Claudia Schiffer und David Copperfield während der Copperfield-Show in der Deutschen Oper Berlin. Am Tag danach musste das deutsche Topmodel zu Terminen zurück in die neue Heimat, nach Paris. David Copperfield reiste sofort nach und schaute sich einen Tag später die Coco Chanel Modenschau an, als Claudia Schiffer mit von Karl Lagerfeld – dem deutschen Modeschöpfer in

Paris – entworfenen Minis über den Lauf-
steg trippelte. Beim abendlichen Pariser
Shopping war Mama Schiffer noch dabei,
danach wurde ohne Mama im Hotel Ritz
am Place Vendôme (dem letzten Hotel vor
dem Pariser Unfalltod von Prinzessin
Diana) in einer Suite gespeist. Claudia
Schiffers Jahreseinkünfte lagen zu dieser
Zeit bei 30 Millionen Dollar, Copperfield
verdiente etwa das Dreifache. Im März
1994 erfolgt die Verlobung der beiden.
Der deutsche Modemacher in Paris, Karl
Lagerfeld, realisierte einen Fotoband nach
Goethes Faust. Claudia Schiffer mimt das
Gretchen; David verkörpert den Faust. Die
Spekulationen, es könne sich bei den beiden nicht um wahre Liebe sondern um
einen Werbegag handeln, können die
beiden auch gerichtlich nicht völlig aus
der Welt schaffen. Copperfield antwortete
auf die ständigen Pressefragen nach seiner
Homosexualität: „Wenn es zu einer Hochzeit kommt, wird dieses Ereignis spekta-
kulärer als die Landung auf dem Mond!"

Claudia Schiffer hat längst andere Herz-
buben gefunden und macht noch immer in
Mode, oft in Paris. Jetzt aber ohne David.
Frau Schiffer ist ohne Zweifel das berühmteste deutsche Model mit einer sagenhaften Karriere in der französischen
und internationalen Welt von Mode und
Glimmer. Aber sie ist nicht die Einzige:
Mitte 2001 waren bei französischen Mo-
del- und Fotoagenturen rund 400 deutsche
junge Frauen eingeschrieben. Ein Mitarbeiter der deutschen Botschaft Paris
meint: „In jedem Schnellzug aus
Deutschland steigt am Pariser Ost- oder
Nordbahnhof mindestens eine junge Deutsche, die ihr Glück in Frankreich, speziell
in Paris, versuchen will!"

Der deutsche Modeschöpfer Karl Lagerfeld, dem Claudia Schiffer nach eigenen
Worten „viel zu verdanken" hat, wurde in
der französischen Presse und Justiz im
Zusammenhang mit Steuerhinterziehung
erwähnt und hat sein Domizil von Paris
bzw. von Biarritz nach Monaco verlegt.

Jetzt war die französische Steuerbehörde –
mit Hilfe von Telefonrechnungen – Lagerfeld erneut auf den Fersen und versucht
nachzuweisen, dass er sich pro Jahr überwiegend in Frankreich und nicht in Monaco aufhält (womit er in Frankreich – und
nicht im Steuerparadies Monaco – steuerpflichtig wäre).

Quellen und Buchhinweise:

Roger Vadim: „Meine drei Frauen"
Benichou/Pommier: „Romy Schneider",
Bernard d'Eckardt: „Brigitte Bardot",
Francoise Gerber: „Catherine Deneuve",
Rein A. Zondergeld: „Alain Delon",
alle in der Heyne-Filmbibliothek, Heyne-
Verlag.
Jörg Meidenbauer: „Die großen Liebes-
paare", Chronik-Verlag (Unser Jahrhun-
dert im Bild),
„Nice-Matin", und „France-Soir", mehrere
Ausgaben 2001,
sowie Zeitungsarchive des Autors.

Damit wollen wir uns von Klatschpresse,
Starrummel und den schönen und reichen
Deutschen in Frankreich verabschieden
und uns wieder intensiv den praktischen
Alltagsfragen für Otto und Lisa Normal-
verbraucher zuwenden.

„Gut vorbereitet ist schon die halbe Miete"

**Interview mit der deutsch-franz. Han-
delskammer zu den Themen „Geschäf-
temachen in und mit Frankreich"**

Nicht alle Deutschen, die in Frankreich
Geschäfte   machen,   Handel   treiben,
Dienstleistungen anbieten oder Waren
produzieren, sind Mitglied der Deutsch-
Französischen Industrie- und Handels-
kammer mit Sitz in Paris. Handelskam-
mern sind keine staatliche Einrichtungen;
eine Mitgliedschaft ist keine Pflicht, aber
eine Überlegung wert. Aber auch ohne
Mitgliedschaft bietet die deutsche IHK in
Paris eine solche Menge an Hilfe und
Informationen für an Frankreich interes-

sierte Geschäftsleute und Neuankömmlinge, dass wir uns im folgenden Frage- und Antwortspiel eingehender damit befassen wollen:

„Was spricht für eine Mitgliedschaft in der IHK Paris?"

Seit fast einem halben Jahrhundert ist die IHK-Paris auf dem deutsch-französischen Markt tätig und verfügt dadurch über beste Erfahrungen und Verbindungen. Die IHK-Paris hat 1 200 freiwillige deutsche und französische Mitglieder aus Industrie, Handel und Dienstleistungsgewerbe. Mit marktorientierter Hilfe unterstützt die IHK den Auf- oder Ausbau Ihres Frankreichgeschäfts. Ferner werden Geschäfts- und Gesprächspartner im wirtschaftlichen, privaten und politischen Bereich vermittelt. Man profitiert nicht nur von einem gewaltigen Erfahrungsaustausch, sondern vor allem vom umfangreichen Dienstleistungsangebot der IHK-Paris, aus dem auch Nichtmitglieder Nutzen ziehen können. Mitglieder genießen allerdings besondere Preisvorteile und nehmen auch Dienstleistungen wichtiger Partner zu Vorzugsbedingungen in Anspruch.

Aufgaben der IHK-Paris

Die wichtigsten Aktivitäten sind:

Ermittlung von Geschäftspartnern und Aufbau von Vertriebsnetzen,
Individuelle Vermittlung von Handelspartner,
Untersuchungen über Erfolgsaussichten von Projekten,
Marktstudien, sowohl auf das Produkt, die Geschäftsidee oder die regionalen Voraussetzungen bezogen; im Anschluss daran auch die Standortsuche, sowie Ansiedlungs- und Investitionsberatung,
Kundendirektakquisition,
Anbahnung und Durchführung von Kooperationen, An- und Verkauf von Unternehmen, und schließlich die Domizilierung Ihres Unternehmens, einschließlich

aller administrativen und steuerrechtlichen Schritte.

„Kommen wir doch gleich zu einigen Einzelleistungen. Nehmen wir den Fall, eine deutsche Firma oder eine deutsch-französische Firmenneugründung möchte ihre Produkte auf dem französischen Markt anbieten, ist sich aber nicht sicher, oder sie will sicher überprüfen lassen, inwieweit diese den französischen Bestimmungen Genüge tragen."

Richtig! Dabei tauchen häufig folgende Fragen auf: Ist zur Markteinführung in Frankreich eine Genehmigung des zuständigen Ministeriums erforderlich? Welche Normen, welche Vorschriften und Gesetze sind zu beachten? Existieren Umweltauflagen oder bestimmte Auflagen auf dem Nahrungsmittelsektor? Welche Etikettierungsvorschriften sind anzuwenden? Was sagen europäische Bestimmungen dazu? Der IHK-Service informiert ebenfalls gezielt über Sonderbestimmungen, die oft bei Lebensmittel, Kosmetika, Pharmazeutika und Schadstoffen angewendet werden müssen. Die IHK-Paris steht in ständigem Kontakt mit französischen Behörden, Verbänden und Prüfstellen, was einer effektiven Lobbyfunktion entspricht.

„Ein Problem ist häufig die Mehrwertsteuererstattung. Deutsche Unternehmen erhalten bei Inanspruchnahme bestimmter Dienstleistungen Rechnungen mit französischer Mehrwertsteuer (TVA), die oft vom französischen Staat zurück gefordert werden kann. Hilft hierbei die IHK?"

„Ein ganz klares Ja! Der Erstattungsservice der IHK-Paris holte bei der Finanzverwaltung pro Jahr etwa 35 Millionen Francs, jetzt so etwa 5 bis 6 Millionen Euro heraus. Zu den typischen erstattungsfähigen Rechnungen gehören: Leistungen im Zusammenhang mit Messen und Ausstellungen, Forderungsverzichte, Subventionszahlungen an eine Tochtergesellschaft in Frankreich, Inanspruchnahme des französischen Grünen Punktes im Umweltbereich, Kosten im Zusammenhang mit einem angemeldeten Verbindungsbüro, Mieten für Konferenz- und Büroräume sowie für Nutzfahrzeuge, Dieselkraftstoff und Reparaturen an Nutzfahrzeugen, sowie Dienstleistungen, die irrtümlich mit TVA berechnet wurden.

„Können Sie bitte kurz den Wirkungsgrad Ihrer Verbandszeitschrift CONTACT erläutern!?"

„Die IHK-Paris verfügt mit der Zeitschrift CONTACT über einen weiteren Multiplikatoren. Im CONTACT gibt es nicht nur Berichte aus dem deutsch-französischen Wirtschaftsbereich oder Hinweise auf neue Gesetze, usw., sondern im Anzeigenteil auch die Möglichkeit einer Geschäftsanzeige bzw. einer Anzeige für Stellengesuche und -angebote. In der Geschäftsanzeige können Sie z.B. Partner suchen oder Ihre Produkte offerieren, und zwar auf Deutsch und/oder Französisch, wobei der Übersetzungsservice der IHK auf Wunsch zur Verfügung steht. Das gleiche gilt für den Stellenmarkt. Deutsche und französische Firmen bieten hier besonders Posten in allen kaufmännischen Bereichen: Buchhaltung, Export, Finanzen, Import, Marketing, Sekretariat, Werbung. Auch Techniker und Ingenieure sind gefragt. Die Stellenanzeigen der IHK werden von Geschäftsführern und Personalchefs gelesen, von Unternehmens- und Personalberatern, Zeitarbeitbüros sowie deutschen und französischen Arbeitsämtern. Über die Anzeige hinaus kann von der IHK eine Nachbetreuung bzw. eine Profilerstellung übernommen werden.

Damit sind die Möglichkeiten der IHK-Paris noch nicht erschöpft?!

Das ist richtig! Die IHK liefert auch Adressenmaterial aus laufend aktualisierten Datenbeständen von über 100 000 französischen Unternehmen. Hierzu gehö-

ren u.a. die Adresse, Telefon, Telefax, mögliche Webpräsenz, Geschäftsführung, die Rechtsform, Kapital und Umsatz, Beschäftigtenzahl, Bankverbindungen, Branche, Exportländer der Firma, Produkte und Firmenaktivitäten sowie die Namen der Verantwortlichen.

Wie sehen die Möglichkeiten für Praktikanten aus?

Wir vermitteln Praktikanten für ein Praktikum in Frankreich; qualifizierte Praktikanten werden mit Hilfe eines computergestützten Profilrasters nach präzisen Firmenerwartungen ausgewählt.

Kosten, Vermittlungsbedingungen, Bewerbungsunterlagen sowie ein Musterlebenslauf können von der IHK-Paris angefordert oder im Internet herunter geladen werden. Anträge sollten i.d.R. spätestens drei Monate vor Praktikumsbeginn gestellt werden; mitunter sind kürzere Bewerbungszeiten möglich. Für die Unterkunft sorgen die Praktikanten selbst, können aber bei der Suche von der IHK unterstützt werden.

Die IHK-Paris hält zahlreiche Bücher, Broschüren und Veröffentlichungen kostenpflichtig bereit. Geht es dabei nur um Handel und Industrie?

Grundsätzlich ja, aber das Spektrum der IHK-Veröffentlichungen ist vielfältig und beinhaltet auch Randgebiete. So gibt es z.B. bei den Rechtsberatungen Bücher oder Merkblätter zum französischen Insolvenzrecht, zum Bankenrecht, Praxis des Arbeitsrechts, Vertragsgestaltung für leitende Angestellte, oder Rechtsfragen und Tabellen zur Gründung und Führung einer Niederlassung. Zum Thema Steuern bietet die IHK-Paris u.a. mehrere Fachpublikationen zu den Begriffen Einkommensteuer, Rechnungswesen, Körperschaftssteuer und Bilanzierung. Vertriebs- und Marktstudien befassen sich u.a. mit der Exportförderung, mit Frankreichs Umweltsituation, mit Kundenpotentialen in der französischen Region oder mit dem Verzeichnis deutscher Niederlassungen. Der Immobiliensektor ist mit Mietvertragsbeispielen und Grundstückserwerb vertreten. Sogar scheinbare „Nebensächlichkeiten" wie „Restauranteröffnung" oder „Vorübergehende Tätigkeit in Frankreich" sind in der Bücherliste der IHK-Paris zu finden. Wer die Bücher, Broschüren oder Merkblätter nicht gleich kaufen möchte, kann sie gegen eine Gebühr von etwa 5 Euro vor Ort, also in der Bibliothek der IHK-Paris einsehen, morgens von 9.30-12.30 Uhr, nachmittags bei Terminvereinbarung.

Deutsch-Französische Außenhandelskammer, 18, rue Balard (Metro: Javel), 75015 Paris, Tel.: 0033 140 58 35 34, ahk@ahk-ccifa.fr, www.ahk-ccifa.fr , 0033 140 58 35

„Der tägliche Kleinkram ist zwar nervig, muss aber erledigt werden!"

Gespräch mit einem deutschen Handwerker, der sich als Schreiner in Südfrankreich niedergelassen hat und sich jetzt als Bootsbauer betätigt.

„War es schwierig, sich selbständig zu machen?"

„Ja und Nein! Durch die EU-Gesetze ist es zumindest möglich! Unterdessen bestehen in Frankreich wohl über 3000 Kleinunternehmen, die entweder Deutschen gehören oder eine deutsche Beteiligung haben. Die Schwierigkeit besteht nicht darin, dass man sich nicht oder mit mehr Problemen als die Franzosen selbständig machen kann. Durch die EU ist die Rechtslage der Mitgliedsländer, also auch zwischen Deutschland und Frankreich, weitgehend angepasst. Auch deutsche Selbständige und Firmen haben freies Niederlassungsrecht. Die eigentlichen Schwierigkeiten beginnen dann erst, und zwar primär bei der Sprache, bei Formularen, bei der Vor-

sprache auf Behörden, bei den unbekannten Verwaltungswegen; da gehen sogar Franzosen in die Knie."

„Haben Sie Ihre Geschäftseröffnung alleine durchgeboxt, oder die Hilfe von Fachleuten benötigt?"

„Wer nicht zweisprachig deutschfranzösisch aufgewachsen ist oder schon sehr, sehr lange im Lande lebt, benötigt in jedem Fall fachliche Hilfe. Selbst Franzosen kommen ohne Notare und Steuerberater nicht aus. Wenn ich nur an die jährlichen Steuererklärungen denke, das ist eine wissenschaftliche Arbeit, die über mehrere Tage sogar in den Tageszeitungen erklärt wird. Dabei spielt es keine Rolle, ob es sich um einen Ein-Mann-Betrieb mit Kleinstlieferwagen und einer Hinterhofwerkstatt handelt oder um ein großes Auslieferungslager deutscher Produkte. Abzuwägen ist lediglich die Größe, Form und Ausweitung einer solchen Fachberatung. Sehen Sie mich zum Beispiel: Obwohl ich zwei Jahre zuvor mit der Vorbereitung begonnen hatte, ich hatte Bücher und Informationen gewälzt, war auf der Handelskammer und bei Berufsverbänden, hatte Französisch gebüffelt, und trotzdem, am Ende wurde alles doch komplizierter und vor allem viel teurer, als ich eingeplant hatte. Hätte ich dann nicht auf eine „Rücklage für unvorhergesehene Fälle" zurück greifen können, hätte ich aufgeben müssen, bevor ich überhaupt angefangen hatte. Anfänger sollten über Rücklagen verfügen, die mindestens 50 Prozent über der anfänglichen Gesamtplanung liegen".

„Wie hatten Sie Ihre Gesamtplanung berechnet?"

„Maschinen, Werkzeuge und Material hatte ich so gut wie nicht eingeplant, da ich das von Deutschland mitbringen wollte. Hier hat sich aber dann der Irrtum herausgestellt: Alleine für die Überholung der elektrischen und sanitären sowie der feuertechnischen Anlagen (da war ich davon ausgegangen, sie würden noch zwei oder drei Jahre halten) musste ich die Hälfte meiner Rücklagen angreifen. Bei der Sicherheitsabnahme stellten sich so viele Mängel heraus, die hatte ich beim Erwerb der Werkstatt mit Büro überhaupt nicht bemerkt und außerdem hatte ich wegen meiner immer noch ungenügenden Französischkenntnisse keine Mängelklausel in den Vertrag einbauen lassen. Immerhin war ich so schlau, nicht nur die Umzugskosten von damals 15 000 Mark zu kalkulieren, sondern auch die Anlaufkosten, Installierung des Telefons, Internet, Steuervorauszahlungen, einige Umbauarbeiten und eine Sekretärin; das wollte eigentlich meine Frau machen, aber dann blickte meine Frau bei den Feinheiten der französischen Steuergesetzgebung und vor allem bei der Lohnbuchhaltung für den Zimmermann und den Lackierer nicht durch, und weil ich mich den ganzen Tag um Kunden und neue Aufträge kümmern musste, haben wir schließlich eine Sekretärin eingestellt, die anfangs auch nicht eingeplant war. Viel zu spät haben wir bemerkt, dass wir den Zimmermann und Lackierer überhaupt nicht benötigt hätten, das heißt benötigt schon, aber nicht fest angestellt mit allen damit zusammenhängenden strengen sozialen Auflagen. Die rechtzeitige Einschaltung von Beratern hätte uns wahrscheinlich darüber informiert, Fachkräfte nicht einzustellen, sondern von Fall zu Fall bei Bedarf auf Fremdfirmen zurück zu greifen. Das sind dann auch wiederum nur Ein-Mann-Betriebe, zum Beispiel Schreiner, Zimmermann, Spengler, Maurer, Installateure oder Lohnbuchhalter, die sich – teils mit Büro im Wohnzimmer, teils mit etwas Werkzeug und einem Minilieferwagen – selbständig gemacht haben. Diese Betriebsform ist recht verbreitet und nennt sich *„Micro-Entreprise"*; das ist ein Ein-Personen-Betrieb, der eine Jahrespauschale an Steuer, Versicherung und Sozialabgaben zahlt, darüber hinaus soviel verdienen kann wie er will, aber kein Personal einstellen darf und keine Umsatzsteuer berechnen und absetzen kann. Das mag Nachteile haben, hat aber auch wieder Vorteile: Wegen der fehlenden Umsatzsteuer kann er preisgünstiger arbeiten und bekommt mehr Kunden. Und was den eventuellen Personalbedarf gelegentlich betrifft: Hier gibt der freie Markt immer die eine oder andere Arbeitskraft her, die für ein paar Tage aushelfen kann. Okay, das ist gegen das Gesetz, aber erzähle das mal einem Franzosen; oder im Freundeskreis, – die würden sich schief lachen! Die kleinen Handwerksbetriebe haben auch hier noch zweierlei Buchführung: die offizielle und die andere in der Hosentasche und die versteckten Telefonnummern im Handy!"

„Welche Anlaufzeit hatten Sie, bis Sie an zu Kunden, Arbeit und Verdienst kamen? Wie haben Sie die Übergangszeit überbrückt?"

„Die Frage, wann das erste Geld durch eigene Kunden herein kommt, war der größte Unsicherheitsfaktor! Ich hatte eine Anlaufzeit von drei Monaten und dafür ein Überbrückungskapital von damals 15 000 Mark eingeplant, aber das war zu knapp! Zwar hatte ich nach zwei Monaten bereits die ersten – kleineren – Aufträge, aber bei der hiesigen Zahlungsmoral wurden die Rechnungen erst zwei oder drei Monate später beglichen, wenn überhaupt. Meine Auftraggeber wussten genau, ich war neu und außerdem Ausländer, ich war auf die Aufträge angewiesen und man konnte mich zappeln lassen. Ich hätte mindesten sechs Monate einplanen müssen, besser sogar ein Jahr, bevor das Geschäft einigermaßen läuft und Geld in die Kasse kommt."

„Wie haben Sie und Ihre Frau das geschafft?"

„Wir haben unseren Lebensstandard gewaltig eingeschränkt. Vorteilhaft ist dabei, dass man weniger Kleidung braucht, die Wäsche schnell auf der Leine trocknet und man sogar zu wichtigen Verabredungen leger ohne den Firlefanz von Anzug und Krawatte gehen kann. Zum Teil habe ich Arbeiten übernommen, die überhaupt nichts mit meinem Schreinerberuf zu tun haben: Gärten pflegen, mauern, Rohre verlegen, Pools reinigen, alle möglichen und unmöglichen handwerklichen Hilfsarbeiten, die hier durch den Bauboom – besonders bei privaten Villen am Mittelmeer – immer gefragt sind. Das führte sogar zur Überlegung, mich nicht auf Schreinerei alleine zu konzentrieren, sondern so eine Art Werkstatt mit Multiservice zu betreiben. Ein Lieferwagen, ein paar Werkzeuge eingepackt, und dann alle Arbeiten annehmen, für die andere Betriebe nicht kommen wollen. Dann wäre wahrscheinlich schneller Geld ins Haus gekommen, aber mein Ruf als Schreiner hätte wohl unwiderruflich gelitten. Durch einen Zufall, wenn es im Leben denn Zufälle gibt, lernten wir in einer englischen Kneipe in Port Grimaud einen deutschen Kapitän und Schiffseigner kennen, der uns sein Leid über fehlende Schiffsbauer und Zimmerleute klagte. Nun komme ich als norddeutscher Schreiner von der Waterkant – der dort schon in zahlreichen kleinen Werften gearbeitet hatte, ans Mittelmeer, und ausgerechnet hier wird mir eine Chance eröffnet, die ich anfangs überhaupt nicht überlegt und eingeplant hatte. Der Käptn machte mich binnen kurzer Zeit mit mehreren Werften und Bootsbesitzern und vor allem mit den Betreibern von Winterquartieren für Boote bekannt, na ja, der Rest ergab sich von selbst, jetzt bin ich gut im Geschäft, ein bisschen Glück gehört eben auch dazu!"

„Wie sieht es mit Neid, Missgunst, Konkurrenz oder gar mit Intrigen aus? Wie wurden Sie akzeptiert? Haben Sie sich integriert?"

„Neid? Wahrscheinlich gab es das auch, aber ich habe kaum etwas davon mitbekommen, denn man bleibt ja unter sich. Die anderen hier operierenden kleinen Handwerksbetriebe sind teilweise auch in Händen von Ausländern; richtige Franzosen, also richtige Ureinwohner, gibt es hier ja kaum noch. Die ,richtigen' Franzosen, das sind alteingesessene Familien, die ihr Schäfchen längst im Trockenen haben, die hier die Geschicke in Politik und Wirtschaft dirigieren und nur auf einer unteren Schiene die kleinen ausländischen Handwerksbetriebe akzeptieren, weil sie das Rad in Schwung halten. Die kleinen Servicebetriebe, das sind oft kleine Familien- oder Ein-Mann-Betriebe von Spaniern, Italienern, Portugiesen, die oder deren Eltern vor vielen Jahren nach Südfrankreich kamen, als Hilfsarbeiter begannen, sich hoch gearbeitet und irgendwann sich selbständig gemacht haben und heute hier den Servicemarkt beherrschen. Da das aber alles Latinotypen sind und eine besondere "Mittelmeer-Mentalität" besitzen, kommen die untereinander recht gut aus und sind auch assimiliert. Uns Deutschen bleibt wohl nur, sich an jene Landsleute zu halten, die hier groß und finanzkräftig eingestiegen sind und eine schweigsame Etage höher diskret leben: zum Beispiel im Hotelgewerbe, im Immobiliengeschäft, Bankinvestitionen, Boote und Yachting, reiche Villenbesitzer, die ihr Geld in Monaco oder in eine französische Immobilie investiert haben. Auch hier wäscht eine Hand die andere und letztlich gibt es viele Gruppierungen, die lassen sich eigentlich gegenseitig in Ruhe, solange man keine Dominanz anstrebt, so richtige kleine Mafiastrukturen, die muss man kennen und da muss man mitmischen. Ohne Vitamin B läuft hier so gut wie nichts, da kannst du ein noch so guter Schreiner sein., und als kleiner Handwerker kann ich ganz gut von den nahrhaften Krümel leben, die reiche Deutsche an der Côte d'Azur jenen überlassen, deren Service sie letztlich benötigen! *C'est la vie! N'est ce pas?"*

"Was sagen Verwandte und frühere Freunde in Deutschland zu Ihrem Ausstieg nach Frankreich?"

„Wenn wir uns sehen, wundern die sich jedesmal, dass ich nicht bronzebraun gebrannt bin. Die meinen, wer am Mittelmeer wohnt, liegt den ganzen Tag am Strand in der Sonne. Dabei vergessen die völlig, dass unser Arbeitstag bis zu 12 Stunden hat und wir genau wie alle anderen Sterblichen nur am Wochenende mal für ein paar Stunden ans Meer kommen. Aber ein bisschen neidisch sind die meisten doch; auf das Klima, den blauen Himmel und die Natur. Aber auch das hat alles seinen Preis!"

„Alles was Recht ist"

Recht, Justiz, Gesetze und anwaltliche Vertretung

Hier kann natürlich nicht das gesamte französische Rechtssystem abgehandelt werden. Der Autor möchte in französische Rechtsfragen einführen und vor allem auf unterschiedliche Gesetzeslagen und Handlungsabläufe hinweisen. Hierbei wurden besonders das deut. Reisevertragsrecht, sowie auf franz. Seite das Arbeitsrecht, Immobilienfragen, Ehe- und Familienrecht, Steuer- und Erbrecht behandelt. Das Gespräch führte der Autor mit dem deutsch-französischen Rechtsanwalt Dr. Thomas Schrade, Paris und Berlin.

"Wird Rechtsberatung von Deutschen mehr von Touristen oder von Residenten, also von fest in Frankreich lebenden Deutschen in Anspruch genommen?"

"Für Touristen gibt es kaum Gründe, einen Rechtsbeistand zu Rate zuziehen, von einer Unfallsituation einmal abgesehen, bei denen dann aber auch die Versicherungen eintreten".

"Da wäre allerdings noch jene Situation für Touristen, wenn sie wegen Vertragsmängeln beim Pauschalurlaub in Frankreich gegen den deutschen Reiseveranstalter in Deutschland klagen wollen?"

"Ja! Das betrifft allerdings nicht das französische Gericht, sondern die deutsche Rechtsprechung. Ist der deutsche Frankreichurlauber der Meinung, sein Reisevertrag würde Mängel aufweisen (z.B. entpuppt sich der Ferienort völlig anders als im Katalog angepriesen), dann muss er zunächst beim Veranstalter oder seinem Vertreter vor Ort auf Abhilfe drängen und eine Frist zur Abhilfe setzen. Gleichzeitig hat er Zeugen und deren Namen zu benennen und z.B. Fotos als Beweis aufzunehmen oder andere Beweise zu sichern. Wird innerhalb der Frist keine Abhilfe geschaffen, kann der Gast abreisen oder ein anderes Hotel auf eigene Faust suchen. In Deutschland kann er dann, innerhalb 30 Tage, nach dem deutschen Reisevertragsrecht vor einem deutschen Amtsgericht gegen den Reiseveranstalter klagen und Erstattung, Teilrückzahlung oder sonstige Minderung des Reisepreises fordern, da gibt es mehrere Gründe: z.B. vertane Urlaubszeit, Schadenersatz, usw."

"Kann der deutsche Reiseveranstalter die Schuld an den Mängeln und damit auch die Regressansprüche auf das französische Hotel, den Busfahrer bzw. die Fluggesellschaft abwälzen?"

"Nein! Verantwortlich ist der Reiseveranstalter in Deutschland. Das Hotel, oder der Busfahrer, die Airline oder der Küchenchef, sind nur Erfüllungsgehilfen. Zwar muss das Hotel sofort die Mängel beseitigen. Wenn es das aber nicht tut, ist trotzdem der Reiseveranstalter haftbar. Ich will aber hier vor übertriebenen Hoffnungen warnen: Zwar sind deutsche Gerichte oft geneigt, zu Gunsten der Kläger zu entscheiden, aber das geht nur, wenn wirklich vom Kläger bereits am französischen Urlaubsort (oder sonstwo im Ausland) alle Daten und Beweise gesichert und vor allem die Fristen eingehalten wurden. Da gibt es Urlauber, die reisen einfach in die Ferien, ohne sich intensiver mit diesen Möglichkeiten zu befassen; andere haben sich dermaßen intensiv damit befasst, die wissen meist schon vorher, dass sie im Urlaub etwas Negatives finden werden; eine mögliche Klage gegen Reiseveranstalter könnte da mitunter bereits ins Auge gefasst sein."

"Gilt das nur für Urlaubspauschalreisen?"

"Das deutsche Reisevertragsrecht gilt nicht nur für Urlaubspauschalreisen sondern allgemein, so z.B. auch für Sprachreisen zu einer ausländischen Sprachschule, sofern sie bei einem in Deutschland ansässigen Veranstalter gebucht werden. Oder ein deutscher Privatvermieter hat jemandem gegen Entgelt seinen Ferienbungalow überlassen und man findet dort nicht alles wie – schriftlich – vereinbart. Ich wiederhole aber: Dies alles betrifft die deutsche Gerichtsbarkeit, nicht die französische. In Deutschland haben sich Anwälte u.a. auf solche Prozesse spezialisiert"

"Spielt hier nicht auch das Versicherungsrecht eine Rolle?"

"Ganz allgemein ist in diesem Zusammenhang festzuhalten, dass der Geschädigte seine Versicherung von dem Schaden unverzüglich zu unterrichten hat und von ihr entschädigt wird. Die Versicherung ihrerseits nimmt dann Regress bei der Versicherung des Schädigers. Voraussetzung ist selbstverständlich, die Angaben der Versicherung des Schädigers sowie dessen Adresse genau zu notieren und sofort weiterzuleiten. Anwaltliche Beratung ist bei Versicherungsgutachten geboten. Sachverständigengutachten sind die Regel, und z.T. empfiehlt es sich im Vorgriff ein Beweissicherungsverfahren (Stichwort: "*Constat d'huissier*") durchführen zu lassen".

"Kommen wir auf Ihr Aufgabengebiet für Deutsche in Frankreich zurück..!"

"Für die Deutschen dort sieht dies dagegen anders aus. Hier sollten wir uns vor Augen führen, dass wir trotz der Nähe zu unserem Nachbarland und der Ähnlichkeiten der Lebensbedingungen ein anderes Rechtssystem mit zum Teil überraschenden Lösungen vorfinden. Augenfällig wird das insbesondere bei den wesentlichen rechtlichen Berührungspunkten: Arbeitsverhältnis, Steuer, Miete, Eheschließung, Immobilienkauf, Nachlassregelung und Erbschaft. Sobald sich abzeichnet, dass einer dieser Problemkreise berührt wird, sollte ein Anwalt zu Rate gezogen werden, der dann auch ggf. an einen Notar oder Steuerberater verweisen kann. Schließlich sind Rechtsbeistände nicht nur dazu da, Prozesse auszufechten sondern auch dazu, präventiv Schwierigkeiten erst gar nicht erst aufkommen zu lassen".

"Ein leidiges Problem sind immer wieder französische Arbeitsverträge Was ist zu beachten? Warum kommt es dabei auf eine Rechtsberatung an?"

"Ein wesentlicher Unterschied besteht in den Sozialabgaben, die insbesondere für den Arbeitgeber wesentlich höher ausfallen und entsprechend das Nettolohnniveau drücken. In der Regel verdient man so in Frankreich weniger als in Deutschland, obwohl die Lebenshaltung nicht, schon gar nicht in Paris, billiger ist. Auch trägt die normale Krankenversicherung nicht einhundert, sondern nur etwa 65 Prozent der Heilbehandlung nach den Tarifen der Sozialversicherung. Hier könnte vom Arbeitnehmer eine private Zusatzversicherung eingeschaltet werden, die bei höheren Angestellten i.d.R. vom Arbeitgeber übernommen wird; man sollte das jedoch überprüfen, vorher abklären und schriftlich festhalten. Auch existiert in vielen Fällen keine automatische Lohn- oder Gehaltsfortzahlung im Krankheitsfall. Bei Krankheit tritt nach einer unbezahlten Karenzzeit nach drei Tagen die Krankenkasse ein, meist aber nicht zu 100 Prozent. Ausnahme: Arbeitsunfälle, die zwar auch von der Krankenkasse, aber zu 100 Prozent bezahlt werden. Arbeitnehmern, und nicht nur leitenden Angestellten, empfehle ich, sich über ihre Rechte zu unterrichten; insbesondere bei einer Kündigung bezüglich Verfahren und Abfindung. Bei dieser komplizierten Handhabung ist eine anwaltliche Beratung unerlässlich!"

"Gibt es Unterschiede bei der Steuer?"

"Zunächst gibt es keinen Lohnsteuerabzug des Arbeitgebers auf den Arbeitslohn. Somit ist die Einkommensteuer von dem Arbeitnehmer in voller Höhe selbst zu zahlen. Die Einkommensteuererklärung muss übrigens bereits Ende Februar des Folgejahres nebst einem Scheck über die selbst berechnete Einkommensteuer der

Finanzbehörde zugegangen sein, ansonsten werden 10% Säumnis erhoben. Durch die hohen pauschalen Versicherungs- und Werbungskostenpauschalen fällt die Steuer in der Anfangsprogression allerdings geringer als in Deutschland aus. Bei hohem Einkommen ist die Beibehaltung eines deutschen Hauptwohnsitzes aus mehreren Gründen günstiger. Schließlich ist bei einem Erstwohnsitz in Frankreich das "Welteinkommen" auch dort zu versteuern. Das gilt ebenso für die Vermögenssteuer, die ab einem Verkehrswert von 720.000 EURO pro Haushalt anfällt".

Was ist bei der Anmietung einer Wohnung zu beachten ?"

"Zu unterscheiden ist ähnlich wie in Deutschland zwischen einer möblierten und einer unmöblierten Wohnung. Bei einer möblierten Wohnung besteht ein weitreichender Kündigungsschutz. Zudem kann der Mieter auch bei Abschluss eines Mietvertrages über 3 Jahre das Mietverhältnis mit einer Kündigungsfrist von drei Monaten bzw. bei Kündigung des Arbeitsverhältnisses oder Versetzung mit einer Frist von nur einem Monat zum jeweiligen Kalendertag des Folgemonats beenden. Zwei Monatsmieten sind als Kaution unverzinst üblich. Die Abnahme der Wohnung zu Beginn und bei Beendigung (Stichwort: *"Etat des lieux"*) mit oder ohne Gerichtsvollzieher als Zeugen (Stichwort: *"Huissier"*) ist für Reklamationen maßgeblich. Bei möblierten Wohnungen ist der Mietvertrag frei aushandelbar und es besteht keinerlei Kündigungsschutz. Allerdings muss eine Mindestmöblierung bestehen und die "möblierte" Vermietung muss ausdrücklich vereinbart sein."

"Welche rechtlichen Besonderheiten ergeben sich bei Heirat oder Scheidung ?"

"Wird kein Ehevertrag geschlossen, gilt unabhängig vom Ort der Eheschließung bei einem ersten gemeinsamen Wohnsitz der Eheleute in Frankreich der französische gesetzliche Güterstand (Stichwort: "*Communauté réduite aux acquêts*") mit jeweils getrennten Vermögensmassen sowie einem Gesamthandsvermögen beider Ehegatten bezüglich der hinzugewonnenen Güter, und nicht derjenige der deutschen Zugewinngemeinschaft, als vereinbart". Ähnlich der standesamtlichen Hochzeit werden die Ehen vor dem Bürgermeister bzw. einem seiner Vertreter geschlossen. Jetzt können zudem eheähnliche Verträge – zwischen Menschen gleichen Geschlechts – dem sogenannten PACS, abgeschlossen werden, allerdings nicht vor dem Standesamt, sondern vor dem Ortsgericht.

Hat ein Ehepartner seinen Wohnsitz in Frankreich, so kann er die Scheidung vor einem französischen Gericht (Stichwort : "*Tribunal de Grande Instance / Juge aux Affaires Familiales*") beantragen, gleichgültig nach welchem Recht die Eheschließung und die Güterstandsvereinbarung erfolgte. Auch im Falle einer einvernehmlichen Scheidung ist die Vertretung durch einen Anwalt erforderlich".

"Sind in Frankreich geborene Kinder automatisch Franzosen?"

"Bis 1993 erhielten in Frankreich geborene Kinder automatisch die französische Staatsangehörigkeit. Seitdem bestimmt sich diese nach der Nationalität der Eltern *("Loi Pasqua")*. Bekommen beiderseits deutsche Eltern nunmehr ein Kind auf französischem Territorium, so hat dieses nur noch die deutsche Staatsangehörigkeit und nicht mehr auch automatisch die französische. Diese kann es aber später auf Antrag erhalten".

"Kompliziert wird es ja auch bei Immobilienfragen, wobei etliche Deutsche bereits viel Lehrgeld bezahlt haben, weil sie sich nicht richtig informiert hatten oder am falschen Platz sparen wollten?!"

"Theoretisch, rein theoretisch, ist es möglich, eine Immobilie sogar per Handschlag zu übertragen. Im Grunde sind weder eine notarielle Beurkundung noch ein schriftlicher Vertrag erforderlich. Doch gibt es schon aus Beweis- und Sicherheitsgründen so gut wie keine Immobilientransaktionen, die ohne Notar vorgenommen werden. Dies ist stets zu empfehlen, wobei der Käufer wissen sollte, dass er seinen Notar auch neben dem des Verkäufers auswählen kann, ohne dass für ihn zusätzliche Kosten entstehen. Die Notare teilen sich die Gebühren".

"Es gibt einige Unterschiede zu Deutschland?!"

"Ganz allgemein besteht zunächst im Sachenrecht ein grundlegender Unterschied des französischen zum deutschen Recht. Letztes spaltet zum Beispiel einen Kauf in ein Verpflichtungsgeschäft nebst dinglichen Verfügungen des Kaufgegenstandes und der Gegenleistung auf. In Frankreich fallen diese jedoch in einer Transaktion zusammen. So geht das Eigentum an Grundstücken im Moment der Vertragsunterzeichnung über. Um eine einwandfreie Grundstücksübertragung sowie die Kaufpreisübergabe Zug um Zug zu gewährleisten, wird in Frankreich ein – zumeist auch notarieller – Vorvertrag (Stichwort : "*Promesse de Vente*") unter Hinterlegung einer Anzahlung bzw. Garantiesumme in Höhe von bis zu 10% dem zwei bis drei Monate nachfolgenden notariellen Kaufvertrag (Stichwort: "*Acte de Vente*") mit gleichzeitigem Eigentumsübergang vorgeschaltet. Die Eintragung in das Hypothekenregister hat nur deklaratorischen Charakter. Die Anzahlung verliert der Käufer in der Regel, wenn er schließlich vom Kauf Abstand nimmt. Dies gilt jedoch nicht, sollte eine der Bedingungen des Vorvertrages nicht erfüllt sein. Dies ist von Gesetzes wegen aus Gründen des Kreditnehmerschutzes insbesondere dann der Fall, wenn die Kaufpreisfinanzierung scheitern sollte. Auf dieses Privileg sollte der Käufer auch nicht verzichten.

Das französische Recht kennt auch keine Grundschuld sondern nur die streng akzessorische Hypothek dafür aber mehrere Fälle der gesetzlichen Hypothek, so auch die zugunsten desjenigen, der den Kaufpreis finanziert. Die Zeit zwischen Vorvertrag und Eigentumsübertragung dient auch dazu, die Lasten im Hypothekenregister (Stichwort: *"Conservation des Hypothèques"*) zu überprüfen bzw. zu löschen, die Nichtausübung des gemeindlichen Vorkaufsrechts abzuwarten und die Finanzierung des Kaufpreises vorzunehmen. Der Restkaufpreis nebst Grunderwerbsnebenkosten sind ebenso vor dem Termin dem Notar zu überweisen."

"Wie sieht es mit Konsequenzen im Steuer- und Erbrecht aus?"

"Da der Grundstückserwerb mehrere Konsequenzen gerade in steuerlicher und erbrechtlicher Hinsicht auslöst, sollte der Kauf zuvor mit einem Anwalt besprochen werden. So können gerade vor dem Kauf besser gewisse Weichen gestellt werden, die sich später nur noch mit höheren Kosten bewerkstelligen lassen. So kann sich der Kauf über eine der BGB-Gesellschaft vergleichbare SCI (Stichwort: *Société civile immobilière*) mit überwiegend Grundbesitz als günstigere Lösung ergeben. Auch sollte bedacht werden, wer eines Tages der Endbegünstigte sein sollte, da Schenkungen und die Erbfolge weitaus kostspieliger sind, als wir es von zu Hause her kennen. Die Grunderwerbsnebenkosten (berechnet auf den Nettokaufpreis oh. Maklerprovision und mitverkaufte Möbel) betragen 4,8 % für die Grunderwerbssteuern, (ca.) 1,4 % für die Notargebühren, (ca.) 5,0 % + 19,6 % TVA / MWSt. = 6,0 % für die Maklerprovision

und für die Hypothekenbestellung 1,0 % der besicherten Forderung."

"Was ist bei den Kosten zu beachten?"

"Neben den Unterhaltskosten (Nebenkosten, ggf. Umlagen der Miteigentümergemeinschaft) ist bezüglich der laufenden Besteuerung zu bedenken, dass ein Immobilie neben, der Grundsteuer auch eine Wohnsteuer und Vermögenssteuer auslösen kann. Letztere steigt progressiv von 0,55% nach einem Freibetrag von 720.000 EURO bis 1,8% ab 15 Mio. EURO pro Haushalt an. Bemessungsgrundlage ist der Verkehrswert."

"Wie sieht es bei Wiederverkauf und dem Steuersatz aus?"

"Für den Fall des Wiederverkaufs ist der Mehrerlös erst nach Ablauf des 22. Besitzjahres steuerfrei. Ansonsten fällt eine Steuer auf den Mehrerlös (Stichwort : "Impôt sur la plusvalue") an. Für das 3. bis 22. Besitzjahr reduziert sich der Mehrerlös jeweils um 5%. Der Veräußerungsgewinn errechnet sich aus Verkaufspreis ./. Verkaufsnebenkosten ./. der Summe aus (jeweils inflationsbereinigtem/n) Kaufpreis, Erwerbsnebenkosten (> 10%), Reparaturen und Investitionen. Deshalb sollten alle Rechnungen nach Jahren geordnet aufgehoben werden. Für nichtansässige natürliche Personen – also unmittelbare oder über eine SCI mittelbare Eigentümer – beträgt der Steuersatz stets 33 1/3% (Stichwort: "Prélèvement du Tiers"), bei nichtansässigen juristischen Personen oder gewerblicher Tätigkeit 50%. Diese und andere Überlegungen sollten auch mit einem Anwalt vor dem Erwerb oder gar einem Engagement eines Vorvertrages besprochen werden. Schließlich stellt ein Grundstückskauf keine alltägliche Investition dar."

"Sollten im Zusammenhang mit einem Immobilienerwerb auch erbrechtliche Konsequenzen bedacht werden?"

"Dies ist eines der Hauptanliegen meiner juristischen Beratung im Zusammenhang jeglicher Grundstücksinvestition. Die meisten sind sich gar nicht bewusst, dass mit dem Kauf eine sogenannte Nachlaßspaltung für den Erbfall vorprogrammiert wird, wobei sich der französische Grundbesitz nach ganz anderen Regeln vererbt und zudem ganz andere Erbschaftssteuern ausgelöst werden. Hier lauern die größten Überraschungen".

"Welches sind die wesentlichen Unterschiede ?"

"Zunächst sind deutsche Erbverträge grundsätzlich nichtig ! Es werden so gut wie keine die letztwillige Verfügungsbefugnis einschränkenden Verträge anerkannt. Neben Kindern ist der Ehegatte weder pflichtteils- noch erbberechtigt, sondern nur zu einem Teil nießbrauchsberechtigt.

Es ist zwar vorgesehen, dass insoweit eine Gesetzesänderung erfolgen soll, doch liegt bisher nur ein entsprechender Gesetzentwurf vor. Ohne Abkömmlinge sind die Eltern des Erblassers pflichtteilsberechtigt. Die französische Schenkung- bzw. Erbschaftssteuer fällt immer höher aus, als die deutsche. Folglich hat dies regelmäßig keine Auswirkung bei der Anrechnung. Maßgebend für die Bemessungsgrundlage der Erbschaft- oder Schenkungssteuer ist der Verkehrswert (!) zum Zeitpunkt der Übertragung. Der Freibetrag des Ehegatten (alle 10 Jahre) beträgt gerade einmal 500.000 FF / 150.000 DM (ab 01.01.2002 etwa 75.000 EURO), der des Kindes pro Elternteil (alle 10 Jahre) lediglich 300.000 FF / 90.000 DM (ab 01.01.2002 etwa 50000 EURO), ein Versorgungsfreibetrag für den Ehegatten ist unbekannt. Die Erbschaftssteuer ist stark progressiv ansteigend und beträgt bei Ehegatten und Verwandten in gerader Linie (Kinder, Enkelkinder, Eltern und Großeltern) zwischen fünf Prozent (bis FF 50.000) und 40 Prozent (über FF 11,2 Mio./ DM 3,4 Mio.).

Bei Geschwistern 35 oder 45 Prozent (Grenze: FF 150.000), bei Verwandten des 3. und 4. Grades einheitlich 55 und im übrigen 60 Prozent. (Anmerkung: Bei Redaktionsschluss hatte die französische Finanzverwaltung die neuen Euro-Werte noch nicht vorgelegt; – als ungefähre Berechnungsgrundlage kann man etwa die Hälfte des bisherigen DM-Betrages annehmen). Allerdings gibt es Steuerermäßigungen bei Schenkung. Ist der Schenker unter 65 Jahre, wird die Schenkungssteuer um 50, bei einem Lebensalter zwischen 65 und 75 Jahre um 30 Prozent ermäßigt (Über 75 Jahre galt letztere Ermäßigung noch bis 15.06.2001). Wird die Steuer vom Schenker übernommen, geht sie nicht mit in die Bemessungsgrundlage ein. Wird der Nießbrauch vorbehalten, so mindert dies in Abhängigkeit des Lebensalters des Schenkers den Übertragungswert (z.B. 30% unter 60, 20% unter 70 Jahre). Das Erlöschen des Nießbrauchsrechts durch Versterben des Berechtigten führt – anders als in Deutschland – zu keiner ergänzenden Erbschaftssteuer. So gibt es einerseits unliebsame Überraschungen, wenn nichts unternommen wird. Andererseits kann ein Großteil der Nachteile vermieden werden, wenn rechtzeitig gewisse Vorkehrungen getroffen werden. Damit lassen sich dann nahezu dieselben Verfügungen realisieren wie in Deutschland".

"Sie, Herr Dr. Schrade, sind nun in Deutschland und in Frankreich zugelassen. Bedeutet das auch eine fortwährend Orientierung und Schulung auch hier in Frankreich?"

"Selbstverständlich bestehen wie in Deutschland Spezialisierungen, die eine laufende Fortbildung erfordern. Das erfolgt durch reine Schulung, z.B. juristische Seminare, aber auch durch regelmäßige Lektüre von Fachzeitschriften, dem Verfolgen neuer Urteile und neuer Gesetzgebungen in den französischen Kammern. Die Deutsch-Französische Handelskammer kann beispielsweise Anwälte empfehlen. Auch geben Anwälte bereitwillig Auskunft und verweisen ggf. an Kollegen weiter".

"Welche Besonderheiten gelten bei einem Prozeß?"

"Auf besonderes Erstaunen stößt immer wieder die Tatsache, dass auch im Falle eines Obsiegens jede Partei ihre außergerichtlichen Kosten und damit die Honorare eigens beauftragter Sachverständiger und Anwälte selbst zu tragen hat. Dabei gibt es auch keine Gebührentabelle, sondern die anwaltliche Tätigkeit wird zumeist auf Stundenhonorarbasis abgerechnet."

"Geben Sie bitte eine sehr kurze Einführung in die französischen Gerichtsinstanzen."

Dr. Thomas Schrade ist Rechtsanwalt und *Avocat à la Cour.* Er lebt seit 1990 in Frankreich und berät seit 15 Jahren vornehmlich zu Fragen des Gesellschafts- und Steuerrechts sowie bei Immobilieninvestitionen und Nachlassangelegenheiten. Er führt seine Kanzlei in Paris: 38, rue du Bac, F-75007 Paris, Tel. 0033 (0)1 45 48 47 48, Fax: 0033 (0)1 45 48 97 12 und arbeitet in Deutschland mit mehreren namhaften Kanzleien zusammen. Die deutsche Kanzleiadresse: **Kanzlei Hölters u. Elsing, Dr. Thomas Schrade,** Kurfürstendamm 185, D - 10707 Berlin, Tel. 0049 (0) 30 88 57 42 0, Fax: 030 88 57 42 20. Dr. Schrade ist u.a. Mitglied des Ausländischen Anwaltsvereins Deutschland e.V. (Mittelweg 22-24, D-20148 Hamburg, Tel.: 0049 (0) 40 36 65 34).

Adresse in München: Tel. 089 99 88 89 93, Fax 089 98 10 84 33, Mobil in Frankreich: 0033 603 83 22 72, Tel. Büro 0033 1 45 48 47 48, Fax Büro: 0033 1 45 48 97 12, schrade@club-internet.fr

"Es gibt dem deutschen System ähnlich für die Zivilgerichtsbarkeit grundsätzlich drei Instanzen mit Berufung (Stichwort: *"Cour d'Appel"*) und Revision (Stichwort : *"Cour de Cassation"*). Die allgemeinen Gerichte erster Instanz sind die *"Tribunaux de Grande Instance"* oder *"TGI"* unseren Landgerichten vergleichbar. Für geringere Streitwerte, Mahnverfahren (Stichwort: *"Injonction de payer"),* Miet-, Unfall-, Besitz-, Nachbarschafts-, Vormundschaftsklagen etc. sind die den deutschen Amtsgerichten vergleichbaren *"Tribunaux d'Instance"* oder *"TI"* zuständig. In den Gerichtsbezirken der *"TGI"* gibt es daneben insbesondere die Handelsgerichte *("Tribunal de Commerce")* und die Arbeitsgerichte *("Conseil de Prud'Hommes")*.

Deutsch-Französische Anwaltskooperation 1993/Coopération d'Avocats Franco-Allemande 1993, Strasbourg-Offenburg-Metz-Saarbrücken; In der Spöck 4, 77656 Offenburg, Tel. 0781/9907595; 14 Quai Kléber, F 67000 Strasbourg, Tel. 0033.3.88.214677, rogie62@t-online.de; www.viaduc.biz, info@ra-dr-giebenrath.biz; www.ra-dr-giebenrath.biz; Dr. Roland Giebenrath, D.E.A. (Rechtsanwalt)

Euro-Info-Verbraucher e.V., Kinzigstr. 22, 77694 Kehl, Tel. 07851 991 48 0, Fax 07851 991 48 11, info@euroinfo-kehl.com, http://www.euroinfo-kehl.com, Pascale Marrequeste.

Diese deut-franz Beratungsstelle hat mehrere gut verständliche Gratisbroschüren zu den" Themen Immobilienerwerb in Frankreich", Mieten in Frankreich" herausgegeben und leistet Verbrauchern praktische und juristische Unterstützung bei der Nutzung des Europäischen Binnenmarktes und in grenzüberschreitenden Verbraucherangelegenheiten, in der außergerichtlichen Beilegung europaweiter Verbraucherstreitigkeiten und im elektronischen Geschäftsverkehr (eCommerce)..

Der Förderung des Kontaktes zw. Juristen hat sich folgender Verein verschrieben:

Deutsch-Französische Juristenvereinigung e.V. (DFJ), Sekretariat: Simone Klein, Universität Mainz, FB 03, D-55099 Mainz, Germany, Tel. 06131-392 24 12, Fax 06131-392 47 00, www.dfj.org, Generalsekretär: Dr. Heiner Baab, baab@chateau-escargot.de

Hat sich der Förderung der beruflichen und persönlichen Beziehungen zwischen Juristen beider Länder verschrieben. Auf der Homepage finden sich Hinweise zu den Veranstaltungen, bei denen auch das persönliche Kennenlernen durch gemeinsame Empfänge, Essen und Ausflüge gepflegt wird. Geboten werden Informationen über Ausbildung, Vermittlung von Praktika, Stipendien, Zusammenarbeit, juristische und touristische Links.

„Herr Konsul, bitte helfen Sie!"

Wer ist für Deutsche im Ausland die zuständige Behörde? Botschaft oder Konsulat?

Fälschlicherweise wird „die Botschaft" oft als jene deutsche Anlaufstelle angesehen, die im Ausland in Notfällen weiterhilft. Aber: Die Botschaft der Bundesrepublik Deutschland ist nur für die politischen bilateralen Beziehungen zwischen Deutschland und dem jeweiligen Gastland „auf höchster", also auf „diplomatischer Ebene" zuständig. Für Hilfe und Informationen bzw. für administrative Aufgaben für Deutsche im Ausland sind die **Konsulate** zuständig. Das Konsulat ist für Deutsche im Ausland die zuständige Behörde und der erste Ansprechpartner! Pro Gastland gibt es nur eine einzige „Botschaft", die meist in der Hauptstadt des Gastlandes angesiedelt ist. Aber pro Gastland gibt es zahlreiche Generalkonsulate, Konsulate oder konsularische Außenstellen, die sich in verschiedenen Re-

gionen des Gastlandes befinden. Zum Beispiel: In Spanien gibt Generalkonsulate in Barcelona, Madrid, Malaga, Sevilla und im spanischen Norden, sowie Honorarkonsulate in den Feriengebieten und auf den Inseln. Die sind dann für jene Deutschen zuständig, die sich gerade in der Region der genannten Orte aufhalten.

Beispiel **Frankreich:** In Paris gibt es zwar eine **Botschaft,** aber ganz in deren Nähe auch eine **Konsularabteilung** für den Großraum Paris. Wer sich aber fest oder vorübergehend in den Großräumen von Marseille, Lyon, Straßburg oder Bordeaux aufhält, wird sich an die dortigen deutschen Generalkonsulate wenden. So ist das weltweit geregelt. Das Auswärtige Amt in Berlin hat über 250 deutsche diplomatische Stellen mit über 3000 Mitarbeiter in aller Welt zu betreuen.

Wenn ich im Ausland kein Geld oder Schulden habe (vielleicht wegen Diebstahls oder Verlusts), kann ich mir vom Konsulat Geld geben lassen?

Nein! Dreimal Nein! Von einem deutschen Auslandskonsulat bekommen Sie nur in den seltensten Ausnahmefällen etwas Bargeld. Konsulate sind keine Bank, keine Sparkasse, keine Kreditinstitute und vor allem kein Sozialamt! Die Mitarbeiter des Konsulates können Ihnen die Technik des Konsulates zur Verfügung stellen (z.B. Telefon, Fax, Email), um in der Heimat Kontakt mit jenen Stellen aufzunehmen, die Ihnen finanziell weiterhelfen können. Zum Beispiel Ihre Bank, Ihr Automobilclub, Ihre Familie, Arbeitgeber, usw. Erst wenn alle Stricke reißen, wenn absolut überhaupt niemand Ihnen weiter helfen oder Geld überweisen kann, liegt es im Ermessen des Konsulates, Ihnen eine Rückreisemöglichkeit auf dem preiswertesten Weg und etwas Zehrgeld zu zahlen. Da dieses Geld aber aus Steuermitteln kommt, handelt es sich nur um ein Darlehen, das vier Wochen nach Rückkehr in Deutschland zu erstatten ist!

Dieser Fall betrifft in der Regel keine Urlaubs- oder Geschäftsreisenden, da diese in aller Regel über Kreditbriefe, Bank- und Kreditkarten, Scheckhefte der Automobilclubs, oder zumindest über Familien- oder Arbeitskontakte in Deutschland verfügen. Ein deutsches Gericht hat geurteilt: „Wer als Deutscher sich ins Ausland begibt, hat eigenverantwortlich vorzusorgen und den Ablauf einer Reise durch eine entsprechende finanzielle und materielle Absicherung zu verantworten. Dies kann heute mit den modernen Mitteln von Reiseversicherungen oder Bankkarten bzw. durch schnelle internationale Geldüberweisungen gewährleistet werden. Ein deutsches Auslandskonsulat gewährt HILFE ZUR SELBSTHILFE durch den Rat der Konsulatsmitarbeiter und Bereitstellung der Infrastruktur!"

„Wenn aber neben Bargeld auch Kredit-- und Bankkarte, Ausweisdokumente und sogar meine Versicherungspapiere und die Flugtickets abhanden gekommen sind - da MUSS das Konsulat doch helfen!"

In diesem Fall haben SIE sich zunächst ziemlich dumm verhalten! ALLES ZUSAMMEN kann Ihnen in der Regel nur abhanden kommen, wenn Sie alles zusammen an einer einzigen Stelle aufbewahrt haben! Bitte beachten Sie:

1. **Niemals** alle Dokumente an einem einzigen Ort aufbewahren! Das verteilt sich besser auf zwei Personen (Ehepaare oder gemeinsam reisende Personen) und auf mehrere Taschen. Schecks und Scheckkarten *müssen* sogar getrennt aufbewahrt werden!

2. Kluge Reisende haben von **allen** Dokumenten je zwei **Fotokopien** angefertigt! Jeweils eine Kopie bleibt zu Hause (um bei Bedarf abrufbereit zu sein), die zweite Kopie wird mitgeführt. Entweder Sie haben dann die

Kopie zum Vorweisen auf der Polizeistelle oder dem Konsulat, oder die Kopie wurde Ihnen gestohlen und Sie haben noch die Originaldokumente.

3. Wenn Sie sich im Ausland auf „Nachtbummel" oder am Strand befinden, genügt die Fotokopie Ihres Ausweises und die Fotokopie Ihres Führerscheins völlig. Noch zweckmäßiger, wenn Sie sich diese Fotokopien zuvor auf einem Konsulat, einem Bürgermeisteramt oder einer Polizeistelle durch einen amtlichen Stempel unter Vorlage der Originalpapiere bestätigen lassen.

Schön und gut! Aber wer stellt mir verlorene Originalpapiere denn wieder aus? Doch das Konsulat?! Oder?

Falsch, bzw. nur selten richtig! Das Konsulat kann unter bestimmten Voraussetzungen nur den **Reisepass** ersetzen (nicht verlängern!). Hierzu werden die heimatlichen Behörden eingeschaltet. Es kann also etwas dauern und kostet Gebühren.

Der **Personalausweis** wird nie vom Konsulat, sondern nur von der heimatlichen Meldestelle neu ausgestellt! Zur Aus-, Weiter- oder Heimreise stellt das Konsulat einen **Ersatzpass** aus, der für eine eng begrenzte Zeit (meist nur die für die Rückreise benötigten Tage) gültig ist. Hierzu werden die Personalangaben überprüft (z.B. Fahndungsbuch, deutsche Behörden zu Hause). Sie benötigen Passfotos, die Sie mit sich führen sollten; Automaten gibt es i.d.R. in der Nähe der Konsulate. Sie können innerhalb der EU aber auch ohne Ersatzpass nach Hause zurückreisen, wenn Sie sich nach dem Verlust Ihrer Papiere auf einer Polizeistelle Ihres Gastlandes eine Verlust- bzw. Diebstahlsmeldung protokollieren lassen. Zusammen mit der **Fotokopie** der unterdessen verlorenen Dokumente genügen diese **Polizeiprotokolle** zur Rückreise: Dies gilt sowohl für den Personalausweis/Reisepass wie für den Führerschein.

Ein **Führerschein** kann niemals von einem Konsulat sondern nur von den heimatlichen Behörden ausgestellt werden! Bei Führerscheinverlust benötigen Sie für die Rückreise die Kopie Ihres Originalführerscheines, ein polizeiliches Protokoll über den Diebstahl oder Verlust, nach Möglichkeit auch eine Bestätigung des Konsulates.

Der Verlust von **Bankkarten** und **Schecks** ist Sache Ihrer Bank! Haben Sie sich die Nummern der Karte und die Kontaktadresse Ihrer Bank sowie die Notrufnummer für die Sperrung schon notiert?

Verlorene **Reisedokumente** oder **Flugscheine** gehen das Konsulat ebenfalls nichts an. Das ist Sache Ihres Reiseveranstalters, Reisebüros oder Reiseleiters, bzw. der Fluggesellschaft! Wissen Sie bereits, wie Sie diese schnell erreichen können?

Fehlende **Versicherungsunterlagen** (Krankheit, Unfall, Reiserückholversicherung, E 111) kann das Konsulat nicht beschaffen! Hier sind Ihre jeweiligen privaten oder gesetzlichen Versicherungen zuständig. Auch hier zeigt sich der Vorteil von notierten **Kennziffern** und von **Fotokopien**. Werden diese auf dem Konsulat oder einer Polizeistelle vorgelegt, dauert es oft nur Minuten, bis sie auf Deutschland überprüft und die notwendigen Hilfsmaßnahmen eingeleitet sind. Haben Sie aber nichts, weder Kennziffern noch Kopien, sondern nur ein hilfloses Achselzucken zur Verfügung, wird sich der ganze Ablauf um Tage verzögern; wenn überhaupt! Schade um die Urlaubszeit!

Ja was macht denn ein Konsulat überhaupt für Deutsche im Ausland? Es gibt kein Geld, es gibt kaum neue Dokumente, womit beschäftigen die sich denn dort?

Die Mitarbeiter der deutschen Auslandskonsulate haben oft schwere Tage und verständnislose „Kunden", dafür aber alle Hände voll Arbeit. Täglich kommen einige Hundert Menschen und Anfragen ins Konsulat. Dabei geht es nicht nur um Geld, Diebstahl, Verluste oder Dokumente. Die Konsulate geben Renten- oder Lebensbescheinigungen aus, sind für Ein-, Aus- und Durchreisevisa zuständig, kümmern sich um bilaterale Erbschaftsangelegenheiten, Namensrecht, Geburtsanzeigen; geben den Bürgern des Gastlandes Informationen über Deutschland, kümmern sich um Alte und Gestrandete, betreuen Deutsche in ausländischen Gefängnissen, überführen Tote oder arbeiten mit den Behörden der Gastländer zusammen (z.B. Hilfsersuchen, Ausweisungen, Auslieferungen, Todesfälle), oder halten Kontakt mit den deutschen Auslandspfarrstellen, Goethe-Instituten, Handelskammern im Gastland. Sie geben Informationen (mitunter auch Broschüren und Adressen) über Arbeits- und Aufenthaltsmöglichkeiten, über Landesgesetze, über geschäftliche Möglichkeiten, deutschsprachige Ärzte, Anwälte, Übersetzungsdienste oder Steuerberater, die logischerweise alle kostenpflichtig sind. Sie nehmen deutsche abgelaufene Kfz-Schilder entgegen, machen Krankenbesuche, nehmen Presseanalysen mit Zeitungen des Gastlandes vor, und diese Aufzählung hat bestimmt noch nicht alle Aufgabengebiete abgedeckt.

Und wie und wann wendet man sich am besten an ein Konsulat? Die sind doch bestimmt nicht Tag und Nacht erreichbar?

Einige Konsulate haben zwar für Notfälle nachts und an Samstagen, Sonn- und Feiertagen einen Anrufbeantworter, aber es gibt klare Bürozeiten. Am besten Sie rufen immer erst vorher rechtzeitig an, tragen ruhig, sachlich und konkret Ihr Anliegen vor, fragen mit wem Sie gesprochen haben, welche Dokumente Sie benötigen und wann Sie einen Termin bekommen können! In der Regel sind die Öffnungszeiten vormittags bis etwa 11.30 Uhr. In dringenden Notfällen wird man Ihnen auch nachmittags einen Termin geben. Sowohl an deutschen wie auch an den Feiertagen des Gastlandes ist geschlossen.

Wo läßt sich mehr über Auslandskonsulate und andere deutsche Auslandsstellen erfahren? Gibt es Adressen aller deutschen Botschaften und Konsulate?

Ja, es gibt Adressen und mehrere Broschüren, z.B. über alle Konsulate weltweit, über alle deutschen Handelskammern und Kulturinstitute weltweit, über das Konsulatsgesetz und Bürgerhilfe, sowie über Arbeitsmöglichkeiten auf Konsulaten in aller Welt. Außerdem Adressverzeichnisse über die deutsche Zusammenarbeit mit den USA, mit Frankreich, Italien und Großbritannien. Hier die Adressen:

Auswärtiges Amt (Pressestelle und Dokumentationen), Werderscher Markt 1, D – 10117 Berlin, Tel. 01888-17-0, Fax: 01888- 173402, www.auswaertiges-amt.de.

„Nicht auf Sand, sondern auf gute Grundlagen bauen!"

Immobilien, Hauskauf, Bau, Verkauf und Immobilienrecht
Von Oliver Kirner

Friedrich Sieburg, Frankreichkenner, aber nicht unbedingt ein Frankreichliebhaber, schrieb vor einem halben Jahrhundert: *"Frankreich ist eine Art von Modelllandschaft, gleichsam aus dem Musterkoffer Gottes geholt, ein Jahrmarkt des sinnvoll waltenden Schöpfers, der nach ihr Tausende von anderen Naturen hat herstellen lassen. Hier sind die Originale, die Typen; das übrige Europa ist die Serie".*

Deshalb werden die verschiedensten Geschmäcker befriedigt, sicherlich auch heute noch: Genießer, Unternehmer, Naturfreund oder Pionier? Verlassen Sie gerne die ausgetretenen Pfade oder setzen Sie lieber auf Nummer Sicher? Was könnte für Ihre Immobilie in Frage kommen?

Die Schickis:

Als mondäner Bonvivant orientiere man sich nach der Côte d'Azur. Die beginnt westlich von Cannes und endet in Menton. Nur hier finden Sie das berühmte Mikroklima. Zwar wurde der Küstenstreifen während der letzten Jahrzehnte dicht bebaut, interkommunale Städteplanung war unbekannt, dafür heute Probleme in den Bereichen Transport, Abfallwirtschaft und Grünzonen. Franzosen kritisieren, es sei hier wie in Paris, nur ohne Metro. Aufgrund ihres internationalen Rufs wird die Côte immer eine begehrte Lage für einige "happy few" bleiben.

Die Provençalen:

An der provenzalischen Küste Richtung St. Tropez ist das Klima ausgeprägter, die Winter sind kälter, die Sommer heißer, dazwischen ein wenig Mistral – nicht ganz so "doux" also wie an der Côte, wenn auch nicht richtig rauh! Wer lieber auf die Geschäftigkeit der Küste verzichtet, wird sich im Hinterland, *l'Arrière Pays* wohl fühlen. In den *Alpes Niçoises*, der *Haute-Provence, Maures* und *Esterel* herrschen Ruhe und Natur. Preisniveau und Einbruchsgefahr sinken gegenüber der Küste. Andererseits gefährden häufige Waldbrände die verstreuten Behausungen, obwohl der Staat jährlich einen satten Betrag zur Brandbekämpfung ausgibt.

Die West-Provençalen:

Eine Alternative zur Provence findet sich im *Périgord* Noir im *Département Dordogne*. Gediegene Nachbarschaft in ländlicher Umgebung, mehrsprachige Speisekarten, hohe Preise. Die Briten haben hier als erste die landschaftlichen und klimatischen Reize entdeckt, besser "wiederentdeckt", hatten sie die Ecke doch bereits im Hundertjährigen Krieg unter der Fuchtel, und seit den siebziger Jahren heftig investiert. Englischsprachige Lokalzeitungen und eigene Sportligen zeugen von der Größe ihrer Gemeinde.. Der große Nachteil des Périgord gegenüber der Provence: die um 5 Stunden längere Anfahrt.

Immobilienavantgardisten:

Ein völlig anderer Markt in der benachbarten Provinz *Quercy*. Mit Trockenstein ummauerte Kleinparzellen und die in den Tälern liegenden Badeflüsse unterbrechen die hügelige Waldlandschaft. Ein Eldorado für Immobilienavantgardisten! Makler führen ihre Kunden in Kleinwagen und auf engsten Straßen zu den Objekten. Die renovierungsbedürftigen Steinhäuser gehören Landwirten im Ruhestand oder Leuten, die in die Beschäftigungsbecken abwanderten. Sie sollten hier indes schon ein wenig Französisch sprechen oder sich sonst gut verständlich machen können, um Suche, Kauf und Aufbau der Immobilie durchzuführen.

Pioniere:

Noch mehr Pioniergeist ist in der *Auvergne* mitbringen, denn hier können oft nicht mal Makler bei der Suche helfen. Im Département *Cantal,* mit 5700 Quadratkilometern mehr als doppelt so groß wie das Saarland, arbeiten insgesamt nur fünf FNAIM Makler, davon vier in *Aurillac.* Hier springen die örtlichen Notare in die Lücke, um nebenberuflich zu vermitteln. Seien Sie auf menschenleere, bewaldete Vulkanlandschaften und rüdes Klima gefaßt und lenken Sie Ihre Suche auf wuchtige Dorfhäuser aus Basalt und Granit mit 10Ar Garten ab 30 000 Euro.

Pfiffige:

Gute Chancen für Pfiffige bringt der Bau der A75, der gebührenfreien Autobahn durch das Zentralmassiv, die *Clermont-Ferrand* mit *Béziers* und dem Mittelmeer verbindet. Den negativ besetzten Begriff Autobahn darf man in diesem Fall ruhig positiv interpretieren, da die Strecke auf vorhandenen Straßen zur Tagesreise ausartet und bei schlechter Witterung überhaupt nicht zu bewältigen wäre. 320 der 340km langen Hochtrasse sind bereits fertiggestellt und erschließen äußerst attraktive Provinzen, die seit Jahrzehnten ausbluten. Die hinterlassenen Immobilien bleiben von Käufern bisher nur wegen ihrer Unerreichbarkeit vernachlässigt. Der darniederliegende Markt wird mit den künftigen Touristenströmen belebter. Gönnen Sie sich bei Ihrer nächsten Reise in den Süden die Fahrt ab *Clermont* über *St. Flour* Richtung *Montpellier*, auch wenn Baustellen Sie noch am schnellen Fortkommen hindern. Sie durchqueren interessante Gebiete wie das *Aubrac*, die Tarnschluchten, die Hochebenen über *Millau,* die *Cévennen* und das Hinterland des *Languedoc*.

Winzer:

Ambitionen als Winzer? Wappnen Sie Ihr Budget, wenn Sie sich fürs *Bordelais* entscheiden! Reiche Privatleute zahlen Riesensummen: 2 Millionen Euro (François Pinault für Château Latour, ca. 13 Millionen Euro pro Hektar), 4 Millionen Euro (Alain Wertheimer für Château Rausan-Segla, eine 150 000 Euro pro Hektar). Kaum Rebstückangebote im Elsaß oder in Burgund. Wir bieten zur Zeit einen AOC Corbières mit Meersicht auf 50 Hektar für knapp eine Million Euros.

Landwirte:

Viehzüchter sind am besten in den *Pyrenäen, Cevennen, Montagne Noire* oder dem *Limousin* aufgehoben. Berglagen als strukturschwache Gebiete öffnen zusätzliche Subventionshähne. Denken Sie jedoch daran, daß Betriebe unter 80 Großvieheinheiten kaum rentabel arbeiten. Nebenerwerbsquellen bieten in diesem Fall der Grüne Tourismus (*ferme auberge, gîte, camping rural* etc.), der in Frankreich gefördert wird. Im Bereich Feldfrucht empfehlen sich *Gascogne* und *Armagnac*. Auch hier gilt: je größer, desto rentabler! Sie benötigen 100ha SAU (Nutzfläche) bei Hektarpreisen zwischen zwei- bis siebentausend Euro, um als Bauer Erfolg zu haben. Hobby- und biologische Landwirtschaften befinden sich ebenfalls in diesen Gebieten, da durch Flurbereinigung und Betriebsvergrößerungen viele Resthöfe entstanden, die heute rein privat oder alternativ genutzt werden. Die zahlreichen deutschsprachigen Makler im Gers sorgen auch dafür, daß sich immer mehr Landsleute niederlassen und erleichtern so den gesellschaftlichen Anschluß. Man achte aber auf die Gefahr der "Ghettobildung" in den schwachbesiedelten Landgemeinden.

Reiter:

Pferdehalter gehen auf mittlere Gehöfte mit komfortablen Wohnungen zwischen 5 und 50 ha. Im *Lauragais* oder um *Albi* gibt es solche ab 120 000 Euro. Im Idealfall finden Sie Nachbarn, die Heu und Stroh vor Ort erzeugen. Achten Sie auf intakte Infrastruktur, die modernen Landwirte entfernen illegal gerne die alten Wege, um ihre Anbaufläche zu vergrößern, so daß Ausritte schwierig werden. Erkundigen Sie sich auch nach der Höhe des Solidarbeitrages an die landwirtschaftliche Genossenschaftskasse (MSA), der alle Grundbesitzer unterliegen.

Aktive:

Sind Sie aktiver Unternehmer oder Berufstätiger? Verfolgen Sie das Ziel, jetzt zu kaufen, das Objekt nach eigenen Wünschen auszugestalten, um es dann in den nächsten Jahren immer öfter zu nutzen, die Pendelfrequenz zu erhöhen und nach

einigen Jahren ganz davon zu profitieren? Dann handeln Sie wie ein Franzose, der sich im Süden niederläßt und hier die weitere Peripherie der Großstädte sucht, ein vielleicht 10 Jahre altes Phänomen namens *rurbanisation*. Abgeschiedene, ländliche oder von der Landflucht betroffene Gebiete fallen aus. Sie brauchen Infrastruktur, internationale Flughäfen (in Ihrem Fall mit Direktflügen nach Deutschland und der Schweiz) und ein ordentliches Kulturangebot. Drei Städte kommen in Frage: *Montpellier, Bordeaux* und die größte, *Toulouse*. Investieren Sie hinter dem zweiten Gürtel der Vorstädte, in maximal 45 Minuten Entfernung zum Zentrum. Hier haben Sie die Schlafstädte hinter sich gelassen und befinden sich bereits in den ersten Lebensbecken mit eigenen Versorgungseinrichtungen (Fachärzte, Schulen, Märkte). Versuchen Sie, die Grenze des Radius auszumachen, den Pendler in die Metropole gerade noch akzeptieren und suchen Sie 5 Minuten weiter entfernt. Sie stellen fest: die Preise purzeln. Kaufen Sie charaktervolle Häuser mit altem Baumbestand! In einigen Jahren wird die Stadtauswärtsbewegung Ihren Standort eingeholt haben und in diesem Falle wird Ihre Frankreichimmobilie sogar ihren Wert steigern, nicht nur eine Investition in Lebensqualität also, sondern – und das ist bei Auslandsimmobilien die Ausnahme – auch eine finanzielle. 120 000 bis 140 000 Euro sind ein gutes Budget für so ein Vorhaben.

Pendler:

Sofern Sie keinen Wert auf südliches Klima legen, dafür lieber Deutsch reden, empfiehlt sich die lothringische Mosel. Beruflich Aktive schätzen die gute Erreichbarkeit von Saarbrücken, Karlsruhe und Straßburg. Das südliche Elsaß zwischen *Mühlhausen/Mulhouse* und *Belfort* liegt im Einflußbereich Basels und seiner kaufkräftigen Klientel. Versuchen Sie, auch die ungesunde Rheinebene und die östlichen Vogesenhänge zu meiden, wo starke deutsch-schweizerische Präsenz zu defensiven Reaktionen bei den Elsässern führt. Bevorzugen Sie die welschen Hänge über dem Kamm, da erwarten Sie auch anständige Preise (ab 110 000 Euro für einen Hof mit 1ha Grund).

Totalaussteiger:

Dem frankophilen Totalaussteiger bleibt zusätzlich die Wahl der Inseln: *Korsika*, die karibischen *Guadeloupe* und *Martinique* und der wohl schönsten Überseebesitzung, Réunion im indischen Ozean. In diesen "ultraperipheren EU-Regionen" können Sie mit Euros bezahlen, Ihre Telefonkarte in funktionierende Telekomnetze schieben und den Brüsseler Subventionstopf für Ihre Ziegenzucht im Urwald anzapfen. Vive l'Europe!

Billige Objekte ohne Komfort:

Im westlichen *Zentralmassiv*, der östlichen *Charente*, dem westlichen *Burgund* und in der *Ariège* findet sich noch das alte Steinhäuschen mit Garten für den Preis eines Golf GTI. Achtung, keines der Objekte wird jedoch über moderne Zentralheizung, Mischbatterien oder Bio-Dämmisolierung verfügen. Folgekosten sind abzusehen !

Mieten:

Die großen Unternehmen helfen ihren Arbeitnehmern bei der Wohnungssuche. Das hilft, denn der französische Mieterschutz scheint noch strenger als der deutsche zu sein, so dass es relativ schwierig ist, eine Wohnung als Mieter zu bekommen. Grundvoraussetzung in 90% der Verträge ist ein gesichertes Nettomonatseinkommen von 300% der Miete.

Grundstücke, Bevölkerungsstruktur, Kosten, Statistik:

Bezüglich der Grundstückspreise stehen weniger Menschen mehr Grund und Boden zur Verfügung. Das Land ist um die Hälfte größer und hat 40% weniger Einwohner als Deutschland. Die Bevölkerungsdichte beläuft sich auf 101 Einwohner pro Quadratkilometer gegenüber 223 Einwohner pro Quadratkilometer in Deutschland. Zudem ballt sich ein Fünftel der Bevölkerung Frankreichs auf 1/50 der Fläche im Pariser Becken. So bieten die Provinzen – vor allem die südlichen – noch mehr Lebensraum und günstige Grundstücke; statistisch verfügt jeder Südfranzose über mehr als 2ha. Die Grunderwerbsteuern belaufen sich inzwischen auf 4,89%, sie beliefen sich bis auf 18,6% bis vor zwei Jahren.

Der Notar verlangt circa 1,5%, der Makler zwischen 5% und 10%. Die Nachfolgekosten, gerade für Wasser, Abwasser, Müll und Grundsteuer liegen ausserhalb der Metropolen weit unter den deutschen Verhältnissen. Es gibt allerdings eine Wohnsteuer, eine Art Versteuerung der Eigenmiete, deren kommunale Hebesätze oft willkürlich hoch sind.

Zehn goldene Regeln zum Immobilienkauf:

1. Immobiliengeschäfte verlaufen in einem engen gesetzlichen Rahmen. Der Käuferschutz hat Priorität. Notare sind öffentliche Amtspersonen. Makler unterliegen strengen Auflagen und heißen nach staatlicher Zulassung *agent immobilier*; die *carte professionnelle* weist sie als solche aus. Kaufinteressenten verlangen diesen grünen Ausweis. Sonstige „Objektbetreuer", gcrnc Landsleute, sind oft zwar kumpelhaft, arbeiten aber unfachmännisch und illegal.

2. Ausgangspunkt für jede Transaktion ist der Vorvertrag. Er kann privatschriftlich geschlossen werden und bindet beide Parteien. Allerdings sollte ein Fachmann, *agent immobilier* oder *Notar*, eingeschaltet werden, das kostet die Parteien im Normalfall nichts.

3. Der Vorvertrag wird dem Notar einge-
reicht. Tauchen bei der Prüfung Unge-
reimtheiten auf, kann der Käufer zu-
rücktreten und bekommt auch seine
Sicherheitszahlung von 10% zurück,
die er vorher auf ein Treuhandkonto
überwiesen hat (und nicht in Privat-
hände). Solche Rücktrittsrechte gibt es
auf Grund von auflösenden Bedingungen, den *conditions suspensives*.

4. Der Notar haftet dafür, Objekte frei
von Hypothekenbelastungen zu übertragen. Er garantiert die Eigentums-
verhältnisse. Er bringt öffentliche
Baumaßnahmen in Erfahrung, die das
Grundstück berühren. Vorkaufsbe-
rechtigte wie Gemeinde, Pächter oder
SAFER, die landwirtschaftliche
Raumplanungsbehörde, müssen ihm
den Verzicht auf ihr Recht bestätigen.
Nur wenn keine dieser auflösenden
Bedingungen eintritt, bestellt der Notar
zur Akte.

5. Eine weitere wichtige auflösende Be-
dingung ist der Kreditnehmerschutz.
Der Gesetzgeber räumt dem Käufer im
Falle einer Kreditabsage ein Rück-
trittsrecht ein. Falls der Käufer fremd-
finanziert, bedeutet das für ihn einen
optimalen Schutz. Der Verkäufer jedoch findet diese Klausel lästig, da das
Objekt für den Käufer reserviert bleibt,
bis die Bank sich entscheidet. Ver-
wehrt die Bank den Kredit, geht der
Verkäufer leer aus und hat während
der Wartezeit vielleicht die schönste
Verkaufssaison verpasst. Vielen Ver-
käufern ist es etwas wert, dieses Risiko
auszuschalten. Wer es sich leisten
kann, sollte deshalb mit Erspartem
kaufen oder ein Haus in der Heimat
beleihen – der Verkäufer wird dies
nicht selten mit einem erheblichen
Preisnachlass entgelten.

6. Die Grunderwerbssteuer beläuft sich
auf 4,8%. Steuermindernd wirken sich
die mobilen Einrichtungsgegenstände

aus, die im Kaufpreis mit verhandelt
wurden (Kücheneinrichtung, Rasen-
mäher, Poolabdeckung etc.). Eine Liste dieser „Möbel" gehört in den Anhang des Vorvertrages. Auf die ermit-
telte Summe spart der Käufer die
Grunderwerbssteuer. Nichtdeklarierte
Teilzahlungen helfen ebenfalls Steuern
sparen, sind jedoch illegal und bergen
ziemliche Gefahren vor allem während
des Transports und der Übergabe des
Bargeldes.

7. Vorsicht, laufende Steuern! Die Vor-
jahresbescheide sollten unbedingt eingesehen werden. Die Grundsteuer
(impôt foncier) wird zeitanteilig *(pro
rata temporis)* mit dem Voreigentümer
verrechnet, die Wohnsteuer *(taxe
d'habitation)* entrichtet derjenige, der
am 1. Januar im Haus lebte. Die
Grundsteuer steigt derzeit mancher-
orts, weil in etlichen Gemeinden die
Müllabfuhr Kosten aufwendig moder-
nisiert und dieser Posten mit der
Grundsteuer erhoben wird.

8. Der Käufer hat Notarwahl und sollte
dies auch nutzen! Er kann durchaus einen zweisprachigen elsässischen oder
deutsch-französischen Notar benennen, selbst wenn er ein Haus in Südfrankreich ersteht. Besteht der Verkäufer auf seinen eigenen Notar, kann er
ihn hinzuziehen. Daraus entstehen dem
Käufer keine Mehrkosten, die Notare
teilen sich die Gebühren.

9. Überweisungen des Kaufpreises erfolgen immer auf das Konto des federfüh-
renden Notars; Schecks müssen immer
von einer Bank, auf den Notar und in
Euro ausgestellt sein. Ein Vergleich
der Konditionen für die Geldtransfers
lohnt sich. Die Kriterien Um-
tauschkurs, Überweisungsgebühren
und Überweisungsdauer sind zu prü-
fen. Schnell und günstig arbeitet die
Postbank.

10. Für den in Frankreich befindlichen Besitz gilt französisches Erbrecht. Fehlt ein Testament, begünstigt dieses die Nachkommen und Vorfahren gegenüber dem überlebenden Eheteil. In Abwesenheit eines Testamentes erbt der Eheteil nämlich nur 1/4 des Nießbrauchs der Immobilie vom Erblasser. Die Kinder oder die Eltern des Verstorbenen erben 3/4 des Nießbrauchs und das gesamte „nackte" Eigentum! Eheleute sollten deshalb gleich beim Kauf ein gegenseitiges Testament aufsetzen. Die Hinterlegung des auf Deutsch verfassten Manuskripts durch den französischen Notar kostet rund 100 Euro.

Oliver Kirner, Diplom Kaufmann, Absolvent der *Grande Ecole* in Paris. Oliver Kirner ist deutsch-französischer Immobilienkaufmann und betreibt in Südwestfrankreich die Firma villafrance s.a. Kirner ist Autor mehrerer internationaler Presseartikel zum o.g. Thema, sowie des Sachbuchratgebers „Frankreichimmobilien" (Informationen und Praxiswissen für Käufer, Verkäufer und Besitzer), erschienen im Verlag „Deutsche Schutzgemeinschaft für Auslandsimmobilien", Freiburg. ISBN: 3-9805252-2-8.

villafrance, Place Woillemont, F- 31460 Caraman, Tel. 00 33 (0)5 61 83 04 00, Fax 0033 (0)5 61 83 03 99, info@villafrance.com, www.villafrance.com, Oliver Kirner, ok@villafrance.com

---

„Mehr als Kinderwagen schieben und Aletebrei aufwärmen!"

Aupair in Frankreich

Bei den nachfolgenden Aufzeichnungen handelt es sich um mehrere Gruppengespräche mit jungen Aupairfrauen und einem Aupairmann sowie mit dem Autor als Fragesteller im „Foyer Le Pont". Das Foyer ist Anlaufstelle und Wohnheim für Aupairs in Paris. Die Antworten werden gebündelt wiedergegeben.

„Werden Aupairs Familien als billige Putzfrau ausgenutzt?"

„Nein. Zumindest darf die Frage nicht so und nicht allgemein gestellt werden. Die über internationale oder deutsche Organisationen vermittelten Frauen kommen in der überwiegenden Mehrzahl zu Familien, die okay sind. Die Familien sind der Vermittlungsstelle, und damit meistens auch dem Pariser Büro, bekannt; sie werden regelmäßig betreut und bekommen immer wieder im Abstand von einigen Monaten oder einem Jahr neue Aupairs. Sollte es wider Erwarten zu groben Verstößen kommen, gibt es zunächst ernste Gespräche zwischen der Vermittlungsstelle und den Gasteltern – sowie dem Aupair -, und schließlich keine weiteren Vermittlungen mehr für die Familie, wenn sich die Anschuldigungen als bewiesen herausstellen und die Familie nichts unternimmt, um eine Verbesserung herzustellen. Die Aupairfrau wird dann in eine neue Familie vermittelt. Anders sieht es bei den Frauen auf dem freien Markt aus, die über kommerzielle Vermittler oder über Zeitungsanzeigen eine sogenannte Stelle als Aupair bekommen. Hier gibt es kaum Kontrollen. Wenn ein Aupair seine Rechte nicht kennt und auch keine Anlauf- oder Informationsstelle für deren Einklagung kennt, hat es schon böse Überraschungen gegeben. Allerdings handelt es sich in solchen Fällen recht oft um junge Frauen, die im Urlaub oder nach einem Wochenendtrip hier hängengeblieben sind oder sonstwie durch die Gegend zockeln, und sich dann ohne Information in Abhängigkeit begeben, weil sie froh sind, irgendeine Arbeit und Unterkunft gefunden zu haben. Nicht nur hier, überall auf der Welt wird es dann Familien geben, die solche Abhängigkeiten ausnutzen, und die Mädchen als billige Putzfrau ohne soziale Absicherung arbeiten lassen, wobei es in Ausnahmefällen auch schon zu Schlimmeren gekommen ist. Es sind Fälle in Europa bekannt, wo den Mädchen (viele stammen aus osteuropäischen Ländern) erst der Ausweis abgenommen und sie dann in die Prostitution getrieben wurden. Aber so etwas darf man auf keinen Fall pauschal sehen! Die allermeisten Familien halten sich an die europäischen Aupairregel! Da gibt es ja ganz klare gesetzliche Vorgaben! Einige Mädchen sind allerdings dermaßen naiv und blauäugig, die treten auch in solche Fettnäpfchen, die man eigentlich auf einen Kilometer vorweg riechen müsste!"

„Bedeutet Aupair, dass man ein bisschen den Kinderwagen durch einen Park schaukelt, der Hausfrau beim Essen servieren hilft, ansonsten freundlich lächelt und französische Konversation betreibt?"

Allgemeines Lachen und Kopfschütteln in der Gruppe.

„Nein! Im Gegenteil! Wir arbeiten uns zwar nicht tot, aber es sind doch fünf bis sieben Stunden täglich intensive und verantwortungsvolle Arbeit. Sicher, bei einer Tasse Kaffee oder einer Zigarettenpause zwischendurch steht niemand mit der Stoppuhr dabei. Und je nachdem, wie das persönliche Verhältnis zwischen Madame und dem Aupair ist, also ob die Chemie stimmt, da wird zwischendurch auch mal Mist gemacht oder gelacht oder einfach bei einer Zigarette auch mal über Privates geklönt."

Hier wird das Gespräch durch einen Zwischenruf unterbrochen: „Bei uns gab es noch nie ein privates Gespräch zwischen Madame und mir. Meine Madame ist so abgehoben, eine richtige Vertreterin der französischen Bourgeoisie, nach dem Motto: Wir hier oben und ihr da unten! Hochnäsig und eitel bis zum Gehtnicht-

mehr. Sie rennt den ganzen Tag im Chanel-Kostüm herum. Sie hat einen Liebhaber während der Abwesenheit ihres Mannes, ich sehe ihn fast täglich nachmittags kommen und gehen, aber meine Madame tut so als sei nichts und übertüncht das alles mit ihrem unpersönlichen Gehabe, ist mir aber auch egal, ich mache meine Arbeit und damit basta! Die beiden Kinder sind ganz anders; die sind sieben und neun, nachdem ich die um Vier aus der Schule abhole, hängen die fast nur bei mir oben, ich hab' die Mansarde zwei Stockwerke höher. Madame ist das ganz recht, die ist froh die Gören los zu haben, obwohl sie dann immer so eine spitze Bemerkung macht, von wegen mangelnde Liebe und fehlender Respekt gegenüber den Eltern, aber der Kleine zeigt ihr den Vogel, wenn sie das Kinderzimmer verlassen hat, und das sagt ja wohl alles, und abends sitzen alle am Tisch und sie spielt mit ihm Turteltäubchen, *Chérie* hinten und *mon amour* vorne, dabei hat er bestimmt auch irgendwo in Paris eine *Maitresse*, so unmissverständlich wie der mich schon angemacht hatte."

„Apropos Anmache!? Welche Erfahrungen habt ihr mit den Ehemännern in euren Gastfamilien gemacht?"

Die Mädchen schauen sich an. So als suche jede in den Augen der anderen eine Antwort, einen Hinweis. Doch dann kommen die Antworten flüssig:

„Bei mir war es nicht der Fall, und ich bin auch nicht so doof, mich in Abhängigkeit zu begeben oder Äste abzusägen, auf denen ich sitze. Aber ich weiß von einigen Mädchen, wo Versuche unternommen wurden. Nun weiß ja heutzutage jede Achtzehnjährige, was da abläuft, und ich halte es für eine Frage der Persönlichkeit, solche Situationen zu meistern. Schau mal, manche Mädchen prahlen ja sogar damit, welche Chancen sie beim Hausherrn hätten, aber wer weiß, was davon

Wunschdenken, Tatsache oder Angeberei ist".

„Also, ich war schon irgendwie geschmeichelt, als mir der Mann meiner Madame Komplimente machte. Na ja, Franzosen können schon irgendwie charmant sein, nicht wahr? Da kommen unsere deutschen Männer nicht mit, oder? Zumal ich Madame nicht besonders leiden konnte und mich sowieso fragte, wieso diese *Vache* das Glück hatte, sich einen solchen Supermann aufzureißen, den hatte die gar nicht verdient. Aber außer schönen Worten lief da zwischen ihm und mir nichts. Also angefasst, oder so aus Versehen über den Hintern tatschen, das hat der nie. Der war ja auch den ganzen Tag mit seiner Frau zusammen, die waren beide Lehrer an der gleichen Schule im 16. Bezirk, alles piekfein da."

„ Also ich weiß von einer richtigen dicken und großen Liebesaffäre zwischen einem Aupair und dem Hausherrn, das ging bis zu dramatischen Szenen und zur Scheidung. Aber da scheint es zwischen den beiden tatsächlich ernsthaft gefunkt zu haben, denn der hat das Aupairmädchen nach seiner Scheidung geheiratet, und die haben heute zwei Kinder und betreiben gemeinsam eine kleine Werbeagentur drüben in Neuilly. Es gibt ja'ne ganze Menge deutscher Frauen, die einen Franzosen geheiratet haben, mehr als umgekehrt, häufig waren das Aupairs oder Reiseleiterinnen, die dann hier ihren Mann kennengelernt haben und geblieben sind. Andere Franzosen haben ihre deutschen Frauen in Deutschland kennengelernt, zu der Zeit, als französische Soldaten noch in Koblenz oder Baden-Baden stationiert waren."

„Ich würde mich als Aupair auf so etwas gar nicht erst einlassen, auch wenn es vielleicht meiner Eitelkeit schmeicheln würde, wenn der Typ mich irgendwie versuchen würde anzubaggern. Den würde ich zappeln lassen, denn ich muss mich

mit Madame gut stellen, mit der bin ich schließlich den ganzen Tag im Haus, und der Typ kommt nur abends, wenn überhaupt, weil er meist in ganz Frankreich unterwegs ist, der ist Pressefotograf für *Madame Figaro* und *Marie Claire*, da lernt der unterwegs so viele Frauen kennen, da braucht der nicht sein Kindermädchen aus old Germany anzubaggern".

„Und wie sieht es sonst mit der Liebe bei euch aus? Oder tut sich da überhaupt nichts, weil ihr vielleicht eueren Freund in Deutschland zurück gelassen habt?"

„Was meinst du? Ob wir hier Typen kennen lernen? Ob ich verknallt war oder bin oder so? Na ja, als ich von Westfalen weg bin, da hatte ich noch einen Freund zu Hause. Als ich dem sagte, ich ginge für ein Jahr nach Paris als Aupair, da ist der fast ausgeflippt. Und dann hat er gesagt, er würde mich lieben, und wenn ich ihn auch lieben würde, dann könnte ich nicht einfach so für ein Jahr weg gehen, und schon überhaupt nicht nach Frankreich! Und ich habe eine Weile nachgedacht und den Haken bei der Sache erkannt und dann habe ich ihm gesagt, also, wenn unsere Liebe nicht mal ein Jahr überdauern würde, wie sollte sie da wohl später für ein ganzes Leben halten, und ich würde erst mal fahren und dann würden wir weiter sehen. Eine Woche später war er hier und der Zirkus ging von vorne los. Einen Monat danach war Schluss; nicht weil ich einen Franzosen oder einen anderen Typen hier in Paris kennen gelernt hatte, sondern weil ich endlich frei sein wollte, zum erstenmal auf eigenen Füßen, weg von zu Hause, mit eigenen Entscheidungen, konnte mir endlich mal mit Distanz von zu Hause Gedanken über mich machen, ohne dass meine Mutter oder mein Freund mir rein geredet haben, und da wusste ich plötzlich, jetzt ist erst mal Schluss, ich brauche erst mal überhaupt keinen festen Typen, und die nötigen

Streicheleinheiten, die kann man sich hier auch ohne festen Freund beschaffen.!"

„Also jch habe eine andere Erfahrung gemacht. Ich hatte in Deutschland keinen festen Freund, wollte aber eigentlich einen kennen lernen, das heißt, wollen wir doch mal ehrlich sein, ich wollte jemand haben, an den ich mich binden kann, anlehnen kann, um nicht alleine zu sein; wer will das schon? Und da war es meine geschiedene große Schwester, die hat mir gesagt, ich solle erst mal selbständig werden und lernen auf eigenen Füßen zu stehen, bevor ich mich fest an einen Mann binde. So kamen wir auf den Gedanken, als Aupair nach Frankreich, denn jetzt hatte ich das Abi aber keine Azubistelle, und Aupair ist auf der einen Seite eine gewisse Selbständigkeit in der Fremde, auf der anderen Seite aber auch noch die Sicherheit und Geborgenheit einer Familie. Und jetzt? Jetzt bin ich ein halbes Jahr hier. Und weißt du was? An manchen Abenden und an meinem freien Tag treffe ich mich mit anderen deutschen Aupairs im Café an der *Place St. Michel* und da sitzen wir rum und quatschen und tauschen unsere Erfahrungen aus, und, wenn ich ehrlich sein soll, wünscht sich jede von uns, dass uns ein junger und gutaussehender Franzose anspricht. Nicht weil ich eine feste Bindung will, nur erst mal so, man weiß ja nie, was sich daraus entwickeln kann, oder?"

„Und? Werdet ihr angesprochen?"

„Ab und zu. Aber auch nur, wenn die jungen Franzosen in der Gruppe sind, also ungefähr genauso viele Männer wie bei uns Mädchen am Tisch sitzen. Geklickt hat es dabei noch nicht. Immer nur das übliche Gruppengeflachse. Ich weiß, ich müsste mich mal von der Gruppe lösen und alleine ins Bistro gehen und mich einfach da an einen Tisch setzen. Aber ich weiß nicht so recht ..."

„Kommen wir doch noch mal zurück zu euerem Tagesablauf und zu Euren Erfahrungen ..."

„Für mich war die größte Erfahrung, zu erkennen, dass ich Verantwortung zu tragen habe. Damit meine ich: Kinder auf dem Schulweg begleiten, mitten durch den Verkehr zum Kindergarten, Kinder in der Küche beaufsichtigen, mit all den technischen Geräten und chemischen Putzmittel. Also, das ist eine ganz gewaltige Verantwortung, die mir vorher gar nicht so bewusst gewesen war. Dann oft alleine mit den Kindern im Haus, quasi Schlüsselgewalt und Hausrecht ausüben, Verantwortung über die Werte in der Wohnung, für die Gesundheit und das Wohlbefinden der Kinder. Das wird von vielen Aupairs anfangs nicht bedacht!"

„Und wie sieht so ein Tagesablauf praktisch aus?"

„Ich stehe um sechs auf, wie die Familie. Ich habe mein eigenes Zimmer mit separatem Eingang oben unter dem Dach. Dieses Glück haben nicht alle, obwohl das eigene Zimmer im Aupairvertrag garantiert wird, aber der eigene Eingang, unabhängig, auch mal für Besuche, das ist schon die Ausnahme. Um Viertel vor Sieben bin ich in der Küche. Frühstück herrichten, servieren, gemeinsames Frühstück, teils zwischen Tür und Angel, die Kinder sind undiszipliniert, Madame hält nichts von der strengen französischen Erziehung. Gespräche zwischen Kaffee trinken und Schnürsenkel zubinden hin und wieder. Über Geschäftliches oder über familiäre Angelegenheiten wird in meinem Beisein nicht gesprochen, höchsten so Sachen, ob die Kinder brav waren, welches Spielzeug oder welche Fernsehprogramme man ihnen verweigern soll, welche neuen Filme gerade angelaufen sind, na ja, eben so das tägliche Zeug.

Monsieur fährt um Acht ins Geschäft, eine Herrenboutique in der *Rue St. Honoré*, die um Neun öffnet. Bei den folgenden Arbeiten wechsele ich mich mit Madame ab; mal geht sie einkaufen und ich bringe die beiden *filles* in den Kindergarten, oder umgekehrt. Einmal in der Woche kommen Gäste, meist Geschäftsfreunde oder irgendwelche Parteifreunde, mein Monsieur will sich, glaube ich, in der Stadtpolitik engagieren und sich bei der nächsten Kommunalwahl ins Rathaus wählen lassen, weil er der Meinung ist, der französische Mittelstand und die kleinen Geschäftsleute würden von der sozialistischen Regierung erdrückt und seien kaum noch lebensfähig. Ich habe davon keine Ahnung, schnappe das nur am Rande so auf. Bei den Einladungen für die Geschäftsfreunde ist Madame etwas pingeliger als sonst; da geht sie selbst in die *Épicerie*, zum *Traiteur* und in die *Boucherie*, um persönlich auszusuchen, sonst rufen wir da immer nur an und es wird geliefert, und ich rotiere in der Küche, zusammen mit einer für diesen Tag extra engagierten Köchin. Zweimal pro Woche kommt eine Putzfrau für die grobe Hausarbeit und die große Wäsche. Dazwischen bin ich mit der Kleinwäsche, Bügeln, Staubsaugen und Wischen und vor allem mit den Kindern beschäftigt. Der Gärtner kommt einmal wöchentlich für das Wochenendhaus in *Chevreuse*, da verbringen wir mitunter die Wochenenden. Es hat sich ergeben, dass ich auch den Rasen sprühe, aber Heckenschneiden und Rasenmähen, das mache ich nicht."

„Wie sieht es mit Nacht- und Sonntagsarbeit aus?"

„Zwei- oder dreimal pro Woche muss ich abends oder nachts auf die Kinder aufpassen, bis meine Gasteltern zurück kommen. Aber das bekomme ich extra bezahlt, das ist nicht in meinem Taschengeld inbegriffen. Ich weiß, einige Mädchen in anderen Familien müssen das inklusive machen, da sparen die Familien ganz schön Geld, eine Babysitterin in Paris kostet ein kleines Vermögen. Ich sitze dann mit den Gören vorm Fernseher, wir spielen, oder ich probiere meine Französischkenntnisse mit den Kindern aus. Um Neun müssen sie ohnehin ins Bett. Dann kann ich lesen oder lernen. Denn nachmittags von Fünf bis um Sieben habe ich ja Französischunterricht in der *Alliance!* Sonntags habe ich, von Ausnahmen abgesehen, frei. Laut Abmachung steht der Sonntagvormittag zum Kirchgang zur Verfügung, egal ob man hingeht oder nicht; meist treffen wir uns im Café, oder gehen in eine Kunstausstellung oder bummeln bei schönem Wetter über die *Champs*, es gibt ja immer soviel, der Tag ist nicht lang genug."

„Habt ihr französische Bekannte oder sogar Freunde, oder hält man sich da mehr an die deutsche Gruppe?"

„Kommt darauf an. Mädchen, die zum erstenmal oder erst kurze Zeit hier sind, suchen die deutschen Gruppen oder das Foyer. Erfahrenere haben auch Kontakte mit Franzosen. Das hängt teilweise auch von den Gastfamilien ab, ob die das Mädchen integrieren und in ihrem Bekanntenkreis vorstellen, oder sich selbst überlassen. Letztlich ist das auch eine Frage der Sprachkenntnisse und der Persönlichkeitsentwicklung. Wer nicht richtig Französisch spricht und auch zu Hause in Deutschland eine graue Maus und schüchtern war, kann in einer so lebhaften Stadt wie Paris oder Lyon kaum erwarten, plötzlich mit Freunden und Einladungen überschüttet zu werden. Das kommt nicht gleich zu Anfang. Aber eigentlich versucht doch jede von uns, zumindest eine deutschsprachige Freundin zu haben, mit der man in der Freizeit reden und etwas unternehmen kann. Am Anfang kann die Fremdheit zur gefährlichen Isolation werden, da braucht man einfach jemand. Ich war vorher in einer Familie als Sommeraupair für drei Monate in Biaritz, ganz unten an der spanischen Grenze, da hat man höchstens mal deutsche Touristen gesehen, und ich hatte viel mehr Kontakt zu Franzosen als hier in Paris. Allerdings kann man auch nicht erwarten, dass die Franzosen einfach so auf dich zu kommen. Da musst du schon was tun. Einem Sportverein beitreten, oder eine Bekanntschaftsanzeige in einer Zeitung, oder ins Theater und dort in der Pause sich unters Volk mischen und einfach drauf los quasseln, aber das ist einfacher gesagt als getan, oder?"

„Apropos ausgehen und Freizeit! Das kostet ja schließlich Geld. Und weder Paris noch das restliche Frankreich sind nicht gerade billig. Wie kommt man mit dem Taschengeld von knapp 250 Euro über die Runden?"

Zunächst herrscht betretenes Schweigen, dann vereinzelte unterschiedliche Meinungen und Erfahrungen:

„Erstens arbeiten wir keine volle Zeit, obwohl unsere 36 Stunden pro Woche jetzt an die gewerkschaftlich für alle Arbeitnehmer geforderte 36-Stundenwoche heran kommt, und so gesehen verdienen wir weniger als den gesetzlich vorgeschriebenen Mindestlohn, den SMIC. Aber schließlich bekommen wir das Zimmer, was in Paris ja einen Wert von mindestens 300 bis 400 Euro darstellt; dann unsere Vollverpflegung, die man ebenfalls noch mal oder knapp 300 Euro veranschlagen kann. In Paris zahlen viele Familien noch die *Carte Orange,* also die Monatskarte für die Busse und Metro im Raum Paris, und schließlich kommt auch noch die Kranken- und Sozialversicherung auf die Familie zu, wenn man angemeldet arbeitet, also mit allen Papieren und so."

Das beantwortet noch immer nicht meine Frage, ob ihr mit euerem Geld auskommt?"

„Es reicht gerade so, aber wenn man noch was Gespartes auf der Kante hat oder ab und zu mal was aus Deutschland von der lieben Familie kommt, das schadet auch

nichts. Ein Kinobesuch kostet ja schon zehn Euro, selbst wenn man auf die Studentenkarte an den verbilligten Tagen geht; wenn man danach noch einen Kaffee trinkt, ein Päckchen Zigaretten kauft oder Heißhunger auf ein Eis oder einen Hamburger hat, also da muss man schon ganz schön kalkulieren und aufpassen. Für neue Klamotten, und davon gibt es in Paris ja eine traumhaft schicke Auswahl, also da ist nichts mehr drin."

„Gibt es auch Fälle von persönlichem Versagen, Heimweh, Enttäuschung?

„Ziemlich oft sogar! Obwohl es kaum jemand zugeben wird! Die Mädchen kommen meist aus gutbürgerlichen Verhältnissen in Deutschland, zumindest jene aus dem Westen. Etwas anders ist es mit den Mädchen aus der Ex-DDR; die sind irgendwie selbständiger, neugieriger, die kommen mehr aus einfachen Verhältnissen und boxen sich besser durch. Aber alle waren noch nie für längere Zeit, vor allem nicht in eigener Verantwortung, im Ausland. Da hört man was von Haustochter, denkt in erster Linie an Flirts, Freiheit und tanzen gehen, bereitet sich nicht richtig vor, und hier ist es dann ganz anders, als man es von zu Hause gewohnt ist. Hier sind plötzlich eigene Entscheidungen gefordert! Hier kann man sich nicht mehr an den gedeckten Tisch setzen und nachher den Mund abwischen! Hier dirigiert nicht mehr die Mutti das Geschehen, hier muss man oft selbst dirigieren. Die Gastfamilie kann sich zwar um Integration bemühen, aber sie ist kein völliger Ersatz für die gewohnte Familie zu Hause in Deutschland, und vor allem: Sie kann nicht Sozialarbeiter und Beichtvater spielen! Da gibt es mitunter schon verzweifelte Anrufe bei den Eltern oder Gespräche hier mit dem deutschen katholischen oder evangelischen Pfarrer oder mit den Sozialarbeiterinnen vom deutschen Sozialdienst in Paris oder hier mit der Heimleiterin, die ja nicht nur das Heim leitet, sondern mit pädagogischem Geschick über die heimlichen Wehwehchen der Mädchen Bescheid weiß. Und dann wird einem am Ende auch mal klar, dass man zu früh, zu unreif von zu Hause weg ist, dass man Träumen und Illusionen nach hing und hier die Realität noch nicht richtig in den Griff bekommt. Entweder muss man dann sehr schnell lernen, eine radikale, eine grundlegende Änderung seines Lebens vorzunehmen, oder erst einmal zurück nach Hause, und ein erneuter Versuch in vielleicht einem Jahr."

„Heißt Vorbereitung eigentlich, nur die Programme der Vermittlungsstelle richtig lesen, vielleicht noch etliche Lektüre über Frankreich in den Koffer packen, sich um den Aupairvertrag und die Versicherungspapiere, also um die praktischen Dinge zu kümmern und dann hier antanzen? Oder gibt es auch so etwas wie eine psychologische Vorbereitung, völlig unabhängig davon, ob man nach Paris oder Lyon, also in Großstädte, oder in eine Familie mit Landhaus in der Provence geht?"

„Ja! – Ich denke, man sollte sich zwar praktisch sehr gut vorbereiten, aber auch ein paar persönliche Gedanken über sich selbst machen, zum Beispiel was man selbst von diesem Frankreichjahr erwartet, wie man auf unvorhergesehene Fälle und andere, fremde Menschen reagiert, ob man bereit und fähig ist, von sich aus auf andere Menschen zuzugehen, oder immer nur wartet, ob die anderen den ersten Schritt tun. Besonders unter neuen Begebenheiten in einem anderen Land sollte man sich immer wieder selbst überprüfen, sich selbst auch in Frage stellen können. Warum hat mein Gegenüber, z.B. in der Metro, in der Sprachschule oder im Bistro, so oder so reagiert, und nicht so wie ich es erwartet hätte oder gewohnt bin? Wie hätte ich mich in seiner oder ihrer Position verhalten? Und nicht umgekehrt! Wir

sollten ganz schnell lernen, nicht von uns auf andere zu schließen! Nicht unsere Ansichten als Nonplusultra zu betrachten, sondern in andere Menschen hinein hören; versuchen einen Standpunkt von deren Gesichtspunkt zu sehen. Gerade in neuen Situationen im Ausland hilft uns diese ohnehin logische Weisheit, nicht festzufahren, nicht isoliert zu werden, oder sogar als deutsche Besserwisserin abgestempelt zu werden. In Frankreich kommt nämlich noch eine zu Deutschland unterschiedliche „Streitkultur" hinzu: Franzosen diskutieren gerne über alles; sie akzeptieren zunächst erst mal überhaupt nichts, stellen alles in Frage, „streiten" darüber, aber nicht verbissen, sondern als Wortspiel, als Gesellschaftsspiel, als Spaß an der Freude des Wortgeplänkels. Dieser Umstand hat schon vielen Deutschen – nicht nur Aupairs – zu Beginn des Frankreichaufenthaltes das Leben kompliziert".

Die „andere" Seite:
Mit der Gastfamilie im Gespräch:

Der Autor wollte auch die „andere Seite", nämlich die Meinung einer Gastfamilie hören; er führte mit einer französischen Geschäftsfrau, die seit vielen Jahren regelmäßig ein oder zwei junge Aupairfrauen zu Gast und zwei schulpflichtige Kinder hat, folgendes Gespräch:

„Wie stufen Sie Ihre Erfahrungen mit deutschen Aupairs ein?"

„Ich habe meistens gute Erfahrungen in jenen Fällen gemacht, wenn ich die Mädchen von offiziellen Stellen oder Jugendverbänden vermittelt bekommen habe. Die Mädchen bleiben in der Regel sechs Monate hier; einmal hatte sich zwischen meinem damals siebenjährigen Sohn und dem Aupair – Karin war damals 22 und bereits zum zweitenmal in Paris – eine so herzliche Beziehung ergeben, da hätten wir am liebsten den Vertrag verlängert, aber Karin musste nach Deutschland zurück, weil sie endlich einen Studienplatz bekommen

hatte. Aber bereits in ihren ersten Semesterferien kam Karin zurück und ver-
brachte als Sommeraupair zwei Monate
mit uns in unserem Ferienhaus in der
Bretagne. Wir schreiben uns noch heute."

„Und Ihre negativen Erfahrungen?"

„Einmal benötigten wir kurzfristig ein
Aupair für den Urlaub am Mittelmeer,
weil zwischen der Ankunft des neuen und
der Rückfahrt des alten Aupairs ein Loch
von vier Wochen entstanden war. Die Zeit
zur Vermittlung über ein offizielles Büro
war zu knapp, und wir haben deshalb in
einer Pariser Zeitung inseriert. Also
mussten wir nehmen, was von der Straße
kam, um es mal so auszudrücken. Wir
entschieden uns dann von acht Bewerberinnen für eine junge Deutsche, die uns
auch die Bescheinigung einer Pariser
Sprachschule vorlegte, wo sie als Studentin eingeschrieben war. Angeblich wohnte
sie bei Freunden. Aber sie schien in Ordnung zu sein, denn unsere Kinder mochten
sie und sie sprach bereits recht gutes Französisch, was ich immer als eine der wichtigen Voraussetzungen ansehe. Aber dann
im Urlaub bekam sie laufend aus Paris
Männerbesuch, oder sie lernte wahllos
junge Männer am Strand oder beim Einkaufen im Supermarkt kennen, alle zwei
Tage kam ein anderer, und abends zählte
sie die Sekunden bis zum Feierabend und
weg war sie in der Disco, kam sehr spät
nach Hause, sie roch nach Alkohol und
Tabak, und häufig war sie in Männerbe-
gleitung, die sie heimlich mit auf ihr
Zimmer nahm, oder sie küssten sich im
Vorgarten, na ja, küssen konnte man das
schon nicht mehr nennen, und das Fenster
des Kinderzimmers war direkt daneben."

*„Madame, haben Sie bedacht, dass
junge Frauen im Alter von 18 oder 20
Jahren auch den Wunsch und das
Recht auf in eigenes Leben, auch auf
ein eigenes Sexalleben haben?"*

„Dagegen ist auch nichts einzuwenden.
Mein Mann und ich sind gewiss nicht
prüde, im Gegenteil, wir sind moderne
Menschen. Aber alles hat seine Grenzen;
ich denke, es macht doch einen sehr
schlechten Eindruck auf die Kinder, wenn
ihr Kindermädchen täglich die Partner
wechselt und morgens unausgeschlafen
am Frühstückstisch sitzt. Und letztlich ist
das heutzutage auch eine Frage der Gesundheit, wenn Sie wissen was ich meine?! Also, ich hatte den Eindruck, das
Aupair wollte nur einen bezahlten Urlaub
am Mittelmeer verbringen, ohne sich über
ihre Verantwortung bewusst zu sein. Sehen Sie einmal, Karin hatte damals auch
einen festen Freund in Paris, wir hatten
ihn sogar zum Essen eingeladen, mit den
Kindern. Aber Karin hat ihn diskret mit
auf ihr Zimmer genommen oder sich bei
ihm in seiner Studentenmansarde getroffen. Das ist doch was anders, oder?"

*„Hatten Sie auch sogenannte
Problemmädchen, also junge Frauen
mit persönlichen Problemen, mit
Heimweh oder Einsamkeit?"*

„Ich weiß von meinen Freundinnen, die
auch regelmäßig Aupairs beschäftigen, in
einigen Fällen gab es da Probleme. Einmal
war es wegen einem Freund des Mäd-
chens, der dauernd aus Deutschland kam
und hier Eifersuchtsdramen veranstaltete.
Das Mädchen war so hin- und hergerissen,
dass es schließlich den Vertrag vorzeitig
abbrach und nach Deutschland zurück
ging. Ein anderes Mädchen hatte Drogen-
probleme; angeblich hatte sie diese nicht
von Deutschland mitgebracht, sondern sie
ist hier erst irgendwie in die Drogenszene
geraten, das kann ja schnell gehen, wissen
Sie?! Da war sogar die Polizei eingeschaltet, das Mädchen wurde noch hier in
Paris in eine Entziehungskur gegeben, ich
glaube, das war mit Hilfe des Deutschen
Sozialdienstes, die sich da nach einem
Hinweis der Deutschen Botschaft eingeschaltet hatten. Ich bin bisher von solchen

ernsthaften Problemen verschont geblieben. Wahrscheinlich habe ich einen Riecher für Problemfälle und halte sie mir vom Hals. Ich kann auch nicht einsehen, warum ich Sozialhelferin oder Ersatzmutter bei einer jungen Frau spielen soll, die eigentlich bereits erwachsen ist."

„Aber Aupair bedeutet doch auch Familienanschluss. Beinhaltet das nicht auch, sich im Notfall um die Sorgen seiner Angestellten zu kümmern, denn eigentlich ist es ja keine Angestellte, sondern ein Familienmitglied!?"

„Also nein! So großzügig würde ich das nicht auslegen! Einen freundschaftlichen und familiären, auch einen persönlichen Umgang mit der jungen Frau zu pflegen, das ist normal und für mich und meinen Mann überhaupt keine Frage. Aber wir haben weder Zeit noch eine dafür notwendige Ausbildung, in solchen extremen Problemfällen den Doktor zu spielen oder Händchen zu halten. Dazu habe ich keine Nerven! Das kann niemand von uns verlangen! Wir haben zunächst einmal Verantwortung unseren Kindern gegenüber, dann haben wir unseren Beruf, unser Geschäft; – nein! Wir sind normale Menschen aber keine Sozialfürsorger! Bei Heimweh und Einsamkeit, ja sogar bei Liebeskummer lasse ich gerne mit mir reden; – aber Drogen oder Alkohol? Nein danke!"

Grundlagen für Aupair:

- Aupairfrauen sind in der Regel ledig, nicht geschieden, und zwischen 18 und 28 Jahre alt.

- Gelegentlich werden auch männliche Bewerber zu den gleichen Bedingungen vermittelt.

- Das Engagement sollte mindestens sechs Monate, besser aber ein Jahr dauern. Kürzere Zeiten sind schlecht zu vermitteln. Es gibt Ausnahmen als sogenannte „Sommeraupairs"; hier wird die französische Familie mit Kind(ern) in den Sommerferien, meist in deren Landhaus oder Ferienwohnung, begleitet.

- Der weitaus größte Teil der Bewerberinnen wird im Großraum Paris vermittelt, wo man hier schon einen Radius von 100 Kilometer ab Stadtmitte rechnen kann. Andere Vermittlungsstellen haben sich auf Landgebiete in der „Provinz" und in den Ferien- und Strandgebieten, z.B. in die Provence oder an die Côte d'Azur spezialisiert; einige auch auf die Vermittlung in die französischen Überseegebiete und in die Karibik

- Ein Aupairaufenthalt ist in der Regel an den Besuch einer Sprachschule gebunden. Dies sieht zumindest der Aupairvertrag des französischen Arbeitsamtes ANPE vor, von dem die Arbeitserlaubnis *(Carte de Séjour)* und die Versicherungspapiere abhängen.

- Hilfreich für eine Aupair Bewerbung sind: Kenntnisse in der Kinderpflege, Erfahrung im Babysitting, Führerschein, nachgewiesene ehrenamtliche Tätigkeit (z.B. als Gruppenleiterin in einem Sportverein), musische Aspekte (z.B. Spielen eines Musikinstrumentes), Referenzen von Lehrern, Pfarrstellen, Vereinen ...

- Als Gründe für einen Aupairaufenthalt werden u.a. genannt:

- Warten auf einen Studienplatz oder eine Azubistelle.

- Beste und günstige Gelegenheit für den Einstieg in eine Auslandstätigkeit, solange man noch keinen „richtigen" Beruf hat, der für einen Auslandsaufenthalt qualifiziert.

- Erlernen einer Fremdsprache.

- Vorbereitung auf eine Tätigkeit oder ein Studium in Richtung Hauswirtschaft, Kindergärtnerin, Pädagogik, Köchin ...

• Vorübergehende Überbrückung von (Jugend)Arbeitslosigkeit.

• Aupairs im Raum Paris stehen drei Anlaufstellen und Sozialberatungen sowie zwei Wohnheime zur Verfügung:

Das **Foyer Le Pont,** Rue de Gergovie, 75014 Paris (Nähe Metro Pernety) als Wohnheim und Beratungsstelle des evangelisch orientierten „Vereins für Internationale Jugendarbeit".

Das katholisch orientierte

Foyer Porta, Rue Demours 14, (Nähe Arc de Triomphe), 75017 Paris.

und das

Deutsche Sozialwerk in Frankreich *(Entraide Allemande),* 2 Rue Dorian, 75012 Paris (Metro: *Rennes, St. Sulpice),* Tel. 01 55 78 80 70, u.a. als Beratungs- und Vermittlungsstelle.

Au Pair Europea, 394, 24, rue Arago, 59130 Lambersart, au-pair@wanadoo.fr

Perlangues, 2, Impasse de la Boissée, 91080 Courcouronnes, T. 0033 1 60773500, Fax 0033 160 77 35 00, perlangues@wanadoo.fr, www.perlangues.com, Tania Seresson-Akopova

Vermittlung von Aupairs in ganz Frankreich.

Euroconnections, Eisenacher Str. 106, 10781 Berlin, Tel. 030-23 63 18 31, Fax 030-23 63 18 32, jeanne.michel@euroconnections.de, Jeanne Michel

Buchhinweis:

„Das Aupair Handbuch", ISBN 3-86040-026-6 sowie *"Abenteuer Au-Pair - USA u. Europa",* ISBN 3-86040-025-8, und **"Aupair-Ratgeber für Gastfamilien",**

ISBN 3-86040-115-7, erschienen im Verlag interconnections, Freiburg, Tel. 0761-700 650, info@interconnections.de, www.interconnections.de bzw. http://shop.interconnections.de

Das Handbuch ist in vielen Auflagen zum unbestrittenen Standardführer zu allen Aupairfragen geworden. Es werden Möglichkeiten in Frankreich, Europa, USA, Kanada, Australien, Neuseeland und Israel behandelt. Themen sind u.a.: Aupairverträge, Versicherungsangelegenheiten, Vermittlungsstellen, Einreisebestimmungen, Verdienst, Freizeitkontakte, Reisekosten, Profilanforderungen, richtige Vorbereitungen, Länderkunde und eine Menge Erfahrungsberichte, die sich mit kenntnisreichen Detailfragen aus der unterschiedlichen Sicht von Aupairs und Gastfamilien eingehend befassen.

Eine gute Intenetadresse mit einer Reihe französicher Agenturen oder auch deutschen, österreichischen oder Schweizer Agenturen findet sich bei

www.au-pair-box.com

Man füllt einfach eine Fragebogen aus und ab geht die Post. Die Agenturen melden sich darauf.

„Von der Hand in den Mund"

**Tagebuch eines „Herumtreibers"
in Frankreich (aus Einzelgesprächen
mit dem Autoren):**

Ich heiße Albrecht und komme eigentlich aus Berlin. Alle nennen mich Aldi, sogar die Franzosen. Bei denen lebe ich jetzt schon zwei Jahre. Meistens auf der Straße oder in Abbruchhäusern. Manchmal auch im Hotel. Je nach dem, wie's mit der Kohle läuft. Und die Kohle ist vom Wetter und den Arbeitsmöglichkeiten abhängig. Um das gleich vorwegzunehmen: Betteln ist auch Arbeit! Harte Arbeit sogar. Aber, ehrlich, da hab' ich nur in äußersten Notfällen drauf zurückgegriffen, aufs Betteln, Ehrenwort! Aber manchmal war's eben notwendig. Genauso wie's Stehlen. Natürlich nur Mundraub, ehrlich! Ich setze mich doch nicht absichtlich in 'nen französischen Knast. Das ist die Hölle, sag' ich euch! Die Hölle! Dann lieber betteln gehen oder arbeiten. Nur: Arbeit gibt's ja auch hier nicht soviel. Obwohl ich nichts gegen arbeiten habe. Nur eben nicht so regelmäßig, verstehn Sie? Wo bleibt denn sonst die Freiheit? Und das Leben? Also, wenn ich soviel verdiene, wie ich so tagsüber brauche, also das reicht mir! Na ja, da kann man hier schon über die Runden kommen.

In Paris fing alles an. Logisch! In Paris fängt für die meisten alles an. Aber nicht mehr unter den Brücken an der Seine. Das ist 'n alter Hut. Da spielen die Bullen nicht mehr mit. Razzia. Fast jede Nacht! Sie fallen über dich her, leuchten dir mit der Funzel ins Gesicht, dass du mitten im Tiefschlaf blind wirst, dann raus aus dem Schlafsack und rein in die Minna. Wenn du Glück hast, landest du in einer Sammelstelle, musst duschen, wirst desinfiziert und bekommst frische Unterwäsche aus alten Armeebeständen und ein Frühstück und dann wirst du wieder rausgelassen, bis zum nächsten Mal. Wenn du aber Pech hast, fahren sie dich gleich raus, kilometerweit, vor die Stadt, in den Wald, weit weg von Landstraßen, Autobahnen und Bahnhöfen. Dann werfen sie dich raus, der Schlagstock gibt Nachhilfeunterricht, und dann stehst du da mit ein paar Kumpels, mitten im Wald und nichts zu kauen. Nee, ich sag' euch, das ist kein Leben.

Aber nur die Anfänger lassen sich von den Bullen schnappen. Oder ein paar total Ausgeflippte, abgefuckte alte Clochards, denen eh' schon alles egal ist. Aber ich weiß genau wo die Futternäpfe stehen. In Paris ist sogar die Obdachlosigkeit organisiert und bürokratisch verwaltet. Man muss nur wissen, wie das abläuft. Also ich hab' mich da richtig organisiert. Bin ja schließlich kein Penner! Bin Aussteiger und Freigeist. Mit obdachlosen Pennern hab' ich nichts am Hut. Lieber fahr' ich alleine mit der letzten Metro ein paar Takte raus aus der Stadt, bevor ich mich mit zu einer Pennergruppe schlafen lege. Trotzdem: Organisation ist für uns Deutsche alles! Auch hier. Sonst gehst du vor die Hunde.

Egal wo ich schlafe, aber morgens wird sich erstmal gewaschen und rasiert. Das kann man überall. Nicht nur in Bahnhofstoiletten. Ich geh' sogar in Hotels rein. Frechheit siegt. Mehr als rauswerfen können sie mich ja nicht, oder? Es gibt ja auch öffentliche Parks mit Trinkwasseranschluss. Da nimmt man einen Pappbecher voll Wasser, das reicht zum Waschen und Rasieren. Wissen'se, wenn ein Landstreicher in seinem Rucksack nicht mal Platz für Rasierzeug und Seife hat, dann soll er die Landstreicherei an den Nagel hängen, das ist nämlich eine Kunst, die muss gelernt sein. Wenn ich in Paris bin, gehe ich am liebsten in den kleinen Park am Seineufer gegenüber von Notre-Dame; da drückt der Parkwächter mit der Trillerpfeife oft ein Augen zu, wenn man unauffällig ist und die Show nicht übertreibt, und Frauen kommen vorbei und geben dir ein Butterbrot oder ein paar Äpfel, oder Touris rücken ein paar Münzen raus, wenn sie uns fotografieren wollen; dann ham' die später zu Hause in Tokio oder Chicago Gruppenbild mit Hund, denn jeder dritte Stadtstreicher hat'n Hund. Wissense, auf'n Hund iss mehr Verlass als auf'n Kumpel. Jedenfalls bin ich dann gewaschen, und der Tag kann beginnen. Bei den beiden deutschen Pfarrern in Paris gibt's manchmal ein paar Euro, man darf nur nicht zu oft kommen, die kennen ja ihre Pappenheimer. Oder die schicken dich zu einer Kleiderstelle, wenn du mal'n Wintermantel oder'n Paar Schuhe brauchst. Na ja, und zu essen ist auch meist was da. Aber nicht mehr so wie ganz früher, wo die Restaurants die Essenreste aus dem Hinterausgang in die Seitengasse gestellt und dann die Glocke geläutet haben, zum Zeichen für die Clochards, dass was Essbares wartet. *(Anmerkung: Die Glocke = „La Cloche", – daher der Name „Clochard" für Stadtstreicher und Obdachlose).* Heute wird keine Glokke mehr geläutet; die Küchenhelfer schmeißen die Abfälle verantwortungslos in die Mülltonne, und dann wird darin herum gewühlt, egal ob Hund oder Mensch. Aber auch die Armut ist in Paris organisiert: Abends ab sechs an bestimmten großen Plätzen, die Suppenküchen, mal die Heilsarmee, mal die Stadtverwaltung oder sonst'ne heilige Institution, oder diese Organisation von diesem ehemaligen Komiker, *(Anmerkung: Gemeint ist der verstorbene Schauspieler und Kabarettist Coluche, Gründer der „Restaurants du coeur". Die „Restaurant des Herzens" existieren heute in ganz Frankreich, werden von 40 000 freiwilligen Helfer und Spenden unterhalten und geben – besonders im Winter – an 2 200 Verteilerstellen in Frankreich täglich rund 450 000 Mahlzeiten an Arme und Obdachlose aus),* der iss ja mit'm Motorrad verunglückt und 'ne Menge Leute behaupten, er sei ermordet worden, weil er sich als Staatspräsident beworben hatte und sowieso ziemlich unbequem wurde. Ich fahr' oft runter zwischen Bastille und Nation, da gibt's sogar geheizte Zelte und man muss nicht im Stehen essen sondern hat Bänke und Tische, und es kommen nicht nur Penner hin, sondern sogar anständige Leute, Rentner und so, viele haben sogar 'ne Wohnung, iss aber trotzdem'n trauriges Volk, wie die da hängen, mit ihren eingefallenen Augen ohne Glanz und den abgeschabten Klamotten. Die Alten und die Rentner essen ruhig und bedächtig, längst haben sie sich abgewöhnt, sich ihrer Armut zu schämen. Andere schieben sich das Essen rein, mit so'nem komischen, resignierten Blick, als hätten sie Angst, jeden Augenblick für ihr Elend bestraft zu werden. Ick hatte nur am Anfang Probleme

damit, jetzt mampfe ich drauflos, man gewöhnt sich an alles. Aber weeste, ick möcht' trotzdem meine alten Tage nicht so verbringen, aber wer weiß, was noch alles kommt ...

Wer nach dem Abendessen noch nichts zum Schlafen hat und nicht in einen Metroschacht will oder von den Bullen aufgegriffen, der geht einfach zu irgendeinem der fünf Pariser Bahnhöfe oder zum *Place Chatelet* und wartet. Vor Einbruch der Dunkelheit kommt dann so eine Art Sozialpolizei, die sind ganz umgänglich, wir begrüßen uns wie Kumpels, die laden dich ins Sammelauto und ab geht's zur Übernachtung, mit Dusche und Frühstück. Ist so'ne Erfindung von diesem Monsieur Saubermann, der war mal hier in Paris Law-and-Order-Oberbürgermeister und jetzt iss er sogar Staatspräsident. Aber wahrscheinlich nicht nur, weil er uns nachts von den Straßen geholt hat. Wieso die Sozis nie auf diese Idee mit den sauberen Straßen gekommen sind? Na ja, die Sozis wollen die Armut ja gleich ganz abschaffen, aber die Gaullisten verwalten sie eben besser. Am nächsten Morgen geht's sowieso wieder weiter. Immer im Kreis. C'est la vie! N'est-ce pas?

Eine Weile klappte es mit dem Schachspiel auf dem Pont d'Iena und im Quartier Latin ganz gut. Ich hatte mich mit einem Schachspiel in eine Ecke mit viel Publikumsverkehr gesetzt. Daneben ein Schild: „Spiele gegen Sie Schach. Wenn Sie verlieren, kostet es nichts. Wenn Sie aber gewinnen, zahlen Sie mir 10 Euro!" Das war immerhin schon die Summe für einen bescheidenen Couscous in einem arabischen Restaurant. Drei oder vier Gewinner, die zahlen mussten, hatte ich immer pro Tag. So kam etwas Geld ins Haus und ich konnte ab und zu in einem Hotel hinter dem Nordbahnhof schlafen. Bis ein übereifriger Ordnungshüter mir das Schachspiel beschlagnahmte. Begründung: Ich brauche einen Wandergewerbeschein und für „Öffentliche Auftritte" eine Genehmigung vom Ordnungsamt. Das war mir zuviel Bürokratie und ich verlegte mich auf Handlesen und Horoskope. Im Schneidersitz saß ich in einer der runden Buchten auf der Pont Neuf. Vor mir drei oder vier brennende Kerzen, eine Tasse mit Kaffeesatz, ein Kartenspiel und ein Schild in drei Sprachen: „Handlesen! Zukunftsvoraussage! Die Wahrheit über Ihr Liebesleben!" Die Franzosen amüsierten sich köstlich über meine dilettantische Clownerie, und warfen mitunter den einen oder anderen Schein in meinen Hut, ohne den Dienst der Glückseligkeit in Anspruch genommen zu haben. Es waren in der Regel die deutschen Touristen, die für ihr Geld auch Ergebnisse sehen wollten. Da war es schon egal, welches Märchen ich auftischte. Hauptsache Leistung gegen Geld. Das gab mitunter eine Menge Spaß und Einblick in unterschiedliche Mentalitäten.

Im Hochsommer lässt sich ja in Paris ganz gut leben. Aber wenn der Herbst sich meldet, wenn die Regenzeit beginnt und der Wind durch die U-Bahnschächte pfeift als läge Paris in der Hohen Tatra, dann heißt es, ab nach Süden sich verkrümeln. Hatte ein paar Tage ein paar Jobs in Rungis, der Großmarkthalle im Süden von Paris. Knochenarbeit. Schweinehälften schleppen und im Akkord Gemüsekisten aus den Güterwagen raus und rauf auf die LKWs stapeln. Wer da vorher nicht richtig schläft und sich falsch ernährt, geht bald auf Krücken. Als ich etwas Geld in der Tasche hatte, bin ich als Beifahrer mit einem spanischen LKW bis runter nach Perpignan, Europas größter Früchteumschlagplatz. Irgendwie kam ich von dort mit einem anderen LKW nach Marseille. Ein Dreckloch. Das heißt, eigentlich gar nicht so übel, interessante Hafenstadt, aber zuviel Gesocks und zu wenig Arbeit. Wer sich in Marseille gehen lässt und nicht auf sich hält, ist schneller im Knast wie ein Bier aus dem Zapfhahn. Ich traf Bolle. Bolle kommt aus Köln und war zuletzt in

Spanien. Jetzt war er auf dem deutschen Konsulat in Marseille und wollte Kohle, Geld fürs Essen und für die Rückfahrt nach Deutschland. Aber auf dem Konsulat haben die dem Bolle ein Lied gesungen. Von wegen Geld! Nichts war da! Noch keine 20 Euro haben die ihm gegeben und dann haben sie ihn auf die Autobahn geschickt, er solle per Anhalter fahren. 20 Euro! Nicht mal ein Tag Sozialhilfe! „Wenn Sie mittellos ins Ausland reisen", haben sie ihm dort gesagt, „dann geschieht das in Ihrer eigenen Verantwortlichkeit. Wenn Sie nicht vorgesorgt haben, und auch zu Hause in Deutschland keine Familie mehr haben, die für Sie aufkommen will, dann sind Sie bei uns auf dem Konsulat falsch. Wir sind kein Sozialamt!" Aber nicht immer ist das Konsulat so rigoros. Die wägen schon ab, wo sie auch mal helfend eingreifen. Zum Beispiel bei jungen Mädchen, wo das Risiko besteht, dass sie auf krumme Wege oder in die Drogen- oder Nuttenszene abrutschen. Oder wenn der gute Ruf Deutschlands auf dem Spiel steht; bevor so ein Traumtänzer irgendeine große Scheiße im Ausland baut, und dann heißt es: „Seht mal, das war ein Deutscher!", da kauft das Konsulat lieber vorher einen Fahrschein und setzt die Brüder mit etwas Zehrgeld in den nächsten Zug Richtung Heimat. Aber Bolle stand nun am Alten Hafen vor der Kirche und hielt die Hand auf. Doch Marseille hat genug eigene Bettler, da brauchen die keinen Bolle aus Köln. Ich sagte ihm, komm' lass' uns nach Bordeaux oder an die Côte d'Azur ziehen, da beginnt jetzt die Weinlese, oder weiter nördlich die Obst- und Gemüseernte. Aber Bolle wollte nicht arbeiten, er faselte etwas von Fremdenlegion, da bin ich alleine weiter, war mir auch lieber so, solche Typen wie Bolle bringen einen nur in Schlamassel; soll er's nur mal in der Fremdenlegion versuchen, da kriegt er erst mal seine Spinnereien aus dem Kopf geprügelt, bevor er überhaupt das erste Antragsformular gesehen hat. Das mit den Deutschen hat in der Legion sowieso nachgelassen. Der letzte große Ansturm auf die französische Fremdenlegion lag um die Zeit des DDR-Zusammenbruchs. Da gab es genug ehemalige Stasileute und arbeitslose Offiziere der Volksarmee, die als disziplinierte Deutsche recht gut in der Legion unterkamen. Heute sind es viel mehr Russen oder ehemalige Sowjetoffiziere, die ihr Wissen entweder der Legion zur Verfügung stellen oder als Zuhälter oder Mitglieder der Russenmafia an der Côte d'Azur gelandet sind. Aber sowas würde für mich nie in Frage kommen. Wo bleibt denn da meine Freiheit?

Bis Ende September war ich bei der Weinlese zwischen Aix und Avignon. Den Beginn muss man genau abpassen, wenn man nicht schon vorher eine feste Zusage vom Winzer hat. Den Beginn erfährt man aus der Zeitung, oder auf dem Arbeitsamt, wo am Tag X die Winzer noch die letzten Personallücken füllen und Tagelöhner rekrutieren. Minimalverdienst und krummer Rücken. Und viel Konkurrenz! Früher waren es nur Spanier und Portugiesen, die sogar mit Sonderzügen nach Frankreich kamen und für ein paar Wochen schufteten. Heute sind es die Billigheimer aus Polen und anderen ehemaligen Ostblockländern, na ja, und die Franzosen haben ja selbst genug Arbeitslose, da helfen heute sogar alle Familienmitglieder, Großmütter und Schulkinder in der Weinlese. Wir schliefen beim Winzer in der Scheune. Das Essen war einfach, deftig und reichhaltig. Aber abends waren wir so kaputt, da fielen wir ins Heu wie betäubte Fliegen auf den Mist. In dieser Zeit lernte ich Florence kennen. Florence war neunzehn, aus Marseille und von zu Hause weg und jetzt lag sie neben mir im Schlafsack im Stroh. Mit Florence fuhr ich – wir hatten Geld genug für den Zug – nach La Rochelle und wir fanden einen Job in einer Austernzucht auf der Ile de Ré. Wir wurden in lange Gummianzüge gesteckt und

mit einem Hammer bewaffnet in die Austernbänke geschickt. Doch nach Weihnachten war die Saison für uns vorbei. Für die Apfelernte in Calvados war es längst zu spät, und so fuhren wir nach Marseille zurück, weil Florence meinte, im Winter sei man in einer Großstadt besser aufgehoben und außerdem kenne sie da ein paar Leute. Wir fanden tatsächlich Jobs und sogar eine Unterkunft. In einem Hotel, einer mittleren Absteige hinter dem Alten Hafen, wurde Florence Zimmermädchen und ich bekam den Job als Plongeur, also Spüler und Gemüseputzer in der Hotelküche. Wir wohnten zusammen in der Dachkammer des Hotels und konnten auf dem Flur Toilette und Dusche benutzen. Irgendwie überlegte ich mir, dass das mit einer Familie gar nicht sooo schlecht wäre, mit 'ner regelmäßigen Arbeit und 'ner Frau zu Hause, denn das mit der Liebe ist unterwegs ja so eine Sache, meistens nur Handbetrieb und nie was Festes. Als ich noch am überlegen war, vielleicht mein Leben zu ändern, war Florence eines Tages weg. Sie hatte mein Geld unter der Matratze genommen und wohl auch noch ein paar Taschen in den Gästezimmern geleert, und ich stand ganz schön beschissen da, und das hätte mich doch beinahe aus der Bahn geworfen, weil ich es bisher noch nicht erfahren hatte, dass sich so Leute wie wir untereinander beklauen. Außerdem war ich ja schließlich auch verliebt in Florence, und diese Enttäuschung ist doppelt bitter. Oder? Aber meine Naivität sollte ich später sowieso ablegen, als ich sah, was an der Côte d'Azur los war. Keine Solidarität unter den Landstreichern. Meist Geier und Aasgeier wenn's ums Fressen und Überleben geht.

Aus dem Hotel flog ich raus, weil die dachten, ich würde mit Florence unter einer Decke stecken. Aber ich habe Florence erst viele Monate später wieder gesehen, in Nizza, als sie in einer Kneipe von einem russischen Zuhälter verprügelt wurde, weil sie zwei russischen Nutten ihren Stehplatz an der Straße vom Flughafen streitig machen wollte. In Nizza und Cannes lebte ich eine Weile von der Klauerei. Aber nicht in Supermärkten, das war mir zu riskant. Ich klaute nur Essen in den Markthallen. Wenn ich eine Tüte Milch, Käse und Schinken zusammengeklaut hatte, dann reichte das Geld noch für ein Weißbrot und Drehtabak, und damit ging ich runter zum Strand, angelte mir als Lesestoff noch ein paar alte Zeitungen aus dem Papierkorb, streckte mich lang aus und ließ am Strand und in der Frühlingssonne den lieben Gott einen guten Mann sein. Hinter mir das Negresco und vor mir das Mittelmeer. Und in der Badehose ein Landstreicher nicht von einem Filmstar oder Buchhalter zu unterscheiden ist, und ich jung, nicht unansehnlich aber braun gebrannt bin, kam es hin und wieder sogar im richtigen Federbett zu One-Night-Stands – oder auch ein paar Tage mehr – mit braven und neugierigen Touristinnen, denen ich entweder erzählte ich sei Student oder würde gerade eine Sprachschule in Nizza besuchen.

Ostern machte ich mich Richtung St. Tropez auf, blieb aber erstmal in Antibes hängen, weil ein Engländer etwas von Jobs im Sporthafen erzählt hatte. Wir, der Engländer, eine junge Französin und ich liefen dann tatsächlich die Bootsstege ab und fragten die Skipper. Boot für Boot! Die Französin heuerte in der Kombüse eines Seglers an; ein reicher Deutscher wollte einen Acht-Wochen-Turn nach Tunesien machen und benötigte für die Sieben-Personen-Crew eine Köchin. Ein anderer Skipper suchte jemand für Pflege- und Ausbesserungsarbeiten am Boot. Malen und Anstreichen konnte ich auch, aber der Engländer war im Vorteil und bekam den Job; er konnte auch löten und schweißen. Ich durfte für zwei Tage zwei Boote reinigen und abspritzen, hatte deshalb etwas Geld in der Tasche, und landete schließlich doch in St. Tropez. Dort

soll das Geld im Sommer ja angeblich auf der Straße liegen, – dachte ich ...

Irgendwann lernte ich auch Georg kennen. Georg ist Deutscher und nach seiner Aussage bereits den vierten Sommer in St. Tropez. Georg ist ein Bulle von Mensch, kräftig wie ein Zuhälter und mit kahl geschorenem Kopf. Er lebt davon, die Zahlstellen der Parkplätze im Hafen zu kontrollieren. Das heißt, er bestimmt, welcher Typ sich an welchen Parkautomaten setzen darf, um das Wechselgeld der Touristen zu erbetteln. Außerdem postiert er noch rund zehn Bettler an den Geldautomaten der Banken. So hat Georg etwa zwanzig Landstreicher, die im Sommer in St. Tropez für ihn arbeiten. Kein anderer darf diese Plätze einnehmen, sonst setzt es Kloppe von Georg und seiner Minimafia. Georg fährt die Plätze mit dem Fahrrad ab; jeder gibt etwa 20 Prozent seiner Einnahmen. Ich erklärte Georg für bekloppt, als er mir diesen Job anbot. Wir trennten uns, und ich versuchte mein Glück mit einem Eimer voll Wasser, einem Schwamm und Spülmittel an einer der Verkehrsampel der Ausfallstraße, um bei Rot schnell für ein paar Euoro die Autofenster zu putzen. Aber da hatte ich die Rechnung ohne die Zigeuner gemacht. Die boten mir zunächst zwar keine Tracht Prügel an, sondern waren einfach schneller als ich in der Überzahl an den Autos und ich konnte nur doof dastehen und hatte das Nachsehen. Als ich immer noch nicht aufgab, kamen sie zu Viert, bildeten einen Kreis und zeigten zwischen Hand und Hosentasche das Stiletto. Mehr Überzeugungsarbeit benötigte ich nicht. Zum Glück lernte ich einen verrückten Ex-Fotografen und ehemaligen Kriegsberichterstatter kennen, dem seine Arbeit dermaßen die Rübe verbrannt hatte, dass er jetzt seine Brötchen als freischaffender Clown im Jachthafen von St. Tropez verdient. Er heißt Ludowig, ist eigentlich polnischer Jude und eingebürgerter Franzose. Ludowig malt sich Hände, Hals, Gesicht und

Füße schwarz an und steht als starre, unbewegliche Statue direkt im Zentrum des Touristenrummels. Dafür rollt der Rubel ganz gut, obwohl auch viele Schmarotzer nur fotografieren aber ihren Obolus nicht entrichten. Ludowigs Hautporen sind völlig von der schwarzen Farbe versaut und die Augen entzündet. Sonnentags ist Ludowig den ganzen Tag vollbeschäftigt aber es war ein verregneter Aprilnachmittag, als ich mit dem Künstler in einer Kneipe ins Gespräch kam. Er kennt dort Tod, Teufel, Kommunalpolitiker, und viele Leute mit Geld und Einfluss. Das macht ihm Spaß, aber er profitiert nie davon. Er fand mich wohl irgendwie sympathisch und vermittelte mir einen Vorsaisonjob in der Bootspflege. Das war zwar keine leichte, aber eine abwechslungsreiche Arbeit mit ziemlich viel Trinkgeld; die Bootsbesitzer gehörten nämlich nicht unbedingt zu den Underdogs dieser Welt.

Im Juni waren alle Boote gestrichen, gereinigt und fahrtüchtig, die Urlauber und Eigentümer kamen, stachen in See, und ich war überflüssig. Auch der Traum, irgendwohin in die weite Welt mitgenommen zu werden, blieb ein Traum. Durch einen Zettel im Aushangkasten des Arbeitsamtes fand ich den Job als Nachtwächter auf einem Campingplatz bei Grimaud. Mit einer schweren Taschenlampe und Funktelefon bewaffnet musste ich nachts diesen riesigen Campingplatz von über zehntausend Stellplätzen ablaufen (das war wie ein überfülltes Dorf mit Halligalli), für Sicherheit sorgen, besoffene Engländer in ihre Wohnwagen bugsieren oder allzu laut singende Deutsche an die Nachtruhe erinnern, die in St. Tropez ohnehin erst gegen Morgengrauen beginnt. Der Job war zwar mies bezahlt, aber ich hatte ein Dach, bzw. ein Zelt über dem Kopf, zu essen und etwas Geld, und der größte Vorteil kam erst am Schluss der Saison, Ende September: Ich konnte mich – da ich eine feste und reguläre Arbeit angenommen hatte – auf dem Arbeitsamt einschreiben und bekam befristet für drei Monate Arbeitslosengeld. Ich hing so ein bisschen herum, fand schließlich Unterkunft in einer abgelegenen Gartenhütte, in die mich Gerhard mitgenommen hatte. Gerhard war mit einem noch in Deutschland zugelassenen alten Ford unterwegs, aber das Kfz-Kennzeichen war längst ungültig und der TÜV abgelaufen. Es gibt da eine ganze Reihe von Typen, egal ob Wessis oder Ossis, die hauen einfach zu Hause mit 'ner alten Karre ab, und denken dann, hierzulande achtet eh' kein Bulle auf abgelaufene deutsche Kennzeichen, was wohl irgendwie auch stimmt. Am Anfang hatte Gerhard wohl auch noch einige Kohle in der Tasche, kam mit 'ner Freundin nach Frankreich, wollten sich hier angeblich nach'm Job umsehen oder sowas, war aber wohl nur die übliche Schwätzerei. Denn entweder wollten die beiden nicht wirklich Arbeit finden, oder sie haben zu lange rumgetingelt und dann war die Kohle plötzlich alle, und Gerhard hat seine Tussi vor einen Supermarkt zum Betteln gesetzt, einen Teller mit ein paar Münzen in der Hand und den Hund daneben, das wirkt immer. Tierliebe ist eben mehr verbreitet als Menschenliebe. Eines Tages war die Tussi auf und davon, niemand weiß wohin, und Gerhard brachte irgendwelche verlauste und versoffene Typen mit in die Gartenhütte, und deshalb machte ich die Fliege und schlief lieber eine Weile am Strand, weil mir mein bisschen Arbeitslosengeld zu schade war für'n Hotel. Dann traf ich einen echt coolen Hamburger, der war mit einem VW-Campingbus und einem Saxophon unterwegs. Er hatte sich am Strand mit seinem Bus genau neben meinen Schlafplatz gestellt und wir kamen ins Quatschen. Mit dem Saxophon spielte er in den Gassen zwischen den Touristen, wo ihn jene Frau anmachte, die ihn schließlich mit ihrer Jacht nach Griechenland mitnehmen wollte. Der Deutsche sagte zu (hätte ich auch nicht nein gesagt, aber ich habe ja von Booten keine Ahnung), er stach mit der Tussi und dem Saxophon in See und verkaufte vorher seinen Minibus für einen Apfel und ein Ei an mich. Na ja, und damit hat sich mein ganzes Leben und mein Sozialstatus völlig geändert. Ich hänge nicht mehr auf der Straße herum. Ich habe ein Dach über dem Kopf. Bin unabhängig und mobil. Mal sehen wie's jetzt weiter geht. Schließlich bin ich ja auch schon Achtundzwanzig ...

Studium an Hochschulen und Universitäten

Erste Überlegungen

Können deutsche Studenten an jeder Universität oder Hochschule studieren?

In der Regel Ja, aber mit Einschränkungen für Schulen, die aus berufstechnischen Gründen Franzosen vorbehalten sind (z.B. Fachhochschulen für hohe französische Verwaltungsbeamte). In einigen *„Grandes Ècoles"*, die verschiedenen Ministerien unterstehen, müssen Vorbereitungskurse *(Classes Préparatoires)* absolviert werden. An den „Grandes Ècoles" studieren weniger Ausländer als an den Universitäten. Absolventen der Grandes Ècoles steht allerdings beruflich fast jede Tür offen!

Gliederung von Hochschulen und Universitäten

Eine einheitliche Gliederung existiert nicht. Im Gegenteil; es gibt staatliche Schulen, die verschiedenen Ministerien unterstehen und eigene Verwaltungs- und Zulassungsbestimmungen haben. Daneben existieren Privatschulen, zum Teil mit religiösem Charakter, sowie technische Institute, die den Universitäten angeschlossen sind. Einen besonderen Aufbau haben die Hochschulen für künstlerische Fächer (Architekten, Musik, Theater, Bildende Künste ...)

Prüfungen

Prüfungen können nicht an jeder Hochschule abgelegt werden, sondern nur vor den Gremien der staatlichen Schulen. Der Staat hat das Monopol zur Verleihung von Hochschulgraden.

Zuständige Stellen

Zunächst an das Außenamt der heimatlichen Uni. Unter anderem auch an den DAAD, der allerdings nicht für die Vermittlung von Studienplätzen, sondern für die Informationsbeschaffung und Koordination zuständig ist. Auskünfte geben auch die Kulturabteilungen der französischen Botschaft in Berlin oder der **Generalkonsulate** in ganz Deutschland. Mit dem Formular *„Demande de Prèinscription"* wird – i.d.R. zwischen Oktober und Jahresende eine Prüfung der französischen Sprachkenntnisse abgelegt.

Mit Rat und Tat hilft das:

Centre d'Information et de Documentation Universitaire (CIDU), Maison de France, Kurfürstendamm 211, 10719 Berlin, Tel. 030 885 902 86, 030 885 902 87, dkr@cidu.de, www.cidu.de, Frau Dorothée Kovácsházy de Rigyicza

Zeitplan, Einschreibung, Unterlagen

Die Universität entscheidet vor dem 30. Juni über die Zulassung und unterrichtet die Antragsteller. Dies bedeutet noch nicht die endgültige Zulassung, da sie u.U. von weiteren Prüfungen abhängig gemacht werden kann. Die „Inscription Administrative" erfolgt in der französischen Universität, die auch mitteilt, welche Unterlagen noch erforderlich sind (z.B. Zeugnisse, Sprachprüfungen, Stipendienzusagen, Abschluss einer Krankenversicherung u.ä.) die in Übersetzung vorliegen müssen und vom französischen Konsulat in Deutschland beglaubigt werden. Danach folgen Zuweisungen von Tutorien sowie

Auswahl und Zeitpunkt der zu belegenden Kurse. Im Allgemeinen erfolgt eine Einschreibung auf ein Jahr, also von Oktober bis zum nächsten Juni. Das französische Hochschulsystem kennt keine Trimester. Einschreibungen für kürzere Zeiten sind sehr beschränkt und nur mit Sondergenehmigung möglich. Zulassungen für Frankreich erfolgen sehr spät. Es ist daher ratsam, sich die Möglichkeit einer Einschreibung in Deutschland offenzuhalten. Das kann zeitlich zu einem Balanceakt werden, u.a. hängt daran ja schließlich auch die Wohnungsfrage.

Stipendien

Selten die Bafög-Möglichkeiten auch für deutsche Studenten im Ausland, sowie Beihilfen der französischen Regierung, die von der Kulturabteilung der Französischen Botschaft vergeben werden, aber auch Stipendien aus den Förderungstöpfen verschiedener deutscher oder französischer Stiftungen. Da in Frankreich keine Stipendien gegeben werden, muss man sich etwa eineinhalb bis zwei Jahre vorher bei der Französischen Botschaft schlaumachen. Stipendien der französischen Regierung bringen bei der Einschreibung einige Vorteile (Siehe DAAD-Broschüre „Auslandsstipendien für Deutsche").

Bafög-Rechtsanspruch besteht, wenn

- das Studium nach dem Ausbildungsstand förderlich ist,

- zumindest ein Teil des Auslandsstudiums auf das Gesamtstudium angerechnet werden kann, oder

- die Ausbildung im Inland nicht durchführbar ist.

Werden die Französischkenntnisse bei einem Studium wirklich so ernst genommen?

Ja!!! Mit Sprachmogeleien und Wochenendfranzösisch rutscht kein Ausländer auf eine französische Universität. Die Erfahrungen zeigen, dass mindestens ein intensives Sprachjahr notwendig ist, um den Anforderungen zu genügen. Im Grunde ist ein Frankreichstudium eine Langzeitplanung; schon lange vor dem Abitur sollte man sich über spätere Ziele Gedanken machen und die Mosaiksteine koordinieren. Das heißt zum Beispiel auch, mit dem intensiven Französischkurs nicht erst beginnen, wenn der Umzug nach Frankreich kurz bevor steht. Den Vorlesungen an französischen Universitäten muss man folgen können, als handele es sich dabei um die Muttersprache!

Chancen für Studienanfänger

Studienanfänger ohne deutsches Grundstudium haben weniger Chancen. Es gibt etliche Ausnahmen in der Zulassung für bestimmte Studien (z.B. können Studienanfänger und Studierende, die ihr Grundstudium noch nicht abgeschlossen haben, nur auf der Ebene des *„Premier Cycle"* also zum ersten und zweiten Studienjahr zugelassen werden). Für Studienanfänger gibt es keine Möglichkeiten, an den Pariser Universitäten (Paris I XIII) sowie in *Créteil* und *Versailles* einen Studienplatz zu bekommen. Wer in Deutschland – gleich aus welchen Gründen – keinen Studienplatz erhalten hat, kann nicht damit rechnen, das Studium in Frankreich zu beginnen. Ausnahmen: Studienanfänger, deren Eltern oder Ehepartner ihren festen Wohnsitz am gewünschten Universitätsort haben, oder deren Eltern oder Ehepartner an einer der drei Pariser Akademien berufstätig sind, können dort auch als Studienanfänger einen Studienplatz erhalten. Diese Situation kann z.B. durch rechtzeitige administrative Maßnahmen – z.B. polizeiliche Ummeldung – herbeigeführt werden, betrifft aber in der Regel nur deutsche Familien, die schon länger fest in Frankreich leben und arbeiten.

Finanzielles

Unabhängig davon, ob in Frankreich studierende Deutsche Bafög oder andere Stipendien erhalten, muss man von vorne herein wissen – und sogar nach oben mehr als großzügig in der Kalkulation sein – welche finanziellen Anforderungen bei einem Studium im Ausland bestehen oder auftauchen können. Selbst unter Berücksichtigung aller Vorteile (wie Mensa, Bibliotheken, ermäßigter Eintritt zu Kino- und Kulturveranstaltungen) sind die Lebenshaltungskosten Studenten fast ebenso hoch wie für Berufstätige. Zu Beginn des neuen Jahrhunderts hat ein Student in Paris rund 7000 FF (jetzt etwa 1.100 Euro) pro Monat benötigt: in der Provinz dürften das nur 10 Prozent weniger sein. Vielleicht – bei großer Einschränkung und bei Verzicht auf einige Annehmlichkeiten – kommt man ab 2002 mit 1000 Euro monatlich über die Runden. Dieser Betrag liegt unter dem SMIC, also dem Mindestlohn für junge Berufstätige.

Die Studiengebühren *(droits universitaires)* werden für ein Jahr entrichtet, und zwar beim *service des recettes*. Die reinen Studiengebühren sind relativ gering und liegen bei etwa 200 Euro. Dies schließt ein:

- Einschreibegebühren *(Frais des traveaux publiques et de bibliothèque),*

- Ärztliche Untersuchung *(droit de contrôle médicale),*

- Sozialversicherung *(sécurité sociale).*

Nicht verpflichtend, aber empfehlenswert, ist der Abschluss einer Krankenzusatzversicherung *(mutuelle complementaire)* und eines Beitrags für den Universitätssport. Die „normale" französische Krankenversicherung deckt nur etwa 70 Prozent der Kosten ab; die 30 Prozent „Eigenbeteiligung" kann durch eine Zusatzversicherung ausgeglichen werden (was nicht nur für Studenten, sondern auch für Berufstätige gilt). Besonders hoch sind – auch für Studenten – die Wohnungsmieten, zumal man sich bei saftigen Mietpreisen auf Hasenställe und Dachkammern mit wenig Komfort einstellen sollte.

Arbeit während des Studiums

Natürlich darf man arbeiten, soweit Arbeit vorhanden ist. Über den **C.R.O.U.S.** (regionaler oder lokaler Studentenservice an den Unis) gibt es Möglichkeiten: Vom Babysitter über Gartenarbeiten, Hund ausführen, (nachts) Taxi fahren, kurzfristige Urlaubsvertretungen in vielen Bereichen, bis Weinleseprogramm für ausländische Studenten. Daneben werden Ferienarbeit und Praktikantenstellen vermittelt. Aber Eigeninitiative schadet nichts: Neben dem Studentenwerk gibt es noch Kleinanzeigen in Tageszeitungen, Zettel im Aushangkasten beim Bäcker und das französische Arbeitsamt ANPE.

Es gilt aber zu überlegen, ob man unter der Belastung eines Auslandsstudiums, und unter den besonderen Aspekten der fremden Sprache seine Ferien und die freie Zeit für Lohnarbeit oder zum Büffeln verwenden sollte. Sicher, hin und wieder zusätzliches Geld in der Tasche zu haben, ist auch ein gutes Gefühl. Diesen Balanceakt muss jeder eigenverantwortlich entscheiden, da kann man aus der Ferne keine Ratschläge erteilen.

Merke: Nicht nur Studierende an französischen Hochschulen, sondern jeder Student mit einem gültigen internationalen Studentenausweis kann sich – auch ohne Immatrikulation an einer französischen Hochschule oder Uni – an den S.L.E.E. *(Service de liaison etudiants-entreprises)* wenden; eine Art Verbindungsstelle zwischen Studentenwerk und Unternehmern); zu erreichen über den C.R.O.U.S. an den Unis".

Studentenorganisationen?

Sie sind vielseitig und in jeder politischen Richtung vorhanden. Hinter den vielen Abkürzungen kann sich für Neulinge manche Überraschung verbergen. Einem Beitritt ist nicht abzuraten, aber man sollte sich doch vorher schon eingehender informieren, wem man seine Beiträge und Sympathien schenkt. Einige Organisationen sind genau wie die jeweilige Hochschule von Elitedenken bestimmt; durch diese Beziehungen wird bereits eine Vorauswahl für spätere hohe Posten getroffen. Vitamin B – und die richtigen Leute zu kennen – spielt überall eine nahezu entscheidende Rolle im Berufs- und Geschäftsleben. Andere Gruppen sehen das lockerer und genießen den Studentenalltag und vor allem die Nächte. Die einzelnen Studentenorganisationen bieten Veranstaltungen, Sport, Geselligkeit, gemeinsame Aktionen, teilweise auch politischer oder religiöser Ausrichtung. Aber sie sind nicht zu verwechseln mit dem französischen Studentenwerk *(Centre national/regional/local des Oevres universitaires et scolaires)*, das sich mit den sozialen Fragen der Studenten befasst.

Infos: *www.botschaft-frankreich.de* mit zahlreichen Links zu Frankreich, u.a. zu „Studien".

www.cidu.de ist die direkte Web-Seite für Studieninformationen. Die Mitarbeiter gehen auch auf konkrete persönliche Anfragen ein, wenn man in der Informationsvielfalt der Webseite nicht die richtige Antwort gefunden hat.

Nützliche Adressen

Adressen in Deutschland

Akademisches Auslandsamt der Universität Mannheim, International Office; L 9,6, 68131 Mannheim, Tel. 0621/181-1151; aaa@verwaltung.uni-mannheim.de

Akademisches Auslandsamt, Fachhochschule Albstadt-Sigmaringen, Anton-Günther-Str. 51, 72488 Sigmaringen; Tel. 07571/7320; www.fh-albsig.de

Berufsakademie Lörrach, Staatliche Studienakademie, Hangstr. 46-50, 79539 Lörrach; Tel. 07621 2071-0; Fax 2071 119, info@ba-loerrach.de; www.ba-loerrach.de; Prof. Dr. Rainer Feninger (International Business Management), Tel.-361; Fr. Ingeborg Binder, Tel. -361 (Sekr.); feninger@ba-loerrach.de. Prof. Dr. Jörg Thietke (Trinationale Ingenieurausbildung Technisches Projektmanagement in Mechatronik), Tel. –336; Fr. Ingeborg Binder , Tel. –360 (Sekr.); thietke@ba-loerrach.de. Prof. Dr. E. Trump (Fachrichtung Spedition, Transport und Logistik), trump@ba-loerrach.dede

Centre Juridique Franco Allemand (CJFA), Universität des Saarlandes, Postf 151150, 66041 Saarbrücken, Tel. 0681 302 2121, Fax -3022 155, centre-jur@rz.uni-sb.de, http://www.jura.uni-sb.de/, CJFA, Frau Motteau, m.motteau@rz.uni-sb.de, Prof. Dr. Christian Autexier (Leiter) und Prof. Dr. Claude Witz. .

Deutsch-Französische Hochschule, Am Staden 17, 66121 Saarbrücken, 0681 501 1376, Fax 0681 501 1355, info@dfh-ufa.org, www.dfh-ufa.org, Frau Ulrike Reimann. Die DFH ist ein Verbund deutscher und franz . Hochschulen. Sie hat eine Expertenfunktion für deutsch-französische Hochschulbeziehungen übernommen mit dem Ziel, die Zusammenarbeit zwischen beiden Ländern im Hochschul- und Forschungsbereich zu stärken.

Zu den wesentlichen Aufgaben der DFH zählt das Initiieren, Koordinieren und Finanzieren von integrierten Studiengängen zw. deutschen und französischen Partnerhochschulen. Die binationalen Studiengänge in den Fachrichtungen Architektur, Geistes- und Sozialwissenschaften, Ingenieurwissenschaften, Mathematik/Informatik/Naturwissenschaften, Medizin, Rechts- sowie Wirtschaftswissenschaften zeichnen sich dadurch aus, dass deutsche und französische Studierende gemeinsam einen Teil des Studiums sowohl in Deutschland als auch in Frankreich verbringen. Nach Abschluss des Studiums sind ein deutsches und ein französisches Abschlussdiplom erworben.

Deutsche Bahn AG, Dienstleistungszentrum Bildung, Trainingszentrum Ludwigsburg, Ausbildungsservice; Bahnhofstr. 12, 71638 Ludwigsburg; Tel. 07141 9713111, birgit.voehringer@bahn.de, www.bahn.de; Birgit Vöhringer (Referentin für Auszubildende), Dietmar Baur, Kaufmann für Verkehrsservice, dietmar.di.baur@bahn.de de

EuRegio-Kolleg Rheinfelden GmbH, Trinationaler Wirtschaftsassistent; Hardtstr. 6, 79618 Rheinfelden; Tel. 07623/724018; gebert@euregiokolleg.de, www.euregiokolleg.de; Dirk Frederik Gebert (Geschäftsführer). Förderung durchs Arbeitsamt, dreimonatiges Praktikum in Frankreich.

Fachhochschule Karlsruhe, Hochschule für Technik; Akademisches Auslandsamt; Moltkestr. 30, 76133 Karlsruhe, Tel. 0721/925-1087; Fax -925 26 45, anne.davier-gruener@fh-karlsruhe.de; www.fh-karlsruhe.de/fbab/trinat, Frau Anne Davier-Grüner (Referentin für deutsch-französische Hochschulbeziehungen): Fachbereich Architektur und Bauwesen, Trinationaler Studiengang Bauwesen, Projektleiter Pr. Dr. Enderle

Fachhochschule Offenburg, Deutsch-Französischer Studiengang Systemtechnik, Badstr. 24, 77652 Offenburg, Tel. 0781 205-159, Fax 0781 205-163, jatzlau@fh-offenburg.de; www.fh-offenburg.de; Prof. Dr.-Ing. Bernd Jatzlau; Fr. Vera Vanié, vera.vanie@fh-offenburg.de

Der deutsch-französische Studiengang Systemtechnik – Génie des Systèmes bietet eine umfassende Ausbildung in den Bereichen Wirtschafts- und Ingenieurwissenschaften. Die notwendigen Kompetenzen aus den Bereichen Maschinenbau, Elektrotechnik, Informatik, Wirtschaft sowie Recht werden gleichmäßig verteilt an den beiden Standorten des Studiengangs, nämlich Straßburg und Offenburg, vermittelt.

Während an der Université Louis Pasteur/Strasbourg überwiegend die eher theoretischen Fächer studiert werden, übernimmt die Fachhochschule Offenburg eher die Ausbildung in den praktisch ausgerichteten Fächern. Durch diese Mischung der Systeme und Kulturen werden die Studierenden schon während des Studiums auf internationale Arbeitsmärkte vorbereitet und sind somit später vielfältig in der Industrie einsetzbar. Vor allem im deutsch-französischen Sprachraum erhöht das Doppeldiplom und die erworbene Sprachkompetenz die Berufsmöglichkeiten in grenzüberschreitend agierenden Unternehmen.

Frankreich-Zentrum der Universität Leipzig, Lumumbastr. 11-13, 04105 Leipzig; Tel. 0341/97 30 236, Fax: 0341 97 30 249, frz@uni-leipzig.de; www.uni-leipzig.de/frankreichstudien; Fr. Antje Zettler (Koordinatorin für Öffentlichkeitsarbeit am Zentrum für Höhere Studien)

Das Zentrum wurde 1994 mit dem Ziel der Förderung der interdisziplinärer Zusammenarbeit mit Wissenschaftlern aus Frankreich und dem frankophonen Raum auf dem Gebiet der Forschung und der akademischen Lehre sowie der Aus- und Weiterbildung gegründet. In vielfältigen Aktivitäten wird ein Beitrag zur interkulturellen Bereicherung des universitären Alltags geleistet, wobei die Vermittlung von Kenntnissen über Frankreich und den frankophonen Raum einen wesentlichen Platz einnimmt.

Wichtiges Arbeitsfeld ist die Betreuung des interdisziplinären Magister-Nebenfachstudienganges "Frankreichstudien" sowie die Ausrichtung der alljährlichen gemeinsam mit dem Institut français de Leipzig veranstalteten "Französischen Sommeruniversität". Das Zentrum arbeitet mit deutschen und französischen Partnern aus Gesellschaft und Wirtschaft in der Maison de la France Leipzig zusammen.

Frankreichzentrum, Universität des Saarlandes, Campus, Geb 8 2, 66123 Saarbrücken, 0681 302 4854, s.duhem@mx.uni-saarland.de, www.uni-saarland.de, Frau Sandra Duhem (Koordinatorin) Prof Dr Michael Veith Leiter), frankr.zentrum@rz.uni-sb.de

Gesellschaft für übernationale Zusammenarbeit e.V. (GÜZ), Dottendorfer Str 86, 53129 Bonn, 0228 9239810, guez.dokumente@gmx.net, www.guez dokumente.org, Frau Dorothee Rieche-Wagner, Frau Charlotte Blanchard, Hr. Markus Bolte. de

International Office/Büro für Internationale Beziehungen, Universität, Fahnenbergplatz, 79085 Freiburg, Tel. 203-4378, kutnar@verwaltung.uni-freiburg.de, www.uni-freiburg.de, Frau Christine Kutnar, Frau Hildegard Maria Mader (Leiterin), Tel. –4376.

Frankreich-Zentrum der Universität Freiburg, Frau Erzgräber, Tel. 203 2008, frankreich-zentrum@mail.uni-freiburg.de Folgende Aufbaustudiengänge werden angeboten:

Ein *Aufbaustudiengang „Interdisziplinäre Frankreich-Studien"* über 16 Monate (2 Semester Studium, 4-6 Monate Auslandsaufenthalt als Studium oder Praktikum, 6 Wochen Diplomarbeit). Unterrichtsfächer sind: Recht, Wirtschaft, Französische Sprachgeschichte und Literatur, Geschichte, Politikwissenschaft, Soziologie, Kulturmanagement, Kunstgeschichte, Erziehungswissenschaft, Philosophie.

Ferner ein *Aufbaustudiengang* mit dem Abschluß *„Deutsch-französischer Master. Internationale Wirtschaftsbeziehungen"* in Zusammenarbeit mit der Université Paris XII Val-de-Marne über zwei Jahre, davon zwei Semester an der Universität Freiburg und nach dem obligatorischen Auslands-

aufenthalt ein weiteres Semester an der Université Paris XII.

Zuletzt wird ein *Aufbaustudiengang* mit dem Abschluß *„Deutsch-französischer Master. Interdisziplinäre Studien. Sozial- und Geisteswissenschaften"* wird zusammen mit der Ecole Normale Supérieure-Lettres et Sciences Humaines und der Université Lumière - Lyon 2 in Lyon, Mitgliedsuniversitäten des CIERA (Centre interdisciplinaire d'études et de recherches sur l'Allemagne), angeboten Dieser Studiengang erstreckt sich über zwei Jahre, davon zunächst zwei Semester in Freiburg und nach dem obligatorischen Auslandsaufenthalt schließt sich ein weiteres an der ENS oder an der Université Lumière - Lyon 2 in Lyon.

Im September findet der einwöchige Sommerkurs statt, den das Frankreich-Zentrum in Zusammenarbeit mit dem Centre Culturel Français Freiburg, dem Oberschulamt und der Französischen Botschaft in Berlin durchführt. Dieses Intensivprogramm richtet sich an Berufstätige, vor allem Lehrer, und allgemein an Frankreich interessierte Personen, die ihre Kenntnisse der französischen Sprache und Kultur auffrischen und vertiefen möchten.

Johannes Gutenberg-Universität, Philosophisches Seminar; Jakob-Welder-Weg 18, 55099 Mainz, Tel. 06131 392 27 92, lutz.baumann@uni-mainz.de, www.uni-mainz.de; Dr. Lutz Baumann (Geschäftsführer des integrierten deutsch-franz. Studienprogramms zur Lehrerausbildung)

Johannes Gutenberg-Universität, Dijonbüro; Jakob-Welder-Weg 18, 55099 Mainz, Tel. 06131 392 44 22, dijon@mail.uni-mainz.de; Frau Verena Barthel, verena.barthel@gmx.de (Planungsreferentin).

Geboten wird ein "Integriertes deutsch-französische Studienprogramm zur Lehrerausbildung". Im Rahmen des integrierten Studienprogrammes zur Gymnasiallehrerausbildung absolvieren die Studenten die Hälfte des Studiums an der Partne-runiversität (Université de Bourgogne, Dijon). Nach einer Gesamtstudienzeit von in der Regel 9 Semestern erlangen sie das deutsche Staatsexamen für das Lehramt an Gymnasien und das französische Diplôme de Maîtrise. Dieser Doppelabschluss er-möglicht die Teilnahme an den staatlichen Eignungsprüfungen für das Lehramt (CAPES, Agrégation, etc.) in Frankreich oder den Eintritt in den Referendariats-dienst, der zum Erwerb des 2. Staatsex-amens in Deutschland führt. Zusätzlich kann nach einer Vertiefung der Ab-schlussarbeit im Laufe eines weiteren Studiensemesters in Dijon der französi-sche Abschluss D.E.A. erworben werden. Ein deutsch-franz. Promotionsverfahren kann sich in diesem Falle anschließen.

Konföderation der Fachhochschulen und Höheren Fachschulen der Sozial-wesens in der Regio (RECOS), Katholi-sche Fachhochschule, Karlstr. 63, 79104 Freiburg, Tel. 200-736, Fax 200 444, IAF@kfh-freiburg.de

Zusatzlehrprogramm: Regio-Akademie für Soziale Arbeit

Seit mehreren Jahren kooperieren die Ausbildungsstätten für Soziale Arbeit im Elsaß, in der Nordschweiz und in Südba-den in einer „Konföderation der Fach-hochschulen des Sozialwesens in der Re-gio (RECOS), darunter: Institut Supérieur Soical de Mulhouse – ISSM, Centre de Formation d'Educateurs de Jeunes Enfants – CFEJE, Ecole Supérieure en Travail Educatif et Social – ESTES, Fachhoch-schule für Soziale Arbeit beider Basel – FHS BB, Evangelische Fachhochschule Freiburg – EFH, Katholische Fachhoch-schule Freiburg - KFH.

Romanisches Seminar, Frankomedia, Universität, Wertmannplatz, 79085 Frei-burg, KG I, Tel. 203-3172, claus.pusch@romanistik.uni-freiburg.de; www.romanistik.uni-freiburg.de, www.claus-pusch.de; Dr. Claus Pusch,

Tel. privat: 07661/6310; Frau Sigrid Plö-ger, Tel. 203-3184, sigrid.ploeger@romanistik.uni-freiburg.de

FrankoMedia - in BA-Studiengang, *www.romanistik.uni-freiburg.de/frankomedia.* Frankophone Medienkultur. Gegenstand der Forschung sind Sprache, Literatur und Medienkultur in den frankophonen Ländern. Dabei wird die Gegenwart ebenso berücksichtigt wie ihre geschichtlichen Voraussetzungen. Besonderes Gewicht liegt dabei auf der Entwicklung medialer Gattungen und der Transformation von Inhalten in verschie-dene Gattungsformen im Bereich unter-schiedlicher Medien. Zum Verstehen solcher Entwicklungs- und Transformati-onsprozesse ist sprach-, literatur-, me-dienwissenschaftliches und semiotisches Wissen ebenso notwendig wie die Kennt-nis der soziohistorischen Zusammenhän-ge, in denen sich solche Formen heraus-bilden und weiterentwickeln.

EUCOR - *http://eucor-uni.u-strasbg.fr/index.php3.* Zusammenarbeit in Lehre und Forschung der Hochschulen Freiburg, Karlsruhe, Straßburg, Mulhouse, Basel. Viele Vor-teile für Studierende im grenzüberschrei-tenden Raum

Frankreich-Zentrum - *www.fz.uni-freiburg.de.* Es bietet drei Aufbaustudiengänge für künftige Frank-reichspezialisten im Bereich Kultur, Wirt-schaft und Soziales und organisiert Kollo-quien zu frankreichbezogenen Fragestel-lungen. Schwerpunkt bildet das jeweils Anfang Juli stattfindende Symposium "Korrespondenzen". Anfang September findet eine Sommeruniversität in Form von Workshops und Vorträgen zu aktuel-len Themen statt. Viele Veranstaltungen entstehen in Zusammenarbeit mit dem franz. Kulturzentrum - Centre Culturel Français Freiburg), www.uni-freiburg.de/bildkunst/AUSSTELL/INSTFR/in fr2.htm.

Studentenleben - Theater auf französisch: *www.theater.uni-freiburg.de/*

Alumni-Club. Um Kontakte zu ehemaligen Romanistik-/Französischstudierenden aufzunehmen, ist diese Adresse wichtig: *www.romanistik.uni-freiburg.de/alumni/alumni.htm.*

Im Juli findet immer ein Alumni-Ball statt.

Universität Regensburg, Intstitut für Romanistik, 93040 Regensburg. Prof. Dr. Jochen Mecke, Tel. 0941 943 33 71/2, jochen.mecke@sprachlit.uni-regensburg.de, oder Dr. Ulrich Winter,, Tel. 0941 943 33 69, ulrich.winter@ sprachlit.uni-regensburg.de,

www.uni-regens-burg.de/fakultaeten/phil_fak_IV/roman istik/index.html

Internationales Studium in Regensburg u. Clermont-Ferrand.

Inhalte des Studiengangs sind Vertiefung der Sprachkenntnisse sowie die der Kultur- und Landeswissenschaft, die interkulturelle Kommunikation, die deut.-franz. Beziehungen, Recht, Wirtschaft, Geschichte, Politik und Gesellschaft in Euopa, ferner die internationale Wirtschaftskommunikation sowie Kulturmanagement. Das Studium wird mit rund 310 Euro monatlich unterstützt, die nicht vom Bafög abgezogen werden.

Wirtschaftsinstitut Angell GmbH, Akademie für Touristik, Mattenstr. 1, 79100 Freiburg, Tel. 0761 70329-21; Fax 703 29 40, akademie@angell.de, m.bolte@angell.de, www.akademie-fuer-touristik.de **Adressen in Frankreich**

Centre de Formation aux Enseignements Bilingues (IUFM); 3, rue de 4 Février, BP 68, F 68502 Guebwiller Ce-

dex; Tel. 0033.3.89.621780, daniel.morgen@alsace.iufm.fr, www.alsace.iufm.fr; Daniel Morgen (Directeur du Centre)

Centre d'Information et de Documentation Universitaire (CIDU), Maison de France, Kurfürstendamm 211, 10719 Berlin, 030 88590286, dkr@cidu.de, www.cidu.de, Frau Dorothée Kovácsházy de Rigyicza

Chef de Service Académique d'Information et d'Orientation (CSAIO) / Service Académique d'Information et d'Orientation (SAIO); 5, Quai Zorn, F 67082 Strasbourg Cedex; Tel. 0033 388 35 70 50, ce.saio@ac-strasbourg.fr, www.education.gouv.fr; Mr Emmanuel, Percq (Directeur), Mr Jean Pierre Dezaire (Directeur du CIO Services Académiques)

Inspéction Académique du Bas-Rhin; 65, Avenue de la Foret Noire, F 67083 Strasbourg Cedex, Tel. 0033 388 45 92 33, ce.orientation67@ac-strasbourg.fr; Mr Lambert (Inspecteur Académique), Mr Fernand Jehl (Inspecteur de l'Education nationale chargé de l'Information et de l'Orientation)

Institut Supérieur Social de Mulhouse, 4, rue Schlumberger, F 68200 Mulhouse; Tel. 0033 389 33 20 00, contact@issm.asso.fr; Mme Annie Steiner (Directrice)

Institut Universitaire de Technologie de Mulhouse (IUT); 61, rue Albert Camus, F 68093 Mulhouse Cedex; Tel. 0033 389 33 75 42, d.chassignet@uha.fr; Dominique Chassignet (Enseignant, Responsable de la Formation Trinationale d'Ingénieur en Mécatronique)

Office National d'Information sur les Enseignements et les Professions (ONISEP), 5, quai Zorn, F 67082 Strasbourg Cedex, Tel. 0033 388 15 09 35, jschmitt@onisep.fr, www.onisep.fr, Mr Emmanuel Percq (Délégué Régional), Mr

J. Schmitt (Délégué Régional Adjoint), Mr Robert Morand

Secrétariat permanent EUCOR; 8, rue des Ecrivains, F 67081 Strasbourg; Tel. 0033 3 88 140094, Fax 0033 3 88 24 54 51, secretariat.eucor@urs.u-strasbg.fr; www.eucor-uni.org; Mr Jacques Sparfel, Mme Sabine Garrels

Université Blaise-Pascal, Faculté de Langues appliquées et communication; 34, Av. Carnot, F - 63037 Clermont-Ferrand Cedex; Tel. 0033 473 40 64 14, 05, stubbe@ufr-lac.univ-bpclermont.fr; Mme Connie Stubbe (Maitre de conférence d'allemand)

Université de Bourgogne, Maison de l'Université, Service des Relations Internationales, BP 27877, F 21078 Dijon Cedex; Tel. 0033 380 39 96 0, Bernhard.Altheim@u-bourgogne.fr; www.u-bourgogne.fr; Mr Bernhard Altheim (Bureau Mayence)

Université de Bourgogne, UFR Lettres et Philosophie; 2. Bd. Gabriel, F 21000 Dijon, Tel. 0033.3.80.395637, Maryvonne.Perrot@u-bourgogne.fr, Prof. Maryvonne Perrot (Responsable du Cursus Integré à Dijon)

Université de Haute Alsace (UHA), Faculté des Sciences Economiques Sociales et Juridiques (FSESJ); Affaires Internationales, Option pays germanophones (DESS); 15, rue des Frères Lumière, F 68093 Mulhouse Cedex, Tel. 0033 389 33 62 72-76; Mme Helga Boulay

Université de Haute Alsace (UHA), Institut Universitaire de Technologie (IUT), Département Techniques de Commercialisation, Formation Trinationale, International Business Management; 32, rue du Grillenbreit, F 68008 Colmar Cedex; Tel. 0033 389 205 47 01, management.trinat@uha.fr; Mme Edith Clisson (Directrice)

Université de Haute-Alsace (UHA), Service d'Information et d'Orientation;

Maison de l'étudiant, 1 rue Alfred Werner, F - 68093 Mulhouse Cedex; Tel. 0033 389 33 64 40; b.letrong@uha.fr, www.uha.fr; Mme Brigitte LeTrong (Directrice)

Université Louis Pasteur, Institut professionel des sciences et technologies (IPST); 15-17 rue du Maréchal Lefèbre, F 67100 Strasbourg; Tel. 0033 390 24 49 49; ralf.pixa@adm-ulp.u-strasbg.fr; www.–ipst.u-strasbg.fr; Mr Ralf Pixa (Directeur)

Zu Stipendien:

Prix Bartholdi, Fondation G. H. Endress, prixbartholdi@free.fr, www.prixbartholdi free.fr, Frau Chris Ladwein, Maison Ehrschlacht, F - 68920 Wintzenheim, Tel. 0033 389 711346

„Arbeit?!"
Haben Sie Arbeit gesagt?

**Zum Thema
„Berufstätigkeit in Frankreich"**

„ Gibt es überhaupt für Deutsche Arbeit ? Herrscht dort nicht selbst Arbeitslosigkeit?"

„Ja und Nein! Die französische Arbeitslosigkeit liegt höher als in den alten deutschen Bundesländern; bei Jugendlichen und in einigen Großstadtgürteln liegt sie bei über 20 Prozent. Soweit die eine Seite. Auf der anderen Seite werden auch in Frankreich – wie in Deutschland – Hände ringend Spezialisten und Facharbeiter, besonders in der Computerbranche, der Fertigungstechnik und in der Elektronik, aber auch im Verkaufs- und Servicebereich gesucht. Hinzu kommen Tätigkeiten im Hotel- und Tourismusgewerbe, an die Franzosen nur ungern heran gehen (ist in Deutschland ja ähnlich). Und es sind immer mehr deutsch-französische oder internationale Betriebe mit Sitz in Frankreich, die zwei- oder mehrsprachiges Personal benötigen. Alles in allem liegt die Chance für Deutsche in Frankreich wohl ebenso hoch oder niedrig wie für Franzosen in Deutschland".

„Was ist an der Behauptung dran, die besten Möglichkeiten für eine Tätigkeit würden sich erst im Land selbst ergeben.? Hat es Zweck, sich von zu Hause aus zu bewerben oder zu erkundigen?"

„Es ist richtig und völlig logisch, dass man vor Ort, im Land selbst die besseren Möglichkeiten hat. Wer – zum Beispiel – bereits in Paris oder Lyon, um Toulouse oder in einem Küstenort wohnt, kann den dortigen Arbeitsmarkt doch besser beobachten, als von einem deutschen Dorf aus. Vor allem kann man schneller reagieren. Sofort telefonieren, persönlich vorsprechen, täglich die Annoncen in den Zeitungen lesen, mehrmals das französische Arbeitsamt aufsuchen, mit der Bäckersfrau reden oder im Stammbistro herum hören; alles Dinge, die man ja von Deutschland aus nicht erledigen kann. In der Tat trifft es zu, dass einige Deutsche erst eine Weile so in Frankreich wohnten und sich mit Gelegenheitsjobs oder Spargeld über Wasser gehalten haben, und erst nach und nach, wenn sie mit der Mentalität und den lokalen Umständen besser vertraut waren, eine Arbeit fanden, die ihren Interessen und Vorstellungen entsprach".

„Heißt das, von daheim aus gibt es so gut wie keine Chancen?"

„Das ist auch nur bedingt richtig. Die größten Chancen von Deutschland aus haben jene, die von ihrer Firma nach Frankreich geschickt werden oder über das internationale Arbeitsamt vermittelt wurden. Man kann aber auch von Deutschland aus bereits im Internet das franz. Arbeitsamt (www.anpe.fr) anklicken und sich dort vorwärts tasten und die ersten Möglichkeiten erkunden bzw. Kontakte knüpfen. Das gleiche trifft auf Zeitungsanzeigen zu, die man gezielt in französischen Zeitungen oder in der Kammerzeitschrift der deutsch-französischen Handelskammer in Paris gegen Gebühr schalten kann. Das Handicap bleibt hierbei immer der fehlende persönliche Kontakt und die fehlende Schnellreaktion. Wie weit auch immer der Kontakt zwischen Ihnen und dem eventuellen Arbeitgeber gediehen ist, so muss man doch immer ein paar Tage – oft mehrmals ein paar Tage oder Wochen – einplanen, um zum persönlichen Gespräch nach Frankreich zu reisen; schließlich hängen damit ja auch Wohnraum- und andere organisatorische Fragen zusammen. Ich habe Deutsche kennengelernt, die haben sich – bei bester beruflicher Qualifikation – von Deutschland aus zwei Jahre lang in unzähligen Bewerbungen um Arbeit gekümmert, immer erfolglos. Einige sind dann aufs Geradewohl losgefahren, haben sich erst eine kleine Wohnung oder ein möbliertes Zimmer gesucht, Gelegenheits- oder touristische Saisonjobs angenommen, und plötzlich – als auch die Sprachkenntnisse besser waren – haben Sie ihren Traumjob gefunden, der ihnen einen langen Frankreichaufenthalt ermöglichte. Zugegeben, andere sind gescheitert, so ist das mal im Leben. Da muss jeder seine Risikobereitschaft selbst abwägen. Aber ich habe es auch erlebt, dass sich eine deutsche Weingroßhandlung bei Toulouse Hände ringend an mich gewandt hatte und eine Sachbearbeiterin suchte. Wir mussten allerhand Hebel in Bewegung setzen, um diese Fachkraft (PC-Kenntnisse, kaufmännische und organisatorische Erfahrung und drei Sprachen) zu finden. Alles in allem: Neben viel Eigeninitiative gehört auch ein bisschen Glück dazu, beruflich Fuß zu fassen!"

„Was ist damit gemeint: Erst mal einen weniger gut bezahlten Job, vielleicht eine Saisonarbeit zu akzeptieren, und dann weiter sehen?"

„Ich kenne hochqualifizierte Deutsche, oft Frauen, sogar mit Studienabschlüssen, die nicht gleich eine passende Tätigkeit finden konnten. Weil aber nichts sie davon abbringen konnte, nach Frankreich zu gehen, haben sie für den Einstieg zunächst für vier bis fünf Monate eine saisonbedingte Arbeit als Hotel- oder Campingplatzrezeptionistin angenommen. Das ist zwar kein russisches Roulette, aber immerhin nicht ganz risikofrei. Trotzdem führte es in acht von zehn mir bekannten Fällen zum Erfolg. Diese fünf Monate Saisonarbeit wurden genutzt, um sich vor Ort vertrautzumachen und zu suchen. Französische Arbeitgeber reagieren auf innerfranzösische Anfragen offener und bereitwilliger, als wenn die Bewerbung vom Ausland kommt. Dieses Phänomen könnte untersucht werden und wird sich im Zuge der weiteren Europäisierung in allen Ländern wahrscheinlich ändern (müssen), ist aber zur Zeit als gegeben hinzunehmen). Schließlich wurde eine Kunstgeschichtlerin Leiterin eines internationalen Antiquitätengeschäftes in Paris, eine Dolmetscherin machte sich letztlich selbständig und eröffnete einen Sekretariatsservice. Ein junger Romanist, der sich nicht zu schade war, vier Monate in einem Hotel den Türsteher und Kofferschlepper zu spielen, bekam eine Assistentenstelle an einem Forschungsinstitut bei Lyon, und eine 34jährige Werbegrafikerin (mit ausgezeichneten Webkenntnissen), managte einen Winter lang die Bar eines Wintersporthotels und ist heute für die gesamte Webpräsenz eines großen internationalen Unternehmens in Toulouse zuständig. Aufgegeben hat eine 45jährige Sekretärin, die auch nach zwei Sommermonaten als Reiseleiterin an der Côte d'Azur ihren Traumjob als leitende Sekretärin (möglichst als Privatsekretärin in Monaco) nicht gefunden hatte. Hier spielten aber auch unbewältigte familiäre Dinge eine Rolle, der die Frau durch ihren Umzug nach Frankreich entfliehen wollte. Ihr blieb letztlich nur der Rückzug nach Deutschland, wo sie glücklicherweise noch nicht alle Bande zu ihrer Familie abgebrochen hatte."

„Bei diesen Beispielen hat also eine Vorbereitungszeit von wenigen Monaten und etwas Glück genügt. Kann man hier ein zeitliches Limit setzen?"

„Man sollte jedenfalls nicht sagen, so, in diesem und jenen Zeitraum klappt es oder nicht, und danach gebe ich auf! Wenn deutsche 'Aussteiger' meine Europa- und Frankreichberatung in Anspruch nehmen, sage ich immer 'Engen Sie sich nicht ein, aber lassen Sie lieber großzügig etwas Spielraum nach oben. Rechnen Sie mindestens mit einem Jahr Vorbereitungszeit für Stellen- und Wohnungssuche!' Vor einiger Zeit habe ich eine 38jährige Deutsche beraten, die nicht nur etwas Geld im Hintergrund, sondern auch bereits eine (Ferien)Wohnung in Frankreich hatte. Hinzu kamen sehr gute Zeugnisse und Referenzen und eine Bilderbuchberufsausbildung verbunden mit Mehrsprachigkeit, sicherem Auftreten und einem attraktiven Äußeren. Alles in allem war ich in diesem Fall geneigt, beste Chancen zu prophezeien. Aber die Frau sagte mir: 'Lassen Sie sich mit Ihrer Recherche Zeit. Ich habe mir zwei Jahre Vorbereitungszeit gegeben und will nichts überstürzen! Natürlich möchte ich unbedingt in Frankreich, am Meer und in der Sonne arbeiten und leben; aber bei den heutigen unsicheren Zeiten, gesellschaftlich und auf dem Arbeitsmarkt, möchte ich das Risiko so klein wie möglich halten. Wenn ich nämlich letztlich als kleine Modeboutiqueverkäuferin am Mittelmeer enden soll, dann bleibe ich lieber bei meinem hoch dotierten Job in Deutschland und genieße das Mittelmeer und den französischen Lebensstil ein paarmal pro Jahr im Urlaub!'"

„Wenn ich aber nur einen Ferienjob, oder einen Gelegenheitsjob für eine Saison suche? Ist da auch der ganze Aufwand nötig?"

„Nein! Ferien- oder Saisonjobs kann man auch über die deutschen Arbeitsämter (Zentralstelle: ZAV) oder über das deutsch-französische Jugendwerk (www.ofaj.fr) erfahren. Aber auch die gibt's nicht fünf Minuten vor Bedarf, die müssen auch einige Monate vorher angeleiert werden. Nur selten rutscht man kurzfristig noch in einen Job als Kellner am Strand oder in der Weinlese beim Winzer; da muss man und frau schon vor Ort wohnen, sehr flexibel und >auf dem Sprung< sein. Der Vorteil bei Ferien- oder Saisonjobs ist die Wohnfrage. Oftmals kann man irgendwie auf der Arbeitsstelle schlafen. Aber keine großen Erwartungen: Beim Winzer kann das im Schlafsack und Stroh sein; auf Campingplätzen kann das in engen und stickigen Wohncontainern und bei Ferienjobs in Workcamps in Zelten sein, mit seltener Dusch- und Kochgelegenheit".

„ Sind französische Sprachkenntnisse wirklich so wichtig?"

„Das ist eigentlich eine überflüssige Frage! Welche Tätigkeiten wollen Sie denn ohne Französischkenntnisse verrichten? Toiletten reinigen? Selbst dafür muss man mehr als „merci" sagen können, zumindest den französischen Arbeitsvertrag lesen und verstehen können. Oder wollen sie als Kellnerin ihre Gäste auf Deutsch ansprechen? Aber Spaß beiseite: Für manche Jobs genügen Anfangskenntnisse, z.B. für eine Aupairfrau, die dann im Laufe der Zeit hinzu lernt, oder in der Weinlese, wo man auch mit Hand- und Zeichensprache notfalls agieren könnte. Aber eine Hotelrezeptionistin kommt ohne sehr gute Französischkenntnisse nicht aus, und eine wissenschaftliche Mitarbeiterin an einem

Forschungsinstitut schon gar nicht. Legen Sie alle Illusionen ab: Wer in Frankreich arbeiten will, muss über gute Französischkenntnisse verfügen oder muss büffeln. Je höher der Posten angesiedelt ist, um so mehr wird von den Bewerbern erwartet. Nicht nur beim Thema 'Sprachen in Wort und Schrift', auch bei den Punkten 'Sicheres Auftreten', 'Kleidung und Erscheinungsweise', 'Bildungshindergrund'. Wer in Deutschland wegen Fehlens einer dieser Eigenschaften keine Stelle bekommt, soll sich nicht einbilden, in Frankreich unterschlüpfen zu können. Die Franzosen haben teilweise strengere Auswahlkriterien als bei uns!"

„Trifft das nur auf Bewerbungen in Firmen zu, oder auch auf Zeitarbeitsfirmen wie 'interim', 'adecco', 'manpower' und wie sie alle heißen?"

„Die französischen Zeitarbeitsfirmen sind teilweise noch strenger als der direkte Arbeitgeber. Interimbüros wollen einen lückenlosen Lebenslauf – handgeschrieben und fehlerlos auf Französisch -, Zeugnisse und Referenzen, Nachweis der Französischkenntnisse, PC- und Sprachkenntnisse werden gleich vor Ort geprüft. Andererseits bieten diese Büros vielen Stellensuchenden eine echte Chance. Denn etliche französische Firmen haben nicht unbedingt zu großes Vertrauen in die staatlichen Arbeitsämter (ANPE) und die von dort gelieferte Personalqualität und rekrutieren ihre Leute lieber über Interimfirmen, die meist schon eine gute Vorprüfung bei den Bewerbern durchgeführt haben. Mit einigen Ausnahmen bei jenen Interimbüros, die sich nur auf die Vermittlung von Hilfs-, Transport- oder Fabrikarbeitskräften konzentrieren, und die oft auf den Personalfundus arabischer Nachbarn zurückgreifen). Die Sicherheit bei legalen und bekannten Interimbüros: Man ist dort genauso mit allen Kranken- und Sozialversicherungen versehen, wie bei 'normalen' Arbeitgebern, einschließlich späterem Arbeitslosen- oder eventuellem Kranken- bzw. Unfallgeld. Der Nachteil beim Interimservice: Oft nur kurzfristige Jobs für mehrere Wochen oder Monate; aber Qualität hält sich auch hier länger und hat Chancen auf eine dauerhafte Festanstellung".

Zeitarbeitsfirmen

„Erstens sind die großen Firmen heute international. Die bekanntesten Firmen in Deutschland sind auch mit Adressen über deren Webseiten in Frankreich zu finden. Zweitens: In den französischen Telefonbüchern nachschauen! In den weißen Seiten (*pages blancs*) und auf den gelben Seiten (Branchenbuch = pages jaunes) sollten Sie unter *Service interim* oder *travail interim* bzw. *travail temporaire* suchen oder diese Begriffe in die Internetsuchmaschine von google, voila, altavista oder wanadoo geben. Notfalls hilft auch die örtliche französische Industrie- und Handelskammer mit Adressen (*Chambre Industrie et Commerce*). In Paris gibt es zum Beispiel auf dem *Boulevard Magenta* und dem *Boulevard de Strasbourg* (Nähe Nord- und Ostbahnhof), fast in jedem dritten oder vierten Haus einen Interimservice, die sich mehr auf *main-oeuvre*, also auf Handarbeiter spezialisiert haben, wogegen die Büros für hoch dotierte Techniker oder fachliche Bürokräfte mehr um die Oper, also in den 'besseren' Arrondissements liegen."

„Versicherungen, Soziale Fürsorge, Arbeitsverträge und rechtliche Absicherung?

„Generell sind Arbeitnehmer gut abgesichert und mit **Tarifverträgen** gewerkschaftlich vertreten. Die Arbeitszeit beträgt i.d.R. 39 Stunden pro Woche (Anfang 2002 strebten die Gewerkschaften die 35-Stunden-Woche an), wobei – je nach Tarifvertrag (*Convention*) – in einigen Branchen (z.B. Hotel-, Tourismus- und Gaststättengewerbe, auch auf Camping-

plätzen) in einer Art „Arbeitsbereitschaft" länger gearbeitet werden muss, ohne dass Arbeitgeber dafür mehr als den **Mindestlohn** (SMIC) bezahlen müssen!!! Es besteht ein gesetzlicher Urlaubsanspruch *(congé payé)* (i.d.R. 2 ½ Tage/Monat), der bei Tätigkeiten unter sechs Monaten meist nicht genommen sondern mit der letzten Lohnabrechnung ausbezahlt wird. Die **Lohnabrechnung** und -bezahlung erfolgt i.d.R. monatlich per Scheck, selten per Überweisung. Dafür benötigen alle Arbeitnehmer ein Bank-Girokonto. Wird (z.B. wegen früherer ungedeckter Schecks oder negativer Schufa-Auskunft) die Eröffnung eines Girokontos von der Bank verweigert, so kann man sich wegen einem Konto an die französische Postbank wenden, allerdings ohne Recht auf Bankkarte (*CB = Carte bancaire*) und ohne Scheckhefte.

Mit der Lohnzahlung muss der Arbeitgeber monatlich eine schriftliche Lohnabrechnung (*Fiche de paye*) vornehmen und übergeben. Hier sind detailliert alle Beträge, Brutto und Netto, alle Abzüge, Steuern und Sozialabgaben aufgelistet, mit Name und Anschrift von Arbeitnehmer und Arbeitgeber, Dauer der Beschäftigung, Steuer- und Versicherungsnummer.

Es gibt zeitlich befristete (*déterminé*) und unbefristete (*indéterminé*) **Arbeitsverträge,** die auch unterschiedliche Rechte enthalten (z.B. über Dauer und Höhe des anschließenden Arbeitslosengeldes oder beim Kündigungsrecht). Befristete Arbeitsverträge werden i.d.R. für Urlaubs- und Krankheitsvertretungen, sowie bei Saisontätigkeiten (z.B. Tourismus) abgeschlossen.

Durch hohe **Sozialabgaben** (Lohnnebenkosten) liegt das franz. Lohnniveau unter dem deutschen. Arbeitnehmer und Arbeitgeber zahlen keine Lohnsteueranteile; jeder muss sein Einkommen in der jährlichen Steuererklärung selbst versteuern.

ACHTUNG:

Diesen „Lohnzettel" AUCH ÜBER unzählige JAHRE – eigentlich bis zum Rentenalter – aufbewahren! Genau wie alle anderen Dokumente und Formulare, die Sie jemals im Zusammenhang mit Ihrem Berufs- oder Privatleben von einer französischen Behörde oder von Versicherungen und anderen Organen bekommen haben!!! Er wird auch nach sehr langer Zeit noch für alles Mögliche und Unmögliche benötigt: z.B. zur Berechnung von Kranken- oder Arbeitslosengeld, Rente oder Sozialhilfe, Familienbeihilfen oder Unterlage für die Steuererklärungen und Steuerprüfungen. Niemals das Original verlieren! Kopien werden nicht anerkannt! Es ist eine enorme, nervige und Zeit aufwendige Arbeit, bei der französischen Bürokratie nachträglich noch einmal Originalpapiere zu bekommen! Und ohne das Originalpapier gibt's z.B. kein Arbeitslosen- oder Krankengeld und auch keine Rente! Da hat es schon Fassungslosigkeit und Tränen gegeben!

Bei **Krankheit** besteht ein Ausfall des Krankengeldes von drei Karenztagen. Danach gibt es **keine Lohnfortzahlung** durch den Arbeitgeber; die gesetzliche Krankenkasse (*CPAM = Caisse primaire Assurance Maladie*) tritt mit etwa 65 Prozent des Nettogehaltes ein. Der Rest ist Verlust, wenn man keine private Zusatzversicherung abgeschlossen hat (*Assurance complementaire*). Eine Krankheit wird ohne private Zusatzversicherung immer zu finanziellen Einbußen führen, zumal auch Arztbehandlung und Medikamente nur zu etwa 65 Prozent durch die „Gesetzliche" getragen werden. Bei wichtigen Posten oder leitenden Angestellten wird die private Zusatzversicherung mitunter vom aArbeitgeber übernommen, was aber im schriftlichen Arbeitsvertrag vereinbart sein muss. Die Krankmeldung bzw. Arbeitsunfähigkeitsbescheinigung (*arrét du travail*) muss innerhalb von 24 Stunden (Poststempel gilt) der Krankenkasse im Original und dem Arbeitgeber als Kopie vorliegen; die letzte Kopie bleibt beim Kranken.

Bei **Arbeitsunfall** gibt es zwar auch keine Lohnfortzahlung durch den Arbeitgeber, aber die gesetzliche Krankenkasse zahlt – ohne Karenztage – sofort den Lohn zu etwa 100 Prozent weiter, NACHDEM sie den Unfall als ARBEITSUNFALL anerkannt hat. Dazu wird ein Kontrolleur in den Betrieb geschickt, der den Ablauf des Unfalls rekonstruiert und Zeugen befragt. Besonders, wenn die Angaben über Ablauf und Ursache des Unfalls ungenau sind oder sich die Angaben des Arbeitgebers und die Angaben des Arbeitnehmers zu stark unterscheiden (was mitunter der Fall sein kann, wenn es um spätere Regressansprüche geht. Besonders wenn der Unfall sich auf Grund mangelnder Betriebssicherheit oder Materialfehler ereignet hat. Hier kann man übrigens die Arbeitsinspektion – *inspection du travail* – vor oder nach dem Unfall einschalten, wenn man der Meinung ist oder Beweise hat, dass der Unfall durch Fehlverhaltens der Arbeitgeberseite verschuldet wurde oder solches Fehlverhalten (z.B. mangelnde Sicherheiten) zu einem Unfall führen könnten, und der Arbeitgeber diese Unsicherheit nicht beseitigt. Der Arbeitsunfall kann sich während der Arbeitszeit und in den Pausen auf dem Betriebsgelände ereignen, aber auch auf dem Weg von und zur Arbeit, wenn zwischen Wohnung und Arbeitsstelle keine Pausen oder Unterbrechungen eingelegt werden! Der Unfall muss innerhalb von 24 Stunden durch den Arbeitgeber schriftlich an die Krankenkasse gemeldet werden. Alle Medikamente, Hilfsmittel und Besuche beim Haus- und Facharzt sind mit 100 Prozent abgesichert; der Patient muss hier nicht in Vorleistung treten sondern bekommt bei Vorlage bestimmter – von Kasse, Arzt und Hospital ausgestellter – Dokumente –

(unbedingt: *Feuille d'accident du travail*) alles kostenlos. Dieses Formular muss beim behandelnden Haus- oder Facharzt, in der Klinik und Apotheke bei Bedarf vorgelegt werden. Das gleiche gilt für anerkannte Berufskrankheiten. Bei Krankheit und Berufskrankheit müssen die Ausgehzeiten beachten werden; sie können von der Krankenkasse kontrolliert werden. Nach einer bestimmten Krankheitsdauer wird man zum Vertrauensarzt oder zum Arbeitsmediziner geschickt.

„Was ist bei Arbeitslosigkeit oder Sozialhilfe?"

„Wenn Sie nach einer vertraglich geregelten Tätigkeit in Folge der Kündigung durch den Arbeitgeber **arbeitslos** werden und Sie keine neue Arbeit finden können, steht Ihnen Arbeitslosengeld zu, dass sich je nach Dauer des Arbeitsverhältnisses und Höhe des Verdienstes gestaltet. Dazu müssen sie pro Kalenderjahr mindestens 181 Tage, in Ausnahmefällen 169 Stunden an einem Stück gearbeitet haben. Sie melden sich zwar auf dem Arbeitsamt (ANPE) arbeitslos (und werden dort in einer Computerstatistik geführt) aber das Arbeitslosengeld bzw. Ihr Antrag wird nicht von der ANPE, sondern von dem oftmals in der Nähe gelegenen Büro der ASSEDIC bearbeitet, bewilligt und gezahlt. WENN, ja wenn und nachdem Sie eine Menge Dokumente und Bescheinigungen vorgelegt haben: Aufenthaltsgenehmigung *(Carte de Séjour)*, ALLE Lohnzettel *(fiche de paye)*, eine Bescheinigung der Krankenkasse, dass Sie nicht noch Krankengeld erhalten *(Formulaire 3316 de la sécurité social)*, Beweise, dass Sie kein Geld aus anderen staatlichen Töpfen bekommen, den letzten Arbeitsvertrag (liegt der noch keine drei Monate zurück, werden auch alle anderen Arbeitsverträge sowie ALLE Verdienstbescheinigungen und alle anderen Dokumente des letzten Jahres, mitunter noch länger zurück liegend, gefordert), die Bescheini-

gung des Arbeitgebers über Dauer und Beendigung des Arbeitsverhältnisses sowie die Kündigungsgründe bzw. den Grund über die Beendigung der Tätigkeit *(Certificat du travail)*, eine Bescheinigung des Arbeitgebers über alle in diesem Zeitraum abgeführten Sozialbeiträge *(Attestation ASSEDIC)*, einen Nachweis über Ihren Wohnort (Rechnung der Telefon- oder Elektrizitätsgesellschaft oder Miet- bzw. Kaufvertrag einer Immobilie auf Ihren Namen), sowie letztendlich den Nachweis über ein Bankkonto, auf welches dann nach etwa einem bis drei Monaten Bearbeitungszeit das Arbeitslosengeld für den bewilligten Zeitraum überwiesen wird. Für diesen Zeitraum müssen Sie sich regelmäßig einmal monatlich bei der ASSEDIC melden; dies muss nicht mehr persönlich geschehen sondern kann mit einem Code (PIN) übers Telefon oder – bei Internet- oder Minitelanschluss – über den PC abgewickelt werden. In der Anfangsperiode müssen Sie sich auch ab und zu nach Aufforderung noch auf dem Arbeitsamt (ANPE) sehen lassen, unter Vorlage von Beweisen, dass Sie sich unterdessen und fortwährend intensiv um eine neue Tätigkeit bemühen (Adressen und Anschreiben möglicher Arbeitgeber, Zeitungsanzeigen und Quittungen, Namen und Adressen von Gesprächspartnern bei Bewerbungen, etc.), fein säuberlich in einer Art Tagebuch aufgeführt. Das lässt aber im Laufe der Zeit nach. Ab 58 Jahre sind Sie von Suche und Meldepflicht ganz befreit! Auch das französische Arbeitsamt bietet Umschulungskurse oder Kurse, um sich selbstständig zu machen.

Sozialhilfe: Bevor jemandem Sozialhilfe bewillig wird (alle guten Geister sollen Sie davor schützen), geht ein Kamel dreimal durch ein Nadelöhr! Sagt der Volksmund! Wahr daran ist, dass man nur mit hunderten von Papieren, Verdienst- und nachprüfbaren Armutsbescheinigungen, nach beinahe schikanösem Seelen- und Haushalts-Striptease, nach Vorlage von

Mietquittungen, Bankauszügen, ärztlichen Zeugnissen und Steuererklärungen der letzten Jahre irgendwann einmal damit rechnen könnte, in etlichen Monaten Sozialhilfe in Höhe von etwa 300 Euro monatlich zu bekommen (zusätzlich Wohngeldbeihilfe und kostenlose Gesundheitsfürsorge) meistens zeitlich auf ein Jahr befristet, danach Neuantrag und Neuprüfung. Für den Erstantrag geht man auf die Sozialstelle (*Assistance social*) des örtlichen Bürgermeisteramtes *(Mairie* oder *Hôtel de Ville)*. Eine Sozialarbeiterin berät, nicht nur über Sozialhilfe, auch über Kindergeld, Mutterschaftsbeihilfe, Krankenfürsorge für Mittellose, Jugendhilfen, Rentenfragen u.a. Auch wenn Ihren Anträgen nicht gleich stattgegeben wird (das geht meistes erst zur Präfektur oder noch weiter nach oben), so sind die Mitarbeiter der Sozialstellen doch meist sehr freundlich und hilfsbereit, wenn sie wirkliche Notlagen erkennen. Dann gibt es auch schon mal'n Schnuller oder Lutscher oder ein Paar abgetragene Kinderschuhe oder einen Einkaufsgutschein zur Überbrückung. (Kaum zu glauben, aber von den Konsulaten bestätigt: In Frankreich leben mehrere tausend Deutsche – meist ältere Menschen oder Rentner – unterhalb der Armutsgrenze und sind auf französische Sozialhilfe bzw. auf Hilfe der deutschen Hilfs- und Sozialvereine bzw. der in Frankreich ansässigen deutschen Kirchengemeinden angewiesen).

Näheres (u.a. zum Thema „Schwarzarbeit" und „Nebenjobs" bei

www.frankreichkontakte.com

(link: „Frankreich-Dokumente") kann kostenlos die Broschüre „Rund ums Arbeiten in Frankreich" heruntergeladen oder ausgedruckt werden.

Täglich aktuell per kostenlosem Newsletter:

Deutschland, Frankreich, Europa im Pressespiegel

Kein andere Land der Erde, nicht einmal die USA, nehmen in der französischen Presse soviel Platz und Themen ein, wie der Nachbar Deutschland. Jede namhafte französische Tages- oder Wochenzeitung leistet sich „Deutschlandexperten". In Deutschland, besonders in Berlin, tummeln sich mehr als 200 französische freie und feste Presse- und TV-Mitarbeiter. Besonders auf den Seiten „Politik", „Wirtschaft" und „Europa" vergeht kein Tag, an dem die französische Presse nicht über Ereignisse in Deutschland oder über deutsch-französische und europäische Zusammenhänge berichtet.

Die Presseabteilung der Deutschen Botschaft Paris wertet u.a. französische Zeitungen aus und fasst deren Berichte in einem Newsletter zusammen. Diesen kann man kostenlos täglich auf Deutsch und/oder Französisch per Email erhalten, wenn man sich unter Angabe seiner Emailadresse in die Liste einträgt. Eine günstige und zeitsparende Möglichkeit, sich schnell einen ersten groben Überblick zu verschaffen und auf Frankreich einzustimmen.

Um Vielfalt und Spektrum dieser Dokumentation aufzuzeigen, hat der Autor den folgenden Pressespiegel als Beispiel herausgegriffen, den die Deutsche Botschaft Paris am 29. März 2001 veröffentlichte. Es war die Periode nach den französischen Gemeinderatswahlen und das Vorfeld der Wahlen zum Staatspräsidenten und zum französischen Parlament. Es war der Tag, als im Berliner Reichstag der Bundestag zum Thema „Nationalstolz und Entlassung von Bundesumweltminister Trittin" debattierte und abstimmte; einen Tag nach den Störfällen und Blockaden des Castortransportes von der französischen Atommüll-Wiederaufbereitungsanlage La Hague nach Gorleben, und einen Tag nach der gerichtlichen Vorladung des französischen Staatspräsidenten Chirac wegen dessen angeblichen Verfehlungen bei Spendengeldern; etwa vergleichbar mit der CDU-Spendenaffäre um Helmut Kohl in Deutschland. Wie sehr alle Themen miteinander und auch mit europäischen und internationalen Zusammenhängen gekoppelt sind, zeigt als Beispiel der folgende Pressespiegel:

1. Aufmacherthemen

Le Monde titelt mit der Vorladung von Staatspräsident Chirac als Zeuge im Finanzskandal der Parteien. *Le Figaro, Libération, L'Humanité* und *Le Parisien* machen mit dessen Weigerung auf, vor Gericht zu erscheinen. *Les Echos* wählt als Schlagzeile die Absicht von Allianz, die Dresdner Bank zu übernehmen und La Croix eine Umfrage über die Einstellung der Franzosen zur Entwicklungshilfe.

2. Innenpolitik

Innenpolitisches Schwerpunktthema der Blätter ist die Weigerung von Staatspräsident Chirac, auf die Vorladung von Untersuchungsrichter Halphen als Zeuge vor Gericht zu erscheinen. *Le Monde (1)* schreibt, nach einer von Elysée (2) in Auftrag gegebenen Analyse sei das Auftreten vor Gericht nicht praktikabel. Grund dafür sei, dass der Staatspräsident nicht als Zeuge vernommen werden könne, wenn er Verdächtiger sei, weil ihm sonst die Verteidigungsrechte entzogen würden. Es sei aber gewagt sich der öffentlichen Meinung gegenüber auf diesen Grund zu berufen. Das Blatt berichtet weiter, die RPR (3) stehe geschlossen hinter dem Staatspräsident.

Le Figaro (4) meint im Editorial (5), schon die Umstände der Vorladung bereiteten Unbehagen: Sie sei mit einfachem Brief geschickt worden, um den Staatspräsident zu erniedrigen, der Vorgang sei in der Presse veröffentlicht worden, um

großen Widerhall zu finden, und als Datum sei die Zeit nach den für die Rechte (6) erfolgreichen Wahlen (7) gewählt worden. Das Vorgehen lasse auf politische Hintergedanken und abgekartetes Spiel schließen (7). Als Traum erscheine eine Justiz ohne solche Hintergedanken und eine Politik, die diese Justiz einsetze.

Libération (8) hält im Editorial die Einwendungen des Staatspräsidenten für wenig überzeugend. Er entziehe sich der allgemeinen Mitwirkungspflicht des Bürgers gegenüber der Justiz. Die Sorge der politischen Weggefährten um die politische Stabilität des Staatspräsident, der nur durch Wiederwahl der Justiz entzogen werden könne, sei groß. In einer wirklichen Demokratie würden es die Parteien vorziehen, einen Kandidaten auszutauschen, als sich den Anschein zu geben, die Justiz zu behindern.

L'Humanité (9) meint, nichts dürfe die Wahrheitsfindung – Hauptaufgabe der Justiz – aufhalten. Man könne sich eine Zeugenaussage vorstellen, welche die Würde der Funktion des Staatspräsidenten nicht verletze. Es sei eine Gewissensentscheidung zwischen Chirac als Bürger unter Bürgern und Chirac als dem vom Volk gewählten höchsten Amtsträger.

3. International

Le Figaro und *Libération* berichten über die israelischen Vergeltungsschläge nach den Attentaten. Nach Libération habe Premierminister Scharon seine Wähler nicht länger enttäuschen wollen. Angesichts der öffentlichen Meinung habe er nicht länger zaudern können. Die Ablehnung einer von den Palästinensern geforderten internationalen Schutztruppe in den besetzten Gebieten durch den UNO-Sicherheitsrat sei ein erster Erfolg der israelischen Regierung.

Zum Besuch von Außenminister Védrine in Washington schreibt Le Monde, er sei optimistisch hinsichtlich der Entwicklung

des amerikanisch-europäischen Verhält-
nisses. Bei der NMD-Frage sei man aber
noch weit von einer definitiven Entscheidung entfernt. Über die Grundsatzrede
Védrines in Chicago berichtet Le Figaro,
sie habe den Anspruch Europas und
Frankreichs unterstrichen, einen anerkannten Platz neben den USA einzuneh-
men. Alte, zählebige Stereotypen über die
französische Außenpolitik seien zu über-
winden. Die Verfolgung eigenständiger
Interessen durch Frankreich sei kein Beweis für Antiamerikanismus.

4. Europa/deutsch-franz. Beziehungen:

Maul- und Klauenseuche:

Le Figaro, Libération und *L'Humanité*
berichten, die EU habe grünes Licht für
die Impfungen in Großbritannien gegeben.
Im Editorial befasst sich Le Monde mit
den Auswirkungen der Maul- und Klauenseuche insbesondere für Premierminister
Blair. Er zögere jetzt, die Wahlen vorzuziehen, weil er nicht mehr sicher sei, sie
zu gewinnen. Der Stil "cool Britannia" sei
ins Wanken geraten. Selbst die Presse sei
Blair nicht mehr wohl gesonnen und werfe
ihm jetzt vor, was sie den Tories wegen
der BSE-Krise vorgeworfen habe. Er
müsse sich der Herausforderung seiner
ersten echten großen Krise stellen.

La Croix (10) schreibt in einem Kommentar, es sei für Blair schwierig, die
Wahlen vorzuziehen. Den Umfragen zu-
folge werde er aber wiedergewählt. Für
die Opposition, die ihre Glaubwürdigkeit
verloren habe, sei jeder Aufschub willkommen.

Le Figaro thematisiert die gestern im
Daily Telegraph veröffentlichten Äuße-
rungen des französischen Generals Kel-
che, eine europäische Streitmacht müsse
von der NATO unabhängig sein und sei
ein Mittel innerhalb der NATO das Gewicht zu Gunsten Europas und zum
Nachteil der USA auszugleichen, sowie
die britischen Reaktionen darauf. Das

Blatt bezweifelt, dass es sich um eine
Provokation durch den General handle.
Die Episode sei bezeichnend für die Anti-
pathie eines Teils des britischen Esta-
blishments gegen eine europäische Verteidigung. Eine Annäherung Frankreich-
Großbritannien zum Nachteil des Verhält-
nisses GB-USA sei für viele Politiker, die
euroskeptische Presse und zahlreiche
Verteidigungsexperten unerträglich.

5. Deutschlandthemen:

Alle Blätter bis auf *Les Echos (11)* beschäftigen sich mit der Blockade des
Atommülltransportes zwischen Lüneburg
und Dannenberg. Le Monde Korrespon-
dent Arnaud Leparmentier schreibt, die
deutsche Regierung habe auf die Neutra-
lität der Grünen gesetzt, die aber eine
starke Mobilisierung der Atomkraftgegner
nicht verhindert habe. In Berlin sei man
betroffen, dass der Zug nicht angekommen sei. Viele zweifelten, ob ein zweiter
Atomtransport vor Jahresende, wie Bundeskanzler Schröder Premierminister
Jospin versprochen habe, möglich sei. Der
Mythos Gorleben lebe noch.

Nach Picaper in Le Figaro haben Bun-
desinnenminister Schily und Bundesmini-
ster Trittin, die Montag Abend ihre Strate-
gie gegen Eskalationen noch gefeiert hatten, gestern angesichts des Anstieges der
Ausschreitungen ein schiefes Gesicht
gemacht.

Libération spricht von einem ersten sym-
bolischen Sieg für die Atomkraftgegner
und meint, die militanten Atomkraftgegner, die sehr professionell geworden seien,
hätten die deutsche Polizisten lächerlich
gemacht. *L'Humanité* stellt unter dem
Titel "Die Grünen im Sturm" heraus, dass
der Transport nach Gorleben die Identi-
tätskrise innerhalb der Grünen schüre. Bei
der SPD stelle man sich immer häufiger
offen die Frage einer Verlängerung der
Koalition mit der geschwächten Grünen.
Am Vorabend der Landtagswahlen habe

es Clement (12) für legitim gehalten, über andere Optionen nachzudenken.

Le Figaro meldet kurz, der Bundestag werde morgen ebenso wie der Bundesrat beim Bundesverfassungsgericht beantragen, die NPD zu verbieten. *Les Echos* berichtet kurz über den Gesetzesentwurf der Regierung, das Briefmonopol der Deutschen Post bis 2007 zu verlängern. *Les Echos* stellt das Gesetzesvorhaben von Bundesfinanzminister Eichel vor, das Börsenmanipulationen vorbeugen solle. Im Sportteil berichtet Le Monde, der DFB habe zwei Historiker mit einer Untersuchung über die Haltung des DFB während der Zeit des Nationalsozialismus beauftragt. Einige Historiker hätten aber Zweifel an dem Willen des DFB zu Transparenz und den Zugang zu den Archiven zu garantieren. Im Kulturteil bringt *Le Monde* einen ausführlichen Artikel über die Ausstellung der neoklassischen Architekten Klenze und Schinkel sowie über die Ausstellung deutscher Gemälde des 19. Jahrhundert in der National Gallery in London.

Quelle: Presserefereat der deutschen Botschaft in Paris. Sie erhalten diese Nachricht täglich als kostenlose Email, wenn Sie den Newsletter abonnieren.

Web: www.amb-allemagne.fr

Erläuterungen des Autors:

1. *Le Monde:* Wahrscheinlich berühmteste und weltweit bekannte Tageszeitung mit hohem politischen und intellektuellem Anspruch. Neben Le Monde existieren Sonderausgaben zur Wirtschaft, zur Diplomatie und zur den Themen Ausbildung und Studium. Redaktionell und im Inhalt etwa mit der deutschen FAZ vergleichbar, wobei Le Monde weniger wirtschaftsliberal sondern kritischer ausgerichtet ist und auch extrem unterschiedliche Aspekte beleuchtet und analysiert.

2. *Elysée:* Gemeint ist der Pariser Elysée-Palast, Amtssitz des Staatspräsidenten. In Frankreich liebt man solche Kurzbezeichnungen. So nennt man z.B. auch das Finanzministerium nach seinem (neuen) Standort am Seineufer am östliche Pariser Stadtrand „Bercy", oder den Sitz des Ministerpräsidenten „Matignon". Ähnlich wurde früher zu Bonner Hauptstadtzeiten das deutsche Verteidigungsminsterium in der Presse einfach als „Hardthöhe" bezeichnet.

3. *RPR: Rassemblement pour la République.* Konservative, bürgerliche und aus dem Gaullismus hervor gegangene Partei, dem der zu diesem Zeitpunkt amtierende Staatspräsident Chirac angehört. Bitte beachten Sie: In Frankreich kommt es, auf Grund unterschiedlicher Wahltermine, häufig vor, dass der Staatschef/Staatspräsident im Gegensatz zum Regierungschef/Premierminister – sowie die gesamte Regierung und die Parlamentsmehrheit nicht der gleichen, sondern Oppositionsparteien angehören. Dies führt mitunter zu unterschiedlichen Interessenlagen und Machtkämpfen der beiden höchsten Machtfaktoren Frankreichs, andererseits aber auch zu einem gewissen Macht- und Interessenausgleich, der in Deutschland eher durch das Zwei-Kammer-System „Bundestag-Bundesrat" hergestellt wird. Infolge des komplizierten französischen Systems (Präsidialrepublik und Pariser Zentralgewalt in Frankreich, gegenüber dem föderalen System Deutschlands) sowie der höheren Machtbefugnisse des französischen Staatspräsidenten, – im Vergleich zum deutschen Bundespräsidenten -, ist der o.g. Vergleich nur bedingt und nur im Ansatz richtig).

4. *Le Figaro:* Viele nennen den konservativ und kleinbürgerlich ausgerich-

teten *Figaro* die „französische Bild-
zeitung"; im Figaro sind jedoch die
dicken Buchstaben und die Fotos
nicht so zahlreich wie in BILD. Leserschaft und Mentalität könnten allerdings weitgehend identisch sein.

5. *Editorial:* Aufmacherthema! Wichtig-
    ster Bericht oder Kommentar auf der
    ersten Seite. Meinung von Herausge-
    ber oder Chefredaktion.

6. *Rechte:* Gemeint sind hier die soge-
    nannten französischen Rechtsparteien
    und deren Anhänger (bürgerlich-
    klerikal-konservativ sowie die libe-
    rale Mitte) im Gegensatz zu den tra-
    ditionellen „Linken" (Sozialisten,
    Kommunisten, Grünen, Radikalde-
    mokraten, u.a.). Das Verhältnis *„gau-
    che-droit"* (links-rechts) wie auch der
    Begriff „Klassenbewusstsein" be-
    stimmen stärker den politischen All-
    tag als in Deutschland.

7. Gemeint sind in diesem Fall die fran-
    zösischen *Kommunalwahlen (électio-
    nes municipales),* vom März 2001,
    bei denen die Linksparteien zwar zum
    ersten Mal nach einhundert Jahren
    das viel begehrte Pariser Rathaus mit
    dem sozialistischen Oberbürgermei-
    ster *Delanoe* und auch die Mehrheit
    in Frankreichs zweitgrößter Wirt-
    schaftsmetropole *Lyon* gewonnen
    hatten, wogegen die „Rechten", also
    die konservativ-bürgerlichen Parteien
    in vielen kleinen Städten und
    Dorfgemeinden erfolgreich waren.

8. Gemeint ist in diesem Fall ein mögli-
    cherweise „abgekartetes Spiel" der
    linken Regierungsmehrheit „Soziali-
    sten, Kommunisten, Grüne", denen
    die „Rechte" vorwirft, die Justiz für
    die Attacken gegen – den zu diesem
    Zeitpunkt amtierenden Staatspräsi-
    denten – Jacques Chirac zu instru-
    mentalisieren.

9. *Liberation:* Linksliberale, kritische,
    mitunter provokative Tageszeitung,
    die u.a. von Jean Paul Sartre in Folge
    der 68er Studentenrevolte als linksra-
    dikales und basisdemokratisches
    Sprachrohr der außerparlamentari-
    schen Opposition gegründet wurde,
    und heute mehr zur linken und kriti-
    schen Mitte tendiert; in Deutschland
    etwa mit der TAZ vergleichbar.

10. *L'Humanité:* Tageszeitung und Organ
    der PCF (Kommunistische Partei
    Frankreichs).

11. *La Croix:* eine dem französischen
    Klerus und einer katholisch-
    konservativen Leserschaft naheste-
    hende Tageszeitung.

12. Clement: In diesem Fall ist der zu
    diesem Zeitpunkt amtierende nord-
    rhein-westfälische Ministerpräsident
    Wolfgang Clement gemeint.

Ehen von Schwulen, Lesben und Heiratsmuffel

**Nicht verheiratet, und doch
abgesichert im Rahmen der Gesetze
leben? Der "Pacte civil de solidarité"
(PACS) macht's möglich**

Fast fünf Millionen Menschen leben in
"wilder Ehe". Entweder wollen sie nicht
heiraten, sondern nur so das Partnerpara-
dies auf Erden genießen, oder sie können
und dürfen nicht, z.B. weil sie in einer
lesbischen oder schwulen Lebensgemeinschaft leben. Diese freien Entscheidungen
sind heute zwar völlig legal, aber ohne
jede juristische Sicherheit für die Partnerschaft. Für die kann sich die Situation
nämlich zuweilen dramatisch zuspitzen:
Beim Ableben des eines kann der andere
Partner fristlos aus der Wohnung geworfen werden, oder sämtliche Einkünfte
(z.B. aus Rente, Familienbeihilfe) sind
plötzlich abgeschnitten, oder Partner bzw.
Partnerin findet sich ohne Krankenversicherung und ohne Zugriff auf die Erbschaft. Denn in der bisherigen "wilden
Ehe" gehen die Rechte des Einen nicht
ohne weiteres auf den Anderen über. Mit

dem *PACS* (Gesetz vom 15. November 1999, veröffentlicht im "*Journal officiel*" am 16. November 1999) hat Frankreich diese Lücke geschlossen.

Der Gesetzestext sinngemäß: "Der Solidaritätspakt (PACS) regelt die Rechte und Pflichten beider Partner in einer Lebensgemeinschaft. Das Gesetz ermöglicht zwei Personen, egal welchen Geschlechts, die entweder nicht heiraten wollen oder können, ein Zusammenleben in Freiheit unter geschützten und geregelten Konditionen!"

Mit einem Frage- und Antwortkatalog wollen wir die wichtigsten Punkte theoretisch durchspielen. Ob die Praxis dann anders aussieht, liegt nicht im Verantwortungsbereich des Autors.

"Trifft die Möglichkeit des PACS auch auf zwei Mitglieder innerhalb einer Familie zu?"

Nein! Bruder und Schwester, Mutter und Sohn oder Tochter, Onkel und Nichte oder Neffe, Großmutter und Cousin, also Mitglieder ein und der gleichen Familie, dürfen ebenso wenig einen PACS eingehen, wie Personen, die noch verheiratet sind und woanders einen legalen Ehepartner oder bereits einen anderen PACS-Vertrag haben. Der PACS wird nicht zum Freibrief für Inzucht oder Bigamie.

"Schwule und Lesben dürfen ...?"

Der Ausdruck "Schwule und Lesben" kommt im Gesetzestext nicht vor. Es ist jedoch klar und deutlich, dass der PACS auch für alle gleichgeschlechtlichen Paare zutrifft. Zwar hat Frankreich die gleichgeschlechtliche Ehe nicht offiziell genehmigt, aber der PACS ist die Notlösung auf dem Weg dorthin. Seit Bestehen des Gesetzes haben sich einige tausend Schwule und Lesben bereits das "Jawort" gegeben. Wir dürfen aber nicht vergessen, dass der PACS nicht nur für gleichgeschlechtliche sondern für alle Paare möglich ist.

Wo gibt man sich dieses "Jawort"? Auf dem Standesamt? Welche Papiere sind notwendig?

Nein! Der PACS wird – im Gegensatz zur Ehe – nicht auf dem Standesamt (*Etat civil*) des Bürgermeisteramtes (*Mairie*) geschlossen, sondern auf dem für den gemeinsamen Wohnbezirk zuständigen Amtsgericht (*Tribunal d'Instance* – *TI*). Beide Partner präsentieren sich auf dem TI und legen folgende Dokumente vor:

1. Nachweis des gemeinsamen Wohnsitzes (z.B. Miet- oder Kaufvertrag der Immobilie, EDF-Rechnung und Telecomrechnung des laufenden Monats, Mietquittung)

2. Zwei Exemplare der PACS-Formulare (*Convention de PACS*)

3. Ein Zertifikat "*Non-PACS*", ausgestellt vom *Tribunal d'Instance* des Geburtsortes der Partner. Damit wird sichergestellt, dass nicht bereits ein anderer PACS oder ein Ehevertrag besteht. Hier kann es allerdings zu Problemen für Ausländer kommen, denn die heimatliche Behörde (z.B. in Deutschland) kennt ja dieses PACS-System nicht. Man sollte deshalb versuchen, vom deutschen Standesamt bzw. Amtsgericht eine Erklärung zu bekommen, aus der entweder eine rechtsgültige Scheidung hervorgeht, oder die Beglaubigung, nicht verheiratet zu sein. Alle Dokumente müssen in französischer Übersetzung – mit amtlicher Beglaubigung – vorliegen.

4. Eine eidesstattliche Erklärung beider Partner, dass zwischen ihnen keine familiäre Beziehung besteht

5. Eine eidesstattliche Erklärung, in der von beiden die gemeinsame Wohnung festgelegt und als solche anerkannt wird

6. Ein Identitätsnachweis (Personalausweis, Carte de Séjour, Passport)

7. Eine Geburtsurkunde in beglaubigter französischer Übersetzung oder eine internationale Geburtsurkunde.

"Worin könnten für ein Paar die Vorteile des PACS liegen? Und wo liegen die Unterschiede zur 'normalen' Ehe?"

Zunächst ist festzuhalten: Das Familien- und Eherecht bleibt durch den PACS unberührt. Das heißt u.a.: PACS-Partner können keine Adoptionen vornehmen, Pflichtanteile aus der Familienerbschaft können nicht auf die PACS-Partner übergehen, das Sorgerecht für Minderjährige geht nicht auf die PACS-Partner über, es kann kein gemeinsamer Familienname und auch kein gemeinsamer Name für das Kind gewählt werden; lesbische und homosexuelle Partner dürfen durch künstliche Befruchtung kein gemeinsames Kind erwerben, u.a.

Damit sind also eine Menge Punkte, die wir in der "normalen" Ehe finden, beim PACS ausgeschlossen.

Die Vorteile werden folgendermaßen gesehen: Mietverträge des einen Partners gelten für beide, der eine Partner kann in den Pflichtversicherungen des anderen mit versichert werden und erhält soziale Leistungen, z.B. im Not- und Bedarfsfall auch Familienbeihilfe und Wohngeld. Ist keine Gütertrennung vereinbart, gehören die eingebrachten und hinzu gekommenen Güter beiden Partnern zu gleichen Teilen. (Auch der PACS-Vertrag kann notariell abgefasst werden, wobei man die Gütertrennung berücksichtigen könnte. In diesem Fall muss der Notar bei der Vertragsabfassung auf dem TI anwesend sein). Einkommensteuererklärungen können ab dem dritten Jahr seit Bestehen des gemeinsamen PACS gemeinsam veranlagt werden. Für den Urlaub hat der Arbeitgeber gemeinsame Wünsche des Paares zu berücksichtigen. Für Umzüge und andere im "normalen" Ehegesetz vorgesehenen

freien Tage gibt es die gleichen freien Tage für PACS-Partner.

Wichtig und interessant für EU-Bürger und Ausländer

Ein PACS-Partner kann für den anderen eine Carte de Séjour beantragen, da ja alle Voraussetzungen der gemeinsamen sozialen Absicherung vorliegen, auch wenn der oder die Partnerin keiner Berufstätigkeit in Frankreich nachgeht und nichts verdient. Voraussetzung ist, das einer der PACS-Partner entweder Franzose/Französin ist, oder als (EU)-Ausländer bereits über eine *Carte de Séjour* verfügt.

Achtung! Aufgepasst bei Erbschaft (testamentarisch nach dem Tod eines Partners) und Schenkungen (bereits zu Lebzeiten möglich): Beides ist beim PACS möglich. Es besteht ein Freibetrag im Wert von etwa 57 000 Euro. Die Steuern sind abhängig von der Höhe des Gesamtwertes, sowie von der Dauer des PACS-Vertrages! Erbschaften und Schenkungen bzw. Übertragungen sind schriftlich und notariell abzufassen!

"Ist ein PACS auch außerhalb des Staatsgebietes möglich?"

Ja, eine Französin oder ein Franzose, die sich außerhalb Frankreichs mit festem Wohnsitz (*Resident*) im Ausland aufhalten, können dort auf dem französischen Konsulat einen PACS mit Franzosen oder Nichtfranzosen unter den gleichen vorgenannten Bedingungen eingehen. Dieser PACS unterliegt zwar nicht dem Recht des Gastlandes, aber dem französischen Recht und ist auch später nach der Rückkehr in Frankreich gültig. Ob aber das Gastland diesen "Eheähnlichen" (französischen) Vertrag dann für beide Partner im Gastland als gültig ansieht (z.B. bei der Erteilung der Arbeitserlaubnis oder bei der Bemessung sozialer Leistungen), ist momentan noch eine Ermessenssache des jeweiligen Gastlandes. Hier liegen zur Zeit nur ungenügende Erfahrungserkenntnisse vor. Ein einheitliches EU-Recht besteht (noch) nicht; EU-Mitgliedsländer haben unterschiedliche rechtliche und soziale Regelungen beim Thema "Ehe-ähnliche Lebensgemeinschaften" bzw. „Ehe zwischen Gleichgeschlechtlichen". Näheres zum "PACS im Ausland" auf der Webseite des französischen Außenministeriums: www.diplomatie.fr

Was ist bei "Scheidung", also bei Auflösung des PACS?

Natürlich ist dies etwas unkomplizierter und Kosten günstiger als eine "normale" Scheidung. Drei Punkte sind für das Vertragsende beim PACS vorgesehen:

Die gemeinsame Übereinkunft: Beide Partner erklären schriftlich beim "Tribunal d'Instance" ihres derzeitigen Wohnsitzes, dass sie gemeinsam und übereinstimmend den Vertrag beenden wollen (Einzelheiten und persönliche Abmachungen können notariell beglaubigt eingefügt werden). Mit der gerichtlichen Registrierung dieser Deklaration ist der PACS-Vertrag beendet.

Bei freiem Willen oder bei Heirat eines Partners: Wer den PACS-Vertrag einseitig beenden oder "normal" heiraten möchte, informiert seinen Partner darüber schriftlich durch einen Gerichtsvollzieher (Hussier). Die beiden Partner organisieren darauf hin die Aufteilung der Güter. Bei Nichteinigung kann das Amtsgericht angerufen werden. Eine "normale" Heirat hat Vorrang vor einem PACS; ein PACS-Vertrag kann keine Hinderung für die gewünschte Heirat eines der beiden Partner sein.

Durch Todesfall einer der Partner: Die Sterbeurkunde des einen muss vom anderen Partner per Einschreiben mit Rückantwort jenem Amtsgericht vorgelegt werden, das den PACS-Vertrag ursprünglich registriert hatte.

Tritt einer der drei Fälle bei Auslandsaufenthalt ein, sind die genannten Schritte vor einem franz. Konsulat vorzunehmen.

„Und wäre ich Präsident, würde ich alles anders machen!"

Was mir und anderen mißfällt, was wir kritisieren, und was mitunter Bauchweh bereitet

Nein, wir wollen weder Revolution machen noch beleidigen. Aber ein bisschen Kritik ist ab und zu schon angebracht. Auch wenn wir meist „nur Gäste" im europäischen Haus Frankreichs sind. Aber wir sind auch Europäer. Mit Rechten und Pflichten. Und eines der demokratischen Rechte aller europäischen Mitgliedsländer ist, auch mal Dampf abzulassen. Natürlich konstruktiv. Hier kritische Anmerkungen – vom Autor selbst – und von Deutschen, die entweder fest in Frankreich leben (und häufig hier auch arbeiten), oder von Urlaubern und Gelegenheitsbesuchern, denen trotz des insgesamt positiven Erscheinungsbildes einiges auch negativ in Frankreich aufgefallen ist. Vielleicht ist nicht jede Kritik gerechtfertigt (jede Medaille hat ja bekanntlich zwei Seiten). Und so sieht der Autor schon einige Personen und Institutionen, die beleidigt sind und rufen werden: „Von einem Deutschen lassen wir uns überhaupt nichts sagen! Die sollen doch erst einmal den Dreck vor ihrer eigenen Haustür fegen!" Als europäischer Autor und Journalist würde ich antworten: „Nicht nur ich mache diese kritischen Anmerkungen, sondern Ihre Landsleute selbst! Denn alles hier Beschriebene wird durch tägliche Nachrichten in der französischen Presse, bei Radio und Fernsehsendungen bestätigt!" Wenn nun durch die folgenden Beispiele zumindest Diskussionen angeregt werden, dann hat diese Initiative ihren Zweck erreicht:

Rüdes Verkehrsverhalten

Auf das Verhalten im französischen Straßenverkehr wurde bereits mehrmals hingewiesen. Daran gibt es auch in diesem Kapitel nichts zu beschönigen. Im Gegenteil! Hier ohne Kommentar einige Überschriften französischer Tageszeitungen innerhalb einer Woche Anfang September 2001:

- „Frankreich ist Europas Nummer Eins bei Verkehrstoten!"

- „Meiste Unfallursachen: Tagsüber Raserei, nachts Trunkenheit!"

- „Wenige Verkehrs-Rambos ramponieren den Ruf der französischen Mehrheit!"

- „Polizei geht jetzt ohne Erbarmen gegen Verkehrsrowdys vor!"

- „Bei 209 Kontrollen 132 Verkehrsverstöße festgestellt!"

- „Trunkenbold überfuhr Fußgänger auf Zebrastreifen!"

- „Überhöhte Geschwindigkeit und gefährliches Überholen Hauptunfallursache!"

- „Verkehrssünder schlug sich mit Polizei, als er zahlen sollte!"

- „Jetzt bilden sich regionale Bürgerinitiativen gegen Verkehrsrowdys!"

- „Jeder zweite Unfall durch Drogen verursacht!"

Der französische Fernsehjournalist und Buchautor Jean Amadou schreibt in seinem Buch *„Vous n'etes pas obligés de me croire!"* (Sie sind nicht verpflichtet mir zu glauben! Verlag Robert Laffont, Paris, ISBN 2-221-08918-9) u.a. über das Verkehrsverhalten der Franzosen:

„.... et parlons maintenant du plus surprenant de tous, cet être exuis ... ce poète de la route: le conducteur francais. C'est au volant qu'on discerne ce vieux fonds gaulois qui sommeille en lui et qui faisait dire à Jules César que ce peuple était

imprévisible et que ses réactions n'étaiient jamais celles d'un être sensé. Il suffit de faire une centaine de kilometres sur une route de vacances pour se convaincre que nous n'avons guère changé. Le conducteur francais a le vague souvenir d'un bouquin qu'il a parcouru jadis et qui s'appelle LE CODE DE LA ROUTE. En ayant appris les rudiments pour passer son permit, il s'est empressé de les oublier dès qu'on lui a donné les précieux cartons. Depuis, il conduit à l'intuition, suivant son humeur, considérant que puisqu'il est francais, toute interdiction, toute limitation est une entrave à sa liberté ... "

(Jean Amadou, eine Art „Till Eulenspiegel von Frankreich", hat seit 1978 über zwölf Bücher veröffentlicht und in unzähligen TV-Shows mitgewirkt, in denen er zwar satirisch-humorvoll, aber immer auch mit Nachdruck und Ernst seine Landsleute und französische Institutionen, vom „göttlichen Politiker" bis zum „göttlichen Arzt", aufs Korn nimmt.)

Wenn Majestät böse werden ... Oder: Unkritischer Untertanengeist und Schönfärberei in einigen Lokal- und Regionalzeitungen:

Anlässlich der französischen Kommunalwahlen hatte der Autor des vorliegenden Ratgebers als Journalist einen Bericht über St. Tropez in einer deutschsprachigen Zeitung veröffentlicht. Darin ließ er einige Bewohner des weltberühmten Ortes zu Wort kommen; einige kritisch gegenüber dem amtierenden Bürgermeister – der sich wieder zur Wahl stellte und bei Umfragen Kopf an Kopf mit seinem Herausforderer lag -, andere Einwohner hatten eine positive Meinung. Der Bericht war also ausgewogen und lag mit seinen Aussagen im gleichen Verhältnis wie das angesagte Kopf-an-Kopf-Rennen (und wie das spätere Wahlergebnis: 50,1 zu 49,9 Prozent; der alte und neue Bürgermeister gewann mit 14 Stimmen Vorsprung). In allen Fällen wurden in der Reportage die Meinungen aus der Bevölkerung mit Anführungszeichen als wörtliche Rede dargestellt, um klar die Meinung der Betroffenen von dem Bericht des Journalisten abzugrenzen.

Eine französische Regionalzeitung an der Côte d'Azur fand diesen Bericht interessant, und druckte ihn – mehr oder weniger gut übersetzt – auf Französisch ab. (Anmerkung: Ohne die deutsche Zeitung oder den Autor um Erlaubnis oder Nachdruckrechte zu fragen; auch das Honorar steht bis heute noch aus). Doch das Bemerkenswerteste war: Es wurde in der französischen Veröffentlichung die „wörtliche Rede" ausgelassen, so dass man ohne weiteres den Eindruck gewinnen konnte, die kritischen Anmerkungen gegen den Bürgermeister seien die persönliche Meinung des deutschen Journalisten, der sich „erdreistet" hat, seine Hoheit, den Bürgermeister von St. Tropez zu kritisieren. Das war und ist dort noch Majestätsbeleidigung wie zu Zeiten von Versailles, als man das Wort „Demokratie" noch nicht einmal unter vorgehaltener Hand flüstern durfte. Majestät reagierte sofort sauer und ließ seinen Pressesprecher verkünden: „Wie kommen Sie als Gast dazu, einen verdienstvollen französischen Politiker so polemisch zu kritisieren?" Der Pressechef sagte als Strafmaßnahme ein bis dahin schon lange geplantes Interview zwischen Bürgermeister und Autor – zu den Fragen „Tourismusentwicklung, Kriminalität und interkommunale Zusammenarbeit" ab, und veranlasste wahrscheinlich die Streichung des Autors von der Presseliste aller Institutionen und Verwaltungsstellen von St. Tropez. Jedenfalls war es dem Autor in der Folge nicht mehr möglich, über die früheren und sonst üblichen Quellen an St. Tropez-Informationen zu gelangen oder Gesprächstermine zu bekommen. Seine Telefonanrufe kamen über das erste Vorzimmer nicht mehr hinaus. Gleichzeitig wurde vom Bürgermeisteramt bei einigen Zeitungsredaktionen interveniert, mit dem

Ergebnis, dass der Autor keine kritischen Manuskripte mehr veröffentlichen konnte. Jene französische Regionalzeitung, die den Bericht verfälscht und unerlaubt wiedergegeben hatte, sah sich noch nicht einmal veranlasst, den Fehler zu berichtigen oder gar zu bedauern. Der Autor rannte gegen eine Mauer des Schweigens. Seine schriftlichen Interventionen blieben unbeantwortet. Der Maulkorb saß. Der Verdienstausfall auch. Von der vielgepriesenen Pressefreiheit wollen wir erst gar nicht reden. Nachträglicher Eintrag vom Autor: „Hätte ich damals klein beigegebene, mich angepasst und Lobeshymnen geschrieben, ich wäre danach zu jeder Jetset Party eingeladen worden, willkommen im Club ...!"

Nun könnte man geneigt sein zu sagen, es hätte sich wahrscheinlich um eine Ausnahme gehandelt. Das Gegenteil ist der Fall. In einigen Provinzen gehören Untertanengeist und unkritischer Journalismus zum Ekel erregenden Alltag. Als würden die Begriffe der französischen Revolution „Freiheit, Gleichheit, Brüderlichkeit" in Teilen der Lokal- und Regionalpresse immer nur für die gerade an der Macht befindlichen Politiker gelten. Manchmal könnte man Bauchschmerzen bekommen, wie zahm, wie unkritisch, wie untertänig und angepasst meist junge, meist schlecht bezahlte, abhängige und um ihren Job bangende Journalistinnen und Journalisten den Mächtigen nach dem Mund schreiben. Als wären sie der verlängerte Arm eines Provinzfürsten oder die Werbeagentur einer Partei oder eines Vereins, vor deren Eitelkeit, Wut und Bannstrahl jede journalistische Professionalität vernachlässigt wird, aus Angst vor persönlichen Nachteilen, oder aus Angst vor dem Verlust von Werbeeinnahmen. Da nämlich jeder jeden kennt und Vitamin B das oberste Gesetz ist, will man es mit niemand verderben, man kann ja nie wissen, wie der Wind morgen oder übermorgen weht. Nach dem Motto „Tust du mir heute mit einem für mich positiven Presseartikel einen Gefallen, werde ich dir morgen bei einer Beförderung oder bei der Wahl ins Amt des Präsidenten vom Tennisclub behilflich sein". Dass es sich hier um das übliche Gesellschaftsspiel handelt, muss wohl mit Bedauern hingenommen werden; dass sich aber Journalisten daran beteiligen oder sich zu Handlangern und Hofnarren machen, erzeugt Übelkeit und Angst.

Da erscheinen eher zehn Fotos vom amtierenden Bürgermeister (wie er jene Schauspielerin begrüßt, oder jene Segelregatta eröffnet, oder sich bei einem Galadinner den Mund abwischt und süßlich lächelnd zur Festrede anhebt), aber bevor ein Foto von Jugendlichen und Straßenkindern kommt, die endlich einen Jugendclub einfordern, oder die Situation von Saisonarbeitern, die in Hundehütten hausen, bevor sowas in der Provinzpresse kritisch beleuchtet wird, da muss ein Redakteur schon wirklich einen guten Tag erwischt haben. Und dann – siehe oben – können Hochwürden und Lakaien stinkesauer werden. So werden in der französischen Provinz die gesellschaftlichen Süppchen gekocht. Nur in der Provinz ...?

In der Tat, im Ergebnis benehmen sich diese modernen königlichen Hoheiten dann auch wie zu Zeiten des Sonnenkönigs. Selbstherrlich, eitel, jovial und unkontrolliert – man weiß ja die angepasste Lokalpresse hinter sich – wird „Politik" gemacht. Dazu hätte man eigentlich nicht die Bastille stürmen müssen. Unkritische Journalisten beweihräuchern jede Straßen- oder Flughafenerweiterung als weitsichtige Tat, ohne dabei vielleicht einmal mit Umweltschützern über die Kehrseite der Medaille gesprochen zu haben oder kritische Stimmen zu Wort kommen zu lassen. Dabei macht es überhaupt keinen Unterschied, welche politische Couleur gerade Unsinn verzapft. Die Korruptionsrate unter französischen Politikern hält sich vom gallischen Hahn bis zur sozialistischen Rose – bisher – wohl die Waage. Es

vergeht kein Tag, wo nicht irgendwo ein Bürgermeister oder andere Lokalpatrioten (von den ganz Großen in Paris hier mal abgesehen. Bonjour Monsieur Strauss-Kahn! Hallo ihr Spezies von ELF! Salut Monsieur Mitterand und gegrüßt sei auch Monsieur le Président Jaques Chirac) nicht in die eigene oder in die Tasche von Vettern gewirtschaftet haben und darüber stolpern. Und so kommt es schließlich, dass jene Provinzzeitungen, die vorher die Großtaten der Mächtigen Wochen- und Jahre lang gelobhudelt hatten, sich plötzlich vor der Aufgabe sehen, wenigstens über das Ende einer Politkarriere in Zusammenhang mit einem Korruptionsskandal zu schreiben. Aber selbst dann werden Ursachen, Hintergründe, Werdegang und Zusammenhänge kaum recherchiert und veröffentlicht.

Zum Glück übernehmen das die meisten großen und kritischeren französischen Presseorgane in Paris und vor allem bestimmte hochwertige Sendungen im französischen Fernsehen. Dort wird oft Klartext geschrieben und geredet. Dort geht's unter hartnäckigen Journalistenfragen zur Sache, bis sich die prominenten Primaten das Kreuz verbiegen und klein werden (und mitunter sogar zu bescheidenen Haftstrafen verurteilt werden, auf welches Wunder wir in Deutschland bei ähnlichen Affären ja noch immer hoffen). Bis in die französische Provinz ist dieses urdemokratische Prinzip leider noch nicht vorgedrungen. Und Frankreich besteht aus vielen Prozenten Provinz, zumindest was den kritischen Journalismus in der Lokal- und Regionalpresse betrifft.

„Wir beobachten die Bande - und dann schlagen wir zu!"

Polizeidienststellen behandeln Beobachtungen aus der Bevölkerung und Zeugenaussagen nicht immer nachhaltig und seriös genug

Nein, natürlich schlafen sie nicht, die französischen Polizisten und Sicherheitskräfte. Ihr Job ist schwer genug, ist lebensgefährlich und wird selten gewürdigt. Franzosen wollen Sicherheit, aber sie lieben ihre Polizei nicht. Trotzdem – oder gerade deswegen – verwundert es mich, wie lasch, wie fatalistisch einige Sicherheitskräfte manche Zeugenaussagen und Beobachtungen aus der Bevölkerung behandeln. Gerade angesichts der Terroranschläge in den USA macht mich das betroffen und nachdenklich. Hier einige Beispiele:

Ein deutscher Reisebusfahrer wartete am Pariser Flughafen Charles de Gaulle auf Gäste und vertrieb sich die Zeit, indem er einen seltsamen Mann beobachtete, der mit einer Minox jeden Winkel des Großflughafens fotografierte. So gelangweilt wie möglich, aber neugierig und hellwach, ging der Busfahrer dem interessanten Burschen nach. Der fotografierte lustig und heimlich weiter; selbst Toiletten und Kofferfließbänder, Eingangstüren und Abfertigungsschalter schienen ihm fürs Fotoalbum als Frankreichsouvenir geeignet. Dies geschah lange vor den Terroranschlägen in den USA; es geschah zu einer Zeit, als Frankreich unter tödlichen Bombenanschlägen in der Pariser Metro zu leiden hatte. Heute wissen wir, dass Terroranschläge auf öffentliche Gebäude, Botschaften und Flughäfen bereits bis ins Detail geplant waren.

Der deutsche Busfahrer, der französischen Sprache mächtig, sprach den nächsten Polizisten an und machte ihn auf den fotografierenden Araber aufmerksam. Der Polizist bedankte sich und sagte: „Merci! Ich werde meiner vorgesetzten Dienststelle Meldung machen!" Der Deutsche ließ aber nicht locker und wandte sich an einen Uniformierten, dessen Uniform noch bunter war und wohl einen höheren Rang symbolisierte. Dessen Antwort: „Das wird ein Tourist sein! Wir können Touristen nicht das Fotografieren verbieten!" Unser Busfahrer, dem mittlerweile ein Kloß im Hals zu würgen schien,

suchte und fand zwei schwarz gekleidete Spezialpolizisten von der CRS, die mit ihren lässig über die Schulter geworfenen MP's durch die Ankunftshalle schlenderten, um Ausschau nach Terroristen zu halten und für Sicherheit zu sorgen. Die ließen sich endlich den Fotografen detaillierter beschreiben und gaben die Beschreibung über Funk weiter. Eine halbe Stunde später – die Gäste waren unterdessen angekommen und der Bus unterwegs Richtung Paris – fuhr der Busfahrer unter einer Brücke durch und eine Weile außerhalb am Rollfeld entlang. Auf der Brücke stand unser Fotograf und fotografierte – mit einem Teleobjektiv die Concorde beim Abheben, bis zum Rückzug der Mechaniker mit Rolltreppe und Sicherheitsanlagen. Touristen können gar nicht genug Souvenirs von Paris mit nach Hause bringen.

Am Golf von St. Tropez gab es eine Welle von Villeneinbrüchen und Autodiebstahl, die besonders die dort lebenden Ausländer beunruhigten. Wenig später hörte eine Frau, Zeitung lesend in einem Bistro, am Nebentisch die Unterhaltung zwischen einem Deutschen und zwei Franzosen, aus der sich klar ein Zusammenhang und eine Mittäterschaft zu den kriminellen Vorfällen der letzten Wochen erkennen ließen. Über Handy informierte die Zeugin die Gendarmerie. Die war wohl irgendwie momentan anderweitig beschäftigt, jedenfalls konnte sie nicht kommen, und bat die Frau, doch aufs Kommissariat zu kommen und ihre Aussage als Protokoll aufnehmen zu lassen. Noch Wochen gingen die Einbrüche weiter. Der Schwarzhandel mit gestohlenen Autos floriert, was die Spatzen von den Dächern pfeifen. (Die gefälschten Nummernschilder zieren noch heute auf den Straßen das Verkehrsbild). Jetzt haben die drei Verdächtigen umgesattelt: Sie lassen illegal Ausländer ins Land kommen und vermitteln sie als billige Schwarzarbeiter. Die vermeintliche Zeugin fragte nach vier Monaten auf der

Polizeistelle nach, was aus ihrem Protokoll geworden ist. „Wir beobachten die
Bande!" hieß es. „Und dann schlagen wir
zu!"

„L'état – c'est moi!"

„Regierung der Sonnenkönige" konsultiert zu wenig das Parlament

Am 28. September 2001 kritisierte „Le
Monde" erneut, diesmal sogar im Leitarti-
kel über den Kampf gegen Terrorismus,
die mangelnde Bereitschaft der französischen Regierung, wichtige Debatten und
Entscheidungen vor das französische
Parlament zu tragen und dort zu diskutieren. Statt dessen wurde, wie so oft, das
Parlament überhaupt nicht gefragt, sondern auf höchster Regierungsebene entschieden; diesmal über die Maßnahmen
zur Unterstützung der USA bei der Bekämpfung gegen den internationalen Terrorismus. „Alleine schon aus symboli-
schen Gründen", so Le Monde, wäre es
besser gewesen, wenn sich die Regierung
an das Parlament gewandt hätte. All jene,
die schon lange eine Aufwertung des
Parlamentes fordern, hätten eine Chance
verpasst. Le Monde erinnerte erneut daran, die Haltung der französischen Regierungen, sich bei wichtigen Anlässen nicht
an das Parlament zu wenden, müsse sich
umgehend ändern. Neben Le Monde erwähnen weitere französische Journalisten,
dass französische Regierungen gerne am
Parlament vorbeiregieren. Dieses „Gehabe
von Sonnenkönigen" sei in anderen westlichen Ländern, auch in Deutschland,
kaum möglich.

„Backe-backe Eierkuchen ...!"

Wenig Zusammenarbeit bei interkommunalen Problemen

Früher war die Zentralmacht in Paris
übermächtig. Kommunen und Regionen
hatten nichts zu sagen; wegen jeder Kleinigkeit musste in Paris bei der Zentral-
verwaltung nachgefragt werden. Jetzt hat

die Zentralgewalt Federn gelassen und die
Gemeinden und Departements haben
eigenständige Parlamente und Regierungen (allerdings nicht mit dem föderativen
Ländersystem der Bundesrepublik
Deutschland zu vergleichen). Trotzdem:
Heute kann jede Gemeinde – theoretisch –
z.B. notwendige Baumaßnahmen vornehmen lassen (wenn die Finanzierung geregelt ist). Aber jetzt schaut keine Gemeinde
mehr über den eigenen Tellerrand hinaus,
sieht und behandelt alles nur noch in den
Grenzen des eigenen kleinen Horizontes.
Jedes Dorf will eine eigene Müllverbren-
nungsanlage, eine eigene Wasserversor-
gung, einen eigenen Bürgermeister und
eigene Abgeordnete. Auch wenn vier oder
fünf Dörfer mit den gleichen Wasser-,
Müll- oder Finanzproblemen so dicht
zusammen liegen, dass sich ein Zusam-
menschluss nicht nur rentiert, sondern
zwingend geboten scheint, – es kommt
nicht oder höchst selten und erst nach
jahrelangen Diskussionen zur Zusammenarbeit. Da so etwas wie „Raumordnungs-
verfahren" oder „Eingemeindungen"
kaum bekannt sind und bei den individua-
listisch veranlagten Franzosen als zentra-
ler Dirigismus angesehen und mehrheitlich abgelehnt werden, müssen sich Gemeinden bei ihren Bauvorhaben entweder
finanziell übernehmen, oder das dringende
und eigentlich notwendige Vorhaben
bleibt – vorerst – auf der Strecke. Er-
schreckendes Beispiel: Eine der reichsten
Gemeinden Europas – St. Tropez an der
Côte d'Azur, Treffpunkt des internationalen Jet-sets aus Film und Wirtschaft – hat
noch ein Krankenhaus, dessen Schmutz-
wände auf engen Korridoren und dessen
schlechte und mangelhafte materielle und
personelle Ausstattung zum Himmel
schreien. Erst nach jahrelangem Hin und
Her hat man sich in der Region mit den
Nachbargemeinden zusammen gerauft;
irgendwann ab 2006 wird es für die ganze
Golfregion ein modernes Gemeinschafts-
krankenhaus geben. Unterdessen wursch-

teln Provinzfürsten und Stadträte bei anderen möglichen Gemeinschaftsobjekten weiterhin in Klein-Klein; Zusammenarbeit wäre Verrat an der individueller Freiheit, vor allem aber ein Angriff gegen die vielen eigenen Fleischtöpfe, die man auf herkömmliche Weise besser kontrollieren und ausschöpfen kann.

Was sagen Franzosen über uns?

Persönliche Beobachtungen und eine nicht repräsentative Umfrage im Bekanntenkreis, auf Marktplätzen, am Strand und in Bistros

Nun, wir Deutsche in Frankreich, wir sind auch nicht immer das Gelbe vom Ei. Obwohl Franzosen von uns mehrheitlich eine gute, mitunter sogar eine ehrfurchtsvolle Meinung haben. Glücklicherweise sind die Deutschen mehrheitlich zurückhaltender als Deutsche in anderen Ländern, z.B. in Spanien. Oft sprechen wir sogar Französisch und deuten im französischen Tante-Emma-Laden nicht mit dem Finger auf den Schnittkäse, machen mit der Hand eine zackige Schnitt- und Hackbewegung und sagen „Half Pfund, please!" Schließlich haben Franzosen Ess- und Sprachkultur, und da wollen wir Allemannen nicht nachstehen.

Ausnahmen bestätigen die Regel: Wie von spanischen Stränden gewohnt, habe ich auch an französischen Mittelmeer- und Atlantikküsten Deutsche erlebt, die sich auf eine merkwürdige Weise ihren Platz am Strand sichern. Bereits morgens in aller Frühe marschiert Papa mit Handtüchern oder Bastmatten und einem Schild bewaffnet aus dem Wohnwagen Richtung Strand. Dort breitet er die Matten aus, beschwert sie wie eine Grenzbefestigung mit Steinen, legt oder steckt das Schild daneben und geht zufrieden zunächst zum Frühstück und zu Mama in den Wohnwagen oder ins Hotel zurück; mit der Sicherheit, seinen Familienplatz am Strand reserviert und gegen Eindringlinge geschützt zu haben. Auf das Schild hat Papa nämlich geschrieben: „Dieser Platz ist vom 14. Juli bis 28. Juli von Familie Fröhlichkeit aus Wannedingsbums reserviert!" In Deutsch natürlich! Logisch! Wo leben wir denn?

Französinnen und Franzosen sehen uns das großzügig nach. Sie haben, nicht immer, aber oft eine erstaunlich positive Meinung von jenen Menschen, deren Vorfahren nicht als Touristen sondern als Besatzungssoldaten über französische Straßen und Strände gestampft waren. Hier einige dieser Meinungen:

„Die Deutschen sind diszipliniert und lieben Ordnung und Sauberkeit! Die lassen kein Papierschnipsel herum liegen. Davon könnten wir Franzosen uns eine Scheibe abschneiden!" *Charlotte, 58jährige Bistrobesitzerin*

„Die Deutschen sind schrecklich. Immer todernst, immer diszipliniert! Die können nicht mal alle Fünfe gerade sein lassen und haben keine Ahnung vom 'savoir vivre'!" *Sandrine, 20jährige Kunststudentin*

„Die Deutschen? Immerhin geben sie mehr Trinkgeld als Engländer und Holländer!

Und sie benehmen sich im Restaurant ruhiger und hauen nicht so auf die Pauke, wie man sich eigentlich immer von den Deutschen erzählt. Die sind ganz anders. Lieber einen Deutschen bei mir im Bistro als drei Holländer!"

Pascal, seit 23 Jahren Kellner und Barmann

„Die heutigen Deutschen sind ganz anders als die früheren. Die Deutschen, die hier fest als Residenten leben, kommen aufs Bürgermeisteramt und fragen höflich und ruhig, oft sogar schon peinlich überhöflich, wo sie ihre Steuern bezahlen oder wo sie eine Genehmigung bekommen können. Einige von ihnen kommen auch herausfordernd, als hätten sie das Gesetzbuch unterm Arm, aber das sind wirklich heute die Ausnahmen, die meisten sind sogar höflicher und geduldiger als meine französischen Landsleute!" *Marie-Claire, seit 15 Jahren als Sekretärin am Empfangsschalter eines französischen Bürgermeisteramtes*

„Wenn wir Franzosen so hart und so diszipliniert wie die Deutschen arbeiten würden, würde es mit unserer Ökonomie besser aussehen!"

Jean-Pierre (45), Management einer deutsch-französischen Firma

„Die Deutschen? Früher kamen sie mit ihrer Militärmaschine, heute kommen sie mit ihrer Geldmaschine. Das kommt doch aufs gleiche heraus! Früher wie heute zerstören sie unser Land und die Natur, bauen überall und kaufen alles auf. Wegen mir können sie bleiben wo der Pfeffer wächst!"

Michel (74), Landwirt und Winzer

„Deutsche Jungens sind steif und können nicht tanzen. Und warum lernen sie nicht wenigstens ein paar Worte Französisch? Im Urlaub hängen die immer in der Disko herum und glotzen uns an, aber trauen sich nicht!"

Nicole (18) Kassiererin in einem Supermarkt

„Sie sollten Ihrem Außen- oder Kultusminister mal sagen, Deutschland soll nicht so viele Goethe-Institute schließen. Und bei diesen sogenannten deutsch-französischen Konsulationsgesprächen sollten die deutschen Politiker endlich mal auf ihre französischen Kollegen einwirken, nicht noch mehr den Deutschunterricht an französischen Schulen zu kürzen. Das ist unverantwortlich, was da abläuft!"

Michelle (44), Deutschlehrerin an einem französischen Gymnasium

„Wie wohl viele Franzosen habe ich ein ambivalentes Verhältnis zu Deutschland und den Deutschen. Auf der einen Seite bewundern wir eure Tatkraft, Arbeitsdisziplin, Sauberkeit und euer sprichwörtliches Organisationstalent, was uns Franzosen ja mitunter fehlt. Auf der anderen Seite sind das aber genau jene Punkte, die uns Angst machen, dass ihr sie uns jetzt in Europa überstülpen wollt. Es ist euer Hang zur Masse und – von Ausnahmen abgesehen – euer fehlender Individualismus, der mich stört!"

Marc (32), Air-Steward

Meinungsaustausch und Erfahrungen:

Regen Meinungs- und Erfahrungsaustausch per Email gibt's bei der

IDA/France-Gruppe (Interessengemeinschaft Deutschsprachiger im Ausland / in Frankreich), www.imausland.org, IDAFrance-subscribe@yahoogroups.de

Hier unterstützen sich in Frankreich lebende Deutschsprachige mit Tipps und Tricks, mit Meinungen und Erfahrungen. Das geht vom banalen Austausch von Backrezepten bis zu Tipps zur Einrichtung von Parabolantennen, zum Möbelkauf oder einfach um Klatsch und Tratsch oder Dampf ablassen beim Thema „Was unterscheidet Deutsche und Franzosen?!" Achtung: Anmelden können sich nur Deutschsprachige, die entweder bereits im Lande wohnen, oder dort in Kürze fest hinziehen. Die Seite ist weder für Urlauber noch Kurzaufenthalte gedacht!

Frankreich für den Alltag von A – Z

Man beachte den Sonderteil *„Frankreich im Internet"* >>>
(Teil 5 dieses Buches) mit weiteren Stichwörtern zum Alltag!

Amts-, Behörden, Geschäftssprache

Die einzig juristisch geltende Amts-, Behörden und Geschäftssprache ist Französisch. Dialekte und lokale bzw. regionale Sprachen, z.B. Bretonisch (Bretagne), Korsisch (Korsika), Okzitanisch, Baskisch, Katalanisch (Süd- und Südwestfrankreich, Nähe spanischer Grenze) oder im Elsaß und Lothringen Deutsch bzw. der alemannische und der moselfränkische Dialekt, Flämisch im Norden an der belgischen Grenze, Italienisch im Grenzgebiet Nizza-Menton, werden umgangssprachlich und im Volksmund zwar benutzt (und sogar in Schulen teilweise gelehrt), haben aber keine juristische Gültigkeit. So müssen z.B. **alle** Verträge, Geschäftsbücher und der Amts- und Schriftverkehr auf Französisch abgefasst sein! Das betrifft auch z.B. Miet- oder Kauf- oder sonstige Verträge, die in oder außerhalb Frankreichs von zwei Deutschen auf Deutsch abgefasst wurden (vielleicht in dem falschen Glauben, zwischen zwei Deutschen würde das genügen) und ein Objekt oder eine Situation in Frankreich betreffen. Solche Verträge oder der damit zusammenhängende Schriftverkehr müssen in einer beglaubigten französischen Übersetzung vorliegen. **Sonst sind sie ungültig!** Zur Anfertigung solcher Übersetzungen sind nur amtlich anerkannte Übersetzer befugt. Die entsprechenden Adressen sind u.a. auf den Bürgermeisterämtern *(Mairie)* oder über ein deutsches *Konsulat* >>> erhältlich. Vielerorts existiert ein *„Bureau-Service"* >>>, also ein Sekretärinnen- und Beratungsservice, der u.a. Übersetzungen vornimmt oder vermittelt.

Antisemitismus: siehe *Rassismus*>>>, **Rechte Gewalt, etc.**

Anmeldung, polizeiliche

Eine polizeiliche Anmeldung vergleichbar mit Deutschland ist unbekannt. Französische Staatsbürger ebenso wie Gäste aus anderen Ländern müssen also nicht mit An- oder Ummeldeformularen zu einer Meldebehörde. Es „genügt", eine Anmeldung beim Elektrizitäts- und Gaswerk *(EDF/GDF)* und/oder bei der Telefongesellschaft *(France Telecom)* auf seinen Namen – in Verbindung mit einer festen Wohnadresse (Mietvertrag) und die letztbezahlten Rechnungen vorweisen zu können. Diese Regelung durch die Licht- bzw. Telefonrechnung hat sich so stark eingebürgert, dass man ohne diese Nachweise so gut wie nicht existiert! Sie haben richtig gelesen: OHNE Nachweis über ein Mietverhältnis, über einen Vertrag mit der Telefongesellschaft und/oder einen Vertrag mit der Elektrizitätsgesellschaft bekommt man kaum einen Fuß auf den Boden und wird sozusagen als wohnsitzlos *(SDF = sans domicil fix)* betrachtet! Mit den beiden o.g. Nachweisen kann man z.B. Bankkonten eröffnen, Autos an- oder ummelden, Kredite aufnehmen und sich gegenüber den Behörden legitimieren (z.B. bei Pass- oder Führerscheinausstellung, Steuerfragen, Wahlunterlagen, Beantragung von Arbeitslosengeld oder Sozialhilfe, Abschluss von Versicherungen, Eintrag als Arbeitsuchende beim franz. Arbeitsamt, u.v.a.m.).

Trotzdem ist zunächst **für Ausländer** – auch für Einwohner aus EU-Mitgliedstaaten – eine polizeiliche Anmeldung vorgeschrieben, wenn sie sich länger als drei Monate ununterbrochen im Lande aufhalten, und zwar in Form der *Carte de Séjour*, also eine Art Arbeits-

und Aufenthaltsgenehmigung mit einigen bürokratischen Hürden. Siehe u.a.

„Arbeitserlaubnis und Aufenthaltsgenehmigung" >>>

sowie *„Bürokratie"* >>>

Angeln, fischen

In der Regel nur über die Mitgliedschaft eines Vereins; allerdings werden – teils von den Touristenbüros – Gast- und Tages- bzw. Saisonkarten gegen Gebühr ausgestellt. Passfoto und Personalausweis nötig. Zur See- und Hochseefischerei wende man sich bitte an die Verwaltung (*Capitainerie)* oder an private Anbieter *(Chantier Naval/Ship-Chandler)* in den vielen kleinen und großen Sporthäfen.

Arbeitserlaubnis, Aufenthaltsgenehmigung

Wer als EU-Ausländer nicht nur zum Urlaub oder kurzfristig zu schulischen Zwecken (z.B. Sprachschule oder Workcamp) sondern aus beruflichen Gründen nach Frankreich kommt und **länger als drei Monate** bleibt, ist (bei sehr wenigen Ausnahmen) nach französischem und europäischem Gesetz verpflichtet, sich bei der Behörde zu melden und – unter Vorlage diverser Dokumente und Beglaubigungen – eine *Carte de Séjour,* also eine Arbeits- und Aufenthaltsgenehmigung zu beantragen. Auch *Studenten* oder *Aupairs,* deren Engagement in Frankreich länger als drei Monate dauert, müssen – nach dem Gesetz – eine Carte de Séjour beantragen. Dies wird zwar nicht in jedem Fall eingehalten – und ist auch schwer kontrollierbar – wäre aber ungesetzlich! Dafür kann man zwar nicht des Landes verwiesen werden, aber damit hängen oft **Versicherungs- Steuer- und Haftungsfragen** zusammen, die bei einem längeren Frankreichaufenthalt in eine verantwortungsbewusste Gesamtkalkulation einbezogen werden sollten.

Aber keine Regel ohne Ausnahme: „Grenzgänger" die innerhalb 30 Kilometer im deutsch-französischen Grenzgebiet der jeweils anderen Grenzseite wohnen (also täglich nach der Arbeit „nach Hause" zurück fahren, unterliegen anderen Bestimmungen, die Sie von den jeweiligen Bürgermeisterämtern erfahren. Fahren Sie nicht „täglich" nach Hause, sondern haben auf der französischen Seite eine Wohnung gemietet (gilt auch für „Untermieter" und „Wochenendheimfahrer"), so unterliegen Sie eigentlich der Pflicht, sich anzumelden und *eine Carte de Séjour* zu beantragen. Schon wegen dem entgangenen Steueraufkommen wird das von einigen Behörden (Bürgermeisterämter, Zoll, Arbeitsämter) im Grenzgebiet genau kontrolliert.

Eine weitere Ausnahme besteht z.B. für Handwerker, Geschäftsleute, Handelsvertreter oder Reiseleiter, die zwar in Deutschland ein Geschäft angemeldet haben, aber häufig beruflich in Frankreich unterwegs sind: Auch sie brauchen keine französische *Carte de Séjour,* da sie ja weiterhin in Deutschland gemeldet sind und dort ihre „Lebens- und Berufsgrundlage" haben.

Beispiel Reiseleiterin: Hat der Auftraggeber, also der Reiseveranstalter, seinen Firmensitz in Deutschland, und man begleitet einen Flug oder einen Reisebus nur sporadisch nach Frankreich, so wird keine Arbeits- bzw. Aufenthaltsgenehmigung benötigt. Wer jedoch fest im Lande ansässig ist, also seinen „Wohnsitz" und „Lebensgrundlage" dort hat – und hier ständig Reisegruppen übernimmt, hat sich als freier Reiseleiter selbständig zu machen und entsprechend zu verfahren.

Beispiel Handelsvertreter und Geschäftsleute: Natürlich kann jeder in Frankreich frei umherreisen und Geschäfte tätigen bzw. entsprechende Kontakte knüpfen, wenn der Firmensitz sich im Ausland befindet. Befindet sich der

Sitz aber in Frankreich, so unterliegt man allen o.g. französischen Pflichten.

Beispiel „vorübergehend entsandte Fachkräfte": Firmen mit Sitz außerhalb Frankreichs können Fachkräfte zu einem „vorübergehenden" Arbeitsaufenthalt (gültig bis zu zwei Jahren, nicht verlängerbar) nach Frankreich entsenden. Dabei bleiben Sie im Ausland wohnhaft und auch dort steuer- und versicherungspflichtig. Man benötigt keine *Carte de Séjour*, auch wenn man sich länger als drei Monate in Frankreich aufhält und arbeitet.

Merke: Die *Carte de Séjour* ist spätestens nach drei Monaten, aber innerhalb von vierzehn Tagen nach Arbeits-, Studien- oder Geschäftsaufnahme zu beantragen! Die berufliche – oder geschäftliche – Tätigkeit oder das Studium dürfen jedoch sofort nach der Einreise nach Frankreich aufgenommen werden, auch wenn die *Carte de Séjour* erst viele Wochen oder mitunter auch Monate später (!!!) endlich von den französischen Behörden ausgestellt wird. Unterdessen gilt die von der Behörde provisorisch ausgestellte Bestätigung der Antragstellung.

Normalerweise wird man wegen der *Carte de Séjour* beim Bürgermeisteramt (*Mairie*) der neuen Wohngemeinde oder dort bei der Gemeindepolizei *(Police Municipale)* vorstellig. In Paris und in einigen Großstädten und Ballungsgebieten hat man sich sich direkt an die zentrale *Préfecture* zu wenden, deren Adressen bei jeder Polizeidienststelle erhältlich ist.

Obwohl das europäische Recht „die freie Niederlassung und Berufsausübung in einem EU-Mitgliedstaat" vorsieht und gesetzlich regelt, muss man sich im Einzelfall (örtlich und regional liegen sehr unterschiedliche Erfahrungen vor) dieses Recht mitunter erst per bürokratische Hürden „erkämpfen". **Merke:** Bringen Sie Geduld, Disziplin und Freundlichkeit mit, lassen Sie die Behördenmitarbeiter trotz-

dem mit Fingerspitzengefühl merken, dass Sie als AntragstellerIn über die *europäischen Gesetze* und Ihre Rechte Bescheid wissen, ohne jedoch gleich mit der Faust auf den Tisch zu schlagen!

In jedem Fall sind folgende Dokumente vorzulegen:

- Gültiger Personalausweis oder Reisepass (deren Gültigkeit muss mindestens sechs Monate länger betragen, als der beantragte Aufenthaltszeitraum).

- Geburtsurkunde (oder Auszug aus dem Familienstammbuch) in beglaubigter französischer Übersetzung. Am besten die Geburtsurkunde auf dem heimatlichen Standesamt auf einem „internationalen Formular" gleich mitanfordern; was die relativ teuere Übersetzung ins Französische erspart!

- Französischer Mietvertrag oder Nachweis einer Unterkunft bzw. Nachweis über Haus- oder Wohneigentum in Frankreich.

- Nachweis über Verträge auf Ihren Namen mit der französischen Elektrizitäts- und Telefongesellschaft und deren letztbezahlte Rechnung.

- Nachweis über einen Arbeitsvertrag oder über eine selbständige Berufsausübung (Finanzamt, Gewerbeschein) oder über einen Nachweis, dass Sie Ihren Lebensunterhalt selbst bestreiten können (z.B. Bankauszüge oder regelmäßige Geldüberweisungen), ohne dem französischen Staat – z.B. der Sozialhilfe – zur Last zu fallen.

- Nachweis über eine gesetzliche französische Krankenversicherung.

- Mindestens sechs neue Passfotos, schwarz-weiss, ein Ohr frei.

- Zwei mit Normalbriefporto frankierte und an Ihre eigene französische Anschrift adressierte Briefumschläge.

- In Ausnahmefällen können weitere Unterlagen (z.B. ein polizeiliches Führungszeugnis Ihres Heimatlandes, in französischer beglaubigter Übersetzung), bei Geschiedenen die Scheidungsurkunde (ebenfalls immer in französischer beglaubigter Übersetzung), u.a. verlangt werden.

- Studenten benötigen außerdem die Immatrikulationsbescheinigung der Französischen Universität, eine Bescheinigung zur Krankenversicherung sowie den Nachweis über regelmäßige Einkünfte (z.B. Stipendium oder Überweisungen aus dem Ausland).

- Aupairs benötigen zusätzlich einen Brief Ihrer Gastfamilie, mit den Nachweisen über Verdienst, Wohnsitz und Krankenversicherung.

Die Antragsstelle gibt Ihnen eine Bestätigung und schickt die Akte zur Präfektur, einer zentralen Provinzbehörde. Nach einiger Zeit bekommen Sie die Aufforderung, eine „vorübergehende" Aufenthaltsbestätigung („Carte de Séjour provisoir") abzuholen. Danach können wieder Wochen vergehen, bis Sie die schriftliche Aufforderung erhalten, Ihre – i.d.R. fünf Jahre gültige – „Carte de Séjour définitiv" in Empfang zu nehmen, die in Form, Inhalt und Farbe stark an den französischen Personalausweis erinnert und in der Regel für das gesamte französische Staatsgebiet gültig ist; jedoch nicht für Monaco, nicht für Andorra, nicht für einige Kanalinseln und nicht für einige französische *Überseegebiete*.

Achtung: Lassen sie sich durch diese bürokratischen Hürden nicht in Ihrer beruflichen Tätigkeit beirren! Sie dürfen vom ersten Tag an arbeiten oder studieren, völlig unabhängig von der Zeitspanne, die eine Behörde für die Ausstellung der Papiere benötigt!

Für Sie ist die *Carte de Séjour* das gleiche, wie für Franzosen der Personalausweis

(Carte d'Identité). Sie können damit z.B. Bankkonten eröffnen, ins europäische Ausland reisen, sich ausweisen, französische Wahlunterlagen bestellen.

Merke: Sobald Sie eine französische Carte de Séjour besitzen, ist Ihr deutscher Personalausweis nicht mehr gültig! Sie unterliegen ab diesem Zeitpunkt als sogenannte „Auslandsdeutsche" – bei wenigen Ausnahmen (z.B. Militärgesetz oder volles Wahlrecht) – den französischen Gesetzen, auch den **Arbeits- und Sozialgesetzen** sowie dem **Versicherungs- und Kfz-Recht**. Mit der „Anmeldung" in Frankreich ist man bei uns rechtlich abgemeldet und nicht mehr hier, sondern i.d.R. in Frankreich steuerpflichtig, einige Ausnahmen s. *Doppelbesteuerungsabkommen*. Man vergesse trotzdem nicht, in Deutschland alles zu regeln und sich dort polizeilich abzumelden, sonst kann es großen Ärger geben, der teuer werden kann. Siehe u.a. *„Postvollmacht"* >>>

Keine Angst: Sie verlieren nicht Ihre deutsche *Staatsangehörigkeit*>>>, wenigstens nicht so leicht ...

Arbeitsämter (Deutschland)

Erste Informationen über Arbeitsmöglichkeiten in Frankreich erteilen – neben zahlreichen anderen Auskunftsstellen – die deutschen Arbeitsämter, wobei bei Anfragen die *Berufsinformationszentren* (BIZ) als reine Informationsstelle der Berufsberatung, und die *Arbeitsvermittler* (AV) als konkrete Vermittler zu unterscheiden sind. Nahezu alle deutschen Arbeitsämter verfügen über *Europaberatungen*, die auf das europäische Ausland, also auch auf Frankreich spezialisiert sind. Hier sind bereits erste Auskünfte über berufliche Voraussetzungen zur einer Tätigkeit in Frankreich sowie über administrative und bürokratische Wege und Gesetze. Außerdem gibt es Infos, Adressen und Broschüren zu den Themen „Bewerbungsunterlagen", "Arbeitslos in Frankreich", "Arbeitslosengeld", "Versicherungswesen", "Soziale

Absicherung", "Spätere Rückkehr nach Deutschland" sowie zur weiterer Arbeitsuche oder Arbeitsaufnahme in anderen Mitgliedsländern der Europäischen Union. Von Ihrem Arbeitsamt führen weitere Kontakte zur Bonner

ZAV (Zentralstelle für Auslandsarbeit), Tel. 0228 713-0, 069-71 11-0), zum

Europäischen Berufsberatungszentrum (EBZ) nach Rastatt, Tel. 07222-930 186 oder 930 172, oder zu Adressen europäischer Organisationen. Arbeitsämter Deutschland:

Erste Informationen über Arbeitsmöglichkeiten, über Studium und Berufsausbildung in Frankreich erteilen – neben zahlreichen anderen Informationsstellen – die Arbeitsämter. In den Berufsinformationszentren (BIZ) finden sich in den Europamappen grundlegende Informationen zu den europäischen Partnerländern.

Die Europäischen Berufsberatungszentren (EBZ) der Bundesanstalt für Arbeit informieren über Ausbildung und Studium in einzelnen europäischen Ländern. Im Arbeitsamt Rastatt ist das EBZ für Frankreich wie folgt erreichbar:

Arbeitsamt Rastatt, EBZ Frankreich, Karlstraße 18, Tel.: 07222-930-414, Fax: 07222-930-415, rastatt.europaservice@arbeitsamt.de

Informationen zu Fragen des europäischen Arbeitsmarktes bietet das Netzwerk der Europäischen Arbeitsverwaltungen (EURES). Die EURES Berater der Bundesanstalt für Arbeit sind flächendeckend in Deutschland angesetzt und informieren über Arbeitsmöglichkeiten, Lebens- und Arbeitsbedingungen in Europa, unterstützen Arbeitgeber bei der Anwerbung von Arbeitskräften und informieren und beraten Arbeitnehmer und Arbeitgeber in den Grenzregionen. Anschriften der EURES-Berater finden sich bei den Arbeitsämtern oder unter www.arbeitsamt.de.

Als Internationale Personalagentur erreichen Sie die Zentralstelle für Arbeitsvermittlung (ZAV): Villemombler Str. 76, Tel.: 0228 713 – 0, Fax: 0228 713 – 1111, E-Mail:

Bonn-ZAV@arbeitsamt.de

Über die Europa-Hotline kann man Anfragen an die Bundesanstalt für Arbeit richten: Europa- und Auslandshotline Mo.-Do. von 8.00 – 20.00 Uhr und Fr. von 8.00 – 16.00 Uhr, Tel.: 0180 522 20 23 (0,12€ / Min) oder per E-Mail über

InfoHotline-Ausland@arbeitsamt.de

Grundinformationen zu Europa in Printform: „Europa kommt – gehen wir hin", Länderinformationen.

Internet: **www.arbeitsamt.de** – hier lassen sich alle Informationen, auch Antragsformulare herunterladen oder ausdrucken.

Arbeitsämter Frankreich (ANPE)

Französische Arbeitsämter sind unter *„Agence National pour l'Emploi"* (ANPE) in den Telefonbüchern zu finden. Auch Ausländer aus EU-Mitgliedstaaten können sich dort bewerben und als Arbeitsuchende eintragen. Voraussetzung hierzu ist ein Wohnnachweis in Frankreich, der wie erwähnt z.B. durch eine Mietquittung oder eine Telefonrechnung auf Ihren Namen erbracht werden kann. Außerdem können Sie Ihren Berechtigungsschein E 301 vorlegen. Dieser wird bereits auf Französisch vom heimatlichen deutschen (oder anderem EU-Land) Arbeitsamt ausgestellt, wenn Sie dort erklären, sich eine Arbeit in einem anderen EU-Land – in diesem Fall in Frankreich – suchen zu wollen. Übrigens ist dieser E 301 des Herkunftslandes zwingend vorgeschrieben, wenn Sie Leistungsanspruch (z.B. Arbeitslosengeld oder Sozialhilfe) in einem anderen EU-Land beantragen wollen, dort aber noch nicht sozialversicherungspflichtig gearbeitet hatten! Fordern Sie deshalb diesen E 301 **vor** Ihrem Weggang aus Deutschland von Ihrem heimatlichen

Arbeitsamt an; nachträgliche Postanforderungen verzögern alles um Wochen.

In den Arbeitsämtern hängen täglich neue Angebote am Schwarzen Brett. Sie können sich auch bereits von Deutschland oder andernorts per Internet auf die Seiten der französischen Arbeitsämter einklicken und gezielt suchen. Die Seiten weisen neben – französischen – Erklärungen zum Bewerbungsablauf, zu Bewerbungsschreiben, zu sozialen Aspekten vor allem detaillierte Arbeitsangebote auf. Nach Eingabe von Beruf, Qualifikation, Gehaltsvorstellung und die Region für Ihr Stellengesuch eingetippt haben, werden ausdruckbar alle derzeit offenen Stellen der gewünschten Kategorie und Region angezeigt. Ausgegeben werden die Größe des Unternehmens, die Anzahl der offenen Stellen, die einigermaßen genaue Beschreibung des Anforderungsprofils und der Tätigkeit, der Verdienst sowie die Laufzeit des Vertrages, also ob es sich um einen Aushilfsjob, eine Saisontätigkeit, einen zeitlich befristeten Arbeitsvertrag *(contrat déterminé)* oder eine dauerhafte/unbegrenzte Anstellung *(contrat indéterminé)* handelt. Empfohlen wird, in jenen Rubriken, die sich nicht genau beantworten lassen, das Wort *„tout"* („alles") einzugeben oder anzuklicken, bevor man sich mit falschen Angaben verheddert. Wer allerdings in die Rubrik *„Region"* (Geografische Lage) das Wort *„tout"* eingibt, erhält tausende von Angeboten aus ganz Frankreich, obwohl vielleicht nur z.B. solche in der Region *„Côte d'Azur"* oder *„Paris"* erwünscht waren. Mitunter werden Namen und Adressen der anbietenden Firma angezeigt, so dass Sie sich direkt mit ihnen in Verbindung setzen kann. Oft wird aber auch nur angegeben, dass sich Interessenten zunächst unter Angabe einer Codenummer (ist im Internet-Angebot der ANPE oben links verzeichnet) an das örtliche Arbeitsamt wenden bzw. dort anrufen sollen. Hier entsteht dann erfahrungsgemäß für noch nicht

registrierte Ausländer der Nachteil, dass die ANPE erst die Adresse des Arbeitsanbieters herausrückt, wenn Sie sich mit einem nachgewiesenen Wohnsitz (s.o.) registrieren lassen. Der legale Hinweis, dass Ihnen das Europäische Recht bereits vom Ausland aus auch ohne Registrierung das Recht zur Bewerbung bei einem Französischen Anbieter gibt, nützt bei vielen ANPE-Mitarbeitern herzlich wenig. Hier sind nicht der Hinweis auf Gesetze und Euro-Paragraphen, sondern Fingerspitzengefühl und Überredungskunst – und vor allem: gutes Französisch – angesagt! Einige Ausländer haben auf den Trick zurück gegriffen, bereits bei der ANPE registrierte Freunde oder Bekannte anrufen zu lassen, um an Adressen offener Arbeitsstellen zu gelangen.

Auskünfte

(touristische und praktische):

Allgemeine **touristische** Auskünfte zu Frankreich:

Französisches Fremdenverkehrsamt, Westendstr. 7, 60325 Frankfurt am Main, Tel. 0190 57 00 25 (gebührenpflichtig; Sie werden über Sprachcomputer weitergeleitet, kein persönliches Gespräch). Fax: 0190 59 90 61 – Internet: www.franceguide.com (auf deutsche Flagge klicken und weiter! Über die Links *„Region"* oder *„Departements"* gelangt man ins Zielgebiet, teilweise auf deutsch, sonst engl. u. franz.)

Genauere Auskünfte (auch Hoteladressen, Reservierungen, Restaurant- und Freizeitführer, Mietwagen, Museen, Fahrrad- und Wanderwege, Bustouren, Camping-Plätze, Liste der Feste und Märkte, etc.) erteilen die örtlichen und regionalen Verkehrsbüros aus nahezu allen französischen Orten. Auch wer die Adressen nicht alle kennt, schreibe einfach an das *„Office de Tourisme"*, Postleitzahl, Ort, oder per Internet: **www.office-de-tourisme.com**

Die Konsularabteilung der **deutschen Botschaft** in Paris gibt auf ihrer Webseite **www.amb-allemagne.fr** gute Informationen und Adressen für Frankreichurlauber und für fest in Frankreich lebende Deutsche. Zum kostenlosen Herunterladen oder als Ausdruck auch Infos zu den Themen „Erbrecht, Namensrecht, Eheschließung, Verlust von Dokumenten", u.a. Außerdem kann man einen kostenlosen Newsletter bestellen, der als „Pressespiegel" fast täglich auf Deutsch über die wichtigsten Meldungen der französischen Presse berichtet.

Neu und wichtig: Neben den „amtlichen" und „offiziellen" Informationsstellen gibt es vielseitig nutzbare **private Kontaktstellen**, besonders jene mit Internetseiten. Zwar sind auch diese Webseiten zwecks Finanzierung mit Werbeanzeigen (z.B. für Hotels, Campingplätze, Wein, Käse, Immobilien oder Ferienwohnungen) gemischt, bieten aber eine solche Fülle kostenloser anderer Informationen (z.B. Routenplaner, Benzinpreise, Berechnung der französischen Autobahngebühren, Erfahrungsaustausch von Frankreichreisenden, Jugendherbergen, Skigebiete, Ferien mit den Hausboot, Alternative Urlaubsmöglichkeiten in Frankreich, bis hin zu weiteren Kontakten und Adressen, auch zu den Themen „Arbeit oder Studium in Frankreich", französische Geschichte, Kunst, Politik, Malerei, Musik u.v.a.m.), dass es eine wahre Freude ist, hier auf eine virtuelle Reise zu gehen und den Frankreichaufenthalt vorzubereiten, einschließlich der Möglichkeit, kostenlos Stellengesuche oder Stellenangebote bzw. Urlaubswünsche zu plazieren:

www.frankreich-info.de

www.villafrance.com

www.frankreichkontakte.de

Wer nach Frankreich **„aussteigen"**, also größere und langfristige Pläne hat, in Frankreich arbeiten, mit festem Wohnsitz leben oder ein Geschäfte eröffnen möchte, kann sich die Webseite *www.frankreichkontakte.de* anschauen und unter dem Link **„Auslandsberatung"** Infos, Adressen und Erfahrungsberichte herunterladen oder – für den privaten Gebrauch kostenlos – ausdrucken. Die weiteren Beratungen, Adressen und Kontakte sind allerdings kostenpflichtig, da eine seriöse Beratung viel Arbeit und Zeitaufwand benötigt.

Jugendliche bis etwa 25 Jahren, die sich aus irgend einem Grund für Frankreich interessieren (auch Jugendaustausch, alternative Ferien, Studium oder Schule in Frankreich, Aupair, Ferienjobs, Praktikanten, etc.), finden eine Fülle an Informationen und Adressen auf der Webseite des

Deutsch-Französischen Jugendwerkes, Rhöndorferstr. 23, D-53604 Bad Honnef, Tel. 02224/1808-0, **www.dfjw.de oder www.ofaj.org**

Buchempfehlung: Eine wahre Fundgrube an praktischen Frankreichinformationen und Kontaktadressen ist das Buch **„Ferienjobs, Praktika & feste Stellen, Frankreich"**, ISBN 3-86040-114-0 von Claus Stefan Becker, erschienen bei interconnections, 79102 Freiburg, Schillerstr. 40, Tel. 0671 700 650 www.interconnections.de bzw. http://shop.interconnections.de

Mitunter haben die deutschen Konsulate und Goethe-Institute in Frankreich bzw. die Dokumentationsstelle des Auswärtigen Amtes in Berlin eine ausgezeichnete Adressenbroschüre zur Verfügung: „Wege zur Freundschaft. **Adressbuch der deutsch-französischen Zusammenarbeit"**. Dort sind u.a. aufgelistet: Über 2000 deutsch-französische Städtepartnerschaften, Adressen des deutsch-französischen Kulturlebens, Forschung, militärische Zusammenarbeit, politische Adressen, Freundeskreise, Schulen und Universitäten, u.v.a.

Workcampanbieter sind u.a..

Les Compagnons du Devoir Deutschland e.V., Fettenhof, Venloer Str. 1203, 50829 Köln-Bocklemünd, Tel. 0221 50 47 60, Fax 0221 50 47 45, compagnons@bigfoot.de; www.compagnons-du-devoir.com, Cédric Fessard.

Club du Vieux Manoir, Sécrétariat Général, Ancienne Abbaye du Moncel, F - 60700 Pontpoint, Tel. 0033 344 72 33 98, clubduvieuxmanoir@free.fr, www.clubduvieuxmanoir.asso.fr, Mme Thérèse Beckelnyke.

Association C.H.A.M, Chantiers Histoire + Architecture Médiévales, Délégation Nationale, 5-7, rue Guilleminot, F 75014 Paris, Tel. 0033 1 433 51 51, Fax 1 43 20 46 82, cham@cham.asso.fr, www.cham.asso.fr; Christian Piffet (Président), Mme Louisa Crispe (Coordinatrice Internationale).

A propos "Militär". Es gibt eine gemischte deutsch-französische Brigade. Hier die Adresse:

Deutsch-französische Brigade, Presseabteilung; Kinzigstr. 2, 79371 Müllheim; Tel. 07631/90-2621, 2100, 2621; presse@df-brigade.de; www.df-brigade.de, Frau Kucheyda

Weitere Informations- und Kontaktstellen siehe: **„Frankreich im Internet",** Teil 4 dieses Ratgebers.

Weitere Quelle:

„Jobben Weltweit", ISBN 3-86040-002-9, **„Ferienjobs & Praktika - Europa u. Übersee",** ISBN 3-86040-0094-6, erschienen bei interconnections, 79102 Freiburg, Schillerstr. 40, Tel. 0671 700 650, www.interconnections.de bzw. http://shop.interconnections.de

Aussichtspunkte

Werden in Frankreich mit *„Belvédères"* bezeichnet, sind an den Landstraßen ausgeschildert, auf guten Karten mit Symbolen vermerkt und bieten neben einem Parkplatz schöne Blicke und Fotoobjekte; oft mit einer erläuternden Hinweistafel versehen. Ein entspannender Halt für Augen und Sinne lohnt sich meistens. Mitunter sind Toiletten und Raucherecken eingerichtet. Bitte beachten Sie eventuelle Rauchverbote: Extreme Waldbrandgefahr!

Autobahnen

Die fAutobahnen sind nicht staatlich sondern privat und kostenpflichtig. Gebühren können an den Zahlstellen (meist Ein- oder Ausfahrten, aber auch Zwischenstationen) mit Bargeld und Kreditkarten bezahlt werden. Schecks werden nicht akzeptiert. Empfehlung: halten Sie Münzen bereit, da einige Zahlstellen durch Münzeinwurf passiert werden können. In Grenznähe oder im Ring von Großstädten gebührenfrei. Französische Autobahnraststätten verfügen über alle üblichen Einrichtungen wie Duschen, Babyräume, Sport- und Trimmanlagen, Picknickplätze, Telefonzellen, Supermärkte, Geschenk- und Souvenirartikel.

Die französische Polizei und der Zoll benutzen Autobahnzahlstellen bevorzugt zu Kontrollen. Höchstgeschwindigkeit auf AB: 130, bei nasser Fahrbahn: 110 Km/St. Beachten Sie bitte eingehend die Spalte *„Verkehrsverhalten"* >>>

Webseiten mit Adressen, Lageplänen und Autobahngebühren:

www.autoroutes.fr (auf Französisch und Englisch)

www.frankreich-info.de (deutschsprachige Site, u.a. mit Autobahninfos)

Autokauf

Als Tourist kann man in Frankreich ein neues oder gebrauchtes KFZ kaufen und dort zulassen, ohne fest in Frankreich zu leben. Hierzu ist allerdings mindestens ein Zweitwohnsitz und Wohneigentum oder eine Mietwohnung in Frankreich nachzuweisen, und zwar, wie bereits erwähnt, durch eine neuere und auf Ihren Namen lautende Telefon- oder Elektrizitätsrechnung. Bei weiteren Behördengängen (Anmeldung, TÜV...) hilft ein französisches Versicherungsbüro oder der KFZ-Händler weiter.

Automobilclub

Der **ADAC** (vom dem Sie eventuell auch Ihre Frankreich-Info-Mappe oder Ihren Auslandsschutzbrief haben) ist ganzjährig und rund um die Uhr über die – für ganz Frankreich gültige – Notrufnummer in Lyon (0472 17 12 22) erreichbar. Die einstigen Sommeraußenstellen existieren nicht mehr! Während der Hochsaison bitte geduldig mit dem Telefon sein und alle nötigen Dokumente und Daten bereithalten, um schnelle Hilfe ohne Verzögerung zu erreichen; sprechen Sie langsam und gefasst, auch wenn Ihnen der Notfall unter den Nägeln brennt! (Siehe auch: *Notfälle, Dokumente, Konsulatshilfe*)

Allen, die fest – also als *Resident* – in Frankreich wohnen, empfiehlt sich eine Mitgliedschaft in einem französischen Automobilclub, da immer nur jener Club tätig sein kann, in dessen Land man seinen Wohnsitz habt.

Autoreparatur

Wird in der Werkstatt (*garage*) vom *garagisten* vorgenommen. Abgeschleppt wird vom „*Service depannage*". Achtung: In einigen Garagen macht Ihnen für 25 Euro ein *garagist* gerade einmal die Motorhaube auf! Ölwechsel: 30 bis 50 Euro. Zu empfehlen sind – besonders bei Reifenwechsel, Stoßdämpfer, Bremsen, Auspuffwechsel, also bei standardisierten Reparaturen – jene Großgaragen zu beauftragen, die sich auf solche Reparaturen spezialisiert haben und vor der Auftragsannahme einen verbindlichen Festpreis nennen, bei dem es keine Überraschungen geben kann. In der Regel liegen die Stundenlöhne französischer Reparaturwerkstätten einige interessante Prozente unter

den unsrigen. Gebrauchte Ersatzteile (besonders Glaseinsätze, Räder, Felgen und Reifen, Stoßstangen, Lichtanlagen, Türen) finden sich auf den Autofriedhöfen (*casse voiture* oder *piéces detacher*) an den Ausfallstraßen der Großstädte, aber auch in kleineren Gewerbegebieten (*Zone artisanal* oder *Zone d'aktivité*). Logischerweise ist dort die Auswahl französischer Modelle größer, für deutsche oder andere ausländische Modelle muss man etwas länger suchen. Preisbeispiele: Windschutzscheibe, Kühler oder Scheinwerfer 50 Euro. Nur Barzahlung, oft ohne Rechnung. Das Ersatzteil wird ausgebaut vorgelegt. Vergewissern Sie sich, ob es auch in Ihren Wagen einbaut wird; denn sonst ist dazu noch eigens eine zu *Garage* bemühen, die auf Anfrage in der Nachbarschaft des Autofriedhofs liegt.

Autovermietung

Alle international bekannten Autovermietungen sind auch in französischen Städten, Bahnhöfen und Flughäfen vorhanden oder über Internet erreichbar.

Auslandskrankenschein

Bei Inanspruchnahme eines Arztes oder Krankenhauses in Frankreich müssen wir unterscheiden, ob Sie sich als **Urlauber** vorübergehend in Frankreich aufhalten, oder fest dort als **Resident** >>> wohnen. In beiden Fällen sind völlig unterschiedliche Maßnahmen erforderlich! Als Urlauber benötigen Kassenpatienten einen **Auslandskrankenschein (E 111)** vor Antritt der Reise von der heimatlichen Krankenkasse. Diesen Schein bekommen Sie auf schriftliche, persönliche oder telefonische Aufforderung von Ihrer Kasse. Er ist ein Jahr gültig und wird von Ihnen erst ausgefüllt („gültig" gemacht), wenn Sie ihn in Frankreich (oder in einem anderen dem Abkommen angeschlossenen Mitgliedsland) benötigen. Trotzdem müssen in Frankreich Rechnungen bei Ärzten, in Krankenhäusern und Apotheken i.d.R.

erst einmal zu 100 % von Ihnen bar oder per Scheck beglichen werden; eine Erstattung erfolgt nach den Sätzen Ihrer heimatlichen Krankenversicherung. Krankenkassen, Banken, Reiseveranstalter und andere Versicherer bieten günstige und zeitlich begrenzte Auslands- und Urlaubszusatzversicherungen an. Sind bei Krankenhauseinlieferung oder größeren Unfällen nicht genügend Zahlungsmittel vorhanden, so gilt es **sofort** mit Ihrer Krankenkasse Verbindung aufnehmen, damit zwischen der deutschen Krankenkasse und der französischen Stelle eine Zahlungsvereinbarung zur Heilbehandlung getroffen werden kann. Achtung: **Rückführungskosten** nach Deutschland (z.B. per *Rettungsflug*) sind in der normalen Krankenversicherung nicht enthalten! Zusatzversicherung erforderlich!

Merke: wer sich seinen Auslandskrankenschein E 111 bei der deutschen Kasse holt, lasse sich gleich alle anderen Unterlagen für den Krankheitsfall im Frankreichurlaub geben: Adressenliste der französischen Partner, Höhe der Kostenbeteiligung, einzuhaltende Daten, u.a.

AOK, DAK, TK, Barmer und andere Kassen halten solche Dokumente bereit.

Residenten>>>, also fest in Frankreich lebende und versicherte Deutsche bekommen ihren E111 natürlich von ihrer franz. Krankenkasse und können ihn in Europa oder Deutschland anwenden.

Arztbesuche

Egal, ob Sie mit *Residenten*>>> oder *Touristenstatus*>>> in Frankreich sind: Wer einen Arzt aufsucht, muss dies zunächst aus eigener Tasche bezahlen. Dabei nutzt Ihnen auch der europäische Krankenschein E 111 nichts: Erst zahlen, dann mit der (französischen oder deutschen) Kasse abrechnen!

Merke: Bei *Krankenhausaufenthalt*>>> wird anders verfahren! Beim Arztbesuch ist darauf zu achten, dass sich das Honorar

im Rahmen Ihrer Krankenkasse bewegt. Ärzte können für eine Konsultation höhere Gebühren verlangen, als die Kasse Ihnen erstattet! Die Gebühren müssen im Wartezimmer oder bei der Aufnahme kenntlich gemacht sein. Ärzte gehören entweder dem *Secteur 1* (Honorare liegen im Rahmen der Kassenhonorare) oder *Secteur 2* (Honorare können vom Arzt frei festgelegt werden, liegen also höher, und werden von der Kasse nur im Rahmen der Basishonorare des Secteur 1 vergütet). Ein einfacher Arztbesuch mit durchschnittlicher Untersuchung vom Hausarzt oder Allgemeinmediziner kostet etwa 25 bis 35 Euro; ein Facharzt (auch Röntgen oder Blutanalysen): 30 bis 55 Euro. Die einfache Zahnbehandlung: etwa 45 bis 55 Euro. Bei Versicherung in Frankreich (für Residenten) zahlt die französische gesetzliche Krankenkasse davon etwa 65 bis 70 Prozent zurück; den Rest tragen Sie selbst, wenn nicht eine private Zusatzversicherung in Frage kommt.

Der Arzt schreibt eine Rechnung auf einem vorgefertigten Formular; Sie tragen dann noch Ihre persönlichen Daten und die Versicherungsnummer ein, fügen weitere Angaben hinzu (z.B. ob es sich um eine Berufskrankheit oder einen Arbeitsunfall handelt, und auf welches Konto die Kasse Ihnen die Rückzahlung überweisen soll). Sie signieren das Papier zur Vorlage innerhalb eines Monats bei Ihrer Kasse, die dann etwa nach drei bis sechs Wochen die Erstattung in Form einer Banküberweisung vornimmt.

Arztwahl: Sie können mit oder ohne Überweisungsschein eines Allgemeinmediziners einen Facharzt oder die Notaufnahme einer Klinik aufsuchen! Für Blutuntersuchungen *(Analyse de sang)* ist eine Überweisung – wegen der genauen medizinischen Bedarfsangaben – hilfreich, aber nicht zwingend vorgeschrieben. Bei in Frankreich Versicherten zahlt die gesetzl. Krankenkasse aber nur die Blutanalyse (i.d.R. zu 70 %), wenn hierfür eine ärztliche Überweisung vorlag und der Grund zur Blutuntersuchung angegeben ist.

Webseite über Urlaubsmedizin: **www.traveling-doctor.com**Arzneimittel und Rezepte

Kosten für Medikamente müssen – von *Touristen*>>> zunächst vorgestreckt werden, selbst bei Vorlage eines ärztliches Rezeptes oder des Auslandskrankenscheins! Sind Sie fest in Frankreich lebender *Resident*>>>, zahlen Sie i.d.R. das Medikament auch zunächst selbst, bekommen aber später (wiederum nach der umständlichen Prozedur von Formularen; siehe *Arztbesuch*>>>) etwa 65 bis 70 Prozent von Ihrer französischen Kasse erstattet. Die Apotheke entfernt hierzu ein Preisetikett vom Medikamentenpäckchen und klebt es auf die Rechnung, die bei der Kasse zu Hause zur Erstattung einzureichen ist.

Ausnahmen: Da die französischen Krankenkassen verstärkt Plastikkarten eingeführt haben und diese bereits von einigen Apotheken und Heilberufen akzeptiert sind, kann hier folgende Situation eintreten: Wenn Sie in dieser (Stamm)-Apotheke oder bei Ihrem Hausarzt bereits registriert, also – auf Grund Ihres vorgelegten Berechtigungsscheines – in deren Computer eingetragen sind, zahlen Sie nur noch die Ihnen obliegenden 30 Prozent und die Apotheke rechnet den Rest mit der Kasse ab! Wahrscheinlich ab 2002 bis 2003 werden endlich alle französischen Ärzte, Krankenhäuser und Apotheken mit einem PC-Lesegerät ausgerüstet sein, und dann die Abrechnung mit der französischen Kasse automatisch vornehmen. Dies betrifft nicht Ihre deutschen Plastikgesundheitskarten; sie sind technisch nicht in Frankreich zu verwenden! Nicht in Frankreich Versicherte zahlen immer zunächst 100 Prozent!

Weitere Ausnahme: Wenn Ihnen die französische gesetzliche Krankenkasse für bestimmte Krankheiten (z.B. lebensge-

fährliche Erkrankungen oder Herzangelegenheiten) eine volle Kostenübernahme (in Form einer schriftlichen Bescheinigung) garantiert hat, legt man diese *(Attestation á conserver)* der Apotheke vor und zahlt dann überhaupt nichts. Dasselbe trifft zu, wenn Sie der französischen **Sozialhilfe** unterliegen und damit die gesamte Gesundheitsfürsorge *(CMU)* für Sie kostenlos ist.

Wichtig: Die *Attestation à conserver* ist stets (beim Arzt, in der Apotheke, im Krankenhaus, vor anderen Behandlungen) **zusammen** mit der grünen Plastikkarte *(Carte d'Assurance*, oder *Carte Vitale)* vorzulegen. Hier müssen – versteckt auf dem Chip und offen auf dem Formular übereinstimmend – folgende Daten eingetragen sein: Name, Wohnort, Geburtsdatum, genaue Adresse, Versicherungsnummer, Datenzeichen Ihrer Krankenkasse, Adresse der Krankenkasse, Gültigkeitszeitraum Ihrer Versicherung, eventuelle Einschränkungen bzw. die Bescheinigung für eine 100prozentige oder nur teilweise Kostenübernahme sowie die Gültigkeitsdauer.

Rezeptformulare *(Préscription)* der Ärzte haben unterschiedliche Größen und Formen, können aber auch formlos sein, müssen aber immer den Stempel, die Daten und die Unterschrift des Arztes tragen; das Ausstellungsdatum darf nicht länger als eine Woche zurück liegen. Sie bekommen das Rezept in zweifacher Ausfertigung; das Duplikat verbleibt – von der Apotheke abgestempelt und entwertet – bei Ihnen, das Original in der Apotheke. i.d.R. tragen die Apotheken auf das Duplikat die Einnahmenmengen und -zeiten des Medikamentes ein.

Beipackzettel der Medikamente sind auf Französisch verfasst und haben für die Benutzer Rechtsverbindlichkeit. Pharmafirmen müssen für ihre in Frankreich verkauften Produkte heute ALLES auf dem Beipackzettel vermerken, was auch nur im

Entferntesten Nebenwirkungen erzeugen könnte.

Ausweisung, Abschiebung, Rechtshilfe

Unter „normalen" Umständen können Deutsche oder EU-Europäer nicht aus Frankreich abgeschoben oder ausgewiesen werden. „Normal" bedeutet, wenn Sie sich ordentlich und ohne Gesetzesverstöße in Frankreich aufhalten. Aber auch wegen einiger Gesetzesverletzungen kann man nicht ohne weiteres ausgewiesen werden. Schwarzarbeit oder geringe Haftstrafen sind z.B. kein Ausweisungsgrund. Sie würden Ihre von einem französischen Gericht ausgesprochene Haftstrafe absitzen, und könnten danach weiter in Frankreich leben. Denn eine anschließende Ausweisung wäre ja eine Doppelbestrafung! Bei Steuerhinterziehung oder größeren Betrugssachen wird es allerdings ernster, und bei Mord oder Terror, sowie Drogen- und Bandendelikten gibt es heute auch international und zwischen Deutschland und Frankreich kein Pardon mehr! Hier spielt auch das deutsch-französische Rechtshilfeabkommen und die gegenseitig anerkannten Auslieferungsabkommen eine Rolle. Mit diesen beiden Gesetzen sollte sich eingehender befassen *(Taschenbücher im Beck-Verlag oder auszugsweise bei den Konsulaten)*, wer solche Probleme oder Fragen hat.

Zu unterscheiden ist allerdings zwischen „Abschiebung", „Ausweisung" und „Auslieferung". Abschiebung und Ausweisung sind zwei Vorgänge, die alleine die französische Rechtsprechung betreffen. Frankreich kann per richterlichen Entscheidung alle Nichtfranzosen aus dem Land weisen oder abschieben, die gegen die französischen Gesetze verstoßen oder dem Staat Schaden (auch Schaden im Ansehen) zugefügt haben. Dagegen kann Frankreich nur „ausliefern", wenn zuvor von einem anderen Staat ein formelles Auslieferungsverfahren eingeleitet und der Antrag offiziell an Frankreich gestellt wurde.

Dabei genügt es nicht, dass der Auszuweisende von einem anderen Land „beschuldigt" wird; der französischen Justiz müssen auch genügend Beweise des antragstellenden Landes vorliegen. Und: Die für die Auslieferung vorgebrachte „Tat" muss auch nach französischem Recht strafbar sein. Es kann also nicht irgendein Staat die Auslieferung eines Menschen beantragen, weil er in diesem Staat – zum Beispiel – Kritik an Regierungsmitgliedern geübt hat und deshalb als „Volksfeind" gesucht wird und ihm womöglich auch noch die Todesstrafe droht. Frankreich wird bei einer Auslieferung seiner Gäste nicht mitspielen, wenn der französischen Justiz nicht klare und genügend Beweise vorliegen, oder wenn gar der antragstellende Staat sich nicht an die juristischen Gepflogenheiten eines demokratischen Rechtsstaates hält. Was auch immer die Gründe sind: Egal ob Ausweisung, Abschiebung oder Auslieferung, die betroffenen Personen haben das Recht, die nächste richterliche Instanz anzurufen. So lange sitzen sie entweder in Auslieferungshaft oder dürfen – unter Auflagen – Frankreich nicht verlassen. Merke: Kein Polizist und keine Polizeibehörde, keine Zollstelle, kein Finanzamt oder irgendeine andere französische Behörde oder Person jemanden einfach „über die Grenze und außer Landes" verbringen! Das geht – rechtlich – NUR durch einen rechtskräftigen richterlichen Beschluss, gegen den mehrmals Berufung bis zur endgültigen Entscheidung eingelegt werden kann. Ohne Rechtsanwalt wird man dabei allerdings kaum auskommen!

Literaturhinweis:

„Die Auslieferung in Frankreich und Deutschland", von Gregor Haas, Berlin-Verlag, Berlin 2000, 45 Euro

Baden und Strand

Sicherheit an öffentlichen Stränden ist in Frankreich – während der Badesaison –

durch Bademeister und Lebensrettungsposten gegeben. Als Gast sollte man sich allerdings an die Hinweisschilder sowie an die drei Warnflaggen (grün, gelb, rot) halten. Im Prinzip ist Nacktbaden oder „oben ohne" an französischen Stränden verboten und kann sogar bestraft werden. Es gibt aber tolerierte Nacktbade- und speziell ausgewiesene FKK-Strände.

Hunde am Strand: siehe „*Hunde und Tierhaltung*" >>>

Banken, Geld, Schecks, Bankkarten

Geldinstitute sind in der Regel von montags bis freitags von 9-12 und 14-16 Uhr geöffnet; die Postbank entsprechend ihren Schalteröffnungszeiten. Samstagvormittags geöffnete Banken sind montags geschlossen. Aber nur jene Banken, die das besonders kenntlich gemacht haben, befassen sich auch mit Devisentausch. An Bahnhöfen, Flughäfen und in den Städten existieren private Wechselstuben (auch abends und am WE geöffnet), wo man mitunter einen günstigeren Devisenkurs für seien Dollar oder was auch immer erhalten kann. Aber Achtung: Trotz vermeintlich günstigem Kurs sind hohe „Bearbeitungsgebühren" fällig, so dass man bei kleinen Umtauschsummen im wahrsten Sinne des Wortes Geld verliert. Mitunter kann der Umtausch von Fremdwährungen in Deutschland günstiger sein. Hier wirken sich ohnehin „Plastikgeld" und Euroeinführung günstig aus, es sei denn, Sie benötigen Devisen für Reisen außerhalb des Europäischen Währungsverbundes (z.B. zur Durchreise durch die Schweiz).

Sowohl als *Tourist*>>> wie auch als *Resident*>>> können Sie in Frankreich ein Bankgiro- oder Sparkonto nach Vorlage eines Ausweisdokumentes und nach Überprüfung durch die Französische Nationalbank (eine Art Schufa) eröffnen. Dabei spielen Ihre eventuellen Schuldenverhältnisse (bzw. Ihre Schufa-Situation)

außerhalb Frankreichs keine Rolle; maßgebend ist, dass Sie in Frankreich keinen negativen Eintrag bei der französischen Nationalbank *(Banque de France)* haben, also Konkurse, geplatzte Schecks oder Wechsel, Steuerschulden oder Pfändungen in Frankreich (auch Pfändungen und Schulden außerhalb Frankreichs, wenn im Zuge eines Rechtshilfeverfahrens Frankreich diese Schulden im Auftrag des ausländischen Gläubigers eintreibt und hierfür ein rechtskräftiger französischer Gerichtsbeschluss vorliegt). Wer in Frankreich Probleme z.B. wegen geplatzten Schecks hat, verliert das Recht zur Scheckbenutzung für mindestens ein Jahr. Die Schuldsumme muss bei der Banque de France für ein Kalenderjahr hinterlegt werden. Erst dann wird ein Konto wieder frei geschaltet, bzw. die Scheckbenutzung genehmigt.

Neben dem Personaldokument **kann** die Bank bei einer Kontoneröffnung noch einen Wohnsitznachweis (Telefon- oder EDF-Rechnung, Mietvertrag oder Kaufvertrag einer Immobilie) sowie einen Arbeitsvertrag oder die Dokumente einer Geschäftseröffnung verlangen. In der Regel läuft eine Kontoeröffnung in Frankreich über Fingerspitzengefühl, Erscheinungsbild, Referenzen von Freunden oder Geschäftspartnern und – über die Höhe Ihrer Einlage. Leichter geht es bei der französischen Postbank, wenn Sie bereits in Deutschland ein Postbankkonto unterhalten. Bei der französischen Postbank können Sie auch dann ein Giro- oder Sparkonto eröffnen, wenn Sie woanders abgewiesen oder keine Genehmigung zur Teilnahme am Scheckverfahren haben. Dann existiert wenigstens ein Konto für den Geldverkehr, allerdings ohne Scheckheft, ohne Bankkarte und ohne Überziehungskredit!

Schecks: Unaufgefordert schicken Ihnen französische Banken ein neues Scheckheft, bevor das alte zur Neige geht. Einigen Geschäfte, Restaurants und Tankstellen akzeptieren keine Schecks!

Bei Einzahlungsbeträgen von über 9.000.—Euro (früher 50.000.—FF) muss ein Herkunftsnachweis geliefert werden. Französische Banken sind in diesem Fall zur Meldung an Behörden verpflichtet (Gesetz zur Bekämpfung von Schwarzgeld und Geldwäsche). Im Zuge der Terroristenbekämpfung können sich diese Beträge kurzfristig ändern.

Abbuchungsaufträge und Lastschriftverfahren sind wenig bekannt bzw. vorher mit komplizierten Maßnahmen (einer Art Bankvollmacht) verbunden.

Überweisungen oder **Abbuchungsaufträge** innerhalb Frankreichs werden getätigt, indem Sie aus Ihrem französischen Scheckheft einen **RIB** *(Relevé d'identité Bancaire)* abtrennen und dem Gläubiger übergeben. Der RIB (bei der Post: RIP) enthält neben Ihrem Namen und der Adresse alle wichtigen Daten und Ihre Kontonummer, unter der die Überweisung oder die Lastabbuchung getätigt wird. Die neuen französischen Euroscheckhefte beinhalten jetzt auch heraus trennbare Überweisungsaufträge, die sie ausgefüllt und unterschrieben an Ihre Bank oder Postbank geben. Telefonbanking setzt sich seit 2002 verstärkt durch, ebenso Banking per Internet mit zugeteilter PIN.

Länderübergreifende Überweisung dauert noch immer eine bis drei Wochen. Teuer aber schnell (innerhalb einer Stunde) ist eine internationale Geldüberweisung durch eine Bank, die mit *Western-Union* zusammen arbeitet (In Frankreich und Deutschland z.B. die Postbank, in Deutschland u.a. auch die Deutsche Verkehrsbank, also die Wechselstuben an Bahnhöfen und Flughäfen). So können sie z.B. auch von Frankreich aus telefonisch Ihre deutsche Bank – oder andere Geldgeber – bitten, den gewünschten Betrag über *Western-Union* nach Frankreich zu transferieren. Ausschlaggebend ist dabei, dass Sie vorher wissen, welche französische (Post oder andere) Bank mit *Western Union* zusammen arbeitet; nur dort können Sie etwa eine bis zwei Stunden später Ihr Geld in Empfang nehmen. Achtung: Trotz der 17 000 Poststellen führen nur einige wenige davon (meist in den größeren Städten) den schnellen Western-Union-Service durch. Bei einem Schnelltransfer von etwa 1000 Euro fallen rund 50 Euro Gebühren an. Merke: Wer keine Personaldokumente hat, um den Betrag abzuholen, benötigt zumindest die zehnstellige Codenummer (MTCN-Überweisungskennzahl), die bei der Einzahlung vergeben und Ihnen vom Einzahlenden übermittelt wird. Informationen zum Western-Union-Zahlungsverkehr, in Frankreich: 08 25 00 98 98. In Deutschland: 0180 522 58 22

Mit der deutschen Euro- und den meisten herkömmlichen Kreditkarten läßt sich in nahezu allen französischen Geldautomaten bis zum jeweiligen Höchstbetrag Bargeld ziehen. Wer über keine Euro- oder Kreditkarte verfügt, könnte die Möglichkeit der Postbank-Spar-Card nutzen; die quasi das Postsparbuch ersetzt. Damit kann man in Frankreich aus jenen Geldautomaten mit den Zeichen „Visa", „Visa-Electron" oder „Plus" die deutschen Postspareinlagen (bis 1.500.—Euro pro Monat) abheben.

Merke: Französische Geschäfte akzeptieren zwar Ihre Kreditkarte, oft aber nicht die deutsche Euro-Card zur Zahlung. Vielfach können beim Warenkauf französische Schecks und (internationale oder französische) Kreditkarten erst ab einer bestimmten Summe (um 25 Euro) benutzt werden.

Achtung: Haben Sie sich bereits die 16stellige Nummer Ihrer Kredit- oder Bankkarte notiert? Und kennen Sie jene Notfallnummer, die Sie bei Verlust Ihrer Bankkarte sofort unterrichten sollten?

EC-Karte: 00-49-1805.021.021

Eurocard / Mastercard:
00 49 69 79 33 19 10

Amexco: 00 49 69 97 97 10 00

Visa: 0800 90 20 33

Behinderte

Frankreich hat große Anstrengungen zugunsten von Behinderten unternommen. Auf Parkplätzen von Großkaufhäusern und an Autobahnraststätten sind in Eingangsnähe Behindertenparkplätze blau gekennzeichnet. Bitte seien Sie Vorbild und legen Sie hinter der Windschutzscheibe Ihren Behindertenausweis sichtbar aus. Wie überall werden Behindertenparkplätze leider immer wieder von Unberechtigten benutzt. Ein Behindertenverband klebt an solche Autos jetzt Zettel mit der Aufschrift: *„Du hast meinen Parkplatz genommen; warum nimmst du nicht auch meine Behinderung kostenlos dazu?"*

Flughäfen und Bahnhöfe halten Broschüren mit Erläuterungen bereit, aber auch persönliche Hilfen. Rufsäulen und Telefone sind in Behinderten gerechter Höhe gebaut. In der Eisenbahn gibt es Sondertarife für Begleitpersonen. Fast alle Fernzüge verfügen in der 1. Klasse über Behindertenabteile, die auch von Behinderten der 2. Wagenklasse benutzt werden dürfen. Auf großen Bahnhöfen gibt es besondere Einstieghilfen (Elektroheber) und Schalter mit Hörhilfen.

Benzin

Getankt wird in Frankreich Diesel, bleifreies Super 95 oder 98 Oktan, sowie LPG, also Leichtgas. Unverbleites Super wird nur noch selten angeboten, Tankstellen halten Bleizusatzstoffe bereit. Die Benzinpreise schwanken regional und zwischen einzelnen Tankstellen dermaßen, dass mitunter bis zu 15 Cent pro Liter einzusparen sind, je nachdem, ob man auf der Autobahn (am teuersten) oder an der Tankstelle eines Super- oder Lebensmittelgroßmarktes tankt (z.B. *Geant Casino,*

Carrefour, u.a.). Merke: Je länger die Warteschlange vor einer Tankstelle, um so billiger das Benzin! Die Preise sind bei der Einfahrt zur Tankstelle – auf Autobahnen lange zuvor – groß ausgeschildert. Nachts und sonntags funktionieren etliche Tankstellen nur mit Kreditkarte bzw. mit französischer Bankkarte *(Carte Bleu);* an einigen Tankstellen müssen Sie vor dem Tanken den Betrag am Fensterchen der Außenkasse einzahlen (Nachtschutz vor Überfällen). i.d.R. herrscht Selbstbedienung. Während der Urlaubssaison helfen Schülerinnen und Schüler an Tankstellen aus; sie werden nicht von der Tankstelle bezahlt, sondern erwarten ein kleines Trinkgeld. Französische Schecks und (internationale) Kreditkarten werden i.A. (unter Vorlage eines Personaldokumentes) akzeptiert; Euroschecks nur selten, hier muss die Entwicklung des Euros nach 2002 abgewartet werden. Den meisten Tankstellen sind kleinere Reparaturwerkstätten und ein Getränke- und Süßwarenservice angeschlossen. Autobahntankstellen sind wie überall große und nicht gerade billige Gemischt- und Geschenkwarenläden.

Bibliotheken

Nur größere Stadtbibliotheken führen auch Bücher in anderen Sprachen. Aber nahezu jede kleine (Dorf)Gemeinde hat eine kleine Bücherei mit französischen Titel. Die private Initiative des Autors dieses Ratgebers, auch in jenen von Deutschen bewohnten Dörfern und Kleinstädten (häufig in Meeresnähe) deutschsprachige Bücher in die Bibliotheken zu bringen, blieb bisher leider auf die Gemeindebücherei in Cogolin (Côte d'Azur) beschränkt. Anmerkung: Der Autor hatte über Freunde und befreundete Verlage rund 300 deutschsprachige Bücher per Email „zusammengebettelt" und der örtlichen Bibliothek übergeben. Aber das könnte ja Schule machen. Für Deutsche in anderen Regionen Frankreichs sicher eine gute Gelegenheit zur Integration.

Bistro

Französische *Bistros*, auch *Bar*, *Café* oder *Brasserie* genannt, haben drei verschiedene Preise: Im Stehen an der Bar am billigsten, im Sitzen im Raum etwas teuerer, draußen auf der Terrasse mit „Aufschlag"! Mitunter werden auch Speisen (*Plat de jour*) oder *Sandwichs* serviert. Espresso und Landwein per Glas sind am billigsten, Colagetränke viel teuerer als in Deutschland. Achtung Kaffeefreunde: Deutscher Filterkaffee ist in Frankreich unbekannt. Wenn Sie einfach „Kaffee" verlangen, gibt es eine kleine Tasse mit schwarzem, starken *Espresso* oder Sie bestellen „*Cafe-au-lait*", also große Tassen Milchkaffee. Dazwischen gibt es noch den „*Noisette*", einen Espresso mit einem winzigen Schuss Milch. Das meist aus elsässischen Brauereien stammende Bier ist nicht so herb wie deutsches, dafür wird es viel kälter und i.d.R. ohne Schaum schnell und innerhalb Sekunden serviert. Bei der Bierbestellung machen Sie irgendwie deutlich, dass Sie ein kleines oder „*demi*" Bier wollen, sonst bringt man Ihnen, – schließlich sind Sie als Deutscher erkannt -, oft genug ein Literglas. Dem deutschen Radler ähnlich gibt es ein Bier-Limonadengemisch für heiße Tage mit dem Namen „*Panaché*". Beim Zahlen muss man nicht unbedingt den – oft gestresst wirkenden – Kellner rufen; man kann das Geld auch abgezählt (eventuell mit Trinkgeld) neben den Kassenbon auf den Tisch legen und weggehen. Einigen Bistros ist eine **Tabac**-Ecke angeschlossen, wo es neben Tabakwaren auch Lotto- und andere Wettscheine sowie Briefmarken gibt. Die normale französische Bar hat nichts mit unserer **Nachtbar** zu tun, die heißt in Frankreich „*Bar americaine*" oder „*Bar de nuit*"; das sind entweder gehobene Cocktailbars oder Lokale mit bestimmtem Getränke- und Damenservice.

Eine mit Deutschland vergleichbare „Kneipenkultur", wo z.B. die Stammkneipe zum Treffpunkt des Freundeskreises wird, existiert in Frankreich kaum. Das französische Bistro ist mehr „Taubenschlag" als „Wohnzimmer"; den Kaffee oder das Gläschen auf die Schnelle und als Ausgangspunkt für danach folgende Theater-, Kino-, Ausstellungs- oder Restaurantbesuche.

Boote

Seetüchtige Boote und Jachten mit oder ohne Führerschein kann man (auch mit Kapitän) in allen Größen und in den zahlreichen Küstenhäfen mieten (oder kaufen). Der Bootsführerschein ist in einem Urlaubskurs erwerbbar. Auskünfte in der *Capitainerie* der (Sport)-Häfen oder bei den Touristenbüros. Boots- und Ausflugsfahrten (auch Hausboote) auf den Binnengewässern können u.a. über die Touristenbüros gebucht werden. Im Angebot: Stunden-, Tages- und Mehrtagesfahrten. Entweder individuell in eigener Regie oder als Pauschalangebot mit Hotel, Verpflegung und Reiseleitung.

Boule und Pétanque

Das neben **Fußball** wahrscheinlich beliebteste Spiel Frankreichs, ähnlich dem italienischen Boccia, nach jahrhundertelanger Machodominanz jetzt auch von Frauen oder gemischten Paaren gespielt. Auch der kleinste Ort hat seinen Bouleplatz oder einen entsprechenden Park. Und wer auf dem Pariser *Montmartre* hinter der Kirche *Sacre-Coeur* einmal die Touristenscharen verläßt, gelangt urplötzlich auf kleine Bouleplätze mit Ur-Parisern, die sich so selbstverständlich mit ihren Kugeln beschäftigen, als existierte der ganze Touristenrummel drumherum überhaupt nicht. Die Angreifer versuchen in artistischen Armbewegungen mit ihren recht schweren Metallkugeln so nahe wie möglich an die zuerst geworfene kleine Kugel zu kommen, während die Verteidiger sich wortreich und verbissen bemühen, die Gegner mit ihren eigenen Kugeln wegzuschlagen. Dies kann sich zu heißen Diskussionen bis hin zum Streit mit dem Millimetermaßstab entwickeln. Empfehlung: Nehmen Sie sich die Zeit auf einer Parkbank und beobachten Sie beim Boulespiel Charakter, Mentalität, Mimik und Sprache; nehmen Sie die Philosophie französischer Lebensart subtil in sich auf, es könnte Ihnen mehr „Frankreicherinnerung" bringen als eine Stunde mit der Kamera vor dem Eiffelturm.

Übrigens: In Deutschland (und weltweit) gibt es zahlreiche Boule- und/oder Pétanqueclubs, mit Europa- und Weltmeisterschaften und regelmäßigen Frankreichbesuchen. Eine informative und übersichtliche Webseite über Pétanque präsentiert der Deutsche Pétanque Verband: www.petanque-dpv.de

Hier sind nicht nur die Spielregel und die Geschichte (die französische Entwicklung von Boule und Pétanque) aufgeführt, sondern auch alle Vereine und Landesverbände in Deutschland. In Darmstadt gibt Jürgen Albers das deutsche Pétanquemagazin „au fer" heraus; Tel. 06151 29 20 52

Der französische Pétanquemeister und ehemalige Weltmeister Marco Foyot präsentiert auf seiner Webseite www.marcofoyot in vier Sprachen herrliche Fotos und viele Infos über das französischste aller Spiele. Außerdem führt er Pétanque-Ferienkurse in Südfrankreich durch, über die wir ausführlicher im Teil 5 (Alternativer Frankreichurlaub) berichten.

Botschaft – Deutsche Auslandskonsulate

Amtsbezirke (Zuständigkeitsbereiche) der deutschen Konsulate in Frankreich:

ACHTUNG: Bei französischen Telefonnummern wird innerhalb Frankreichs immer die erste Null mit gewählt – auch innerhalb der gleichen Stadt! Aber: Bei Telefongesprächen von außerhalb Frankreichs wird die erste Null NICHT mit gewählt; sie ist bereits in der internationalen Null enthalten! Bevor Sie sich direkt an ein Konsulat wenden, rufen Sie vorher erst an. Sie bekommen zunächst Auskunft, welches Konsulat für sie zuständig ist und welche Unterlagen nötig sind.

Zum Amtsbezirk der deutschen Konsularabteilung **Paris** gehören die Stadt Paris, die französischen Departements im Großraum um Paris, im Norden, Nordwesten (Bretagne und Normandie) und Nordosten (Die Zahlen bedeuten die Kennziffern der Départements, die Sie auch als letzte beiden Zahlen auf den Autokennzeichen bemerken werden): Aisne 02, Calvados 14, Cher 18, Côtes-du-Nord 22, Eure 27, Eure-et-Loire 28, Finistére 29, Ille-et-Vilaine 35, Indre 36, Indre-et-Loire 37, Loire-et-Cher 41, Lore-Atlantique 44, Loiret 45, Main-et-Loire 49, Manche 50, Mayenne 53, Morbihan 56, Nord 59, Oise 60, Orne 61, Pas-de-Calais 62, Sarthe 72, Paris Stadtgebiet 75, Seine-Maritime 76, Seine-et-Marne 77, Yvelines 78.

Wer also in einem der vorgenannten Departements wohnt oder sich dor vorübergehend aufhält, wende sich an die

Konsularabteilung der Deutschen Botschaft Paris, 28, rue Marbeau, 75116 Paris, Tel. 01.53.83.45.00

Deutsches Generalkonsulat Bordeaux, 377, Bd. du Président Wilson, F-33200 Bordeaux-Caudéran, Tel. 05.56.17.12.22

Das Konsulat ist zuständig für die Départements im Südwesten Frankreichs, einschließlich Baskenland und Pyrenäen:

Ariége 09, Aveyron 12, Charente 16, Charente-Maritime 17, Corréze 19, Creuse 23, Dordogne 24, Garonne-Haute 31, Gers 32, Gironde 33, Landes 40, Lot 46, Lot-et-Garonne 47, Pyrénées-Atlantiques 64, Pyrénées-Hautes 65, Sévres-Deux 79, Tarn 81, Tarn-et-Garonne 82, Vienne 86, Vienne-Haute 87

Deutsches Generalkonsulat Marseille, 338, Avenue du Prado, F-13295 Marseille Cedex 08, Tel. 04.91.16.75.20

Es betreut den französischen Süden, Korsika, die Mittelmeerküste und das Alpen- und Voralpengebiet mit den Départements:

04 Alpes-de-Haute-Provence, 05 Alpes, 06 Alpes-Maritime, 11 Aude, 13 Bouches-du-Rhône, 20A Corse-du-Sud, 20B Corse-Haute, 30 Gard, 34 Hérault, 48 Lozére, 66 Pyrénées-Orientales, 83 Var, 84 Vaucluse

Deutsches Generalkonsulat Straßburg, 15, rue des France-Bourgeois, F-67081 Strasbourg Cedex, Tel. 03.88.15.03.40

Umfasst die Départements 08 Ardennes, 10 Aube, 51 Marne-Haut, 54 Meurthe-et-Moselle, 55 Meuse, 57 Moselle, 67 Rhin-Bas, 68 Rhin-Haute, 88 Voges

Deutsches Generalkonsulat Lyon, 33, Boulevard des Belges, F-69458 Lyon Cedex 06, Tel. 04.72.69.98.98

Betreut die Bezirke 01 Ain, 03 Allier, 07 Arddéche, 15 Cantal, 21 Côte-d'Or, 25 Doubs, 26 Drôme. 38 Isére, 39 Jura, 42 Loire, 43 Loire-Haute, 58 Niévre, 63 Puy-de-Dôme, 69 Rhône, 70 Saône-Haute, 71 Saône-et-Loire, 73 Savoi-Haute, 89 Yonne, 90 Territoire de Belfort

Brot, Brötchen, Backwaren

Das *Baguette* (Stangenweißbrot) dominiert nach wie vor; daneben gibt es andere Weißbrotsorten, das *Ficelle* (dünner) und die *Flute* sowie das *Restaurant* (breiter). Vermehrt gibt es in Bäckereien *(Boulangerie)* und Supermärkten (*Supermarché*) Grau- und Mehrkornbrot *(pain gris, complét, seigle, pain multi-céréales),* jedoch ohne Sauerteig hergestellt. Abgepacktes Sauerteigbrot in Scheiben in den Regalen der Supermärkte, teilweise an Tankstellen. Brötchen sind weniger bekannt; zum Frühstück nimmt man gerne *Croissants* (Butterhörnchen) und *pain au chocolat* (eine Art Milchcroissant mit Schokoladen-

füllung). Der gedeckte Obstkuchen dominiert i.d.R. weit vor Buttercremetorten.

Büroservice

Sehr verbreitet sind in Frankreich *„Bureau-Service"*-Betriebe, also eine Art Büro- und Sekretärinnenservice, oft in Ein-Frau-Regie, mitunter auch größer und vielseitiger. Geboten werden i.d.R. Hilfen bei allen Sekretariatsarbeiten, Übersetzungen, Buchhaltung, Fotokopierservice, vereinzelt auch Lohnabrechnungen und Steuerberatung, Werbeaktionen, PC- und Internet-Dienste. Vor allem aber die Möglichkeit, einen Firmensitz (also eine Briefkastenfirma) unter der Adresse des Servicebüros einzurichten. Mit Postzustellung, Telefonannahme, Telefax, Postweiterleitung, aber auch mit fiskalisch gültiger Betriebsanschrift, also mit anerkanntem Steuersitz Ihrer Firma. Der Service ist allen zu empfehlen, die sich zwar in Frankreich selbständig machen wollen, aber zunächst noch nicht sicher wissen, wo und wie sie ihren Wohn- und Geschäftssitz anlegen werden, und vorübergehend oder zum Einstieg eine feste Adresse und Anlaufstelle, oder in Frankreich ein kleines Zweigbüro benötigen.

Die Preise liegen zwischen 50 und 200 Euro monatlich, vereinzelt auch höher, je nach Ihren Anforderungen; z.B. nur die reine Postanschrift, oder auch Telefon- und Faxbenachrichtigung, oder den gesamten Büroservice einschließlich einem eigenen kleinen Büro oder Schreibtisch.

Bürokratie

Wer sich über die deutsche Bürokratie beschwert, sollte sich erst die französische Ämtervielfalt und deren Formularwahnsinn ansehen. Der glatte Wahnsinn! Nur ein Beispiel: Wer in Deutschland die Rente beantragen will, informiert mit seiner Sozialversicherungsnummer die BfA, LVA, oder andere Rententräger, wodurch die Dinge in die Gänge kommen.

In Frankreich informieren Sie zwar auch die Rentenstelle, bevor aber etwas passiert, müssen Sie vorlegen: Carte de Séjour (Aufenthaltsgenehmigung, oder Personalausweis), Geburtsurkunde, Familienbuch (bei Scheidung: Scheidungsurteil, natürlich immer und alles in der beglaubigten französischen Übersetzung), Nachweis über einen festen Wohnsitz in Frankreich (also die obligatorische letzte Monatsrechnung von Telecom oder Elektrizitätswerk), die letzte Einkommensteuererklärung, alle Versicherungspapiere und Dokumente der Krankenkassen, sowie mehrere Erklärungen, dass Sie nicht schon von anderer Stelle eventuelle Einkünfte erhalten. Oder schauen Sie bei den Stichworten *„Arbeitslosengeld“, KFZ-Ummeldung, Baugenehmigung* oder *„Sozialhilfe“* nach; spätestens dann sehnen Sie sich nach der deutschen Bürokratie zurück!

Tipp: Heben sie **alle** Dokumente im Original auf, die irgendwie etwas mit Ihnen, mit Ihrem sozialen Umfeld, Ihrer Berufstätigkeit, mit Versicherungswesen, mit Ämtern und Verwaltungen und mit Ihrer Familie zu tun haben. Dazu gehören u.a. auch Arbeitsverträge, alle Lohn- und Gehaltsbescheinigungen, Arbeitsbescheinigungen *(Certificat)*, alle jemals geleisteten Zahlungen oder Zahlungseingänge, alle Schreiben, die Sie jemals von einer französischen Behörde bekommen oder an diese versendet haben!

Camping

Campingplätze sind bei Franzosen, die gerne im eigenen Land urlauben, höchst beliebt und sollten für den Zeitraum Mitte Juli bis Ende August bereits Ende des Vorjahres reserviert werden. Wer unangemeldet am 14. Juli *(Nationalfeiertag)* sein winziges Biwak noch zwischen Toilette und Mülleimer eines Campingplatzes quetschen darf, könnte ebenso einen Sechser im Lotto haben. Campingplätze bieten auch Bungalows, Hütten und Cara-

vans/Wohnwagen zur Miete an. Die Plätze sind in drei Kategorien eingeteilt. Die Preise bewegen sich pro Standplatz und Nacht (Zwei Personen mit Auto und Wohnwagen oder Auto und Zelt) um 15 bis 35 Euro, für einen Bungalow in der Hochsaison (bis zu vier Personen pro Nacht) etwa 75 Euro. Große Drei- oder Vier-Sterne-Plätze verfügen über Schwimmbäder, Waschmaschinen, Kinderspielplätze, Sport- oder Tennisplätze, Supermarkt, Restaurant, Tanzschuppen und mehr und mehr über ein Animationsprogramm (Sport, Bunte Abende, Tanz, Musik, Klamauk, Zirkus, mitunter sogar Kultur). Campingplatzrecherche im Internet und Onlinebuchung: oder direkt über die Links der regionalen Touristenbüros (siehe: *Auskünfte*>>> sowie *Internetadressen, Teil 4* >>>)

Diebstahl

Kein Land und kein Urlaubgebiet der Welt – auch nicht unser geliebtes Frankreich – sind vor Diebstahl oder Trickbetrug gefeit, aus welchen sozialen oder sonstigen Gründen auch immer. Nun macht es bei dem Phänomen „Diebstahl im Urlaub“ für Geschädigte wenig Sinn, nach Ursachen zu suchen und z.B. Frankreichs unbewältigte Probleme (u.a. extrem hohe Jugendarbeitslosigkeit und mangelhafte Ausländerintegration sowie die Randale- und Frustprobleme in den Vorstädten) zu zitieren. Für dieses politischsoziale Problem können sich geschädigte Touristen zunächst herzlich wenig kaufen. Lösungsvorschlag: Selbst besser aufpassen! Denn oft liegt das Problem auch an der mangelnden Vorsorge und naiven Un-Vorsicht der Touristen. Zur Vermeidung beachten Sie wenigstens diese Minimalregeln: Nichts offen im Auto liegen lassen, auch „Verstecktes“ im Kofferraum oder unterm Sitz macht wenig Sinn! Ihre Wertsachen wie Geld, Schecks, Bankkarten oder Ausweise sind gesichert am Körper, aber „unter der Wäsche“, z.B. in einem

Brustbeutel. Achten Sie aber bitte unbedingt darauf, Scheck und Geldkarten sowie das Bargeld aufzuteilen und getrennt aufzubewahren! Auch auf mehrere Personen Ihrer Familie oder Gruppe aufgeteilt! Logisch, Sie wissen warum?! Niemals die Taschen oder Geldbörse im Beisein Fremder öffnen! Auch nicht, um jemand – freundlich wie Sie nun einmal sind – eine Gefälligkeit zu erweisen, z.B. Feuer für die Zigarette geben oder einem „armen Bettelmädchen" Münzen herauszukramen oder Geld zum Telefonieren zu wechseln. Das sind alte Tricks, die aber leider immer wieder funktionieren! „Echt Gold" und „wertvollen antiken Schmuck" kauft man weder am Strand noch auf der Straße, sondern im Fachhandel! Floh- und Wochenmärkte sind *die* Urlaubsattraktion; – leider passieren aber hier die meisten Taschendiebstähle! Eine Frauenhandtasche, lässig und locker über der Schulter hängend, ist ein gefundenes Fressen für mopedfahrende Diebe im Menschengewühl, aber nicht nur in Marseille! Ihr Auto, besonders der neue und höhere Mittelklassewagen, ist natürlich besonders gesichert und unter Beobachtung! An Tankstellen und Parkplätzen der Autobahn (besonders im Rhone-Tal, aber nicht nur dort) seien Sie bitte skeptischer und vorsichtiger als im eigenen Wohnzimmer! Und sogar in Nachtzügen (z.B. im Schlafwagen zwischen Paris, Lyon und Marseille oder Straßburg-Nizza) schlafen Sie ruhiger mit den Wertsachen am Körper und Innenverriegelung des Abteils. Empfehlung aus Erfahrung: Spielen Sie nicht den unsicheren Touristen, der, mit Kameras und Schmuck behangen, Neid und ungewollte Aufmerksamkeit auf sich zieht. Versuchen Sie, sich so weit wie möglich dem Alltag und der örtlichen Bevölkerung anzupassen. Leider zieht auch das deutsche Kfz-Kennzeichen Langfinger wie ein Magnet an. Aber was rede ich mir da wieder Fransen an den Mund? Meist sind alle Warnungen eh' für

die Katze. Wie jedes Jahr werden auch diesmal wieder drei von zehn Touristen eine unangenehme Erfahrung machen. Sie auch?

Dokumente

Für Ein- und Ausreise, sowie für touristische Aufenthalte bis zu drei Monaten in Frankreich genügt für Deutsche und EU-Nationalitäten der Personalausweis; zum Autofahren ein nationaler oder der neue Europaführerschein. Der Internationale Führerschein ist in Frankreich ohne praktischen Nutzen. Nicht EU-Staatsangehörige (auch solche die in Deutschland leben) benötigen einen Reisepass, mitunter ein Visa (das nicht an der Grenze sondern nur von den *Französischen Konsulaten in Deutschland* ausgestellt werden kann). Ein Nachweis der Kfz-Versicherung wird bei Polizeikontrollen noch verlangt. Abhanden gekommene Personalausweise und Führerscheine können niemals (!) von einem deutschen Konsulat in Frankreich neu ausgestellt werden, siehe *Botschaft* und *Konsulatshilfe*

Studenten und Jugendliche sollten – wegen verschiedener Vorteile in Frankreich – an die Studentenausweise oder Jugendpässe und Schülerkarten denken, siehe Webseite: *www.dfjw.org* (Deutsch-Französisches Jugendwerk) bzw. Ihre heimatlichen Universitäten und Schulbehörden.

Drogen

Alle, auch sogenannte leichte Drogen sind verboten. Keine Toleranz! Bei Drogendelikten sofort Inhaftierung.

Deutschsprachige Anwälte

Bei den „deutschsprachigen" Anwälten in Frankreich geht es nicht nur darum, dass diese „Deutsch" sprechen. Wichtig ist u.a., dass sie nicht nur über französisches, sondern auch über bilaterales deutsch-französisches oder internationales Recht

Bescheid wissen. Dabei kommt es natürlich darauf an, für welche Aufgabe Anwaltshilfe in Frankreich benötigt wird. Möchten Sie in einem Arbeits-, Straf- oder Zivilprozess vertreten werden? Handelt es sich um Mietrecht oder Immobilienangelegenheiten? Oder um eine knifflige bilaterale Wirtschaftssache oder um kompliziertes Vertragsrecht? Betrifft es eine bilaterale Scheidungsangelegenheit, Alimentenforderungen oder internationales Familienrecht? Teils sind deutsche Anwälte – die sich auf o.g. Rechtsfälle spezialisiert haben – bereits in Frankreich ansässig, teils arbeiten Sie mit französischen Anwälten als *Associé* oder in Bürogemeinschaften zusammen. Mehrheitlich im Großraum Paris oder im Grenzgebiet Saarbrücken – Straßburg, vereinzelt auch im restlichen Frankreich und in den Urlaubsregionen am Mittelmeer. Adresslisten sind von der **deutsch-französischen Handelskammer in Paris** sowie für den jeweiligen Amtsbereich von den **deutschen Konsulaten** >>> in Frankreich kostenlos erhältlich.

Deutschsprachige Ärzte

Franzosen sind zwar – derzeit noch – keine Weltmeister in Sachen Fremdsprachen, aber viele Ärzte sprechen Englisch, einige auch Deutsch. Die Konsulate geben kostenlose Listen mit Listen von Ärzten, die eine Fremdsprache sprechen. Verstärkt lassen sich auch reine deutsche Ärzte in Frankreich nieder.

Viel wichtiger erscheint es in diesem Zusammenhang auf den „**Europäischen Notfallausweis**" hinzuweisen: Den gibt es für knapp zwei Euro in Buchhandlungen, Apotheken oder medizinischen Diensten in Deutschland. In den Ausweis gehören neben Passfoto und Blutgruppe alle wichtigen Eintragungen, wie Operationen, Impfungen, Allergien, notwendige und regelmäßige Medikamente, sowie die Adressen Ihres Haus- und Ihrer Fachärzte, Ihre Versicherungsnummer und die Mit-

gliedschaft in Ihrer Krankenkasse. Die Eintragungen werden von Ihrem Hausarzt in den mehrsprachigen Rubriken vorgenommen und beglaubigt. Dieser mehrsprachige Notfallausweis hilft zumindest in jenen Fällen über die ersten Schwierigkeiten, wenn Sie entweder bewusstlos ins Krankenhaus eingeliefert werden, oder wenn wirklich unüberbrückbare Sprachschwierigkeiten bestehen.

(Doppelte) Staatsbürgerschaft

Im Gegensatz zu Deutschland ist eine doppelte Staatsbürgerschaft von Deutschen in Frankreich anerkannt. Hier sind allerdings die Entwicklung der deutschen Gesetzgebung und mögliche Änderungen abzuwarten. In Frankreich geborene Kinder, deren miteinander verheiratete Eltern unterschiedliche Staatsangehörigkeiten besitzen, erhalten bei der Geburt nicht mehr automatisch beide Staatsangehörigkeiten, sondern zunächst die des Vaters. Zwar sieht das französische Recht bei Kindern von unverheirateten Eltern die Anerkennung der Vater- *und* der Mutterschaft vor; das deutsche Recht kennt jedoch nur die Anerkennung der Vaterschaft. Im deutschen Recht erwirbt das Kind einer ledigen deutschen Mutter bei Geburt in Frankreich die deutsche Staatsbürgerschaft, unabhängig davon, ob es eventuell durch die Abstammung von seinem französischen Vater auch bereits die französische Staatsbürgerschaft erhalten hat. Bis zum 18. Lebensjahr hat das Kind beide Staatsangehörigkeiten und kann sich bei Volljährigkeit für eine der beiden entscheiden, wobei dann u.a. auch die Fragen nach der Wehrpflicht auftaucht. Eine Verpflichtung zur Entscheidung besteht nach deutschem Recht allerdings nicht. Die französische Staatsbürgerschaft eines in Frankreich geborenen deutschen Kindes kann auch später auf Antrag bei den französischen Behörden erhalten werden.

Achtung: Die deutsche Staatsangehörigkeit kann nicht aberkannt werden, sondern besteht auf Lebenszeit, sofern nicht die französische oder eine andere Staatsangehörigkeit auf Antrag erworben wird. Dies könnte z.B. bei bilateralen Eheschließungen geschehen, wo einer der beiden Ehepartner auf dem französischen (ausländischen) Standesamt durch den Antrag der französischen Staatsbürgerschaft auf die deutsche Staatsbürgerschaft freiwillig verzichtet und sie hierdurch verliert.

Ohne genaue Auskünfte der Konsulate (wo es Merkblätter gibt, die auch im Internet herunter geladen oder ausgedruckt werden können: *www.amb-allemagne.fr)* bzw. ohne guten Rechtsanwalt sollten Sie in diesen Fragen nichts unternehmen.

EdF (Elektrizität)

EDF = *Eléctricité de France,* also jene große Landes weite französische Elektrizitätsgesellschaft, auf die Sie in Ihrer Kauf- oder Mietwohnung nun einmal angewiesen sind. Außerdem benötigen Sie die jeweils letzte EDF-Rechnung als Nachweis einer Wohnanschrift zur Voraussetzung für Behördenwege jeglicher Art!

Eheschließung

(Auszüge aus dem Merkblatt zur Eheschließung in Frankreich, das uns freundlicherweise vom deutschen Generalkonsulat zur Verfügung gestellt wurde):

Die deutschen Vertretungen in Frankreich haben keine standesamtlichen Befugnisse. Eine Heirat ist daher nur vor einem französischen Standesamt möglich. Über die für eine Eheschließung in Frankreich erforderlichen Unterlagen kann nur das Standesamt, vor dem die Ehe geschlossen werden soll, verbindlich Auskunft erteilen.

Zuständig für die Eheschließung ist das Standesamt, in dessen Amtsbezirk einer der Verlobten seit mindestens einem Monat vor Bestellung des Aufgebotes seinen Wohnsitz hat. Die Aufgebotsfrist beträgt zehn Tage. Im Allgemeinen werden von deutschen Staatsangehörigen folgende Unterlagen verlangt, die mindestens einen Monat vor dem vorgesehenen Heiratstermin dem französischen Standesamt vorzulegen sind:

- **Geburtsurkunde** (international oder in französischer Übersetzung)

- **Ehefähigkeitszeugnis** (Certificat de capacité matrimoniale). Als Nachweis der Ledigkeit bzw. darüber, dass für den/die deutsche PartnerIn ein Ehehindernis nach deutschem Recht nicht besteht. Der hierzu notwendige Antrag ist auf dem Konsulat erhältlich und ist am derzeitigen oder letzten deutschen Wohnsitz zu stellen.

- **Ärztliches Attest** (Certificat médical prénuptial). Es kann entweder von Ärztin/Arzt in Frankreich ausgestellt werden, oder von einem von der zuständigen franz. Vertretung in Deutschland benannten Vertrauensarzt ausgestellt werden.

- **Zeugen:** Bei der Trauung müssen zwei Zeugen zugegen sein. In der Praxis wird bei Trauungen von Ausländern in Frankreich kein Dolmetscher hinzu gezogen. Ohnehin hat nur die franz. Sprache Rechtsgültigkeit.

- **Einfluss auf die Staatsangehörigkeit**: Die Eheschließung hat keinen Einfluss auf die Staatsangehörigkeit. Erwirbt allerdings einer der Partner nach der Eheschließung durch Antrag die französische Staatsbürgerschaft, so geht hierdurch die deutsche verloren. Ausländer, die mit Deutschen in Frankreich die ehe schließen, können die deutsche Staatsbürgerschaft nur durch Einbürgerung, die in aller Regel nur bei Wohnsitz in Deutschland vorgenommen wird, erwerben. Über die Voraussetzungen informiert die

„Staatsangehörigkeitsbehörde" am deutschen Wohnsitz.

• **Namensrecht:** Die franz. Vorschriften über die Namensführung von Ehegatten und ihrer Kinder weichen erheblich vom deutschen Recht ab. Für den deut. Rechtsbereich besteht die Möglichkeit, dass beide Ehegatten nach der Eheschließung in der Botschaft /Generalkonsulat (und somit vor dem Amtsgericht I Berlin) eine gemeinsame namensrechtliche Erklärung abgeben. Diese betrifft jedoch nur die deutsche Rechtslage, nicht die französische. Der gemeinsame „Ehename" kann also für den deutschen Rechtsbereich anders lauten als für den französischen.

• **Kirchliche Trauung:** Kann nach der standesamtlichen Trauung bei einer franz. oder deut. Religionsgemeinschaft Ihrer Wahl stattfinden. Die Generalkonsulate kennen die in Frankreich ansässigen deut. Kirchengemeinden. Siehe: *Kirchliche und soziale Aktivitäten >>>*

Eisenbahnwesen (SNCF)

Im Lokalverkehr müssen Züge gleich nach Fahrscheinlösung benutzt werden. Alle Fahrscheine sind vor Antritt der Reise vom Reisenden am Automaten zu entwerten! Reisende über 60 Jahre erhalten nach Vorlage eines Personaldokumentes auf allen franz. Eisenbahnstrecken 25 % Ermäßigung. Für bestimmte Züge (*TGV, Corail*) und an Stresstagen (Freitags und sonntags im Fernverkehr) sind Zuschläge oder höhere Fahrpreise zu zahlen. Fahrscheine in Reisebüros sind um 5 Euro teurer als am Bahnhofsschalter. Die Bahnhofsinformationsschalter der SNCF sind mehrsprachig besetzt; allerdings bestehen nach Ziehung einer Nummer recht lange Wartezeiten. Die Infohostessen sprechen Französisch und Englisch, seltener Deutsch oder andere Fremdsprachen. Gepäck kann im Haus-zu-Haus-Service auch von und nach dem Ausland abgefertigt werden.

Fahrradmitnahme in Zügen sehr eingeschränkt! Oft nur in Lokalzügen möglich. Hunde müssen an der Leine gehalten werden und kosten den halben Fahrpreis; Schoßhunde kostenlos. Behinderte mit Fahrscheinen der zweiten Wagenklasse und Behindertenausweis können das Behindertenabteil der ersten Wagenklasse benutzen.

Fahrplanauskunft:

Wer nicht sehr gut Französisch versteht, sollte die Rufnummer der Fahrplanauskunft nicht benutzen. Über einen Sprachcomputer wird man zu zahlreichen Dateneingaben aufgefordert, die eigentlich nur ein Franzose zu handhaben weiß. In den Bahnhöfen liegen kostenlose Faltblätter für die wichtigsten Fernzüge aus, vor allem für den Nahverkehr. Die besten Informationen (Preise, Fahrpläne, Nacht- und Autozüge, Ankunft, Abfahrt, Umsteigen, Bahnhofsbeschreibung, Hotels am Bahnhof, Schlaf- und Liegewagen, internationaler Verkehr, u.v.a.m.) finden sich auf zahlreichen Internetseiten, jetzt auch deutsch und mehrsprachig: www.snfc.fr

Einkaufen

Verlassen Sie sich niemals in Frankreich auf feste Ladenschlusszeiten oder auf Informationen über Ladenschlusszeiten. Das wird in Frankreich völlig anders als in Deutschland gehandhabt! Geschäfte sind i.d.R. von 9.oo bis 12.30 Uhr und von etwa 15 bis 19 Uhr (auch samstags) geöffnet. Einige Läden (besonders Bäcker und Fleischer) auch sonntagmorgens, dafür montags geschlossen. In manchen Orten Frankreichs ist es montags so ruhig wie samstagmittags in Deutschland. In den Großstädten sind zahlreiche Tante-Emma-Läden (*Epicerie* oder *alimentation général*) in orientalisch-arabischer oder chinesischer Hand und haben bis nach Mitternacht geöffnet. Die großen Einkaufszentren (z.B. *Mammut, Carrefour* oder *Ge-ant-Casino*) an den Ausfallstraßen und Stadträndern sind im Sommer bis 22 Uhr, sonst bis 21 Uhr ganztägig geöffnet (Mo-Sa, außer So). Läden mit Aldi vergleichbar heißen „ed" (Europa-Discount) oder Lidl. Wirkliche Aldi-Läden gibt es auch; das Warenangebot liegt allerdings sehr weit unter den deutschen Gewohnheiten. Handwerklichen Bedarf erhalten sie im „Brico-Center", oder in den kleineren „Quincaillerie" im Ort. **Bemerkenswert:** Preise können – sowohl bei Lebensmittel und Gemüse, aber auch bei Konsumgütern und Technik – bei gleicher Qualität von Geschäft zu Geschäft bis zu 40 Prozent schwanken.

Fahrzeugummeldung

Theoretisch und rechtlich möglich, in der Praxis liegen aus verschiedenen Landesteilen unterschiedliche Erfahrungen vor; mal geht es reibungslos, mal bürokratisch bis schikanös. Informationen über die Zulassung Ihres deutschen Kraftfahrzeuges auf ein französisches Kennzeichen gibt es bei der zuständigen Präfektur *(Service Carte Grise)*. Merkblätter halten auch die deutschen Generalkonsulate bereit. In der Regel verlangt man auf der franz. Behörde eine vom deutschen Generalkonsulat ausgestellte Bescheinigung über die deut. Abmeldung des Fahrzeuges und über die Entwertung des deut. Kennzeichens *(Attestation d'Enlèvement des Seaux)*. Diese Bescheinigung erhalten Sie von dem für Ihren Wohnbezirk zuständigen deutschen Generalkonsulat – nach Terminabsprache – gegen Vorlage des deutschen Fahrzeugbriefes, Fahrzeugscheines und Kennzeichens, die Sie nach der Entwertung zurückerhalten und der französischen Behörde vorlegen müssen. Ihr deutsches Kennzeichen wird auf dem Konsulat entwertet. Sie benötigen außerdem fiskalische Quittung *(Certificat d'acquisition d'un vehicule terrestre à moteur en provenance de l'union européenne par une*

personne non identifié à la TVA), also eine Bescheinigung des französischen Finanzamtes *(Hôtel des Impots)*. Alle Bescheinigungen sind gebührenpflichtig! Das Konsulat informiert die deut. Zulassungsstelle über die Abmeldung, Sie bekommen ein Duplikat. Ist ein Fahrzeug mit deutschem Kennzeichen in Frankreich zu verschrotten, so benötigen Sie statt dessen das „Certificat de cession d'un vehicule en vue de sa destruction", die jene Garage ausstellt, die die Verschrottung vornimmt. Achtung: Lassen Sie niemals das Kennzeichen beim Verschrotter! Entwerten und die deutschen Behörden (Konsulat in Frankreich oder deut. Zulassungsstelle) informieren!

Bei Halterwechsel ist das Fahrzeug in Deutschland auf „Ausfuhrkennzeichen" zuzulassen. Die Generalkonsulate halten Merkblätter bereit.

Fauna

In Nord- und Zentralfrankreich unterscheidet sich die Tierwelt kaum von der in Deutschland und des restlichen Mitteleuropa; wobei man natürlich die waldreichen französischen Hoch- und Mittelgebirge (mit völlig anderem Wildbestand im Jura, Zentralmassiv, u.a.) von den flachen Gebieten der Wein-, Obst- und Gemüseanbaugebiete (Normandie, Bretangne, Champagne, Okzitanien, u.a.) unterscheiden muss. Reicher auch an tropischen Tierarten sind dagegen Südfrankreich und die Provence: Großtierarten sind dort zwar selten; sehr vielfältig ist jedoch die Vogel- und Insektenwelt, besonders im Naturpark Camarque. Auf Grund der warmen Witterung leben zahlreiche Reptilienarten (z.B. farbenprächtige Eidechsen und Schlangen) zwischen Steinen, Kräutern und Sträucher. Gefährlich ist der Biss der eher seltenen Aspisviper, die hauptsächlich im Lubéron und in den Bergen der Hochprovence, in Teilen der Pyrenäen (aber auch in felsigen und buschigen Niederungen) vorkommt. Das Gegengift *(Aspivenin)*, als Spritze in

Apotheken erhältlich, sollte bei Landschaftswanderungen im Gepäck sein. Feste Schuhe und geschlossene lange Hosen sind ohnehin angebracht. Typisch für Südfrankreich sind die Zikaden, deren Zirpen an Sommertagen und –nächten als Dauerkonzert zu hören ist. Auch Füchse und Wildschweine sind in den Waldgebieten Frankreichs zu Hause; sogar Schildkröten, die allerdings unter Naturschutz stehen und weder tot noch lebend gehandelt werden dürfen. Achtung: Bei Verstoß gegen Natur- und Tierschutzbestimmungen in Frankreich hohe Geldstrafen bis zur Inhaftierung!

Feiertage

1. Januar, 1. Mai, 8. Mai (Kriegsende), 14. Juli *(Nationalfeiertag>>>)*, 15. August, 11. November und der 25. Dezember. Bewegliche Feiertage: Ostermontag, Pfingstmontag und Christi Himmelfahrt.

Ferienverkehr

Im Juli/August ist Ferienzeit und damit Hauptreisezeit in ganz Frankreich. Während Paris nur von Touristen bevölkert ist, herrscht an den Küsten und in den Feriengebieten Stau, besonders auf der Rhonetal-Autobahn, auf den Nationalstraßen 1 und 7 und auf den Küstenlandstraßen der Bretagne, Normandie, der Provence, Camarque und Côte d'Azur. Besonders an Wochenenden und in Strandnähe **zwischen dem 14. Juli und Ende August sind hier stundenlange Staus die Regel!** An den Ortsausgängen der Feriengebiete sind dann Hinweisschilder mit Daten und Uhrzeit angebracht, an denen die Straßen möglichst zu meiden sind. Erfahrene Autoreisende planen dann bereits in der Nacht zuvor die An- oder Rückfahrt. Polizeiüberwachung und Verkehrsleitung über Radio, Leuchtanzeigen auf den Autobahnen und Polizeihubschrauber. Die Frequenzen der nur auf Französisch sendenden Verkehrsradios sind regelmäßig auf

den Autobahnen ausgeschildert. Trotzdem: Es bleibt eng und gefährlich!

Feste

Sie würden ein dickes Buch füllen, die vielen Feste Frankreichs. Vom kleinen Musikfest in der Pariser Metro bis zum großen Theaterfestival in Avignon, von der turbulenten Kirmes in einem bretonischen Dorf bis zum Farben freudigen Blumenkorso in Bormes les Mimosa, vom Karneval in Nizza bis zu Sommerfestivals der Klassischen Musik in ganz Frankreich, von trinkfester Ausgelassenheit bei den Fischern bis zu nachdenklichen Symbolfeierlichkeiten aus religiösem oder historischem Anlass, z.B. bei den Zigeunern der Camarque: täglich und jahrein-jahraus ein buntes Treiben, wo die Menschen feiern noch als etwas Urwüchsiges ansehen; voller Tradition und in letzter Zeit auch mit wieder aufgekommenem Heimatgefühl für regionale Geschichte, für alte Sitten und Gebräuche. Die Touristenbüros haben – auch auf Deutsch – die Listen *„La Région en fête"*, oder *„La France en fête"* und Daten der Veranstaltungen. Und noch nicht einmal dort sind alle der über zehntausend kleinen und großen Veranstaltungen aufgeführt, denn Vieles wird nur örtlich oder in letzter Minute organisiert. Für welches Fest Sie sich auch entscheiden, aber am 14. Juli, also am Nationalfeiertag Frankreichs, sollte niemand aus Versehen zu Hause oder im Hotel bleiben. Am Abend – oder auch am Vorabend – des 14. Julis wird in Erinnerung an den denkwürdigen Revolutionstag 1889 in Frankreich gefeiert und getanzt, was das Zeug hält. Immer mit dem größten Feuerwerk unter dem Eiffelturm, aber auch in vielen Dorfgemeinden. Dort gibt es dann zu den Klängen von Akkordeons, Blaskapellen oder Rockbands, verbunden mit viel Wein und Böller in Straßen und auf Festplätzen die große Verbrüderung zwischen Touristen und Einheimischen, zwischen arm und reich, zwischen politisch Linken und bürgerlich Konservativen, zwischen Jung und Alt; vielleicht der einzige Tag und die einzige Nacht Frankreichs, wo die drei Begriffe der Französischen Revolution „*Liberté – Egalité – Fraternité*" (Freiheit–Gleichheit–Brüderlichkeit) wirklich ohne Einschränkung angewendet werden.

Hinweis: Auf den Webseiten der Französischen Touristenzentrale

www.franceguide.com

wird auf einen Link „Feste in Frankreich" hingewiesen. Diese Links sind nach Erkenntnissen des Autors nur beschränkt nutzbar. So wurden z.B. bei der Suche nach Floh- und Antikmärkten im Raum *Provence-Côte d'Azur* nur zwei Angebote gelistet, obwohl in dieser Region mehr als 40 kleinere und größere Flohmärkte und Antiquitätenveranstaltungen bestehen. Bei anderen Festen und Veranstaltungen verhält es sich ähnlich. Trotzdem sollte die Webseite besucht werden, weil sie zumindest grobe Anhaltspunkte gibt und weiterführende Adressen auflistet. Allerdings wissen die kleinen, örtlichen Touristenbüros in den Dörfern und Städten mehr als die Frankfurter bzw. Pariser Zentrale! Achten Sie bitte auch auf die Internet-Adressen im Teil 5 dieses Ratgebers.

Fernsehen

Bitte beachten, dass ein Fernsehgerät in Frankreich zum Empfang deutscher **und** französischer Programme für beide Systeme, nämlich für *Pal* und *Secam* tauglich sein muss. In der Regel sind in Frankreich drei bis sechs französische Fernsehsender über die Hausantenne terrestrisch oder über Parabol zu empfangen; für TV-verwöhnte Deutsche nicht immer eine Einladung. Ausländische TV-Sender nur über Satellit bzw. in unmittelbarer Grenznähe zu den Nachbarländern. Für die deutschen Astrasender (ARD, ZDF, alle Dritten Programme, ARTE auf Deutsch, Phönix, sowie die privaten Anbieter) muss die

französische Satantenne seitlich etwas nach links gedreht oder eine Zweitantenne gesetzt werden, um ASTRA oder EUTELSAT zu erreichen. Parabolantennen zur Selbstinstallation (mit zwei Receivern) gibt es in Baumärkten (z.B. *Brico-Center*) ab 120 Euro. Ein Abonnement für kostenpflichtige Zusatzprogramme (z.B. *Canal plus,* mit mehreren Spartenprogrammen und einer großen Auswahl an Spielfilmen ohne Werbeeinblendungen) beläuft sich auf monatlich etwa 25 Euro. Nur einige gute Hotels und große Campingplätze verfügen über internationale (auch deutsche) Satprogramme. ARTE beginnt in Deutschland und Frankreich um 19 Uhr, tagsüber wird der ARTE-Kanal in Frankreich von *La Cinqieme* (Lernprogramme und Dokumentarfilme), und in Deutschland vom *Kinderkanal* besetzt. Französische Nachrichtensendungen und Wetterdienst im TV: mittags von 12 bis 13, abends von 19 bis 20.30 Uhr (TF1, A2, F3). Morgens kaum Nachrichten, und wenn, dann mit viel Sport, Unterhaltung, Kochkurs und noch mehr Werbung gemischt; von 6-10 Uhr i.d.R. Kinderzeichentrickfilme und Seifenopern. Anspruchsvolle Programme im deutsch-französischen Kulturkanal ARTE ab 19 Uhr, wirklich hochklassige Filme meist erst um 20.45 oder gegen 23 Uhr. Sport und Fußball: A 2 und FR 3 sowie bei *Eurosport* auf Französisch. Alle französischen Programme, auch Filme, können auch nach 20 Uhr von Werbung unterbrochen sein. Eine Werbeverbot nach 20 Uhr, wie bei den öffentlich-rechtlichen deutschen Sendern, existiert in Frankreich nicht. Einige Kanäle (z.B. der private TF1, der der Welt größter Bau- und Betonfirma gehört) senden auch nachts durchgehend. In Südfrankreich sendet auch Radio Monte Carlo (RTM), im Großraum Paris einige kommerzielle Sender. Filme, die im Programmheft mit *V.O (version originale)* angekündigt sind, laufen in der Origionalversion, teils mit Untertitel. Filme mit französischer Synchronisation sind mit *V.F (Version Francaise)*. gekennzeichnet. Ein *X* steht für pornografische Filme. Diese Angaben gelten nicht nur für TV- sondern auch für Kinoprogramme.

Fernsehgebühren

Pro Jahr und Haushaltsanschluss zahlt man ca. 125 Euro Fernseh- und Radioge- bühren ans *Finanzamt*>>> *(Trésor Publi- que)* und zwar an deren „*Service de la redevance de l'audiovisuel*". Ab etwa März flattert Ihnen die Rechnung „*Com- mandement de payer*" ins Haus. Wenn Sie bis Ende April nicht bezahlt haben (nur per **Scheck** oder **RIB** möglich, siehe *Bank*>>>), erhöht sich die Fernseh- und Radiogebühr auf bis zu 250 Euro, und schließlich kommt der *Gerichtsvollzie- her*>>> *(Hussier)* auch ohne Ihre Anwe- senheit mit einem Polizisten ins Haus und pfändet **ohne Erbarmen.** Befreit sind nur Sozialhilfeempfänger auf Antrag. Die TV- Rechnung bekommen zunächst alle, die entweder bei der *Telecom*>>> oder bei der *EdF*>>> gemeldet, bzw. als Hauseigen- tümer im Grundbuch eingetragen sind; unabhängig, ob Sie tatsächlich einen TV- Empfänger haben oder nicht.

Merke: i.d.R. erfährt das Finanzamt von Ihrem TV-Gerät, wenn Sie es in Frank- reich kaufen, da beim Kauf Name und Wohnanschrift angegeben werden müssen (was von einigen Großmärkten recht großzügig ausgelegt wird; nicht immer wird ein Personaldokument als Vorlage gefordert). Ist das Gerät nicht zur Benut- zung innerhalb Frankreichs sondern zur Ausfuhr vorgesehen, sollten Sie das nicht nur wegen der Umsatzsteuer beim Kauf vermerken lassen.

Fotografieren

Außer bei militärischen Anlagen (in guten Karten eingezeichnet, oder in Häfen, Flughäfen, Museen als solche kenntlich gemacht) gibt es nur bei einzelnen Se- henswürdigkeiten Verbote. Filme sind in Deutschland billiger. Überall, besonders in den Großstädten und in den touristi- schen Ferien- und Küstenorten werden Filme innerhalb einer Stunde (in Ein- kaufszentren) oder über Nacht entwickelt. Wenden sie sich hierfür an die Tabakläden oder Zeitschriftenkioske. Für Entwicklung und Abzüge eines 36er Films sollte man mit ca. 15 Euro rechnen. Sie können zwi- schen normalem Fotopapier oder Ihren Fotos auf CD-ROM wählen.

Fundsachen

Es existieren keine einheitlichen Fundbü- ros *(objéts trouver)*. Nur in Großstädten wird Sie die Polizei zu zentralen Fund- stellen schicken. Trotzdem sollten Sie – auf dem Land sowieso – immer auch bei kleineren Polizeistellen – und auch bei Polizeidiensten mit unterschiedlichen Aufgabenbereichen (siehe *Polizeidien- ste*>>>) nachfragen. Da es in Regionen und Landgemeinden oft zwei bis vier verschiedene Polizeidienste gibt, kommt es vor, dass Fundsachen entweder auf der einen oder auf der anderen Polizeistelle abgegeben werden. Erst nach einer Weile werden diese dann die Fundsache zu einer Zentralstelle – bei ersichtlichem Eigentum von Ausländern – z.B. Personaldokumente – an das jeweilige Konsulat schicken. Fundsachen bleiben also Ihrer Geschick- lichkeit und Flexibilität überlassen. An- sonsten gelten in Frankreich etwa die gleichen Gesetze wie in Deutschland: Der Finderlohn liegt bei zehn Prozent. Der Finder kann nach einem Jahr das Eigen- tumsrecht an der Fundsache beantragen, wenn sich Verlierer bis dahin nicht ge- meldet haben. Fundsachen- Unterschlagung ist strafbar. Wer auf sei- nem französischen Grundstück „Schätze" oder Altertümer – auch unter der Erde – findet, ist nicht Eigentümer sondern hat den Fund dem Staat zu melden. Sodann bestehen unterschiedliche Rechtsprechun- gen über den weiteren Verlauf; möglich ist es, mit der Hälfte des Wertes beteiligt zu werden. Unterschiedliche Auffassungen gab es bisher immer über die Bewertung.

Geburt

Die Geburt eines deutschen Kindes in Frankreich wird sowohl der französischen Behörde (Rathaus/Gemeindeamt: *Mairie* dem Standesamt: *Etat Civil*) angezeigt, wie auch dem für den französischen Aufenthaltsort zuständigen deutschen Generalkonsulat. Das französische Standesamt stellt die französische Geburtsurkunde, ggf. auch das Familienbuch aus. Das deutsche Konsulat bereitet die Geburtsanzeige vor und leitet sie zum Standesamt Berlin I, von wo das Kind eine deutsche Geburtsurkunde erhält.

Achtung: Da hier auch die wichtigen Punkte „**Sorgerecht, Namensrecht, Anerkennung der Vaterschaft und Unterhaltszahlungen, sowie Anerkennung gegenüber deutschen Behörden**" eine Rolle spielen, empfehlen Deutsche Botschaft und Generalkonsulat auch die Nachbeurkundung von Kindern unverheirateter Eltern, um auch in Deutschland die Rechtssicherheit zu gewährleisten. In allen Fällen sollte man sich vorher telefonisch mit dem Konsulat in Verbindung setzen, die Merkblätter beantragen und einen Termin vereinbaren. Zu diesem Termin sind verschiedene Dokumente vorzulegen, u.a. die Reisepässe oder Personalausweise der Eltern, die Geburtsurkunden der Eltern, die Heiratsurkunde *(extrait d'acte de mariage international*, für in Frankreich geschlossene Ehen) bei verheirateten Eltern, sowie die französische Geburtsurkunde des Kindes *(Copie intégrale d'acte de naissance)*. Diese muss in deutscher Übersetzung vorliegen; die Übersetzung kann vom Konsulat gegen Gebühr vorgenommen werden. Sie können allerdings auch gleich vom französischen Standesamt die internationale Geburtsurkunde verlangen *(extrait d'acte de naissance international)*. Die Geburtsanzeige für das deutsche Konsulat kann auch als PDF-Dokument mit Acrobat Reader aus dem Internet ausgedruckt, und ausgefüllt und unterschrieben an das Konsulat gegeben werden. Web: www.amb-allemagne.fr

Weitere Auskünfte erteilt die Konsularabteilung der deutschen Botschaft unter der Pariser Rufnummer: 01 53 83 46 78

Geburtsurkunde

Ihre Geburtsurkunde *(certificat de naissance)* werden Sie auf französischen Behörden dann öfters benötigen, wenn Sie in Frankreich fest leben wollen oder mit Versicherungen, Krankenkassen oder dem Arbeitsamt bzw. später mit der Rentenstelle zu tun haben. Die deutsche Geburtsurkunde (oder einen Auszug aus dem Familienbuch) müssen Sie auf französischen Behörden immer in der amtliche beglaubigten Übersetzung vorlegen (siehe: *Dokumente)*. Empfehlung: Gleich in Deutschland eine mehrsprachige „Internationale Geburtsurkunde" besorgen, die in Frankreich anerkannt ist!

Gerichtsvollzieher

Französisch: *Hussier*. Arbeitet in Frankreich freiberuflich, ist also weder Beamter noch Gerichtsangestellter. Adressen bei den Gerichten oder im Telefonbuch „Gelbe Seiten" *(pages jaunes)* unter dem Begriff *Hussiers de justice*.

Bevor ein *Hussier* – in Begleitung eines Zeugen, meist eines Polizisten – zum Pfänden oder zur gewaltsamen Öffnung der Tür kommt, schreibt er eine „Letzte Zahlungsaufforderung vor der Pfändung", zahlbar innerhalb einer Woche! *(Dernier avis avant saisie, á payer dans le huit jour)*.

Gerichtswesen

Das französische Rechtswesen stützt sich hauptsächlich auf sechs *Codices:*

Bürgerliches Gesetzbuch *(Code Civil)*, Zivilprozessordnung *(Code procédure*

civile), **Strafgesetzbuch** (Code *pénale),
Strafprozessordnung (Code de procédure
pénale),* **Arbeitsgesetzbuch** *(Code du
travail),* **Handelsgesetzbuch** *(Code de
commerce).*

Die Instanzen: Erste Instanz für Zivil- und
Strafsachen: *tribunal d'instance* (Amtsgericht). Die nächste Instanz ist das Landgericht*: tribunal de grande instance*; danach
der cour *d'appel,* etwa mit dem deutschen
Oberlandesgericht zu vergleichen. Dem
Bundesgerichtshof vergleichbar ist der
cour de cassation in Paris zur Überprüfung von Rechtsfragen grundsätzlicher
Natur. Das Handelsgericht heißt *tribunal
de commerce,* und Arbeitsgerichtsverfah-
ren werden beim *Conseil de prud'hommes*
behandelt.

Gerichtsverfahren sind kostenlos; es fallen
aber Gebühren für Zeugen *(Témoin)* oder
Sachverständige *(Expert)* und für den
Gerichtsvollzieher *(Hussier)* an.

Obwohl in Frankreich lebende Deutsche
uneingeschränkt französischer Gerichtsbarkeit unterliegen, werden in Deutschland ergangene Urteile in Frankreich anerkannt und sind – nach Einhaltung des
Exequaturverfahrens – in Frankreich
vollstreckbar. Hierzu muss ein in Frankreich zugelassener Anwalt einen Antrag
auf Erteilung der Vollstreckungsklausel
(assignation) stellen, was zu Verfahrens-
verschleppungen führt, die von Betroffenen (z.B. Konkursverfahren, Eheschei-
dungen und deren Folgen, u.a.) zu einen
gewissen Zeitgewinn ausgenutzt werden
können. Fest steht allerdings, dass sich ein
Straftäter nicht einfach durch einen
Grenzübertritt in Nachbarland der Strafe
oder ein geschiedener Vater nicht einfach
seinen Alimentenzahlungen dauerhaft
entziehen kann.

Gewerkschaften

Anders als in Deutschland agieren in
Frankreich unterschiedliche Einzelge-
werkschaften mit starker politischer Aus-

richtung und Parteienbindung, von radikal
kommunistisch über kommunistisch, so-
zialistisch, sozialdemokratisch bis liberal
und christlich. Wer einmal einen Streik
der Eisenbahner oder Müllmänner und
damit den Zusammenbruch des öffentlichen Verkehrs und die Gebirge liegenge-
bliebener Müllsäcke erlebt hat, weiß die
Macht und Aktionskraft französischer
Gewerkschaften einzuschätzen und gewöhnt sich an den legendären Fatalismus,
mit dem Franzosen (besonders in Paris)
bei Streiks versuchen, nach Hause oder
zur Arbeit zu gelangen. Allerdings haben
sich die durch Arbeitskonflikte verlorenen
Arbeitstage stark verringert. Waren es im
Jahre 1970 noch knapp zwei Millionen
verlorene Tage, werden dreißig Jahre
später nur noch 353 000 Tage in der Stati-
stik aufgeführt, obwohl sich im gleichen
Zeitraum die Zahl der Arbeitslosen von
500 000 auf über drei Millionen erhöht
und die Gesamtbevölkerung um 8 Millionen auf knapp 60 Millionen zugenommen
hat.

*(Quelle: INSEE = Statistisches Jahrbuch
Frankreichs, verschiedene Ausgaben;
sowie „Frankreich-Jahrbuch 2000", erschienen auf Deutsch im Verlag Leske &
Budrich, Opladen).*

Die französischen Gewerkschaften beschränken sich allerdings nicht auf politische Deklarationen oder die Organisation
von Streiks. Sie engagieren sich stark in
sehr persönlichen Einzelfällen und stehen
mit Rat und Tat jenen Betroffenen zur
Seite, denen von Arbeitgeberseite gesetzliche verankerte Rechte nicht gewährt
wurden. Es werden – auch für Nichtmitglieder – Arbeitsverträge beraten, Klagen
für Arbeitsgerichte formuliert, eingebracht
oder – bei Mitgliedschaft in einer Gewerkschaft – durch Bereitstellung eines
Anwaltes unterstützt. Die wichtigsten
Gewerkschaften Frankreichs mit Unteror-
ganisationen für die verschiedenen Berufsgruppen: CDTF *(Confédération Francaise Démocratique du Travail);* CGT

(Confédération Générale de Travail); FO *(Force Ouvriére);* UNSA *(Union Syndicale des Syndicats Autonomes);* CFTC *(Confédération de Travailleurs Chrétiens).* Wichtige berufsständische Gewerkschaften: FEN (Lehrer und Erziehungswesen), sowie CGC (Leitende Angestellte). Die Mitgliedszahlen schwanken zwischen 650 000 (CFDT und CGT bis rund 150 000 (CFTC), die anderen liegen bei 400 000 Mitgliedern.

Haft, Gefängnis

Wenn Sie – zunächst in Polizeigewahrsam – vorläufig inhaftiert sind, so gilt dies für einen Tag; spätestens nach Ablauf des der Festnahme folgenden Tages müssen Sie einem Gericht vorgeführt werden; nicht die Polizei, sondern ein Richter entscheidet darüber, ob Sie tatsächlich inhaftiert und in Untersuchungshaft überführt, oder – eventuell unter Auflagen, z.B. Kautionszahlung oder polizeilicher Meldepflicht oder Ausreiseverbot – freigelassen werden.

Bei **Drogendelikten** und Schwerkriminalität/Bandenkriminalität und Terrorismus können diese Rechte eingeschränkt und die „vorläufige Festnahme von einem Tag" kann verlängert werden, um der Polizei Zeit für die Beweissicherung zu geben.

Protokoll und Aussage: Sie haben das Recht auf einen Verteidiger, eine Übersetzungshilfe., und ferner die Möglichkeit, die **Aussage zur Sache** zu verweigern. Bei Ihrer **Aussage zur Person** müssen Sie nur jene Angaben machen, die auch aus den Personalpapieren ersichtlich sind, sowie zu Ihrem Reise- und Aufenthaltsgrund (z.B. „touristische Rundreise") und zum gegenwärtigen Wohnsitz (z.B. Hotel, etc.). Sie dürfen die Unterschrift verweigern und zu keiner Unterschrift gezwungen werden. Sollten Sie sich aus irgend einem Grund für eine Unterschrift entscheiden, wird folgender Zusatz in zwei Sprachen empfohlen: „Unterschrift unter

Vorbehalt geleistet, da der französischen Sprache nicht mächtig" – *„Signature fait sous réserve cause de non-connaissance de la langue francaise".*

Konsulatshilfe bei Inhaftierung: Zwar können Sie bei Polizei oder Justiz die Hinzuziehung eines Mitarbeiters des deutschen Konsulates verlangen, aber eine Betreuung durch das Konsulat ist nicht verpflichtend; nur wenn Zeit und Personalbesetzung es gestatten, können Sie von Konsulatsmitarbeitern besucht und betreut werden. Ansonsten ist hierzu ein Anwalt Ihrer Wahl zuständig. Haben sie für einen Anwalt keine eigenen Finanzmittel, können Sie einen Pflichtanwalt beantragen, der Ihnen – beachten Sie: **Deutsch-Französisches Rechtshilfeabkommen** – von Frankreich kostenlos zur Verfügung gestellt wird.

Merke: Das deutsche Auslandskonsulat hat keinerlei Rechte oder Möglichkeiten, auf die Justiz oder Rechtsprechung Frankreichs oder auf die Ihren Fall bearbeitende Rechtsstelle oder Person einzuwirken! Dies wäre ein diplomatischer Verstoß und eine Einmischung in die inneren Angelegenheiten Frankreichs. Das Konsulat kann sich allerdings darum bemühen, Angehörige zu benachrichtigen, Geldmittel von Deutschland nach Frankreich überweisen zu lassen, fehlende Dokumente zu besorgen, Anwaltshilfe zu benennen, eventuell Lesestoff zu besorgen, und ansonsten darauf zu achten, dass die internationalen Haftbedingungen eingehalten werden und Sie eine entsprechende Gesundheitsfürsorge erhalten.

Inhaftierung wegen eines Verkehrsdelikts: Hier empfiehlt sich immer der „Kfz-Schutzbrief" – mit Schecks für eventuelle Kautionszahlungen – Ihres Automobilclubs.

Handelsdelegierte

Handel und Geschäfte zwischen Deutschland und Frankreich blühen, florieren und werden ständig ausgebaut. Das reicht von der großen globalen Zusammenarbeit multinationaler Unternehmen bis zum Handwerksmeister, Handelsvertreter oder Kleinunternehmen und Freiberuflern, die die Möglichkeiten des freien Europa und des grenzenlosen Verkehrs und die Niederlassungsfreiheit in Frankreich nutzen. Aber ohne Hilfe und Beratung, ohne Kontakte und Adressen kommen weder die Großen noch die Kleinen aus. Deshalb gibt es u.a. – neben Rechts- und Steuerberatern – die Handelsdelegierten bei den deutschen Generalkonsulaten in Frankreich, den – Kostenpflichtigen – Service der deutsch-französischen Handelskammer in Paris oder der französischen Handelskammern in Düsseldorf oder Saarbrücken, sowie zahlreiche private Anbieter und Kontaktstellen für den deutsch-französischen Geschäfts- und Immobilienmarkt.

Haustiere

In Frankreich gibt es mehr Hunde und Katzen als Autos, behauptet der Volksmund. Allerdings sieht man – trotz des katastrophalen Verkehrsverhaltens auf Frankreichs Straßen – weniger tote, überfahrene Katzen oder Hunde als beispielsweise auf den Straßen Spaniens. Frankreich ist ein Tierliebhaberland, was sich u.a. auch durch das Riesenangebot an billiger Tiernahrung in den Regalen der Supermärkte und durch die Hundekothaufen an jeder Straßenecke bemerkbar macht. Die Stadtreinigungen bemühen sich zwar mit Spezialprogrammen (kostenlose Tüten u.a. in den Touristenbüros, Hundeklos an Straßenecken, versprühen bestimmter „Duftnoten" und Motorräder mit Aufsaugvorrichtungen) um Abhilfe, aber bisher haben die Hunde – und Hundehalter – noch immer den Kampf gewonnen. Haustiere werden nicht gemeldet und es entfallen keine Steuern oder Gemeindegebühren! Ausnahme: Kampfhund, s. Rubrik: **Hunde/Kampfhunde** >>>

Ihre Haustiere können sie nach Frankreich einführen, wenn sie älter als drei Monate und gegen Tollwut geimpft sind. **Merke:** Obwohl eigentlich keine Grenzkontrollen mehr stattfinden, wurden die **Tierkontrollen** in Folge der BSE- und MKS-Seuchen auch auf französischer Seite wieder verstärkt. Einreisende werden mitunter nicht direkt an der Grenze, sondern noch viele Kilometer im Hinterland plötzlich an den Straßenrand zitiert und kontrolliert. In Frankreich fest lebende Tierliebhaber lassen beim Tierarzt *(Veterinär)* einen Code ins Ohr oder am Unterkörper tätowieren, um den Hausfreund bei Verlust identifizieren zu können, da der Code zentral gespeichert und abrufbar ist. Es geht allerdings auch mit einer Beschriftung oder Telefonnummer am Halsband, was von Tierdieben natürlich einfacher zu entfernen ist. Nahezu jedes Dorf hat mindestens einen Tierarzt, oft mehrere. Die Gebühren für Untersuchungen und Impfungen: 25 bis 30 Euro; Operationen etwa 60 bis 100 Euro. Haustiere können auch in Frankreich in die private Haftpflichtversicherung *(Assurance de responsabilité civil)* als „Multi-Risque" einbezogen werden, was bei Versicherungsabschluss schriftlich zu berücksichtigen ist. Hunde sind generell an der Leine zu führen, was oftmals sehr "großzügig" ausgelegt wird. Am Strand kann es allerdings zwischen April und Oktober nicht nur Ärger, sondern auch happige Geldstrafen geben, wenn Bello frei und ohne Leine herum tollt! An den meisten Stränden besteht absolutes Hundeverbot – auch mit Leine – was aber oft mit einem Augenzwinkern übersehen wird. Die französische Haftpflichtversicherung zahlt mitunter auch dann bei von Hunden angerichteten Schäden, wenn Sie nachweisen können, dass der Hund nicht ständig ohne Leine herum läuft, sondern sich nur eben mal „losgerissen" hat.

Haltung und Tierschutz: Nicht zuletzt auf Grund der engagierten Initiativen der französischen Ex-Schauspielerin Brigitte Bardot – und einigen Tausend ihrer freiwilligen Helfer(innen) – ist der Tier- und Artenschutz in Frankreich ausgeprägt und fest verankert. Auszüge aus dem Tierschutzgesetz hängen in jeder Polizeidienststelle. Tiere dürfen in der Zeit April bis Oktober nicht in parkenden Kraftfahrzeugen – auch nicht bei geöffneten Fenstern – gelassen werden. Schon 15 Minuten in einem Auto bei strahlender Sonne bedeuten den Tod des Tieres! Tierschützer sind berechtigt, die Polizei zu informieren oder den Hund „irgendwie" zu befreien. Vereinzelt werden auf stark frequentierten Parkplätzen in Urlaubsgebieten – besonders in Südfrankreich – Hunde gegen Gebühr aufbewahrt *(Garde chien)*, solange Sie am Strand sind oder die Stadt besichtigen (i.d.R. bis 18 Uhr geöffnet).

Hundehütten im Freien müssen min. einen Quadratmeter Wohnfläche und 15 Grad Raumtemperatur aufweisen. Die Leine muss einen Bewegungsradius von 30 Meter haben. Örtliche Tierschutzvereine finden Sie im Telefonbuch unter *„Association pour la protection des animaux"*, oder *„Association Brigitte Bardot"*.

Mitnahme von Haustieren in Verkehrsmitteln: In Kraftfahrzeugen immer hinten und sicher abgeteilt zum Fahrersitz. Sonst bei Verkehrskontrollen Geldbußen bis zu 50 Euro. In der Eisenbahn *(SNCF)*, in Bussen und der Pariser Metro *(RATP):* Schoßtierchen auf dem Schoß und mit Leine erlaubt. Größere Hunde nur mit Leine (Kampf-, Angriffs- und Wachhunde Mit Leine UND Maulkorb) sowie Kinderfahrkarte. Blinden- und Begleithunde fahren kostenlos im Beisein des zu Begleitenden. Flugverkehr: Im Inland- und im grenzüberschreitendem Verkehr nur in speziellen Transportbehältern zusammen mit den entsprechenden Impf- und Veterinärdokumenten.

Hundehotels, vorübergehende Tierheime und Tierpflege: Ihren Vierbeiner können Sie vorübergehend in Tierheime (*„Hôtel des chiens"*) geben. Pro Tag einschließlich Futter: etwa 12 bis 20 Euro. Tierpass und Impfzeugnis müssen bei seriösen Hundehotels vorgelegt werden. Gepflegt, getrimmt, geschoren und gewaschen wird Ihr Liebling in der *„Toilettage Canin"*.

Hunde/Kampfhunde

Nachdem auch in Frankreich tödliche Hundebisse lange Zeit die öffentliche Diskussion bestimmten und die Gemüter erhitzten, wurde ein Gesetz betreffend „gefährlicher und streunender Tiere sowie zum Schutz vor Tieren und zur Abwehr von Gefahren bei gefährlichen Hunden" erlassen. Unterschieden wird zwischen Angriffshunden *(chiens d'attaque)*, sowie Wach- und Schutzhunden *(chiens de garde et de défense)*, wofür das Gesetz besondere Maßnahmen vorsieht. „Angriffshunde sind demnach die nicht reinrassigen Kampfhunde, besonders Pitbull- und Boerhunde-Typen (auch stark den Rassen „American Staffordshire Terrier", „Mastiff" und „Tosa" ähnelnde oder vergleichbare Hunde). Als „Wach- und Schutzhunde" werden die **ins Zuchtbuch eingetragenen** Rassen „Tosa" „Shaffordshire Terrier" und „Rottweiler" sowie andere Rottweilertypen gezählt. Angriffshunde dürfen nicht nach Frankreich eingeführt werden; die Grenzkontrollen wurden verstärkt, Hundehalter dieser Rassen müssen sich „unaufgefordert" melden, sowie den Hund an der Leine und mit Maulkorb führen. Weist ein Hund morphologische Merkmale eines Angriffshundes auf, so hat der Hundehalter die Reinrassigkeit seines Tieres durch Vorlage eines Auszuges aus einem anerkannten Zuchtbuch/Stammhaus – in beglaubigter französischer Übersetzung – nachzuweisen. Wurde der Angriffshund trotzdem nach Frankreich gebracht, so drohen neben Geldstrafen von bis zu 16.000.—Euro Gefängnisstrafen bis zu sechs Monate und

die Beschlagnahme des Hundes. „Wach-
und Schutzhunde" müssen immer an der
Leine und mit Maulkorb gehalten werden.
Bei Verstoß drohen Geldbußen bis zu 180
Euro. Jeder Straßenpassant kann einen zur
Anzeige bringen oder die Polizei zum
Einschreiten auffordern. Bei Polizeikon-
trollen müssen der Stammbaum – in französischer Übersetzung – belegt, sowie
Bescheinigungen über Haftpflichtversicherung und Tollwutimpfung vorgelegt
werden. Verstöße werden mit bis zu 600
Euro geahndet. Vermieter von Häusern
oder Wohnungen haben das Recht, das
Halten von Angriffs- Wach- oder Schutzhunden zu verbieten, auch wenn ansonsten
Haustiere laut Mietvertrag genehmigt oder
toleriert sind. (Quelle: Deutsche Botschaft
Paris, sowie *„Journal officiel de la République Francaise"* vom 07.01.1999 und
vom 30.04.1999)

IHKs

Deutsch-Französische IHK in Paris, 18,
Rue Ballard, F-75015 Paris, Tel. 0033 140
58 35 35, Fax: 0033 145 75 4739,
www.ahk-ccifa.fr

Zu Aufgaben und Möglichkeiten der deutschen Industrie- und Handelskammer
Paris beachte man im Teil 2 dieses Buches
unseren Frage- und Antwortkatalog **„Gut
vorbereitet ist schon die halbe Miete".**
Die Themen: Handel, Geschäfte, Geschäftseröffnung, Zweigniederlassung,
Personalwesen, Adressenlisten, Werbung,
PR-Promotion, Kontakte und Bücherliste
für alle Interessenten des französischen
Marktes.

Französische IHK in Deutschland,
Mainzer Straße 116, 66121 Saarbrücken,
Tel. 0681-99630, Fax: 0681-9963111,

Gleiches Aufgabengebiet für Deutschland-
Interessenten wie IHK-Paris für Frankreich.

Förderung von Industrieinvestitionen

Hierzu die offizielle Stelle der französischen Regierung:

Invest in France Agency, Reuterweg 47,
60323 Frankfurt am Main, Tel. 069-17 00
23 0, 17 00 230,
ifa.ffm@investinfrance.de

Berät deutschsprachige Investoren bei
Standortfragen und allen strategischen
Entscheidungen im Vorfeld. Als Außenstelle der französischen Regierung recherchiert, analysiert und berät die Agentur
alle anfragenden Unternehmen ohne Honorar. Ein kostenloses Projektmanagement
von der Startphase bis zur Realisierung:
die Unterstützung umfasst die Standortsuche, die ersten Kontakte mit Regionalver-
tretern und möglichen Partnerunterneh-
men vor Ort, den technischen und juristischen Aspekten einer Unternehmensgrün-
dung-, Erweiterung sowie Übernahme in
Frankreich und natürlich die Prüfung von
Fördermaßnahmen und Steuervorteilen.
Die Agentur hat Ansprechpartner im
franz. Wirtschafts- und Industrieministeri-
um. Das internationale Netzwerk umfasst
weltweit 23 Invest-in-France Agenturen.
Beteiligt sind außerdem die regionalen
Fördervereine, namhafte französische
Unternehmen sowie Banken. Die Frankfurter Außenstelle versteht sich als Für-
sprecher der Investoren in Frankreich und
ist um eine unkomplizierte praxisnahe
Unterstützung auf allen behördlichen
Ebenen bemüht.

**Näheres über juristische und wirt-
schaftliche Aspekte im Nachbarland:**

**Bundesagentur für Außenwirtschaft
(BFAI),** Agrippastr. 87-93, 50676 Köln,
Tel. 0221-20570, info@bfai.com,
www.bfai.de

Hier Beratungsstelle, die bei allen grenzüberschreitenden Fragen am Oberrhein
hilft:

Infobest Vogelgruen, Postfach 1265,
79201 Breisach, Tel. 07667 832-99; Fax
0033 389 72 61 28, vogelgrun-
breisach@infobest.org, www.infobest.org;
Bettina Gantert (Referentin)

Rund 4000 Anfragen pro Jahr zu Fragen zu den Bereichen Sozialrecht, Arbeitsrecht, Steuerfragen und KfZ-Ummeldungen werden jährlich beantwortet. Anfrager sind beispielsweise Personen, die eine Tätigkeit im Nachbarland aufnehmen oder die einen Umzug ins Nachbarland planen.

Informiert wird auch über Kompetenzzuständigkeiten der Verwaltungen im jeweiligen Nachbarland. Dazu wurde ein Netzwerk zu öffentlichen Einrichtungen links und rechts des Rheins aufgebaut. Unternehmen, Gebietskörperschaften und Vereine werden mit den zuständigen Stellen im Nachbarland in Verbindung gebracht.

Die zwischenstaatliche Einrichtung ist auch Anlaufstellen potentieller Träger von EU-Projekten und begleitet insbesondere INTERREG-Interessenten in der Anfangsphase.

Internationale Mitgliedschaften

(Frankreich in internationalen Organisationen)

Vereinte Nationen (UNO), Europäische Union (EU), Nordatlantischer Verteidigungspakt (NATO) jedoch ohne militärische Integration. (Nach dem Ausscheiden Frankreichs aus der militärischen Integration der NATO wurde der Sitz des NATO-Hauptquartiers von Fontainebleau (bei Paris) nach Brüssel (Belgien) verlegt). Westeuropäische Union (WEU), Weltbank, Internationales Währungsforum (IWF), Organisation für wirtschaftliche Zusammenarbeit und Entwicklung (OECD), Abrüstungskonferenz (OSZE), UNESCO UNO-Unterorganisation zur internationalen Zusammenarbeit für Erziehung, Wissenschaft und Kultur.

Jagen, Jagdschein, Jagdaufsicht

In Frankreich gibt es zehnmal mehr Jagdfreunde als in Deutschland; fast drei Millionen Franzosen (und einige Französinnen) stehen – mit einer starken Lobby im

Rücken – unter Waffen und ballern während der Jagdsaison (September bis etwa April) in der Regel an unterschiedlichen Tagen (werden von den Regionalregierungen bestimmt) auf alles was nach Wild aussieht. Mitunter sogar auf andere Jäger, was zuweilen tödlich ausgeht. Auch in Ihrer unmittelbaren Nachbarschaft und in Ihrem eigenen Garten- oder Waldstück, wenn es nicht klar eingezäunt oder mit einem deutlich lesbaren Schild *„Chasse interdit – Propritaire privée"* (Jagen verboten – Privatgrundstück) versehen ist. Sie haben richtig gelesen: Jäger dürfen bis auf einhundert Meter an Wohnhäuser von fremden Grundstücken heran und dort schießen! Gegenmittel: Verbotsschilder anbringen, umzäunen, die Jagdaufsichtsbehörde vor Beginn der Jagd per Einschreiben über Ihr Eigentumsrecht und das Jagdverbot auf Ihrem Grundstück unterrichten! Auch tödliche Jagd-"Unfälle" sind jährlich zu verzeichnen.

Achtung: Jagdwaffen sind mit Berechtigungsschein bei der Einreise nach Frankreich zu deklarierten. Der ausländische Berechtigungsschein hat in einer beglaubigten französischen Übersetzung vorzuliegen. Auch wenn an der französischen Grenze eigentlich keine Grenzkontrollen mehr stattfinden, müssen Jagdwaffenbesitzer **unaufgefordert** sich melden und die Deklaration vornehmen! Zuwiderhandlungen sind schwere Verstöße gegen das franz. Waffengesetz. Zum Jagen benötigt man einen Jagdschein, i.d.R. zusammen mit der Mitgliedschaft in einem Jagdverein, oder eine Einladung zur „privaten" Jagd. Französische Jäger besitzen eine starke Lobby, die sich gegen jede zu Ungunsten der Jäger gehende Gesetzesänderung wehren, sind aber z.T. in der Bevölkerung nicht geschätzt. Durch Gesetz wurden im Jahre 2000 die Rechte der Jäger eingeschränkt; z.T. an bestimmten Tagen und mit regionalem Jagdverbot. Allerdings werden in einigen Gegenden Gärten, sowie Obst- und Gemüseanbaugebiete so stark von Wildschweinen in Mitleidenschaft gezogen, dass dort die Bejagung und eine Senkung des Wildbestandes wiederum als notwendig angesehen werden. Die Möglichkeit, als Ausländer an der Jagd teilzunehmen, ergibt sich entweder über die Mitgliedschaft in einem Jagdverein (Adressen von den örtlichen Verkehrszentralen) oder auf private Einladung von Jagdpächtern oder -besitzern.

Jugendaustausch

Zwischen Frankreich und Deutschland findet der weltweit größte Jugendaustausch statt; teils organisiert, teils in Eigeninitiative. Mehr als einhunderttausend junge Menschen nehmen jährlich die Möglichkeit wahr, im Nachbarland zu studieren, zu arbeiten, eine Schule oder Sprachschule zu besuchen, ein Praktikum oder eine Berufsausbildung zu absolvieren, an deutschen oder französischen Universitäten zu studieren, Ferienjobs zu finden oder an sozialen oder kulturellen Gemeinschaftsdiensten teilzunehmen, Schüleraustausch von Klassen und Einzelpersonen, Teilnahme an Musik- oder Theaterlehrgängen, Aupair Aufenthalte, Animationsprogramme, und, und, und ...

Kontakt-Adressen, Programme und nähere Informationen siehe

„Deutsch-Französisches   Jugendwerk" www.dfjw.de oder www.ofaj.com

Kirchliche und soziale Aktivitäten

Seit über 350 Jahren gibt es deutschsprachige Gottesdienste verbunden mit sozialem Engagement in Frankreich, besonders in Paris. Noch immer sind Touristen und sogar fest in Frankreich lebende Deutschsprachige erstaunt, wie vielseitig die deutschsprachigen Kirchengemeinden dort arbeiten. Das beschränkt sich bei weitem nicht auf reine religiöse Zeremonien. Pfarrerin, Pfarrer, Kirchenvorstand, soziale und viele freiwillige Helfer sorgen für eine überraschend vielseitige und vor allem effiziente Gemeindearbeit: Aupair

Treffpunkt und Beratung, Kindtaufen, Eheschließungen, Gesprächsrunden bei Kaffee und Kuchen, Weihnachtsbazar, Ausflüge, Themen- und Diskussionsabende, Alten- und Armenhilfe. Zusammenarbeit mit den Konsulaten und mit den französischen Behörden. Trotz des oft sehr hohen Engagements der Mitglieder benötigen die Gemeinden wegen der Fluktuationsrate immer neue Mitglieder und Besucher. Die Gemeinden sind eigenständig, verwalten und finanzieren sich durch Mitgliedsbeiträge und Spenden selbst. Von Deutschland kommen kaum Zuschüsse.

Deutsche Evangelische Christus-Kirche, 25 rue Blanche, 75009 Paris, Tel. 01.45.26.79.43, Metro: Blanche, www.evangelischekircheparis.org

Katholische Gemeinde deutscher Sprache in Paris, 38 rue Spontini, 75016 Paris, Tel. 01.53.70.64.10, Metro: Porte Dauphine, www.perso.wanadoo.fr/katholisch-kirche-deutscher-sprache-paris

In Südfrankreich gibt es die **Deutsche Gemeinde und Katholische Seelsorge**, 6 rue Gustave Desplaces (Batiment 2) 13100 Aix-en-Provence, Tel. 04.42.91.26.26. Kümmert sich auch um protestantische Belange.

Außer den drei o.g. Einrichtungen existieren in Frankreich über einhundert kleinere und größere deutschsprachige Aktivitäten und private Initiativen mit sozialem und kulturellem Engagement. Meistens, aber nicht in allen Fällen, kennen die Konsulate wegen der regionalen Nähe deren Adressen und Kontaktpersonen.

Klima & Wetter

Nordfrankreich: Raues atlantisches Klima mit verstärkten Regenfällen und kurzen Sommerzeiten. Zentral- und Ostfrankreich, Pariser Becken bis deutsche Grenze: Mitteleuropäisches Klima wie von Deutschland gewohnt. In den Mittel- und

Hochgebirgen (Vogesen, Ardennen, Central-Massiv und Alpen) kräftige, anhaltende Winter mit Schneefall und Eis. Der Volksmund spricht davon, dass das schöne Wetter in Frankreich erst weit südlich von Paris, nämlich auf der Linie der Loire statt findet. Aber die wirkliche Schönwetterlinie liegt sogar südlich von Lyon, etwa auf der Höhe von Montelimar. Der Süden, besonders die Provence, sowie die westlichen und östlichen Mittelmeergebiete, heben ein mildes und i.A. trockenes Klima mit überwiegend Sonnentagen. Der meiste Regen fällt im Frühjahr (März/April) und Herbst (Oktober/November); dann aber kann es wirklich überraschend und ausdauernd herunter „prasseln", bis Flüsse und Orte überflutet und Schäden angerichtet sind. Mittlere Jahrestemperatur: 15°, im Juli/August 30 ° mit langen Schönwetterperioden. Der Mistral ist ein kalter – auch eisiger - und heftiger von Norden und Nordosten (Alpen) kommender Wind, der an einigen Tagen meist vom Herbst bis zum Frühjahr bläst und ebenso plötzlich auftaucht wie er endet. Auch der von Afrika und vom Mittelmeer kommende wärmere Shirokko hat im Sommer mitunter Einflüsse auf die Provence und Südfrankreich. Die Winter sind in den tieferen Landesteilen angenehm (kaum Schnee), in den höheren Lagen allerdings mit längerem Frost, Nachtkälte und viel Schnee verbunden. Während Sie mitunter an Weihnachten z.B. im Alten Hafen von Marseille oder in den Straßencafes Toulouse, von Aix, Avignon oder Cannes noch (mit Pullover) draußen sitzen können, sind in nordöstlicher Richtung (Sisteron, Gap, Grenoble) Ski und Thermoanzüge angesagt. Eine beruhigende Erfahrung bei der Wettervorhersage für Südfrankreich: Mitunter werden „Regenschauer und Wolken" vorhergesagt, aber wie durch ein Wunder (nein, durch die schützenden Gebirgsketten im Norden) bleiben weite Gebiete der Provence und der Südküsten davon verschont.

Internet für Wetter und Reisewetter: Keine Empfehlung, da heute zahlreiche Sites auch Wetterdienste anbieten. Zum Bespiel

www.wanadoo.fr

www.google.fr

www.voila.fr

auf Deutsch: www.frankreich-info.de

Krankenhausbehandlung

Teils verärgert, teils erstaunt reagiere ich immer auf Meinungen von Deutschen: „Wenn ich krank werde, lasse ich mich sofort nach Deutschland fliegen! Den Krankenhäusern in Frankreich kann man doch wohl nicht trauen!" Das ist nicht nur ein Mangel an Kenntnis über das französische Gesundheitswesen, sondern schlicht Ignoranz. Frankreich hat ein modernes Gesundheits- und Krankenhaussystem. Französische Mediziner und Forscher zählen zur Weltspitze. Ich habe bisher dreimal französische Krankenhäuser und Operationssäle zufrieden in Anspruch genommen, und ich konnte keinen Unterschied zu deutschen Kliniken feststellen, besonders nicht, was die fachliche Qualifikation der Mediziner und die Qualität und Modernität medizinisch-technischer Geräte betrifft. Natürlich ist auch in Frankreich die Gesundheitsversorgung administrativ und finanziell – und demzufolge personell – in einer Krise. Ferner bestehen Engpässe mit Betten auf den Korridoren oder Überstunden von gestresstem Personal. Aber ob Deutsche diesen Ausnahmefällen durch einen „Rettungsflug" in die Heimat entgehen können, sei dahingestellt.

Besonders bei Unfällen und Notlagen (*Urgences*) werden Patienten sofort von Notdiensten und/oder Feuerwehr *(Pompiers)* versorgt und in Krankenhäuser verbracht. Patienten können aber auch von sich aus die Notaufnahme eines Krankenhauses aufsuchen und werden nach einer Untersuchung entweder ambulant behandelt oder zur Krankenhausaufnahme eingewiesen. Zu den administrativen und finanziellen Fragen – z.B. Krankenschein, Bezahlung, Kostenerstattung etc.) beachte man die Hinweise unter *Arztbesuche>>>, Auslandskrankenschein >>>* sowie *Medikamente und Apotheken >>>*

Karten (Auto- / Landkarten)

Die übersichtlichsten und auch preiswertesten (Touristen)Karten erscheinen bei Michelin. Sie sollten hierzu Fachgeschäfte (oder große Tankstellen) aufsuchen. Die u.a. in Zeitungs- oder Bahnhofskiosken erhältlichen „normalen" Touristenkarten sind teurer als Michelin-Karten und nur bei Alltagsfahrten, nicht für Feinheiten oder gar auf Wanderungen und Fahrradtouren zu gebrauchen. Auch die von Touristenbüros kostenlos erhältlichen Karten geben nur grobe Anhaltspunkte und stiften mitunter mehr Verwirrung als gute Hilfe. Zum Wandern sind Karten im Maßstab 1:25 000 oder 1: 50 000 vom Nationalen Geografischen Institut (IGN) zu empfehlen, die zwar etwas teurer sind (etwa 20 Euro), dafür aber militärische Genauigkeit aufweisen. Karten die älter als zwei Jahre sind, halte ich nur für eingeschränkt brauchbar, da der Straßenbau – besonders Stadtumgehungsstraßen – in Frankreich laufend Änderungen unterworfen ist.

Käse

Siehe Teil 6: „Wissenstest und Frankreichquiz" sowie Teil 7: „Frankreich im Buch"

Weitere Stichworte und Begriffe zum kostenlosen Herunterladen oder Ausdruck auf www.frankreichkontakte.com

und im Newsletter Frankreichkontakte (ebendort).

Küche

„Die" französische Küche *(la cuisine francaise),* in einem stinkteuren Restaurant mit mehr scharwenzelnden Kellnern als zahlungskräftigen Gästen, wo ein Häppchen Blumenkohl oder ein Stückchen Spargel in Champagnersoße neben einem mickrigen Pellkartöffelchen in zarter Knoblauchbutter geröstet liegt und mit einem Salatblatt garniert ist, das alles für den Preis einer kleineren Diamantenkette, dafür aber im Gastronomieführer mit x Sternen ausgezeichnet, „diese" französische Küche gehört eher zur Seltenheit, ist aber nicht ausgestorben. Davon abgesehen: Es gibt nicht DIE französische Küche! Sondern eine Herz und Leib erfrischende Vielzahl französischer und regionaler Küchen, die nach meiner bescheidenen Meinung einmalig in der Welt sind, egal ob man's ansonsten auch indisch oder chinesisch oder sonst was mag, solange es nicht britisch ist. Natürlich sind während der Mittagspause der Büros und kleinen Geschäfte überall in Frankreich auch jene Restaurants oder Abfüllketten zu finden, die als preiswerte *Plat de jour* Steak oder Hacksteak mit Fritten fürs arbeitende Volk und für weniger als 9 Euro anbieten. Nicht zu vergessen jene Futtermittel-Banausen, die sich Mittag für Mittag mit einem ledertrockenen oder ketchuptriefenden Schuhsohlen-Hamburger zwischen einem pappigen Mehldingsbums Leib, Seele und Kultur ruinieren, wogegen sich der neue Volksheld Frankreichs, der Bauernführer und Verbraucherschützer **José Bové** mit militanten Aktionen und Parolen *(La „malbouffe")* international zur Wehr und sogar ins Gefängnis setzt, weil er Frittenbuden auseinandernimmt und seine Landsleute an frühere allmählich in Vergessenheit versinkende französische Esskulturen erinnert.

Ich halte die französische Küche für eine der ausgefeiltesten, feinsten und vielseitigsten der Welt. Gleichgültig, ob es sich um Fisch aus der Bretagne oder Feinschmeckerküche in Pariser oder anderen Spitzenrestaurants handelt. Essen und ein ausgedehnter Restaurantbesuch zählen in Frankreich zur Kultur, zum Vergnügen, zur Lebensart. Oft werden damit Geschäftsgespräche oder Verträge verbunden. Vom Sauerkraut *choucroute* im Elsaß wollen wir an dieser Stelle nicht sprechen. Im Anhang unten habe ich drei grundlegende Kochbücher empfohlen. Weitere mit Regionalspezialitäten s. Kap. 7.

Schon vom gesundheitlichen Maßstab imponiert am meisten die Küche Südfrankreichs, die hier etwas näher beschrieben sei: Knoblauch, Olivenöl und Kräuter – sowie typische Mittelmeergemüse, Fleisch und Meerestiere – sind Kennzeichen der provenzalischen Küche. Berühmt ist die *Bouillabaisse,* eine raffinierte Meeressuppe aus Marseille mit genau vorgeschriebenen Zutaten, z.B. Meeraal, Drachenkopf, Seeteufel, Krebse, Muscheln und Kaisergranat; einst ein Volksessen, schon lange gehört sie zum Aushängeschild gehobener Restaurants. Nicht aus der Provence-Küche weg zu denken sind *Aioli,* eine mit Ei, Olivenöl und zerstoßenem Knoblauch abgeschmeckte Mayonaise, die traditionell nicht nur zu Dorsch und Schnecken serviert wird. *Ratatouille,* ein pikanter Gemüseeintopf mit provenzalischen Zutaten wie Zuccini, Paprika, Fenchel, Auberginen, Zwiebel und der unbestrittenen Provence-Königin, der feuerroten, kräftigen Tomate. *Boeuf à la Gardienne,* eine Art Rindfleischeintopf (ein guter Rinderschmorbraten besteht in der Provence aus den besten Filetstücken, die in einem verschlossenem Topf in Rotwein geschmort werden). *Soupe au pistou,* eine Gemüsesuppe mit Lauch, Möhren, Knoblauch, Basilikum, Olivenöl und Nudeln, *Pieds-paquets,* mit gewürztem Fleisch gefüllte Hammeldärme, *Bourride*, Meerquappe, Wolfsbarsch, Seeteufel und/oder Seehecht in Sauce, die mit gerösteten Knoblauch-Brotwürfeln garniert wird. *Rouille* ist eine scharfe Knoblauch-Paprika Mayonnaise. *Tapenade,* pürierte Oliven mit Öl und Gewürzen als Salatbeilage oder Brotaufstrich. *Anchoiade,* ein scharf-salziger, durstauslösender Brotaufstrich aus Sardellenpaste, *Salade proven-*

cale, eine bunt gemischte, herzhafte Salatplatte, sowie alle Arten von Fischen und Krustentieren. (*) Merke: Blamieren Sie sich nicht, indem Sie *Bouillabesse* oder *Bourride* schlicht eine Fischsuppe (*soupe de poisson*) nennen; für Einheimische ist das wie Hering und Dorsch.

Beim Käse sind in erster Linie verschiedene Sorten Ziegenkäse zu nennen; angeboten wird natürlich auch die beispiellose Auswahl anderer französischer Käsespezialitäten. Zum Dessert dominieren Obst, kandierte Aprikosen, Mandelkonfekt (*Calissons),* weißer Nougat, Gebäck (z.B. gedeckte Obstkuchen), Puddinggerichte *(Flan)*, kandierte Äpfel oder Birnen, sowie *Crêpes,* hauchdünne Pfannkuchen mit (z.B.) Rum, braunem Zucker oder Honig.

Literaturhinweis

„Gourmet-Sprachführer" Ein kulinarischer Streifzug. Damit Sie in Frankreich französisch und keine Bockwurst essen. Hueber-Verlag. 18,80 Euro.

„Französisch für Gourmets" Küche – Keller – Menüs – Märkte. Sprachführer und Kulturvermittler. Hallwag-Verlag. 17,80 Euro

„Essdolmetscher Frankreich". Orbis-Verlag. 4,06 Euro

Weitere Literaturhinweise siehe Teil 7: Frankreich im Buch"

Kulturinstitute
Französische Kulturinstitute bei uns

Die französischen Kulturinstitute in 22 deutschen Städten bieten Frankreichinteressierten einen umfassenden Service an Kontakten, Adressen, Literaturhinweisen, Informationen, Sprachkursen. Auch Sprachprüfungen und Diplomabschlüsse) und Bibliotheken, Besuch und Nutzung der französischen Kulturinstitute sind größtenteils kostenlos; Sprachkurse gegen Entgelt. Hier kann man sein Wissen und seine Liebe zu Frankreich vertiefen, durch gezielte Informationen den Frankreichaufenthalt besser vorbereiten und zahlreiche hilfreiche Kontakte knüpfen (auch Schwarze Bretter). Bitte beachten, dass die französischen Kulturinstitute zwar viele Informationen liefern, aber nicht für Vermittlung von Arbeits-, Studien- oder Aupairaufenthalte zuständig sind.

Eine Liste der Institute liegt bei:

www.kultur-frankreich.de

Maison de la France Leipzig e.V.

Lumumbastraße 11-13, 04105 Leipzig, Tel: 0341–9730236, Fax: 0341 – 9730249, maison-de-la-france@gmx.net, www.uni-leipzig.de/zhs/maison

Gegründet auf Initiative der Stadt und Universität Leipzig sowie des Institut Français der Messestadt, fußt auf Engagement vieler Einrichtungen und Individuen für die Verknüpfung der mitteldeutschen Region mit Frankreich und der weltweiten Frankophonie.

Ziel ist es, die Vielfalt der kommunalen und regionalen, ökonomischen, kulturellen, akademischen und zivilgesellschaftlichen Bemühungen so zu bündeln, dass sich Wirtschaft und Wissenschaft, Kultur und Regionalentwicklung besser ergänzen und auch überregional stärker sichtbar werden.

Deutsche Kulturinstitute (Goethe-Institute)

Die deutschen Kulturinstitute (Goethe-Institute) haben die eigentliche Aufgabe, die deutsche Sprache und Kultur in Frankreich zu verbreiten. Dies geschicht u.a. mit Sprachkursen, Bibliotheken, (Kunst)Ausstellungen und anderen kulturellen Veranstaltungen, Literaturlesungen, Film- und Theatervorführungen sowie Kontaktherstellung zwischen unseren beiden Ländern. In erster Linie sind also in den Goethe-Instituten Franzosen zu treffen, die einen Deutschkurs besuchen, sich in der Bibliothek informieren, Studi-

en betreiben bzw. sich über Deutschland schlau machen möchten. Gleichzeitig sind Goethe-Institute aber auch Begegnungsstätten, wo Deutsche in Frankreich Kontakte mit Franzosen herstellen, die zweisprachige Bibliothek oder das Schwarze Brett für Gesuche und Angebote nutzen können. **Bitte daran denken,** dass Goethe-Institute weder Arbeitsplätze, noch Immobilien, Studienplätze oder Aupairstellen vermitteln. Sie können jedoch bei der Literatur-, Informations- und Adressenbeschaffung für deutsch-französische Kontakte behilflich sein!

Unter dem Begriff *„Centre Culturel Allemand"* finden Sie Goethe-Institute in folgenden französischen Städten (Leider sind einige Goethe-Institute weltweit von der Schließung betroffen. Bitte rufen Sie vor einem Besuch erst an. Wer nicht aus Frankreich anruft, ersetze die erste Null durch die internationale Vorwahl 0033):

Die Goethe-Institute finden sich bei: www.goethe.de**Kunst & Kultur**

(Auch: Malerei, Film, Musik, Theater)

Siehe Teil 6: „Wissenstest und Frankreich-Quiz"

Markt

In nahezu allen Orten gibt es ständig interessante und reichhaltige Wochenmärkte, meist für Lebensmittel, Obst und Gemüse, teilweise auch Frischfisch, Textilien und kleine Haushaltswaren. In sehr kleinen Orten beschränkt sich das Angebot auf wenige Stände mit Tagesbedarf. Größere Märkte zeichnen sich durch farbenprächtige Auslagen und verschiedene Düfte aus. Gestik und wortreiches Anpreisen der Händler verleihen dem Ganzen ein unverwechselbares Lokalkolorit, im Norden Frankreichs vielleicht etwas ruhiger und zurückhaltender, im Süden wortreicher. Über Tage und Plätze informieren die örtlichen Touristenbüros und der Lokalteil der regionalen *Tageszeitung>>>*. Sie merken es aber spätestens selbst, wenn es im Bistro keinen Steh- und im Ort keinen Parkplatz mehr gibt. Selbst in Paris hat jedes *Arrondissement,* jedes kleine Stadtviertel einen oder mehrere Wochenmärkte *(marché semanale),* den Sie nicht verpassen, aber lieber zu Fuß oder mit der Metro erreichen sollten.

Fischmärkte: Sind teilweise den Wochenmärkten angegliedert; Frischfisch und frische Meerestiere gibt's häufig in den zahlreichen kleinen Häfen an Atlantik, Ärmelkanal und Mittelmeer. Dort fahren die Küstenfischer morgens zu einer lasterhaften Stunde hinaus aufs Meer und verkaufen ihren – immer bescheidener werdenden – Fang, oft gleich vom Boot, etwa ab 10 oder 11 Uhr am Hafenbecken.

Flohmärkte *(marché aux puces),* auch *Brocante* genannt, haben auch in Frankreich – wo, anders als in Deutschland, kaum etwas auf dem Sperrmüll landet, sondern immer wieder Verwerter findet – Hochkonjunktur. Teils finden sie täglich statt (z.B. der größte an der Pariser *Porte de Clignacourt*), andere wöchentlich, monatlich oder sporadisch nach Ansage. Zwar finden auch Sammler und Schnäppchenjäger ihre teils wertvollen und alten Objekte, Möbel und Bilder oder andere Kunstgegenstände; mitunter finden Sie aber auf französischen Flohmärkten auch jene verrosteten oder vermotteten Habseligkeiten, die sogar die Ärmsten der Armen auf dem Müll liegen lassen würden. Etwas haben alle gemeinsam: das unverwechselbare Flair eines Flohmarktes, die bunte Gesellschaft der Neugierigen *(chineurs),* das Abenteuer und den Spaß an der Freude, für ein paar Stunden in eine andere Welt einzutauchen, weg aus unserer genormten Ordnung in die geheimnisvolle Unordnung verschiedener Epochen. Die Daten und Orte der Flohmärkte erfährt man auf den örtlichen Touristenbüros oder im Internet bei www.viafrance.com, wo man – auf Französisch – über alle Märkte und auch sonstigen **Veranstaltungen** einer oder mehre-

rer Frankreichregionen informiert wird bzw. die Infos regelmäßig per **kostenlosen Newsletter** nach Eingabe seiner Emailadresse, der gewünschten Region und Veranstaltung (z.B. Flohmarkt, Oper, Theater, Sport, u.a.) erhält. Siehe Teil 5 (Französische Internet-Adressen).

Medikamente, Apotheken:

Einige französische Apotheken *(Pharmacie,* erkenntlich am Grünen Kreuz*)* sind mitunter auch bei Rezept pflichtigen Medikamenten großzügiger als Deutschlands Apotheker, wenn man glaubhaft machen kann, dass Sie nur einen durch Urlaub bedingten Engpass überbrücken müssen, mit dem Medikament Erfahrung haben und in Deutschland ärztlich behandelt werden. Erfahrungen zeigen, dass man sogar Viagra und Antibiotika mit Überredungskunst ohne Rezept erhalten kann. Medikamente sind in Frankreich teils billiger als in anderen Ländern. Egal ob Sie in Frankreich, in Deutschland oder anderswo krankenversichert sind: Medikamente sind in Frankreich zunächst zu 100 Prozent zu bezahlen (Ausnahme: Ihnen wurde von Ihrer französischen Krankenkasse für bestimmte lebensgefährliche Krankheiten und deren Behandlung eine 100 prozentige Deckung zugesagt, oder Sie bekommen Sozialhilfe, was Sie von allen Zuzahlungen befreit). Das Preisetikett wird von der Packung abgetrennt, auf das Duplikat des Rezeptes geklebt und der jeweiligen Krankenkasse – innerhalb von vier Wochen – vorgelegt, die im Rahmen ihrer Gebührenordnung (in Frankreich etwa 65 Prozent) erstattet. Franzosen – oder hier fest lebenden Ausländer – haben deshalb neben ihrer gesetzlichen Krankenversicherung *(assurance maladie de securité social)* oft noch eine private Zusatzversicherung *(assurance privée et complémentaire)* abgeschlossen, um Deckungslücken zu vermeiden.

Mietverträge:

Bitte beachten Sie hierzu zunächst den Beitrag von Thomas Schrade: „Alles was Recht ist" im zweiten Kapitel dieses Ratgebers. Einen französischen Standardmietvertrag (mehrseitig und in zwei Ausfertigungen) erhalten Sie in Papierwarenhandlungen. Sie können aber auch einen formlosen Vertrag – auf Französisch !!! – abfassen, solange er alle gesetzlichen Vorgaben enthält (z.B. Vertragspartner mit Anschrift, Mietdauer, Mietzins, Zahlungsweise, Punkte zur Möblierung oder Nichtmöblierung u.a.).

Mitgliedschaft in französischen Organisationen, Vereinen und Parteien

Auch als AusländerIn haben Sie das Recht, französischen Parteien, Vereinen, Organisationen, Bürgerinitiativen oder Immobilienvereinigungen beizutreten, aktiv teilzunehmen, sich an deren Wahlen beteiligen oder in deren Gremien gewählt zu werden. Hierzu ist ein fester Wohnsitz in Frankreich nicht nötig.

Nachsendeanträge

Einen postalischen Nachsendeantrag *(Service Réexpédition)* in Frankreich nehmen Sie mit einem Personaldokument auf Ihrem bisherigen Zustellpostamt oder jedem anderen Postamt mindestens zehn Tage vor der ersten Nachsendung vor. Der bei einem Wohnungswechsel für sechs Monate - *Réexpédition définitive* - (und auf weitere sechs Monate verlängerbare) Antrag kostet etwa 25 Euro Gebühr. Sie können den Antrag auch auf eine kürzere (Urlaubs)zeit befristen *(Réexpédition temporaire)*. Auf den gleichen Antrag können Sie mehrere Familienmitglieder oder zum gleichen Haushalt gehörende Personen benennen. Jede dieser Personen muss den Antrag unterschreiben; am Schalter benötigen Sie allerdings nur ein Personaldokument. Am Postschalter bekommen Sie auch 20 Postkarten *(cartes dispensées d'affranchissement)*, mit denen

Sie kostenlos Ihre neue Adresse bekannt geben können. Außerdem stehen Ihnen fünf große Briefumschläge *(Prêt-à-Poster Réexpédition)* kostenlos zur Verfügung, in denen Ihre Post von einer Vertrauensperson an Sie nachgeschickt werden kann. Nachsendeanträge an eine postlagernde Adresse sind nicht möglich. Wegen der **juristischen Wichtigkeit** postalischer Nachsendeanträge beachten Sie bitte den Hinweis *Postvollmacht >>>*

Ordnungsstrafen, Bußgelder, Strafzettel

Früher, noch vor nicht allzu langer Zeit, haben Franzosen ihre „Verkehrsknöllchen" gleich in den Papierkorb oder in die Gosse geworfen, während Deutsche die Sache ohnehin nicht ernst genommen haben. Aber die Lage hat sich geändert:

Wer nicht zahlt (egal ob es ein kleines Verkehrsknöllchen, oder ein gerichtlich bemessenes Bußgeld ist), kommt in einen Zentralcomputer. Bei Ein- oder Ausreise, an Flughafenkontrollen oder Autobahnzahlstellen werden die Sünder dann von der Polizei herausgepickt, das Fahrzeug kann beschlagnahmt, der Flug verhindert werden, – bis zur Zahlung der Schulden. Außerdem arbeitet Frankreich jetzt europaweit und vor allem mit deutschen Behörden zusammen. Neuerdings können Gelder auch im Heimatstaat, also im Namen Frankreichs auch von deutschen Behörden – und umgekehrt – eingetrieben werden.

Französische Bußgelder oder Strafzettel werden entweder sofort an die Polizei gezahlt, oder später durch den Kauf von „Steuermarken" (in *Tabac*-Läden oder beim Finanzamt – *Hôtel des Impots* oder *Trésor public* -erhältlich) beglichen.

Polizeidienste

Frankreich verfügt über mehrere Polizeidienste mit unterschiedlichen Aufgaben: ***Police Municipale*** (Orts- und Stadtpolizei, verfügt nicht über Handfeuerwaffen, mit beschränkter Zuständigkeit, meist örtliche Verkehrslenkung, Verwaltungsangelegenheiten und verlängerter Arm des Bürgermeisteramtes bzw. der Gemeindeverwaltung); **Gendarmerie** (u.a. Autobahnüberwachung, Verkehrskontrollen auf Landstraßen und außerhalb der Orte, Delikte, Verbrechensbekämpfung, Diebstahls- und Betrugsanzeigen und Protokolle, Drogen, Ausländerangelegenheiten); **Police National** (Nationalpolizei, Organisiertes Verbrechen, Drogen, Banden, Terrorismus, Staatsschutz, bestimmte Kontrollen und Überwachungen); sowie der **CRS** – *Corps Républicain de Sécurité* (Kasernierte Polizei für besondere Einsätze). Außerdem die Zollbehörde – u.a. mit Drogenhunden – (*Douane*), die jetzt weniger direkt an den Grenzstellen tätig ist, sondern sehr aktiv im Hinterland, z.B. an Autobahnzahlstellen oder auf offener Landstraße, in Jacht-, Sport- und Handelshäfen). **Urlauber, und ausländische Residenten** haben es i.d.R. mit der **Police Municipal** – meist bei Verwaltungsangelegenheiten -, oder mit der **Gendarmerie,** – i.d.R. bei Verkehrskontrollen oder Eigentumsdelikten – zu tun.

Post

Poststellen sind von 9-12 und von 14-16 Uhr in Orten, in Großstädten mitunter ab 08.30-17 oder 18 Uhr geöffnet; in sehr kleinen Orten oft nur morgens auf zwei Stunden eingeschränkter Postdienst im Tante-Emma-Laden. Das **Hauptpostamt** in Paris (52, Rue du Louvre) hat mit allen Dienstleistungen täglich durchgehend geöffnet. Briefmarken gibt es am Postschalter, in Tabakläden und aus Automaten. Ein Normalbrief (bis 20 Gramm) für Frankreich, Europa und Deutschland wird mit einem Einheitspreis (leicht niedriger als in Deutschland) frankiert. Wegen häufiger Preiserhöhungen wird der Preis nicht mehr auf die Marke gedruckt; die Marke zeigt nur noch den Kopf der französischen Marianne. Erfahrungen zeigen, dass Brie-

fe und Karten nach Deutschland zwischen zwei Tagen und einer Woche benötigen. Briefe sollten immer mit dem Vermerk (oder dem Aufkleber) *Prioritaire* oder *Air-Mail* versehen werden, sonst werden sie noch langsamer, nämlich als Drucksache behandelt. Für schwerere Briefe und Päckchen hält die Post vorgefertigte und bereits frankierte Euro-Vorlagen bereit. Die Mehrheit der Poststellen kann auch als Postbank und Postsparkasse benutzt werden (teils mit Geldautomaten für alle gängigen Bank-, Postbank- und Kreditkarten). An vielen Poststellen größerer Orte müssen Sie am Eingang eine Nummernmarke ziehen und auf den Aufruf warten! Da ist oft Zeit und Geduld gefragt! Noch ist die Post staatlich.

Postvollmacht

Juristisch ist eine Postvollmacht *(Procuration)* auch in Frankreich von ungeheurer Wichtigkeit. Wenn Sie nämlich zur Annahme eines Schriftstückes verhindert sind und niemand mit Ihrer Postvollmacht ausgestattet ist, wird der Einschreibebrief auf dem Postamt liegen bleiben und die Benachrichtigungskarte landet in Ihrem Briefkasten. In diesem Moment gilt das Schreiben rechtlich an Sie als zugestellt, egal ob Sie es jemals zu Gesicht bekommen bzw. deren Inhalt zur Kenntnis genommen haben oder nicht! Wenn es sich – wie meist – bei diesem Schriftstück aber um eine polizeiliche oder gerichtliche Vorladung, eine Kündigung, eine Zahlungsaufforderung oder um andere Wichtigkeiten handelt, können Sie sich bei einer Vernachlässigung Ihrer Angelegenheiten oder bei Terminversäumnis nicht damit herausreden, den Brief „nicht erhalten" zu haben. Französische Behördenbriefe werden nicht ins Ausland nachgeschickt! Dies hat besonders auf dem französischen Immobiliensektor für Deutsche in Frankreich schon zu erheblichen Nachteilen geführt, bis hin zu hohen Nachzahlungen oder Inhaftierung bzw. Beschlagnahme von Eigentum, da die Eigentümer ihre postalischen und finanziellen Angelegenheiten vernachlässigt und sich sorglos für längere Zeit außerhalb Frankreichs aufgehalten hatten. Sind Sie nämlich „postalisch" nicht auffindbar und haben auch keine Vollmacht hinterlegt, können Sie auch in Frankreich zur Aufenthaltsermittlung bis zur Verhaftung ausgeschrieben werden. Eine „Postvollmacht" nehmen Sie mit den beiden Personaldokumenten UND der/dem Bevollmächtigten auf Ihrem zuständigen Zustellpostamt gegen eine geringe Gebühr vor. Diese Vollmacht beschränkt sich nur auf den Postverkehr, nicht auf andere Absprachen oder Aufgaben! Sie ist jederzeit widerrufbar.

Preisvergleiche

Preisvergleiche rentieren sich in Frankreich immer! Mitunter werden Sie innerhalb des gleichen Ortes Preisunterschiede bis zu 50 Prozent feststellen können. Besonders bei technischen Artikeln und Gebrauchsgütern. Aber auch bei Lebensmitteln können Sie von Geschäft zu Geschäft 10 bis 30 Prozent für eine identische Ware gleicher Qualität einsparen.

Rassismus

Fremden-, Ausländerfeindlichkeit, rechte Gewalt

„Rassismus schreitet in Frankreich voran", war am 21. März 2001 einem Bericht der angesehenen Tageszeitung *LE MONDE* zu entnehmen, als diese den Bericht der nationalen Menschenrechtskommission vorstellte und analysierte. Das Blatt hob hervor, dass sich antisemitische Gewalttaten verzehnfacht hätten. Für genauere Beobachter ergeben sich hieraus allerdings differenzierte Erkenntnisse: Anders als in Deutschland, wo Rassenhass und fremdenfeindliche Aktionen fast ausschließlich aus den Reihen von Neonazis und aus dem Umfeld der im Hintergrund agierenden Drahtzieher kommen, basieren rassistisch motivierte Aktionen in Frankreich auf zwei sich eigentlich feindlich gegenüberstehenden Gruppierungen. Auf der einen Seite haben wir die politisch extreme Rechte um die *Front National* (FN) die bei Wahlen bis zu 20 Prozent der Stimmen erreichen und in der südfranzösischen Hafen- und Militärstadt Toulon sogar den Bürgermeister stellen konnte. Haupträdelsführer der FN ist der rechtspopulistische Le Pen, eine Art französischer Schönhuber & Frey, allerdings mit größerer Durchschlagskraft. Nachdem es aber zu finanziellen und juristischen Unregelmäßigkeiten und zu politisch-rassistischen Entgleisungen und damit zu seiner Verurteilung kam (er musste u.a. politischen Mandate niederlegen, und die rechten Führer zerfleischen sich verbal untereinander wie die Wölfe), geht der Stimmenanteil der FN stark zurück und wird von anderen rechten und konservativen Parteien aufgefangen und integriert. Hauptgegner der französischen Rechtsextremen und Nationalisten sind neben Juden und Ausländern paradoxerweise jene in Frankreich lebenden Araber aus den Maghreb-Staaten Nordafrikas, die im Zuge der Entkolonialisierung Marokkos, Algeriens und Tunesiens im einstigen Besatzerland Frankreich hängengeblieben sind und z.T. heute die französische Staatsbürgerschaft besitzen, z.T. aber auch nicht besitzen und deshalb ohne Wahlrecht und damit politisch und sozial isoliert sind. Es sind jedoch die Kinder und Enkel dieser „arabischen Franzosen" die heute besonders von der Jugendarbeitslosigkeit (doppelt so hoch wie unter gleichaltrigen Franzosen) leiden. Hinzu kommt die mangelhafte Integration dieser Jugendlichen in die Gesellschaft, deren Stigmatisierung in Slums und Randgebieten der Großstädte, deren Perspektivlosigkeit und die teilweise überzogenen Übergriffe und Aktionen französischer Polizisten gegen junge Araber.

Doch hier liegt das Paradox: Junge Araber, die eigentlich nichts mit der rechtsextremen FN am Hut haben (sondern die FN fürchten), beteiligen sich andererseits an gewalttätigen und antisemitischen Aktionen gegen in Frankreich lebende Juden und gegen Israel. Deren Gründe – und die extreme Steigerungsrate der Gewalt in den letzten Monaten des Jahres 2000 – liegen nach Einschätzung des französischen Innenministeriums in der Reaktion auf die Ereignisse im Nahen Osten. Es seien „reine jugendliche Frustreaktionen ohne politischen Hintergrund". Dies macht sich wiederum die extreme Rechte Frankreichs und die FN zu Nutzen, in dem sie sowohl Araber als auch Juden für den Ärger verantwortlich macht und die „Säuberung Frankreichs" nach dem Motto „Frankreich den Franzosen" fordert. Das jüdisch-arabische Problem wird von der französischen Extrem-Rechten benutzt, um die beiden Gruppen gegeneinander auszuspielen und noch mehr Hass und Gewalt zu erzeugen. Hinzu kommt der mangelnde politische Wille aller Parteien – egal ob in Regierungsverantwortung oder in der Opposition – die Integrationsfrage der jungen Araber besser zu lösen; das würde Wählerstimmen innerhalb des stark verbreiteten französischen Nationalismus (der sogar bis in die Reihen der Sozialisten und Kommunisten verbreitet ist) kosten. Mit diesem Opportunismus kann in Europa – auch in Frankreich – weiterhin Rassismus gedeihen. Ob in Folge der Terroranschläge in den USA und den militärischen Antworten im Nahen Osten hier eine Neueinschätzung in Politik- und Sicherheitsfragen auch in Frankreich entsteht, war bei Redaktionsschluss des vorliegenden Ratgebers noch nicht abzusehen, ist aber wahrscheinlich.

Die vorgenannte kurze Analyse kann und will nicht die gesamte Problematik von Rassismus und fremdenfeindlicher Gewalt in Frankreich umfassend erläutern; sie ist vielmehr der Versuch einer Einführung ins Thema.

Literaturhinweis: „Die Rechten in Frankreich". Von der französischen Revolution zum Front National. Von Bernhard Schmid, Espresso-Verlag, 17,84 EURO

Raucher

Trotz klarer Gesetze über Nichtraucherzonen auf öffentlichen Plätzen, in Parks und Bahnhöfen, wird dieser Punkt noch „sehr tolerant" gehandhabt. Frankreich ist weit von US-Verhältnissen entfernt. Restaurants sind gehalten, Nichtraucherecken (allerdings ohne Trennwände) zu reservieren, was meist – durch Anbringen von Tisch- oder Wandschildern – beachtet wird. In Bussen und Bahnen werden Raucher aber nachhaltig auf die Nichtraucherpflicht hingewiesen. In Öffentlichen Gebäuden ist striktes Rauchverbot. Zigaretten und Raucherbedarf gibt es in *Tabac*-Läden, seltener (für Stammkunden) in den Bistros und Restaurants. Zigarettenautomaten sind so gut wie nicht bekannt.

Rentenzahlung ins Ausland

Viele Rentner und Pensionäre möchten für länger oder immer in Frankreich leben und stellen sich die Frage nach ihrer „deutschen Rentenzahlung ins Ausland". Diese ist gewährleistet, wenn man sich vorher rechtzeitig mit der BfA oder LVA in Verbindung gesetzt hat. Reichlich komplizierter wird es allerdings, wenn jemand aus zwei oder mehr Ländern Renten bezieht, zumal wenn man eine Weile in Frankreich UND auf Deutschland berufstätig war. Man setzte sich auf jedem Fall mit dem deutschen Auslandskonsulat in Frankreich in Verbindung. Dort wird man zwar keine Anträge stellen oder bearbeiten, aber doch mit Informationen und Adressen helfen. Gleichzeitig setze man sich bitte mit allen zuständigen Rentenversicherungsträgern oder Knappschaftskassen in allen in Frage kommenden Ländern und mit allen Stellen in Verbindung, für die jemals Versicherungsnummern benutzt wurden, um zunächst einmal die Versicherungszeiten zu erfahren und die Aufrechnungsbescheinigungen zu bekommen. Hier wird sich dann leider oft herausstellen, dass das eine Land und deren Versicherungsträger nicht immer ganz über die Berufstätigkeit im anderen Land informiert sein könnte, so daß es mitunter zu langwierigen Fragen und Nachweissammlungen kommt.

Informationshinweis: „*Rentenzahlung ins Ausland*". *Kostenlose Broschüre von der BfA und LVA*

Resident

Als „*Residenten*" werden in Frankreich jene Ausländer bezeichnet, die hier ihre Lebensgrundlage haben, also in Frankreich fest wohnen; wer eine „Carte de Séjour" besitzt, demnach hier seine Steuern bezahlt und den französischen Gesetzen (u.a. auch den Sozial-, Versicherungs-, Arbeits-, Steuer- und Kfz-Gesetzen) unterliegt. Deutsche Staatsbürger können also in Frankreich „Resident" sein und den dortigen Gesetzen unterliegen; bleiben aber Deutsche. Eine Auswirkung auf die *Staatsbürgerschaft*>>> hat der Status eines „Residenten" zunächst nicht. Das Gegenteil vom „Residenten-Status" ist der „*Touristenstatus*">>>

Restaurants, Essen & Trinken

Die Auswahl kleiner und großer, billiger und teurer Restaurants könnte kaum größer sein. Jede Empfehlung ist deshalb relativ zu sehen. Für jeden Geschmack und Geldbeutel ist etwas dabei. Denn Essen und Trinken und ein ausgedehnter Restaurantbesuch gehören in ganz Frankreich zur viel zitierten Lebensqualität. Der rote Michelin-Restaurantführer könnte Ihnen mit seinen konkreten Hinweisen auf Qualität, Preise und Sterne einen Anhaltspunkt über die hohe französische Küche geben. Aus Erfahrung kann man von folgenden Gruppierungen sprechen: Für ein Menü in einem Drei-Sterne-Haus oder einem Schlosshotel sollten Sie pro Person mit allem Drum und Dran mit etwa 80 bis 150 Euro, in Ausnahmefällen auch mehr rechnen. „Normal"-Restaurants ohne Sterne, aber mit guter bürgerlicher Küche, bieten Gerichte zwischen 12 und 40 Euro. *Bistros* und *Brasseries* bieten einfache Essen und Tagesmenüs *(Menu du jour)* (billiger als à la carte) zu etwa 8 bis 15 Euro an. Daneben gibt es auch *Creperien* und *Snacks,* wo Sie gefüllte **Crèpes** und **Sandwichs** bekommen; ganz zu schweigen von den üblichen Selbstbedienungsläden mit Schnellabfütterung. An ausländischen Restaurants finden sich in Paris, Lyon und im Großraum Marseille besonders arabische Restaurants (z.B. Couscous) sowie indo-chinesische Küche, und, wie überall, Pizza beim Italiener.

Günstig: Herzhaft und preiswert ißt man in den an Nationalstraßen gelegenen *Relais Routier* (Fernfahrer-Restaurants und Hotels). Denn Brummifahrer und Handelsvertreter wollen für ihr Geld etwas auf ihrem Teller haben und günstig übernachten. Deshalb zahlt man dort in volkstümlicher Atmosphäre für ein kräftiges und schmackhaftes Abendessen mit drei Gängen zur Auswahl, einschließlich Wein und Dessert, Übernachtung in einfachem Zimmer und Frühstück, zusammen selten mehr als 35 Euro pro Person. Als Reiseetappe findet man solche *Routiérs* nicht auf Autobahnen, sondern an allen französischen Nationalstraßen mit Fernverkehr.

Sexualität in Frankreich

Es amüsiert mich öfters, wenn Deutsche von den „tollen und erotischen Frauen" und der „Liebe in Frankreich" schwärmen. Zugegeben, viele Französinnen – besonders in Paris und anderen (Universitäts)Städten sind modische und erotisch erscheinende Geschöpfe. Aber in welchem Land ist das nicht der Fall? Und französische Männer mögen im Allgemeinen auch als „attraktiv" und „charmant" durchgehen. Da es aber in Frankreich keinen

„Kinsey-Report" gibt, ist man bei der Frage nach „Sexualität und Erotik in Frankreich" auf eigene Erfahrungen, Beobachtungen und Einschätzungen sowie auf wenige soziologische Umfragen angewiesen. Und diese Umfragen haben ergeben: Über 80 Prozent der Französinnen machen bei der Liebe das Licht aus! Nur eine von drei Französinnen zieht sich vor ihrem Ehemann völlig nackt aus. Jede zweite Französin gibt zu, schon fremdgegangen zu sein, wogegen es bei den Männern über 90 Prozent sind. Nun wird in Frankreich allerdings auch behauptet, 80 Prozent der Männer hätten eine Liebhaberin, also eine *Maitresse.* Wo, so frage ich mich rein mathematisch, nehmen diese Fremdgänger die Frauen her, wenn nur 50 Prozent der femininen Gattung einen Seitensprung zugeben? Oder gilt eine Beziehung als *Maitresse* nicht als Seitensprung, sondern als „feste Beziehung"?

In dem Spruch „Können sie Französisch?" und der Antwort „Ja! Aber leider hapert es mit der Sprache!" könnte einige Wahrheit stecken. Diese Art der Liebe wird in Frankreich von 72 Prozent der Frauen und 96 Prozent der Männer bejaht und praktiziert. Der Fachausdruck hierfür heißt „*faire la pipe*"! Was ja wörtlich übersetzt eigentlich heißt: „Die Pfeife machen!" und nicht so hundertprozentig den Tatsachen entspricht. Aber was sollen diese Wortklaubereien beim Thema Erotik?! Schließlich heißt „*faire l'amour*" ja auch „Liebe machen" und es ist etwas ganz anderes damit gemeint.

Ansonsten hängen Franzosen genau so gerne und geil auf den erotischen Internetseiten wie andere Nationalitäten. Das älteste Gewerbe der Welt boomt in Nizza und Paris so gut wie in Berlin oder Hamburg. Junge Menschen flirten in Toulouse oder Orléans so ungeniert wie in Bonn oder Seifhennersdorf. Was dem Deutschen „*Gehen wir zu mir oder zu dir?*" entspricht, sagt man in Frankreich ebenso deutlich mit den Worten: „*On va chez toi*

ou chez moi?" wenn sich die Sache eh' klar entwickelt hat und es keiner weiteren Diskussion bedarf. Und die Zeitschriften mit Anzeigen für Partnertausch oder sonstige erotischen Varianten gibt es in jedem französischen Zeitungsladen und Bahnhofskiosk; – in Plastikfolie verpackt diskret hinter den Freizeit- und Fernsehillustrierten, allerdings zum dreifachen Preis.

Stierkampf

Bei der provenzalischen Version in den Arenen Südfrankreichs (z.B. *Fréjus, Arles, Nimes und den Dörfern der Camarque bis hin zur spanischen Grenze)* gibt es keinen Todesstoß. Die *Razeteurs* müssen ihren Wagemut beweisen, indem sie versuchen, dem Stier mit einem Gerät (*crochet*) Quasten und Kokarden vom Kopf und von den Hörnern zu reißen.

Strom

Wie bei uns 220 V; ein Euroadapter für die unterschiedlichen Steckdosen ist zu empfehlen und nützlich. Achtung Campingplatzbesucher: Beachten Sie dort die angegebenen Höchst-Wattwerte, da ansonsten Haarföhn oder Elektrogrill den ganzen Campingplatz lahmlegen können.

Tabac-Laden

Die meist kleinen Eckläden oder als *Tabac* im *Bistro* integriert, von außen durch die dicke, rote Zigarre über dem Eingang erkennbar, haben eine wichtige Funktion im öffentlichen Leben: Außer Rauchwaren gibt's hier nämlich Briefmarken, Lotto- und andere Glücksspielscheine (z.B. mehrere Sorten Rubbellose), Süßigkeiten, Telefonkarten für Telefonkabinen und für französische Handys *(Portables),* sowie Steuer- und Gebührenmarken für das Finanzamt, für die Kfz-Steuer, aber auch zur Begleichung von Strafmandaten.

Telcom

Die französische Telecom ist mit Tele-Boutiquen in vielen Orten vertreten. Hier bestellen Sie Ihren Telefonanschluss (egal ob Sie Resident oder Tourist sind), der i.d.R. einige Tage später geschaltet wird (wenn Ihr Häuschen nicht weit abgelegen abseits jeglicher Zivilisation liegt). Bei Ihrem Antrag benötigen Sie einen Miet- oder Kaufvertrag und eine EdF-Rechnung, eine Bescheinigung zur Bankabbuchung (*RIB* oder *RIP)* und ein Personaldokument. Installationskosten: etwa 40 Euro. Monatliche Grundgebühr: etwa 5 Euro. Telecom-Rechnungen werden zweimonatlich erstellt; alle Gespräche werden mit Rufnummern, Gesprächsdauer und Zeitpunkt aufgelistet, aufgeteilt in Orts-, Regional-, Fern- und Auslandsgespräche. Mit der Rechnung wird Ihnen der Tag der Bankabbuchung mitgeteilt, der i.d.R. eine Woche nach Rechnungserhalt liegt. Erfahrungsgemäß stellt die Telecom den Service ein, nachdem zwei Monatsrechnungen trotz Mahnung nicht bezahlt wurden. Eine erneute Freischaltung kostet etwa 10 Euro. Neben *France-Telecom* gibt es andere Anbieter (auch Handy-Anbieter, z.B. *SFR* oder *Itineris*), deren Vertretungen in jedem größeren Ort zu finden sind.

Telefongespräche

Nach Deutschland wählen Sie ohne Unterbrechung 00-49 und sofort die gewünschte Vorwahl ohne die erste Null sowie die Rufnummer. Billigtarife von 18.00 bis 08.00 Uhr, sowie Samstags ab 14 Uhr und Sonntags ganztags. i.d.R. Kartentelefone, nur noch äußerst selten Münzfernsprecher (außer in Bars, Bistros und Hotels, dort allerdings höhere Gebühren!). Telefonkarten gibt es am Postschalter und in Tabak- und Zeitschriftenläden. **Wichtig:** Französische Telefonnummern haben immer zehn Zahlen und beginnen mit einer Null! **Diese Null ist innerhalb Frankreichs immer mit zuwählen,** sowohl bei Ferngesprächen als auch innerhalb des gleichen Ortes von Nachbar zu Nachbar! Umgekehrt wird diese erste Null von Deutschland – oder aus einem anderen Land – nach Frankreich nicht mit gewählt! Von Frankreich nach Deutschland können kostenlose R-Gespräche geführt werden. Nach Wahl der kostenlosen grünen Nummer 0800 99 00 49 (deutschsprachige Vermittlung), geben Sie die gewünschte Teilnehmernummer an, werden nach Rückfrage beim deutschen Teilnehmer und seiner Kostenzusage verbunden; der Betrag wird der Telefonrechnung des Teilnehmers in Deutschland belastet. Pro Anruf sollte man hierbei mit sieben bis zehn Euro rechnen.

Töpferwaren

Obwohl es in vielen Regionen Frankreichs Töpfereien gibt, hat Südfrankreich die größte Auswahl: Über 100 Artisten, Töpfer und Keramiker (darunter einige deutsche „Aussteiger"-Künstler) haben sich in der *Provence* zur Gruppe *„Terres de Provence"* zusammengeschlossen und veranstalten jährlich 25 große Töpferwarenmessen in der Provence und am Mittelmeer. Die einzelnen Künstlerateliers und Töpfereien sind über die ganze Provence auf kleine Orte verteilt. Die meisten Touristenbüros bieten ausgezeichnet gestaltete farbige Prospekte mit einer Auswahl wunderschöner Arbeiten an. Vom gebrauchsfertigen Steingut (z.B. Vasen und Teekannen) bis zu hochwertigen Skulpturen und Dekorationen. Die *„Maison de la Céramique",* eine Art lebendes (Verkaufs)museum, befindet sich in 84220 *Le Beaumettes* (Tel. 0490.77.32.61), im *Lubéron* im Dreieck zwischen *Cavallion, Apt und Perthuis* gelegen. Hier auch Informationen über **Töpferkurse** *(Stages)* als alternative Urlaubsmöglichkeit.

Trinkgeld:

Ist i.d.R. im Service enthalten; Bedienungs- und Taxipersonal oder Friseurangestellte freuen sich bei Zufriedenheit trotzdem über ein kleines Extra, was in Frankreich üblich ist.

TÜV

Kraftfahrzeuge unterliegen in Frankreich dem TÜV (*Control technique*), die Sie in vielen privaten KFZ-Werkstätten (*Garages*) zu rund 40 Euro durchführen lassen können. Achtung: Auch wenn es sich um private Werkstätten handelt, sind Kontrolle und Kontrollkriterien ebenso intensiv und genau wie in Deutschland. Die Technische Kontrolle Ihres in Frankreich zugelassenen Wagens ist Voraussetzung für eine ordnungsgemäße Anmeldung und Haftpflichtversicherung. Vernachlässigung des TÜV wird mit Bußgeld bis zur Fahrzeugbeschlagnahme geahndet. Im Zuge der Anpassung europäischer Gesetzgebung ist abzuwarten, ob bald auch jene noch in Deutschland zugelassene und in Frankreich verkehrende Fahrzeuge vom französischen TÜV überprüft und genehmigt werden dürfen.

Touristenstatus

„Tourist" mit „Touristenstatus" sind Sie – juristisch gesehen – in Frankreich, wenn Sie sich dort nur vorübergehend aufhalten, nicht länger wie drei Monate an einem Stück im Land bleiben, keiner Berufstätigkeit (oder Sprachschule bzw. Studium) über drei Monate hinaus nachgehen, wenn Sie keinen festen Wohnsitz in Frankreich sondern nur in einem anderen Land haben, und Frankreich vor Ablauf von drei Monaten verlassen. Dabei ist es völlig irrelevant, ob Sie reiner Tourist, also Urlauber sind, oder sich auf einer Geschäfts- oder Forschungsreise befinden. Das Gegenteil von „Touristenstatus" ist „Residentenstatus" mit völlig anderen rechtlichen Auswirkungen. Siehe: *Resident* >>>

Übernachtung

Zur Übernachtung stehen in Frankreich alle, aber wirklich alle Möglichkeiten zur Verfügung: Von der Gartenhütte bis zum Schlosshotel! Ferienhäuser, Hotels, Bungalows, Hausboote, Campingplätze, Jugendherbergen, Privatunterkünfte in Familien oder auf Bauernhöfen, Studenten- und Jugendwohnheime, Mitwohnzentralen und sogar Wohnungstausch.

Hotels werden in sechs Kategorien eingeteilt: Vom 5-Sterne- (Luxus) bis zum 1-Sterne-Hotel, sowie solche ohne Einteilung; entsprechend sind Preise, Ausstattung und Service. Adressen kostenlos von den Touristenbüros der Departements; hilfreich ist auch der rote Michelin-Hotelführer. Die meisten französischen Hotels können heute bereits von zu Hause per Internet ausgesucht und reserviert, Teilweise sogar im Telefonbanking oder mit Kreditkarte als Abbuchung bezahlt werden.

Unter **„Logis de France"** haben sich kleinere, meist einfachere, aber gute Hotels zusammen geschlossen, die sich außerhalb der großen Zentren befinden und eine vorzügliche regionale Küche bieten. Das Hotelfrühstück ist – außer in teueren Hotels – mit Brötchen, Brot, Butter und Konfitüre, Kaffee oder Tee, mitunter auch Orangensaft – eher „schlicht" zu nennen und wird extra berechnet. **Das Frühstück** (*„petit dejeuner"*) ist in Frankreich eher „süß"; Gesalzenes, nämlich Wurst, Schinken, Eier und Käse sind die Ausnahme.

Wer Dusche und Aufzug, und vielleicht auch noch TV und Telefon im Zimmer haben möchte, sollte sich mindestens für zwei Sterne entscheiden und etwa 60 Euro, auf dem Land 50 Euro pro Nacht für ein Doppelzimmer einplanen.

Ein 5-Sterne-Luxus- oder **Schlosshotel** berechnet für ein Doppelzimmer mit Halbpension pro Nacht ab 600 Euro – oft auch höher -, dafür haben sie dann allerdings auch wirklich „das Feinste vom Feinsten", von Kaminfeuer bis Kaviar und mehr Kellner als Gäste. Nicht schlecht für exquisite Hochzeits- oder Liebesreisen, Geschäftsverhandlungen, verbunden mit der Sicherheit, sich in geschlossener Gesellschaft mit französischen Spitzenpolitikern und internationalen Wirtschaftsbossen oder Stars aus dem Showgeschäft zu befinden. Wen aber der Portier vom *Hotel Negresco* in Nizza (der Mann kann auf hundert Meter Entfernung eine echte von einer falschen Rolex und ein Joop- von einem C&A-Hemd unterscheiden) bereits am Haupteingang zurückweist – zum Beispiel, weil man eventuell keine Empfehlung von Michael Jackson oder Boris Becker vorweisen kann – wird sich vielleicht nach einer populäreren Unterkunft umsehen:

Ferienhäuser für bis zu vier Personen werden gerne wöchentlich vermietet; ein Haus oder Appartement, bestehend aus zwei getrennten Schlafzimmer, Wohn-Ess-Zimmer, moderner Küche, Badezimmer sowie Balkon und allen Leistungen kostet in der Hauptsaison (Juli-August) rund 500 Euro pro Woche, außerhalb der Hauptsaison etwa die Hälfte. Sparsame seien auf die einfachen und sehr preisgünstigen *Routier-Hotels* (Fernfahrerhotels) hingewiesen, wo man einfach und billig übernachten, aber auch deftig, herzhaft und ausreichend tafeln kann, denn Brummifahrer und Handelsvertreter – die üblichen Kunden – wollen für ihr Geld etwas sehen! Zu finden sind solche *„Relais Routier"* (ca. 40 Euro pro Nacht und Person für Essen, Übernachtung und Frühstück) an fast allen Nationalstraßen und Nebenstraßen mit viel Fernverkehr. An Nebenstraßen und in kleineren Orten auf dem Land werden Sie das Schild *„Chambre d'Hôte"* **(Gäste- und Ferienzimmer)** sehen. Preise und Service etwa wie in einem 2-Sterne-Hotel, aber die Atmosphäre oft viel familiärer und ruhiger.

Hotel am Bahnhof: Wie überall auf der Welt, reihen sich um jeden Bahnhof herum ganze Straßenfronten mit meist einfachen und mittleren Hotels zum Preis von ca. 40 bis 80 Euro, die auch kurzfristig belegt werden können, wenn nicht gerade Hochbetrieb herrscht, z.B. während der Pariser Messe *„Pret à porter"* oder in Cannes während der Filmfestspiele, in Nizza beim Karneval, Avignon während der Sommer- und Theaterfestspiele oder in Paris an Ostern und Sylvester.

Rucksacktouristen oder Interrailer mit schmalem Budget greifen gerne auf Hotels ohne Stern zurück, da man ja kein Komfort sondern nur eine sehr schlichte und preisgünstige Übernachtung gewünscht wird.. In Paris, Lyon, Bordeaux oder Marseille (z.B.) findet man solche Hotels – für die auch eine Monatspauschale für längere Aufenthalte vereinbart werden kann – häufig in den einfacheren aber lebhaften Wohngegenden der Altstadt; oft werden sie von Besuchern aus Afrika und den Maghreb-Staaten genutzt und auch von deren Landsleuten geführt. Ganz Sparsame, die überhaupt nichts zahlen sondern kostenlos wohnen wollen, müssen dafür arbeiten! Siehe „Deutsch-Französisches Jugendwerk"

Verbraucherschutz:

Der Verbraucherschutz *(protection des consommateurs)* ist in Frankreich weniger gefächert als in Deutschland. Verbraucherschutzorganisationen sind zusammengefasst im *„Institut National de la Consommation"*, 80 rue Lecourbe, 75015 Paris, Tel. 01 45 66 20 20. Telefonische Auskünfte und (Rechts-)Beratung Mo-Fr, 9- 12 Uhr.

Im Web: www.conso.net

finden wir nationale und regionale Adressen, Kampagnen und Aufklärung über Lebensmittel und zur Gesundheit auf Französisch, zum Runterladen und als Ausdruck.

Verbraucher-Magazin *60 Millionen,* zehnmal jährlich im Abonnement.

Fernsehen: 15 Minuten pro Woche gibt's Verbraucherschutzinformationen im französischen TV: Samstags 13.35 bis 13.50 Uhr France 2. Donnerstags und samstags um 20.05 Uhr bei France 3.

Das **Warenrückgaberecht** (Umtausch; genauer: „Wandlung") ist nicht generell geregelt, wird aber in den meisten großen Geschäften und Supermärkten gehandhabt; die Originalquittung ist vorzulegen. Mitunter bietet man statt der Erstattung einen Tausch, also Ware im gleichen Wert an, was man nicht akzeptieren muß.

Warengarantie: Technische Waren haben keinen Garantieschein; als Garantieschein (meist für ein Jahr) gilt der Kassenbon. Garantien für länger als ein Jahr können gegen Aufpreis der Ware erhalten werden. Während der Reparatur technischer Geräte werden keine Ersatzgeräte gestellt; technische Reparaturen können mehrere Wochen dauern. Es liegen Erfahrungen vor, dass fehlerhafte Ware erst nach drei Reparaturversuchen endlich gegen ein Neugerät umgetauscht wurde. Einige Großfirmen (hier sei besonders *Darty* genannt), haben mit dem *Contrat de Confiance* (Vertrauensvertrag) einen modernen kundenfreundlichen Service eingerichtet.

Verkehrsregel

Wir beschränken uns hier auf Abweichungen von unseret Verkehrsregelung. i.d.R. hat rechts vor links Vorfahrt, wenn nicht durch ein Verkehrsschild anders angeordnet. Merke: In Frankreich gibt es weniger Verkehrsschilder und sehr viel mehr Rechts-vor-Links-Vorfahrten als in Deutschland! In den weitverbreiteten **Kreisverkehren** hat das im Kreis befindliche Fahrzeug Vorfahrt wie bei uns. An Ampeln besteht von Rot auf Grün keine Gelbphase! Vor Ampeln gibt es keine dicke weiße Haltelinie; man fährt nach „Einschätzung" bis zur Ampel vor! An gelb markierten Straßenrändern herrscht Halteverbot! An blauen Markierungen darf nur mit Parkscheibe oder Sonderausweis (z.B. für Behinderte) geparkt werden. Wer wegen Falschparkens in den „Pfandstall" abgeschleppt wurde, warte wegen der hohen Tages- und Standgebühren nicht zu lange mit der Einlösung des Wagens. **Geschwindigkeiten:** Geschwindigkeitsüberschreitungen werden teuer geahndet; hohe Geldstrafen, Beschlagnahmung des Fahrzeuges und sogar Inhaftierung scheinen französischen Verkehrspolizisten die einzige Möglichkeit zu bieten, das katastrophale Verkehrsverhalten und die fatale Fahrweise auf Frankreichs Straßen einigermaßen in den Griff zu bekommen. Auf Autobahnen gelten 130, auf vierspurigen Landstraßen mit getrenntem Mittelstreifen 110, auf Landstraßen 90, innerhalb geschlossener Ortschaften 50 Km/h. Bei Regen und nasser Fahrbahn verringern sich diese Begrenzungen um jeweils 10 km/h außerorts und um 20 km/h auf Autobahnen. Mopeds dürfen nur 45 km/h fahren und sind auf Autobahnen und vierspurigen Landstraßen mit getrenntem Mittelstreifen nicht zugelassen. Es besteht sowohl in Ortschaften als auch auf Landstraßen und Autobahnen Gurtanlegepflicht. Promillegrenze: 0,5! Alkoholsünder wandern teilweise mit Handschellen gleich in Untersuchungshaft! Handybenutzung während der Fahrt ohne Freisprechanlage verboten! Die Polizei betrachtet es sogar als Handybenutzung, wenn das Handy (In Frankreich: „*portable*") greifbar auf dem Nebensitz liegt oder zum Aufladen im Zigarettenanzünder steckt. Trotz der hohen Strafen bis zu 500 Euro ist die Handybenutzung während der Fahrt ein recht verbreiteter Volkssport.

Hinweisschilder
und Kartenvermerke bedeuten:

„Aire de ..." = **Rastplatz.** Findet man häufig auf Autobahnen, auch auf Landstraßen, und dient als Hinweisschild auf einen kommenden Rastplatz, meist mit Toilette, Picknickmöglichkeit, oft auch Tankstelle.

Allumez vos phares = **Licht einschalten!**

Éteignez vos phares = **Licht ausschalten!** Zu finden vor der Einfahrt bzw. nach der Ausfahrt eines Tunnels.

BIS = Nebenstrecke / Alternative Strekke. Häufig auf Landkarten für jene Nebenstraßen vermerkt, die – oftmals landschaftlich reizvoller – zur Verkehrsentlastung wichtiger Hauptstrecken beitragen sollen oder empfohlen werden. Mitunter auch empfohlene oder verpflichtende Umleitung bei Autobahnsperrungen oder Teilsperrungen.

Centre Ville = Richtung Stadtmitte. Zwar ein wichtiger Anhaltspunkt, um ans Ziel Ihrer Reisewünsche zu kommen, aber nicht immer zu empfehlen, da im Stadtzentrum Verkehrschaos und Parkplatznot herrschen kann. Mitunter ist ein kluges Ausweichen auf Parkplätze am Stadtrand (besonders um Paris, in Lyon, Marseille) und die Weiterfahrt mit öffentlichen Verkehrsmitteln stressfreier und kostensparender.

Chaussée déformée = Schlechte Fahrbahndecke. Wie von zu Hause bekannt.

Déviation = Umleitung

Interdiction de stationner = Halten / Parken verboten. Kann nicht nur im Zusammenhang mit einem Verkehrsschild, sondern auch z.B. vor Garagen und privaten Hofeinfahrten stehen und ist rechtlich gleichbedeutend zu beachten.

Office de tourisme oder Syndicat d'Initiative = Touristenbüro oder Fredenverkehrsamt. Dieses Hinweisschild führt zum ersten Anlaufziel vieler Frankreichbesucher, denn hier gibt es meist außer bunten Prospekten und kostenlosen Stadtplänen auch nette und mehrsprachige, gutausgebildete Hostessen.

Passage interdit = Durchfahrt verboten

Privé – Privatgrundstück. Entsprechend zu respektieren und rechtlich zu behandeln. Mitunter dürfen *Chemins privés* (Privatwege) vom öffentlichen Verkehr benutzt werden, wenn dies mit *„utilisation publique"* ausgeschildert ist.

Ralentir = Langsam fahren, Geschwindigkeit zurücknehmen! Häufiges Hinweisschild vor Baustellen, bei Regen, Unfällen, Kurven, Autobahnstaus, u.a.

Rappel = Erinnerung, Mahnung. Häufig in Zusammenhang mit bereits vorher mehrmals ersichtlichen Verkehrsschildern, z.B. Überholverbot, Geschwindigkeitsbegrenzung, gefährliche Wegstrecke ...

Sortie = Ausfahrt. Mit einem Pfeil versehene Hinweisschilder, i.d.R. weiße Schrift auf blauem Hintergrund auf Autobahnen.

Toutes Directions – Alle Richtungen. Wenn Sie nicht mehr weiter wissen und den Stadtnamen Ihres Zieles nicht mehr ausgeschildert sehen, fahren Sie solange *„toutes directions"*, bis der Name Ihres Zieles wieder auf einem Schild auftaucht. Mitunter wird damit auch der Durchgangsverkehr um die Stadtzentren herum geleitet, und irgendwann stoßen Sie dann auf „Ihre" Abzweigung.

Travaux – Baustelle. Genauso wie zu Hause.

Verkehrsunfälle

Bei Unfällen: Man halte die europäische Unfallmeldung bereit, lasse sich immer (!) alle (!) Papiere der Unfallbeteiligten deutlich zeigen, **achte auf deren Gültigkeit** und mache sich Notizen! Aus dem französischen Nummernschild ist – im Gegensatz zu Deutschland – weder die Versicherung, noch TÜV oder Gültigkeitsdauer zu ersehen! Diese Angaben müssen bei französischen Immatrikulationen als Aufkleber auf der Windschutzscheibe rechts angebracht sein und mit den Papieren übereinstimmen! Bei kleinstem Zweifel Polizei anfordern, die bei Personenverletzungen ohnehin Pflicht, aber auch bei normalen Unfällen mit Beteiligten unterschiedlicher Nationalität äußerst angebracht ist. Wer Frankreich mit seinem deutschen Handy die Polizei anfordern will, wähle: 00-33-15, aus der Telefonzelle oder von einem festen französischen Telefon natürlich nur die 15. Ein Stück Kreide zur Hand und eine kleine Kamera für die sofortige Unfalldokumentierung hat sich oft als hilfreich erwiesen, da heißblütige Südfranzosen den Fall gerne bis zur Unkenntlichkeit gestikulierend „diskutieren". **Achtung:** Wer Fußgänger oder Radfahrer – besonders Kinder (!) anfährt, muss mit sofortiger Inhaftierung rechnen!

Verkehrsverhalten

Es ist in Frankreich, besonders im Großraum Paris und in Südfrankreich katastrophal zu nennen. Ampeln werden häufig bei Rot überfahren, durchgehende Mittellinien und Kurven werden geschnitten, Vorfahrten erzwungen, und trotz Polizeikontrollen und hohen Strafen wird die Geschwindigkeit überschritten; es wird unverantwortlich überholt oder mit einer freien Hand telefoniert. Als Kavaliersdelikt wird auch angesehen, ohne Führerschein oder ohne Haftpflichtversicherung zu fahren!

Einige Grundregel: Fahren Sie immer defensiv! Achten Sie besonders im Kreisverkehr auf Fahrzeuge neben und hinter sich! Wenn Sie sich einer Ampel bei Gelb nähern, bremsen Sie langsam und mehrmals ab, machen den Bremsvorgang rechtzeitig bemerkbar, notfalls mit einer Hand aus dem Seitenfenster! Auf der Autobahn relativ wenige Unfälle, dafür viel mehr auf den Land- und Nebenstraßen und auf schmalen, kurvenreichen Bergstraßen. Bleiben Sie konsequent rechts und unter der Höchstgeschwindigkeit, lassen Sie sich nicht provozieren, auch wenn hinter Ihnen – bzw. fast auf Ihrer Stoßstange – die Lichthupe blinkt! Am Wochenende und nach Diskoschließung, sowie an Werktagen zu Stoßzeiten des Berufsverkehrs, ist es besonders schlimm!

Wahlrecht und Wählbarkeit

Wer als EU-Bürger in Frankreich seit mindestens drei Monaten fest lebt *(Resident)* kann an den französischen Kommu-

nalwahlen (Gemeinderäte und Bürgermeister) teilnehmen. Hierzu muss er sich in seiner Wohngemeinde *(Mairie* oder *Hôtel de Ville)* mindestens sieben Wochen vor dem Wahltermin als Wähler in die Wählerliste eintragen lassen. Man benötigt dazu die *Carte de Séjour,* einen Wohnnachweis für die betreffende Gemeinde (EdF-Rechnung, die Telefonrechnung oder einen Miet- bzw. Kaufvertrag seiner Wohnung). Außerdem ist schriftlich eine formlose Erklärung abzugeben; dass man nur in Frankreich und nicht im Heimatland an der Wahl teilnimmt. Die gleiche Prozedur ist vorzunehmen, wenn man von Frankreich aus an den Wahlen zum EU-Parlament (Europawahlen) teilnehmen möchte. Man wird dann als wahlberechtigt im Gemeindeaushang bekanntgegeben und kann anschließend unter Vorlage der *Carte de Séjour* an der Wahl teilnehmen.

Sie können sich auch als Kandidat(in) für französische Kommunalwahlen und für die Europawahl aufstellen lassen. Für die Kommunalwahl genügt eine Einzelkandidatur, erfolgreicher ist allerdings die Kandidatur in Verbindung einer Wählerliste. Für die Europakandidatur ist die Aufstellung durch eine politische französische Partei nötig (siehe Daniel Cohn-Bendit, der als Deutscher – bzw. Doppelstaatler – für die französischen Grünen kandidiert hatte und als deren Abgeordneter ins EU-Parlament kam). Auf kommunaler Ebene können Sie in die Stadt- oder Gemeindeversammlung oder sogar zum Bürgermeister/Bürgermeisterin gewählt werden. Voraussetzungen sind u.a. ein fester Wohnsitz in der Gemeinde und „ausreichende" Französischkenntnisse.

An den „großen" französischen Wahlen zur Nationalversammlung *(Parlament)* und zur Senat Zweiten Kammer *(Senat)* sowie an der Wahl des Staatspräsidenten dürfen ausschließlich französische Staatsbürger teilnehmen.

Wahlrecht zu Hause

Egal ob Sie sich als *Resident* (also mit festem Wohnsitz), oder als *Tourist* vorübergehend und am deutschen Wahltag in Frankreich aufhalten, Sie können durch Briefwahl an den Wahlen zu den deutschen Landtagen und zum Bundestag, auch zur Europawahl, teilnehmen. Ihre Briefwahlunterlagen bzw. den Antrag erhalten Sie entweder durch rechtzeitigen Antrag (Empfehlung: Sechs Wochen vor dem Wahltermin) über das deutsche Generalkonsulat in Frankreich, oder durch jenes Einwohnermeldeamt (Wahlamt oder Wahlleiter) der Stadt, in der Sie zuletzt zu Hause polizeilich gemeldet waren oder sind.

Wohnsitzlosigkeit

„Wohnsitzlos" oder „obdachlos" (*SDF = sans domicil fixe*) werden in Frankreich jene Menschen genannt UND behandelt, die keine feste Unterkunft nachweisen können und i.d.R. auf der Straße oder im Freien oder mal da oder dort bei Bekannten leben. Obwohl man nach dem Gesetz immer noch wegen Obdachlosigkeit bzw. Herumtreiberei *(Vagabondage)* aufgegriffen und mit Haftstrafe belegt werden kann, wird dies nur noch in Ausnahmefällen praktiziert, denn wo sollen schließlich bei einer halben Million Obdachlosen in Frankreich (und einer erheblichen Dunkelziffer) alle diese Gefängniszellen herkommen? *SDF* (wohnsitzlos) zu sein, bedeutet auch in Frankreich fast ausschließlich soziale Nachteile. Ohne festen Wohnsitz beißt sich die Katze in den Schwanz: Keinen Wohnsitz = keine Arbeit! Keine Arbeit = kein Geld, kein Arbeitslosengeld, Sozialhilfe nur in Ausnahmefällen, kein Recht auf ein Bankkonto, kein Telefon – dem zu Folge auch keine Telefonrechnung und ohne Telefonrechnung kein Nachweis über eine Wohnung. Und vor allem die Tatsache, auf allen Ämtern ein Nichts zu sein, ohne Papiere und ohne Wohnung so gut wie nicht zu existieren und abgewiesen zu werden.

Wer als *Resident* in die Gefahr gerät, seine Wohnung (z.B. wegen Arbeitslosigkeit oder Mietrückstand und Kündigung) in Frankreich zu verlieren, wende sich rechtzeitig an die Sozialbehörde seiner Wohngemeinde *(Service Social de la Mairie)*. Dort wird man zwar nicht erfreut sein und eine Menge Nachweise über Ihre Notlage von verlangen; letztlich wird sich aber eine Hilfsmöglichkeit finden (Einweisung in eine Notwohnung, Übernahme der Miete durch die Sozialbehörde, Übernahmekosten der Krankenkosten, Hilfsmaßnahmen durch kirchl. Einrichtungen, u.a.).

Wein

Siehe Teil 6: „Wissenstest und Frankreichquiz"

sowie Teil 7: „Frankreich im Buch"

Reisen – Urlaub – Freizeit – Sport

„Es gibt nichts, was es nicht gibt!" Nahezu uneingeschränkt trifft diese Aussage auf die Urlaubs- und Freizeitmöglichkeiten in Frankreich zu. Kaum eine Sportart ist Franzosen fremd, kaum eine Reisemöglichkeit, die nicht genutzt wird. Fremdenverkehr bedeutet für Frankreich den Exportschlager Nummer Eins; noch vor Wein, Käse oder Flugzeugen, und die nehmen in der französischen Außenhandelsbilanz auch schon wichtige vordere Plätze ein! Schließlich bedeutet eine Frankreichreise nicht nur „am Mittelmeerstrand liegen" oder „durch Paris latschen". Studienfahrten zur französischen Architektur, zu Kirchen und Schlössern könnten dazu gehören; mit dem Hausboot über französische Kanäle, Skiferien in den Alpen, ein Töpferkurs in der Provence, ein Kochkurs zur französischen Küche, Reiterferien in der Ardeche, Kanufahrten, Pilgerreisen, Archäologische Ausgrabungen, Segeln und andere Wassersportarten, spezielle Klassenfahrten für Kinder, Wochenend- und Städtetouren, Reisen für Opern-, Theater- und Musikfreunde, und, und, und ...

Allen, die in den Angeboten der örtlichen Reisebüros, in Broschüren oder auf Webseiten der *Französischen Touristenbüros* oder in den Programmen des *„Deutsch-Französischen Jugendwerkes"*>>> noch nichts Richtiges gefunden haben hier ein paar Vorschläge, die neugierig und Lust auf mehr machen sollen. Ihr Reisebüro am Ort wird Sie weiter beraten, denn auch die zahlreichen anderen, hier nichtgenannten Reiseveranstalter bieten Frankreich zum Anfassen.

Abenteuer- und Sportferien

Der Veranstalter *Young-Travel* hat sich u.a. auf Jugend- und Abenteuerreisen nach Südwest-, Süd- und Zentralfrankreich (Ardeche, Mittelmeer, Atlantik) spezialisiert. Dabei werden Jugendliche ab 15 angesprochen, die sich für eine Mischung aus Flirt, Disco, Abenteuer und sportlichen Aktivitäten interessieren. Von Beachparty über Skateboards, Surf, Bodyboards, Fahrräder, Inlineskates, Kletterkurs, Kanu, Wild- und Outdoor-Camps, Höhlenbiwak, Segeln, Tennis bis Trekking und Aerobics. Geschlafen wird (teils in eigenen) Zelten. Schlafsack und Isomatte sowie Essgeschirr erforderlich. Reise nach Frankreich in der Regel mit Bus ab Saarbrücken.

Young-Travel (sun & fun Sportreisen), Franz-Joseph-Str. 43, D-80801 München, Tel. 089-38 01 41 51, Fax: 089-34 07 68 91

Angeln

Siehe Camping >>>

Boote und Penichetten auf Binnengewässern

Wir wissen alle mehr oder weniger was ein Caravan oder Mobilhome ist. Nun stellen Sie sich die ganze Sache viel größer vor, mit Sonnendeck und Frühstücksterrasse, und es fährt nicht über Autobahnen und Landstraßen, sondern tuckert gemütlich über Frankreichs Flüsse und Kanäle. Die Rede ist von Hausbooten oder „Penichetten", Führerschein frei und mit Fahrradständern versehen, für zwei bis zehn Personen, mit denen Sie in fast allen Teilen Frankreichs auf Flüssen und Kanälen den alternativen Urlaubskick bekommen. Denn Avignon oder Toulouse, Straßburg oder Amiens bekommen vom Wasser aus, wo kein Auto hinkommt, für Auge und Geist einen völlig neuen und interessanten Blickwinkel. Dazwischen liegen erhabene Staustufen, Schleusen und Schiffshebewerke, kleine Insel oder am Ufer urgemütliche Ausflugsrestaurants, die Ruhe ausstrahlen und Ihrem Frankreichurlaub ein geheimnisvolles Flair geben.

Die Reiseveranstalter berechnen die vorgeschlagenen Routen für eine Stundengeschwindigkeit von etwa acht bis zwölf Kilometer. Für das Passieren der Schleusen sollte man noch etwas Wartezeit hinzufügen. Man kann anhalten und verweilen wo immer gewünscht; die mitgeführten Anlegepflöcke gewähren nicht nur in befestigten Häfen und an einfachen Haltestellen Freiheit, sondern auch mitten in der Natur nach Gutdünken. Die Schleusen in Frankreich sind i.d.R. von 8-21 Uhr bei einer Stunde Mittagspause geöffnet. Es entstehen keine Schleusengebühren. Allerdings sind einige Schleusen an gesetzlichen Feiertagen nicht geöffnet, andere Schleusen funktionieren selbsttätig. Wieder andere lassen sich (mindestens zwei Personen erforderlich) selbst bedienen und sind deshalb an keine Schließungszeiten gebunden.

Ein Hausboot für vier bis sieben Personen beläuft sich in der Vor- oder Nachsaison pro Woche auf etwa 900 Euro, in der Hauptsaison (Juli und August) etwa 1.400 Euro; pro zusätzlicher Tag etwa 140 bis 200 Euro. Eine Kaution von 500 bis 1000 Euro ist erforderlich.

Vor Beginn der Reise weist ein Techniker die künftigen Skipper ein und verpaßt allen einen Schnellkurs im Steuern und Lenken. Zwar ist kein Bootsführerschein nötig, aber man ist zur Einhaltung der verschiedenen Behördenvorschriften verpflichtet. Bei Dunkelheit darf nicht gefahren werden; Boote dürfen weder ins Schlepptau genommen noch verliehen werden. Fahrräder dürfen immer, Haustiere unter bestimmten Voraussetzungen mitgeführt werden. Wegen des Parkplatzes Ihres (Anreise)-Fahrzeuges oder zum Rücktransport zwischen Ziel- und Ausgangspunkt können Arrangements mit dem Reiseveranstalter getroffen werden. Über Sperrungen wegen Hochwasser oder Reparaturarbeiten hat man sich vor Reiseantritt mit dem Veranstalter abstimmen. Und dann heißt es „Leinen Los! Und eine neue Art von Urlaub und Abenteuer in Frankreich genießen!"

Anbieter:

locaboat plaisance gmbh, Ludwigstraße 1, D 79104 Freiburg, Tel. 0761-207 3737, Fax: 0761-207.37.73, www.locaboat.de

Boule und Pétanque

Immer beliebter wird auch in Deutschland das provenzalische Boulespiel „Pétanque" (mehrere Vereine in eigenen Ligen organisiert). Der französische und Weltmeister im Pétanque, Marco Foyot, bietet Pétanquekurse für alle Alterstufen (8 – 18 und 18 plus) an. Orte: Raum Montpellier am Mittelmeer und Clermont-Ferrand in Zentralfrankreich. Es werden Anfänger und Fortgeschrittene mit und ohne Lizenz akzeptiert. Preisbeispiel: 5-Tage-Kurs mit Hotelübernachtung und Halbpension etwa 800 Euro. Anmeldung und Info:

Marco Foyot, 13-15 rue du père Salles, F-34300 Agde, www.marco-foyot.com

Camping

Dies ist nicht der Platz, um Ihnen die über zehntausend kleinen und großen französischen Campingplätze vorzustellen. Aber ein Hinweis für alle Campingreisenden, die in Frankreich Richtung Süden fahren oder aus südlicher Richtung kommen. In Südwestfrankreich, genauer gesagt im grünen Perigord der Dordogne, haben die deutschen Naturliebhaber Doris und Stefan einen Campingplatz in herrlicher Umgebung übernommen und ihn Kinder freundlich – mit vielen Freizeitangeboten, Restaurant, Swimmingpool und Einkaufsmöglichkeiten, mit Waschmaschine und Stromanschluss – ausgebaut. Jeder Stellplatz hat mindestens 100 Quadratmeter. Die typisch französische Dorfatmosphäre – mit Bäcker, Kneipe, Fleischer – ist nur 500 Meter vom Platz entfernt, wo die Vögel am Bach noch zwitschern und Schmetterlinge in der Sonne turteln. Wer sich nicht nur erholen, nicht nur in Ruhe und Natur wandern oder faulenzen möchte, kann auf die Touren- und Ferienvorschläge von Doris und Stefan eingehen: Radfahren, Reiterferien in der Nähe, ja sogar ein Programm zu **Anglerferien**. Anschrift, Info und Buchung:

Camping Misonneuve, F – 24800 St. Jory de Chalais, Telefon & Fax: 0033 553 55 10 63, www.camping-maisonneuve.com

Formel 1 – Grand Prix von Monaco

Hautnah die Brüder Schumacher und die Weltelite der Formel 1 beim Grand Prix von Monte Carlo erleben. Dazu ein Rahmenprogramm rund um Rennen, Piloten, und die Côte d'Azur. In 2 bis 4-Sterne-Hotels im Zentrum von Nizza wohnen. Individuelle Anreise oder Flug ab Frankfurt und Straßburg bis Nizza.

Veranstalter:
Grünstadter Reisebüro, Michael Wiegand, 67269 Grünstadt, Kirchheimer Str. 1, Tel. 06359 93 65 0, Fax: 06359 93 65 24, info@gruenstadter-reisebuero.de, www.gruenstadter-reisebuero.de

Gastronomie- und Gourmetreisen

Unter so schmackhaften Titel wie „Lyon, die Stadt der Meisterköche", „Cidre, Calvados und Camembert", oder „Gaumenfreuden im Burgund" wirbt „La Cordee Reisen" in seinem schlichten aber beeindruckenden Katalog. Besonders beeindruckend für den Autor dieses Ratgebers: Mit den Reiseteam um Geschäftsführer und Initiator Ansgar Zoller sind Fachleute am Werk, die über ein enormes Frankreichwissen verfügen. Bemerkbar macht sich das bei solchen Reiseangeboten, welche die üblichen klassischen Frankreichtouren der ausgetretenen Pfade nicht unbedingt berücksichtigen; es geht mehrheitlich zu Orten und Sehenswürdigkeiten der Stille, der verborgenen Schätze, zu einem Frankreich der guten Küche, der alten Mauern und alten Weinfässer. Und wer sich vor dem Frankreichurlaub auf das Land der Gallier besser einstimmen möchte, klickt die Webseite www.lacordee-reisen.de an; zu Informationen über Wein und Käse, Küche und Keller, Land und Leute, Architektur und Bauwerke. Wie gesagt: Wer Ahnung von Frankreich hat, kann auch etwas anbieten.

La Cordee Reisen, Am Storrenacker 22, D-76139 Karlsruhe, Tel. 0721-96 70 40, info@lacordee-reisen.de, www.lacordee-reisen.de

Gesundheits-, Wellness- und Schönheitsreisen

Nicht gerade billig, aber extravagant: Wellness-, Gesundheits- und Fitnessreisen an der Côte d'Azur. Anreise erfolgt i.d.R. mit eigenem Auto oder Flugzeug; Anreisekosten sind in den Angeboten der Fitnesszentren nicht enthalten. Die Preise für örtliche Leistungen (Doppelzimmer, Halbpension) liegen zwischen 400 und 1100 Euro pro Woche, je nach Haupt- oder Nebensaison und Hotelniveau. Hinzu kommen eine Programmpauschale von etwa 500 Euro und eine ärztliche Untersuchung von etwa 25 Euro.

Anbieter u.a.:

La Cordée, s.o.

Individuell mit Fahrer und Reiseleitung

Wer Frankreich besonders individuell erleben möchte, kann sich (und seine Familie oder Geschäftsfreunde) von einem Reiseleiter-Fahrer durch Frankreichs Regionen fahren lassen. Der Fahrer spricht Deutsch, Englisch und Französisch; er fungiert zugleich als Reiseleiter und Übersetzer, sozusagen als „Mädchen für alles" während der Reise. Er kümmert sich um das Hotel, führt Sie auf Märkte und Sehenswürdigkeiten, stellt Kontakte her (auch Geschäftskontakte), erklärt Ihnen Frankreich in seiner Vielfalt. Gefahren werden kann mit Ihrem eigenen Auto oder mit einem Leihwagen Ihrer Wahl. Fahrtübernahme kann sowohl in Deutschland als auch in jedem Ort in Frankreich erfolgen. Für die Fahrtrouten können Sie Ihre eigene Auswahl treffen, oder sich Routen vom Reiseleiter – gegen Honorar – ausarbeiten und vorschlagen lassen. Mindestdauer: 3 Tage. Höchstdauer: zwei Wochen. Ausnahmen nach Absprache möglich. Teilnehmer: 1-6 Personen, je nach Fahrzeugtyp. Honorarpauschale für Fahrer/Reiseleitung: 300 Euro pro Tag bei einer Teilnahme von bis zu drei Personen. 400 Euro bei 4-6 Personen. Zuzüglich Spesen, An- und Abreise. Steuern und Versicherung für den Fahrer inklusive. Frühzeitige Vorausbuchung empfohlen!

Info und Buchung per Telefon außerhalb Frankreichs: 00-33-618.05.85.74

In Frankreich: 0618.18.05.85.74 oder per Email: kus.info@wanadoo.fr

Jugendreisen

einschließlich fast aller Outdoor Sportarten von Wassersport bis Trekking, von Jugendherberge bis Zelt oder Strohhütte:

Vielfältige Jugend-Austauschprogramme mit Frankreich bietet das **Deutsch-Französische Jugendwerk,** Adresse siehe: Sprachreisen. www.dfjw.org

Unter dem Motto „Kein festes Dach über dem Kopf, aber 24 Stunden feiern ..!" konzentriert sich die „Ski- & Surf Company" auf ein meist jugendliches und abenteuerlustiges Reisepublikum zwischen französischem Mittelmeer und Alpen. Im Programm: Windsurfing, Wasserski, Bananaboot, Tauchen, Flusstrekking, Rafting, Kanu, Klettern, Höhlenbiwak, Biken, Schnorcheln, teilweise auch Reiten und Bodyboarding-Kurs. Im Winter: Ski und Snowboard. Wenn man den Katalogen und den Erlebnisberichten glauben kann, spielt auch Kennenlernen, Liebe,

Flirt, tanzen, Musik und Ausgelassenheit hier eine ziemlich große Rolle. Unterbringung teils in Jugendhotels, teils in Strohhütten oder Zelten.

Anbieter:

Ski & Surf Company, 66386 St. Ingbert, Schlackenbergstr. 41, Tel. 06894-92.27.44, Fax: 06894-34.055, www.ski-surf.com

Weitere Angebote siehe *„Klassenfahrten"* sowie *„Abenteuer- und Sportferien"*>>>

Kanu „ruhig" und Wildwasser

Per Kanu, Fahrrad und zu Fuß geht es in Südwestfrankreich in die Fluss reiche Gegend von Tarn, Allier und Drôme. Übernachtung auf Campingplätzen, kochen und essen in der Gruppe. Anbieter: Sausewindreisen. Infos und Buchung im örtlichen Reisebüro.

Klassenfahrten – Schulfahrten

Zugegeben, mitunter hat die Klassenlehrerin eigene Ideen und will die Klassenfahrt selbst zusammen stellen. Oder in Zusammenarbeit mit einer französischen Partnerschule gestalten. Zahlreiche deutsche Reiseveranstalter haben sich allerdings seit vielen Jahren auf „vorgefertigte" Klassenfahrten spezialisiert. Aber „vorgefertigt" heißt nicht „mangelnde Flexibilität", denn Reiseveranstalter und Busunternehmen schneidern auch Reisen nach Maß, nach den individuellen Bedürfnissen einer Klasse oder einer Gruppe. Aber auch die fertigen Programme machen neugierig. Hier einige Beispiele:

**CTS-Reisen (Lemgo)
haben u.a. im Programm:**

* **Elsaß und Straßburg,** Nordvogesen und Colmar, ab fünf Tage, Unterkunft in verschiedenen Kategorien (Selbstverpflegerhaus, Jugendherberge, modernes Jugendzentrum, 3-Bett-Zimmer in einem Schloss oder einfache Hotels). Besichtigungen und Be-

suche in Straßburg, Colmar, in Brauereien und bei den europäischen Institutionen.

- **5 Tage Paris!** Ein Ausflug mit jugendlichem Zuschnitt: neben den klassischen Besichtigungen der französischen Metropole u.a. auch Besuchsmöglichkeiten (z.B. Mittagessen im Hard-Rock-Cafe), Fußballstadion, Empfang im Rathaus mit französischem Vortrag, Disneyland, Besuch bei der UNESCO mit englischem oder französischem Vortrag; die anderen Reiseleitungen auf Deutsch. Übernachtung in Jugendzentren oder Hotels mit 3 und 4-Bett-Zimmer.

- **Normandie.** Aufenthalt in Jugendzentren oder Appartements bis 5 Personen in Caen. Rundreise durch verschiedene bekannte Orte der Normandie über die Küstenstraße von Deauville bis zum Mont St. Michel, vorbei an spektakulären Felsformationen und gotischen Kathedralen. Neben dem Künstlerstädtchen Honfleur gibt es auch Erläuterungen und Besichtigungen zur französisch-englischen Geschichte (Wilhelm der Eroberer), sowie zur deutsch-französischen Geschichte (Friedensmuseeum, Schlacht in der Normandie, Einmarsch der Alliierten und Befreiung vom Faschismus).

- **Burgund:** Landschaft, Wein und Baukunst! Gut kombinierte 5-Tage-Busreise unter Einbeziehung etlicher Fachprogramme: Weinmuseum, Fachwerk-Baukunst, Besichtigungsmöglichkeiten im Senfmuseum, Groß- und Spezialitätenbäckerei, Likördestillerie, Imkerei, Archäologisches Museum u. Ausgrabungsstätten.

- **Provence und Avignon:** Für den Autor eine der interessantesten Reiseangebote mit einer Vielfalt von Besichtigungen und berühmten Städten und Regionen: Avignon, die lebendige Theater- und Kulturstadt; Nimes und Arles in einer Mischung aus römischer Antike, spanischer Lebensart und modernem Frankreich; die Camarque mit einer schier unbeschreiblich lieblichen Landschaft, mit weißen Pferden, Flamingos und fast echten Zigeunern; ein Teil der sagenhaften Provence mit Orten voller Geschichte: Orange, Gordes und St. Remy. Schade, dass in diese Reise nicht auch noch ein Abstecher in Frankreichs größte Hafenstadt Marseille und nach Aix-en-Provence, der agilen Kultur- und Studentenstadt eingebaut wurde. Aber in solchen Fällen kann die Klassen- oder Schulleitung sicher mit dem Reiseveranstalter Absprachen und Änderungen besprechen.

- **Côte d'Azur und Nizza:** Eine Woche ist eigentlich viel zu kurz für alles: Picasso, Renoir, Matisse und Chagall mit dem Meeresmuseum und der Spielbank in Monaco und der Promenade des Anglais in Nizza oder der Palast des Filmfestivals in Cannes unter einen Hut zu bringen, und dann auch noch am Strand liegen, versteckte Bergdörfer entdecken, die verzauberte Altstadt in Nizza und den Blumenmarkt genießen, im Bistro sitzen und dem bunten Treiben zusehen, – da muss man schon gut zu Fuß sein und viele Interessen mitbringen.

Leistungen und Preise: Die Preise bei CTS schwanken je nach Abfahrtsort. Günstigere Preise, wenn Sie selbst den Bus stellen oder organisieren und CTS nur das Programm vor Ort übernimmt. Zuschläge gibt es für Reiseführer vor Ort, zusätzliche Besichtigungen oder für Busse mit Luxusausstattung.

Adresse, Katalog, Buchung:

CTS, Gruppen- und Studienreisen, Herforder Str. 75, D-32657 Lemgo. Tel. 05261-25060.

Korsika-Urlaub

Das Feriendorf Bravonne/Begheera liegt auf 100 ha in einem Eukalyptuswald am Ufer einer ruhigen Bucht. 100 Wohnungen, kleine Villen, aber auch Holzchalets und Campingplätze bieten Unterkunft, Einkaufsmöglichkeiten und Freizeit in Verbindung mit der Natur Korsikas.

Anschrift:

Bravonne, F-20230 Linguizzetta (Corse), bagheera@bagheera.fr, www.bagheera.fr

Wanderreisen auf Korsika: siehe Wanderreisen >>>

Kulinarische Reisen

Küche und Wein im Elsaß: Eine Studienreise mit kulinarischen Streifzügen durch Restaurants und Weinproben zwischen Weißenburg (Wissembourg), Straßburg und Colmar, 6 Tage in den Sommermonaten. Studiosus-Reisen, Adresse siehe: *Studienreisen>>>*

Küche und Kochkurse:

Provenzalische Küche und Weine, Weingüter und Restaurants gemeinsam mit provenzalischen Freunden erleben. Eintauchen in die Kochkunst der französischen Küche. Unmittelbares Erleben bei Künstlern und Köchen. Gekocht, gegessen und erlebt wird gemeinsam im Freundeskreis. Kontakt: „Provence-Berlin", c/o Berliner Pressebüro Tosch. Adresse siehe „Kunst- und Kulturreisen".

Kochen wie 4-Sterne-Köche:

Kochkurs (franz. Küche des 19. Jh.) mit renommierten Köchen in einen Vier-Sterne-Hotel in Avignon. Neue Preisangaben liegen nicht vor.

Hotel de la Mirade, 4 place de la Mirade, F – 84000 Avignon, Tel. 0033-490-85.93.93 (auch auf Deutsch)

Kochen wie bei Mama:

Hausmannskost wird erlernt in der Auberge **„Les Casseroles de Provence",** 7 km außerhalb von Avignon. Tel. 0033-490 85 55 94 (auch auf Deutsch).

Sie fahren mit der Chefin selbst auf die Märkte der Umgebung und suchen die Zutaten aus. Tagespauschale pro Person: etwa 140 Euro pro Person, einschließlich Unterkunft, Vollverpflegung und Kochkurs. Ermäßigung, wenn Partner am Kurs teilnimmt. Individuelle Ausflugsmöglichkeiten: Avignon, Aix, Marseille, Camargue, u.a.

Kunst- und Kulturreisen

Die Partnerschaft "Berlin-Provence" ist längst nicht mehr auf Berlin beschränkt. Die private Initiative Berliner und südfranzösischer Künstler und Journalisten organisiert den bilateralen Austausch, lädt Franzosen nach Berlin ein und vermittelt deutsche Alternativurlauber nach Südfrankreich. Die wohl individuellsten und privatesten Reisen in die Provence werden von einer Gruppe deutsch-französischer Künstler, Galeristen, Journalisten und Schriftsteller selbst organisiert. Die private Initiative „Berlin-Provence" wird in Deutschland vom Berliner Pressebüro Toschpresse repräsentiert.

Kontakt:

Provence-Berlin, Partenariat avec la France. Tel.: 030-892 64 29, Fax: 030 89 09 16 93, toschpresse@acor.de

Im Programm: „Kunst, Architektur, Musik und Landschaft in der Provence" mit zweisprachiger Begleitung. „Bei provencalischen Künstlern und Galerien zu Gast". „Malen im Licht der Provence", Kurse für Anfänger. „Französisch-

Sprachkurse" mit Familienkontakt und Ausflugsprogramm. Anreise und Aufenthaltsdauer können z.T. individuell gestaltet werden. Für Gruppen mit besonderen Interessengebieten können die Reisen „nach Maß geschneidert" werden.

Kinder, Heranwachsende

Bereits für Zehn- bis Fünfzehnjährige werden Kinderreisen zu einem Jugendcamp auf der Ile d'Oléron (Atlantikküste zwischen Bordeaux und La Rochelle) angeboten. Übernachtung in 5-Personen-Zelten. 200 Meter zum Strand. Die Gruppen stehen unter Fachbetreuung. Preisbeispiel: 16 Tage Busreise, Vollverpflegung, Unterkunft, Reiseleitung: etwa 550 Euro. Abfahrtsorte sind Berlin, Leipzig, Köln, Hamburg, Frankfurt a.M. Minigruppen ab vier Personen sparen 15 Euro pro Person. Schlafsack und Iso-Matten müssen mitgebracht werden. Infos und Buchungen bei **Falken-Jugendfahrten,** Hamburg, 040-229.79.80, www.jugend-fahrten.de, jugendreisen@web.de

Fahrradstudienreisen

Während Sie täglich etwa 50 Kilometer radeln und ein Stück Frankreich entdecken, wird Ihr Gepäck mit dem Begleitfahrzeug von Hotel zu Hotel befördert. Radtouren im Gebiet von La Rochelle – Bordeaux, aber auch durch Burgund (Dijon, Chalon, Besancon) bietet für eine bis zwei Wochen: Studiosus-Reisen, Adresse siehe: *Studienreise>>>*

Fahrradtouren

Der Hektik entrinnen, Geist und Körper etwas Gutes tun, die Natur nicht nur erleben sondern einatmen und mit ihr verschmelzen. Frankreich ist wie geschaffen für Fahrradtouren aller Art. Die abwechslungsreichen Landschaften, von der Weite der Camargue über die Schwingungen der Provence bis in die Höhen von Alpen oder Ardennen. Auf verschlungenen Wegen zwischen Weinfeldern und Obstplantagen,

durch tiefe, würzige Wälder, hinein in die Herzen alter Steinhäuser. Die Veranstalter für Radwandern haben sich ganz schön in Frankreich umgeschaut, um herrliche Strecken mit leichtem, mittlerem oder schwierigem Grad zu finden.

Sie reisen per Flug oder Bahn in das Ausgangsgebiet, übernehmen dort Ihr Fahrrad (bei Anmeldung Körpergröße und Gewicht angeben!) und dann geht es zu zweit oder in kleinen Gruppen in zauberhafte Gebiete, in die ein Reisebus oder Auto nie hinkommen würden, es sei denn, Sie reisen mit dem Traktor.

Preisbeispiel als evtl. Anhaltspunkt: Für eine 13-Tage-Fahrt zahlt man etwa 1.400.—Euro; hier sind inbegriffen der Linienflug nach Frankreich, die Transfers, Radmiete, Reiseleitung, Ausflugsprogramme, 12 Übernachtungen im DZ mit Dusche und WC, sowie Halbverpflegung.

Wikinger Reisen, Kölner Straße 20, 58135 Hagen, Tel. 02331-90 47 42, www.wikinger.de

Rückenwind Reisen, Industriehof 3, 26133 Oldenburg, Tel. 0441-485 97 11 / 12, Fax: 0441 485 97 22, 23, info@www.rueckenwind.de

Geboten wird z.B. eine einwöchige Tour als begleitete Gruppenreise oder als Individualtour von Orange bis hinunter in die Camarque. Sie führt auf ebenen Wegen durch Flusstäler, Sumpflandschaften radeln, entlang sanfter Weinberge und Hügellandschaften. Daneben werden auch etwas konditionsfordernde Teilstücke in den Apillen bewältigt. Flamingos und Wildpferde gibt's in der Camargue zu bestaunen, kulturelle Zentren der Antike und des Mittelalters am Mittelmeer.

FKK-Urlaub

„FKK-Urlaub ist eigentlich wie jeder andere Urlaub auch, nur eben nackt!" So könnte man die Nackedei-Ferien an Frankreichs meist sonnigen Stränden oder in den verschwiegenen Waldkolonien kurz zusammenfassen. Und doch ist FKK-Urlaub mehr und völlig anders: Die Menschen im Adamskostüm scheinen freier, ungezwungener, weltoffener; Kinder lernen früh und ungestört, besser mit Nacktheit und dem eigenen Körper umzugehen. Nur wer dieses seltsame Gefühl von Freiheit und Wohlbefinden im Zusammenhang von Natur und Nacktheit einmal erlebt hat, weiß die Vorzüge eines FKK-Urlaubs zu schätzen. Egal ob an einem ruhigen Waldsee mit abenteuerlichen Blockhäusern, Gitarre und Grill, oder den stürmischen Wellen des Meeres ausgesetzt, mit Komforthotel und Galadinner. Ein Spaß für die ganze Familie, eine Wohltat für Körper, Geist und Gesundheit.

FKK-Anbieter:

Oböna-Reisen, D-61214 Bad Nauheim, Tel. 06032/96090, 06032 82924, Fax: 06032 8364, info@oboena.de

FKK an der Atlantik- oder Mittelmeerküsten direkt am Strand oder in Holzbungalows am Waldsee:

Miramare-Reisen GmbH - Der Reisedienst des DFK, Julius-Leber-Straße 67, 53340 Meckenheim, Tel. 02225 83 74 60, Fax 02225 83 74 62, urlaub@miramare-reisen.de, www. miramare-reisen.de

Die meisten (19) FKK-Strände Frankreichs liegen an den Mittelmeerküsten, also in den Regionen westlich von Marseille (*Languedoc-Roussillon),* nördlich von Marseille (*Provence)* und östlich, also an der *Côte d'Azur.* Weitere 25 liegen – teils im Landesinnern und an Waldseen – nördlich der Pyrenäen und an der Atlantikküste zwischen spanischer Grenze und Bordeaux.

Oper-, Theater- und Musikreisen

Eine bemerkenswerte Initiative und ein Kunstgenuss sind die individuellen Reiseangebote von Rainer J. Beck, der uns zum Thema „*Musik- und Theaterreisen nach Frankreich"* schrieb: „Paris wird öfters als Musikreise angeboten, aber wer kennt die ausgezeichneten und berühmten Opern- und Theateraufführungen am Mittelmeer, in Avignon, Marseille, Montpellier oder Monte Carlo?" Becks Angebote im Jahre 2001/02 fielen bereits aus dem Rahmen. Wir sind gespannt auf die Programmvielfalt in den kommenden Jahren. Hier eine Auswahl: Philharmoniekonzert in Monte Carlo, mit Werken von Schostakowitsch, Dvorák und Chausson. Falstaff in der Oper von Nizza. Musik- und Kulturreise durch die Provence und Südfrankreich (z.B. „Die Zauberflöte in Aix-en-Provence, oder „Rigoletto" im Antiken Theater in Orange). Oder Verdi-Opern im weltoffenen Marseille und Montpellier, der Stadt der Jugend und Lebensfreude. Die „Reise zum Sonnenkönig" bringt uns mit Bach und Haydn zurück in die Vergangenheit. Neben dem Musikgenuss bleibt Zeit für Kultur, Besichtigungen, Museen, Natur und Architektur. Becks Musik- und Theaterreisen zeugen von Liebe zum Detail, von Sachkenntnis und seriöser Organisation.

Internationale Theater- und Musikreisen Rainer J. Beck, D-80686 München, Hansastr. 17, Tel. 089/57 40 34, Fax: 089/57 40 37, rainer.j.beck@t-online.de, www.musikreisen-beck.de

Pferd und Reiterferien

Egal ob Trails hoch zu Ross von Schloss zu Schloss, oder durch die Pyrenäen, Westernreiten in der Camargue, Sternritte im Tal der Loire, Kutschreisen für Nichtreiter, oder Einsteigerprogramme in der Auvergne: In diesem Programm wird fast ganz Frankreich abgedeckt, soweit es mit Pferden zu erreichen ist. In 8 bis 10 Tagen geht es teils über Gebirgsgeröll, teils durch Wasserstraßen, durch romantische Wälder und entlang von Flussläufen, bei sehr unterschiedlichen Anforderungen und reiterlichen Qualifikationen, von gemütlichen Anfänger bis Rodeokönner mit sehr großer Sattelfestigkeit. Unterbringung und Verpflegung zwischen organisierten Bauernhöfen und individueller Zeltgemeinschaft mit Lagerfeuerambiente. Adresse, Buchung, Katalog und Info: siehe *„Zigeunerwagen"*>>>

Pferd, Natur, Kultur und Hausbootkombination

Immer ein Teil der Familie (oder kleinen Gruppe) auf dem Rücken der Pferde, der andere Teil im Hausboot auf den nahe gelegenen Wasserstraßen Frankreichs. Oder hoch zu Ross die Weingüter rund um Bordeaux besuchen, die Schlösser der Loire (und die frühere Lebensweise französischer Adliger) erkunden. Am Lac Saladou vom Anfänger zum Wanderreiter werden, oder Ferien auf einem französischen Reiterhof am Mittelmeer:

Pegasus Internationale Reiterreisen,, service@reiterreisen.com, www.reiterreisen.com, Herrenweg 60, CH-4123 Allschwill, Tel. 0041 613 033 103

Pilger- und religiöse Reisen

Neben Spanien und Italien gehört Frankreich – vor allem Lourdes – zu den großen Stätten religiöser und kultureller Suche in Verbindung mit Pilgerreisen und Wallfahrten. Im Angebot finden wir Flug-, Bahn- und Busreisen mit den Schwerpunkten Paris, Straßburg, Dijon, Lyon, Nevers, Avignon, Narbonne, Toulouse und vor allem Lourdes. Andere Rundreisen berühren die heiligen Orte der Zisterzienser im Burgund mit den Städten, Kirchen und Kathedralen in Fontenay, Auxerre, oder weiter im Süden Beaune und Cluny. Pilger- und Wallfahrten, bzw. religiöse Reisen mit geschichtlich-kulturellem Hintergrund werden von zahlreichen Reisebüros in Deutschland angeboten. Mitunter erteilt auch die örtliche Pfarrgemeinde Auskunft. Über die bayrischen Grenzen hinaus hat sich nachste-

hender Veranstalter einen Namen gemacht:

Bayerisches Pilgerbüro, Dachauer Straße 9, 80335 München, Tel. 089-54.58.110, Fax: 089-54.58.11.69, www.pilgerreisen.de

Leben heißt unterwegs sein. Geboten wird eine breite Palette von Reisen rund um den Globus: als Schwerpunkt religiös ausgerichtete Touren ebenso wie solche zu Studienzwecken, aber auch Wanderurlaube und Kreuzfahrten. Als eingetragener Verein arbeitet das Bayerische Pilgerbüro gemeinnützig, d.h. der Gewinn kommt bedürftigen Pilgern, Kranken oder weniger Begüterten zu Gute. Egal ob Planung, Buchung oder besondere Wünsche - hier bekommt man Rundumbetreuung aus einer Hand.

Sport und Abenteuer auf Korsika

Korsika, die wilde Insel, voller Romantik und Naturschönheiten, viel zu schade zum Faulenzen, besser geeignet für einen Sport- und Abenteuerurlaub für Leute zwischen etwa 25 und 40 Jahren. Mit Segeln, Wandern, Radtouren, Wassersport, Strandpicknick, wohnen in Holzhütten, teilweise mit Selbstverpflegung.

Frosch-Sportreisen, Rudolf-von-Langen-Str. 2, D-48147 Münster, Tel. 0251/927 88 10, Fax: 0251/927 88 50, 0251 92 78 8 34, Gustav Heinrich -Im Südosten der Insel, ca. 6 km von Porto Vecchio, am Golfo di Sogno, liegt ein Camp. Ideal um einen Badeurlaub mit Sport, schönen Ausflügen und städtischem Leben zu kombinieren. Gewohnt wird wahlweise in Holzhäuschen oder mit etwas mehr Komfort in Mobil-Homes. Die Benutzung von Mountain-Bikes und Kanus ist kostenlos. Auch geführte Bike- und Wandertouren.

Wandern in Frankreich

Drei bis sechs Stunden täglich durch die einsame Bergwelt der Pyrenäen wandern? Oder drei Stunden am Tag durch die Provence? Auvergne und Park der Vulkane? Oder leicht und beschwinglich zu Fuß entlang der Schlösser an der Loire? Studiosus-Reisen, Adresse siehe*: Studien-Reisen>>>*

Die Bretagne und der Nordwesten, sowie Südfrankreich/Provence/Mittelmeer (teilweise Pyrenäen) sind die Schwerpunkte bei Wikinger-Reisen. Mitunter interessante Kombinationen von Natur, Geschichte und Architektur, angepasst an jedes Paar Schuhe, also an alle Kletterniveaus. Preis- und Leistungsbeispiel: 15 Tage Südfrankreich (davon 6 Wandertage), Hotel mit Halbpension, Rückflug München – Marseille, oder von/nach anderen deutschen Flughäfen, Reiseleitung, Wanderführung und Transfers: ab 1.300.-- Euro

Wikinger-Reisen, Servicenummer: 0180-232.52.42 oder Buchung über Reisebüros

Wintersport – Ski

„Warum sollten wir zum Wintersport in ein anderes Land fahren?" fragen Franzosen. „Wir haben doch alles vor der Haustür!" In der Tat: Frankreich hat in Europa die meisten Wintersportübernachtungen pro Jahr. Frankreichs Mittel- und Hochgebirge liegen teilweise nur eine bis vier Autostunden von Deutschland entfernt. Und selbst von der sonnigen Côte de Azur bei Nizza ist es nur eine knappe Autostunde, um an Weihnachten plötzlich von der Meeressonne in die Wintersonne mit Schnee einzutauchen. Alle deutschen Reisebüros bieten „Frankreich im Winter" an. Beispiele oder Empfehlungen erübrigen sich deshalb an dieser Stelle.

Wohnmobilurlaub

Den alten Hasen der Wohnmobile will ich hier keine Neuigkeiten erzählen. Aber ich habe eine Webseite im Internet gefunden, die nicht nur mir Freude macht, sondern wahrscheinlich vielen Wohnmobilern nützliche deutschsprachige Informationen zum Thema „Mit dem Wohnmobil in Frankreich unterwegs" bringt:

http://home.t-online.de/home/raul.reichert

Aufgelistet werden Stellplätze, sanitären Anlagen und Entsorgungsstationen in Frankreich, Ausrüstungen und Ersatzteile, sowie Praktische Tipps von A bis Z. Hinzu kommt ein Forum, wo sich Camping- und Mobilhomefreunde austauschen und kennenlernen können. Eine gelungene Privatinitiative.

Zigeunerwagen

Beschaulich und reizvoll mit dem Zigeunerwagen durch die Vielfalt Landschaften. Mit 6 Stundenkilometer fernab von Autobahnen und überfüllten Touristenzentren. Und trotzdem Komfort: Im Zigeunerwagen, der von einem Pferd gezogen wird, gibt es bis zu vier Schlafstellen (Tagsüber Sitz- und Essecke), Kühlschrank, Kochgelegenheit und Spüle. Zur Übernachtung geht es auf Farmen und Bauernhöfe, wo auch regionale Bauern-Lebensmittel gekauft sowie geduscht werden kann. Fahrräder und Hunde können im Trail mitgenommen werden. Unterwegs Möglichkeiten zum Baden, Angeln und Bootfahren.

Kataloge und Infos:

Pferd & Reiter, Rader Weg 30 a, D-22889 Tangstedt, Tel. 040 607 66 90, Fax: 040 607 66 931

Fit für Frankreich?

Wissenstest zur Landeskunde

Hier geht's kreuz und quer und kunterbunt durch Frankreich. Unser Querschnitt soll den Leser einführen und neugierig machen auf mehr. Deshalb wurden einige Begriffe und Namen als sogenannte „Links" in *Kursiv* gesetzt. Sie führen zu Büchern, Bibliotheken oder weiterführenden Quellen im Internet zum Thema *„Frankreich"*.

Bitte nicht schummeln! Seien Sie ehrlich mit sich selbst. Und lesen Sie die Auflösungen erst am Schluss ...

1. Diese französische Schauspielerin wurde am 27. Juni 1955 in Paris geboren, hat einen algerischen Vater und eine deutsche Mutter, und wurde durch den Film *„Die Geschichte der Adèle H."* (nach dem Roman von *Victor Hugo*, Regisseur: *Francois Truffaut*) als 18jährige international bekannt, nachdem sie bereits in Frankreich als Bühnen- und Filmschauspielerin ein Begriff war. a.) Wie heißt sie?

   b.) Nennen Sie mindestens drei weitere Filme mit ihr in der Hauptrolle!

   c.) Kennen Sie französische Filmregisseure? Nennen Sie bitte drei!

2. Über Politik und Politiker kann man ansonsten streiten. Aber beim Thema *„Deutsch-Französische Zusammenarbeit"* gab es nach dem Zweiten Weltkrieg zwei historische Persönlichkeiten (einen französischen Staatspräsidenten und einen deutschen Bundeskanzler); sie unterschrieben die richtungweisenden *Deutsch-Französischen Verträge*. Wer ist gemeint?

3. Frankreich ist politisch und geografisch/organisatorisch in 96 *„Départements"* aufgeteilt, denen jeweils – in alphabetischer Reihenfolge – eine

Kennziffer zugeteilt ist. Diese Kennziffer wird zugleich als Anfang bei den Postleitzahlen, aber auch als die letzten beiden Zahlen auf den Kfz-Zeichen verwendet. So hat das Departement *„Bouche du Rhône"* (Mittelpunkt: *Marseille*) zum Beispiel die Kennziffer 13. Wie sind die Kennziffern für

a.   *Paris* (nur die Stadt)

b.   *Alpes-Maritime* (mit den Städten *Cannes, Nice, Grasse*, u.a.)

(Sind Ihnen bei der Reise bereits andere Kennziffern aufgefallen und kennen Sie deren Zugehörigkeit?)

4. *Champagner* ist für viele nicht nur ein edles Getränk, sondern auch ein französischer Exportschlager. Neben *Châlons-sur-Marne* ist eine weitere französische Stadt mit rund 180.000 Einwohnern Hauptstadt und Mittelpunkt des Champagners. Dort – oder in unmittelbarer Nähe – haben die bekanntesten Familien und Champagnerfirmen ihren Sitz, ihre Handelsbüros und Kellereien. In der nordöstlich von *Paris* gelegenen Stadt wurden in der *gotischen Kathedrale* die *französischen Könige* gekrönt, u.a. Karl VII nach dem Kreuzzug der *Jungfrau von Orléans* gegen die Engländer. Außerdem wurde in dieser Stadt am 7. Mai 1945 das Ende des Zweiten Weltkrieges mit der Unterzeichnung der bedingungslosen Kapitulation durch die Deutschen besiegelt *(Großadmiral Dönitz)*. Wie heißt diese Stadt?

5. Ob Fußballfan oder nicht, aber immerhin ist es dem französischen Fußball-Team als erster Nationalmannschaft gelungen, nach dem Weltmeistertitel 1998 auch die *Fußball-EM* 2000 zu

gewinnen. Das WM-Endspiel fand 1998 in einem speziell für die WM erbauten Stadion statt, zwischen *Paris* und einem im Norden von Paris gelegenen internationalem Großflughafen befindet.

   a. Wie ist der französische Name des Stadions?

   b. Wie heißt der an beiden Endspielen teilnehmende französische Fußballnationalspieler (algerischer Abstammung) „Zizou" mit Nachnamen? (Er wurde Weltfußballer und wechselte für eine Rekordsumme von rund 100 000 Euro zu Real Madrid).

   c. Wie heißt der internationale Großflughafen in der Nähe des Pariser WM-Stadions?

   d. Wie heißt der weitere internationale Großflughafen im Süden von Paris?

   e. Kennen Sie weitere französische Großstädte mit internationalen Flughäfen und Flugverbindungen mit Deutschland? Nennen Sie mindestens drei davon.

   f. Nennen Sie mindestens drei Fußballvereine aus der obersten französischen Liga, die schon einmal Meister waren.

6. Der Mann ist französischer Bühnen- und Filmschauspieler, der international vor allem durch seine Rolle als Kommissar in einer französischen TV-Serie bekannt wurde, in der das Leben und die Abenteuer eines Pariser Polizeikommissariats den Mittelpunkt bilden. Der Schauspieler heißt *Roger Hanin*. Seine Filmtochter „Yolande" ist seit 1988 die Belgierin Emanuelle Boidron.

   a. Welchen Titel hat diese französische Polizei-TV-Serie?

   b. Nennen sie bitte zwei weitere französische TV-Krimi-Serien, die

auch zu Beginn des neuen Jahrhunderts noch erfolgreich waren?

7. *Frankreichs Filmindustrie* gehört international zu den größten und besten Filmproduktionen; dies wird u.a. jährlich mit einem berühmten *Filmfestival* am Mittelmeer dokumentiert.

   a. Wie heißt der Austragungsort des Filmfestivals?

   b. Wie heißt der dort verliehene höchste Filmpreis?

   c. Nennen Sie bitte mindestens je drei weibliche und drei männliche (im Jahre 2000 lebende) französische Filmschauspieler(innen), die bisher in diesem Quiz noch nicht genannt wurden.

8. Auf einem Pariser Friedhof liegt ein deutscher Dichter begraben, dessen Namen zweimal zu Beginn des vorliegenden Buches genannt wurde.

   a. Wer ist es?

   b. Nennen Sie eines seiner Werke/Gedichte.

   c. Wie heißt der Pariser Friedhof?

9. Für Sportfreunde:

   a. Die alljährliche *Tour de France* macht mitunter auch einen kurzen Abstecher zu den europäischen Nachbarn der Franzosen. Nennen Sie bitte mindestens drei Länder davon!

   b. Neben Fußball ist Frankreich auch in etlichen anderen Sportarten international stark vertreten. Nennen Sie bitte mindestens vier davon.

   c. Wie heißt das jährlich in Paris stattfindende internationale Tennisturnier?

10. Wie heißt jene Organisation, und unter welcher Adresse hat sie in Deutschland ihren Sitz, die primär für den *deutsch-französischen Jugendaustausch* zuständig ist?

11. Sie ist die Hauptstadt des südfranzösischen Departements *Vaucluse*, nördlich von *Marseille*, hat knapp 100 000 Einwohner, liegt an der *Rhône*, der Papst hatte dort einst seinen Sitz, heute findet dort alljährlich im Sommer ein berühmtes Kulturfestival statt? Von welcher Stadt ist die Rede?

12. In *Paris* wurde ein ehemaliger an der *Seine* gelegener Bahnhof „umfunktioniert" und ist heute u.a. Museum und Stätte der berühmtesten französischen und internationalen *Impressionisten*.

    a. Wie heißt dieses *Museum?*

    b. Nennen sie bitte mindestens drei *französische Maler* des *Impressionismus*.

    c. Wie heißt jenes – weitaus größere – *Pariser Museum*, das dem o.g. am Seineufer schräg gegenüber liegt, und wo nicht nur Japaner Jagd auf das Lächeln einer berühmtem Frau machen.

    d. Wie ist der „richtige Originalname" der *Mona Lisa*? Und wer hat das Bild gemalt?

13. In Paris wurde ein weltberühmter Platz vollkommen umgestaltet, u.a. durch den Abriss eines alten Bahnhofs und durch den Bau einer gigantischen Oper (siehe: *Präsident Mitterand*). Der Platz ist nicht nur ein Verkehrsknotenpunkt im Osten der Seine-Metropole, sondern vor allem das Symbol der weltweit bedeutenden *Französischen Revolution*. (*1789*, heute *Französischer Nationalfeiertag*).

    a. Wie heißt der Platz?

    b. An welchem Tag wird der franz. Nationalfeiertag gefeiert?

14. Eine deutschsprachige Schauspielerin wollte den „Sissi-Rollen" entrinnen und ging nach Paris, spielte in Frankreich in ernsthaften Filmrollen (u.a. mit *Michel Piccoli*), war mit einem französischen Schauspieler liiert, und ging nach dem tragischen Tod ihres Kindes in Paris in den Freitod. Wie heißen die Schauspielerin und ihr französischer Partner?

15. In welcher französischen Stadt und Straße ist der Sitz der *Deutsch-Französischen Handelskammer*?

16. Wohin können Sie sich u.a. wenden, wenn Sie aus beruflichen oder anderen Gründen in Südfrankreich Kontakte oder Hilfe (z.B. für Selbständige, Geschäftskontakte, Freiberufler oder Immobilien) benötigen?

17. „Er" hat einen Pferdeschwanz, „Sie" mitunter einen Bubikopf, meist aber lange, blonde Haare. Beide stammen aus Deutschland und sind in Paris in der Modebranche berühmt geworden. „Er" wurde u.a. mit *Monaco* und mit Steuerfahndung in Zusammenhang gebracht, „Sie" u.a. mit einem Magier namens David. Wer sind diese beiden „Deutschen in Paris"?

18. Der erste Weltkrieg hat einen historischen Ort im Nordosten Frankreichs berühmt-berüchtigt gemacht. Über die Schrecken dieses Krieges und der Soldaten-Massengräber berichtete ein deutscher Schriftsteller in seinem weltberühmten und verfilmten Roman *„Im Westen nichts Neues"*.

    a. Wie heißt der Ort (dessen nachdenkliche Umfeld-Besichtigung man bei einer Frankreichreise nicht versäumen sollte)?

    b. Wie heißt der Schriftsteller?

19. Der *europäische Airbus* wird u.a. von Frankreich und Deutschland konstruiert und gebaut. In welcher südfranzösischen auf der einen und norddeutschen Stadt auf der anderen Seite finden die Airbus- Teil- und Endmontagen statt?

20. Im französischen Alltag muss man sich möglichst schnell an Abkürzungen gewöhnen. Was bedeuten in Frankreich die Abkürzungen *TGV, SNCF, ANPE, CPAM, CFDT* und *EdF?*

21 *Le Monde* ist wahrscheinlich die berühmteste franz. Tageszeitung. Nennen Sie daneben mindestens je

   a. drei weitere überregionale allgemeine *französische Tageszeitungen* und

   b. drei Wochenmagazine aus Politik und Wirtschaft!

22. Welcher der folgenden französischen Fernsehsendern (*TF 1, FR2, FR 3,* M6, *ARTE*) strahlt keine kommerzielle Werbung aus? Welcher dieser TV-Sender ist sowohl in französischer als auch in deutscher Sprache zu empfangen?

23. In welchem Zeitraum regierte Karl der Große? Unter welchen beiden französischen (lateinischen) Namen war er außerdem bekannt?

24. Frankreich ist nicht nur „Flachland". Welche Gebirge oder gebirgsähnliche Erhebungen kennen Sie in Frankreich? Nennen Sie mindestens drei davon?

25. Und weil wir gerade bei „Stadt, Land, Flüsse" sind: Nennen Sie mindestens drei Deutschland und Frankreich gemeinsame Flüsse.

26. „Er" schrieb nicht nur „*Das Sein und das Nichts*", „*Das Spiel ist aus*", oder „*Die ehrbare Dirne*" und „*Die schmutzigen Hände*". „Sie" war nicht nur militante Vorreiterin der französischen Frauenbewegung; sie propagierte auch die freie Liebe und wurde „ihm" laufend „untreu". Heute liegen die beiden nebeneinander in einer gemeinsamen Grabstätte auf dem Pariser Friedhof von *Montparnasse.* Um wen handelt es sich bei den beiden?

27. Frankreich ist mit einem „Touristenbüro", der *Maison de France,* in Deutschland vertreten. In welcher deutschen Stadt und unter welcher Adresse ist diese Stelle zu finden?

28. Die Hafenstadt *Marseille* und das benachbarte *Les Milles* (bei *Aix-en-Provence)* und weitere kleinere Orte in der Nachbarschaft haben während der Nazizeit und der deutschen Besatzung in Frankreich (siehe auch: *Regierung Pétain*) eine wichtige – teilweise aber auch eine unrühmliche – Rolle für deutsche Emigranten und Antifaschisten gespielt. Nur für kurze Zeit konnten deutsche Antifaschisten und Juden Unterschlupf finden und Hoffnung schöpfen, bevor sie entweder ins KZ kamen, ihnen die Flucht ins Ausland gelang oder sie den Freitod wählten. In welcher kleinen südfranzösischen Hafenstadt entstand damals eine deutsche Künstlerkolonie von Emigranten?

29. Den „etwas Älteren" dürfte die unvergessliche und unvergleichbare französische Chansonistin *Edith Piaf* (der „Spatz von Paris") noch ein Begriff sein. Doch das französische Chanson, auch der Schlager, Rock und Pop, haben noch mehr Namen berühmter Interpreten zu bieten. Nennen Sie bitte mindestens fünf davon!

30. Die meisten Städte haben „nur" einen einzigen Hauptbahnhof; Paris hat gleich mehrere davon, alle recht weit auseinander liegend und in verschiedene Landes- und Europateile führend. Kennen sie deren Namen?

31. In einer deutschen Stadt an der *Mosel,* nun französisch, ließ der deutsche Kaiser Wilhelm II. einen Bahnhof und ein ganzes Stadtviertel in seinem Stil erbauen. Die Franzosen haben das in der Bahnhofskuppel angebrachte

wilhelminische Hoheitszeichen nicht entfernt. In welcher Stadt steht dieser Bahnhof? Und um welchen Teil Frankreichs handelt es sich bei dem damals von Deutschland besetztem Gebiet?

32. Neben knapp einer Million Menschen jüdischen Glaubens und etwa vier Millionen Moslems, sind die meisten Franzosen Katholiken. Einer der katholischen Wallfahrtsorte ist *Lourdes*. .Wie hieß das Mädchen, dem nach der Legende die Muttergottes in einer Grotte bei *Lourdes* erschien? Welches französisch-spanische Grenzgebirge erstreckt sich südlich von Lourdes?

33. Zigeuner, Stierkämpfe, ja sogar Spanier und Flamenco haben am westlichen *Mittelmeer* (zwischen *Perpignan, Montpellier, Arles* und *Marseille*) ihre Spuren hinterlassen. Jährlich pilgern Zigeuner in ein ehemaliges Fischer- und heutiges Touristendorf, zwischen Stieren, Flamingo-Vögeln und weißen Pferden. Wie heißt der Pilgerort und wie bezeichnet man die dortige Landschaft?

34. Wie ist der franz. Name der „*Jungfrau von Orleans*"? Gegen welchen in Paris residierenden englischen Herrscher kämpfte sie in welchem Jahr?

35. In Frankreich – besonders in *Paris, Lille, Metz, Bordeaux, Toulon*, in *Lyon*, um *Marseille*, in Straßburg und im Elsaß, in der *Ardèche* und am *Mittelmeer* – leben (neben den jährlich zwei Millionen Urlaubs- und Kurzbesuchern) zahlreiche Deutsche permanent und mit festem Wohnsitz. Sei es als Aupair oder Lehrer, als Geschäftsfrau oder Rentner, als Studienpraktikant oder Immobilienbesitzer, und, und, und ...

Leben – nach Ihrer Meinung – entweder 15 000, oder etwa 30 000, oder 45 000 Deutsche fest in Frankreich?

36. Nennen sie bitte drei französische Gerichtsbarkeiten.

37. „Sie" hieß mit bürgerlichem Namen eigentlich „Fräulein Fisch" (auf Französisch: *Mademoiselle Poisson*) und wurde auch vom Preußenkönig *Friedrich II* so tituliert. Aber als Geliebte (*Maitresse*) von *Sonnenkönig*-Nachfolger *Ludwig XV* hatte sie mehr Macht (und wohl auch mehr Neider und Feinde) als der französische König selbst. Unter welchem französischen Namen ist diese Madame besser bekannt?

38. Können sie Französisch? Oder hapert es mit der Sprache? Bitte übersetzen Sie folgende einfachen Wörter und Begriffe:

    a.   Guten Tag/*Bonsoir* / Gute Nacht / Auf Wiedersehen / *très bien!*

    b.   Wie geht es Ihnen? / *C'est formidable! / Heureusement!*

    c.   *Mais, je vous en pris* / Ich heiße ... und komme aus Deutschland

    d.   *Je voudrai bien travailler en France* / Wie heißen Sie bitte?

    e.   Mein Bruder / Vater / Schwester / Cousin / Kind / Mann / Frau

    f.   *Je suis très heureux de visiter la France!*

    g.   Ich liebe Camembert, Weißbrot und Rotwein!

39. Sie befinden sich in einem Restaurant in Frankreich und haben sich mit folgenden Begriffen auseinanderzusetzen: *Plat du jour, Menü, L'addition, La carte, Entrée, Boissons, Viande, Poisson, Dessert, Vin. Kennen Sie die deutschen Begriffe dafür?*

40. Durch eine von den Franzosen (und aufgrund amerikanischen Drucks) ak-

zeptierte Volksabstimmung wurde das nach dem Zweiten Weltkrieg von Frankreich besetzte *Saarland* wieder Teil der Bundesrepublik Deutschland. In welchem Jahr?

41. „Er" ist eine der schillernden Personen in der *deutsch-französischen Geschichte* seit 1968; er stammt aus einer deutsch-französischen jüdischen Familie, war einer der Anführer der Pariser *Studentenrevolte von 1968*, arbeitete als Redakteur für die Frankfurter Alternativzeitschrift „Pflasterstrand", war Moderator eines französischen Radiosenders, später ehrenamtlicher Magistrat für Ausländerfragen in Frankfurt am Main und im Jahre 2000 u.a. Abgeordneter der *französischen Grünen* im *Europaparlament* in *Straßburg* und *Brüssel*. Wie heißt der Gesuchte?

42. Das Bild heißt *„La Fée Electricité"*, entstand für die *Weltausstellung 1937* in Paris, ist 600 m2 groß und hängt im *Museum für moderne Kunst* in Paris. Wie heißt der Künstler (geb. 3.6.1877 in *Le Havre)* und welcher Stilrichtung wird er zugerechnet? Kennen Sie weitere französische Maler und deren Stilrichtungen? Nennen Sie mindestens drei davon.

43. Deutsche Sprache, schwere Sprache. Zumal unsere Sprache mit internationalen Wortschöpfungen vermischt ist. Aber nicht zuletzt durch *Napoléon* und andere Einflüsse fanden auch zahlreiche französische Begriffe in die deutsche Sprache. Nennen Sie mindestens fünf französische Begriffe (teilweise lateinischen Ursprungs) im deutschen Sprachgebrauch.

44. Das *Elsaß* ist eine Region am Oberrhein und gehört heute politisch zu Frankreich. In Folge der wechselnden deutsch-französischen Besitzverhältnisse tragen noch heute viele Orte im Elsaß deutsche Namen. Nennen Sie mindestens drei davon.

45. An welche Adresse in Stuttgart kann man sich wenden, wenn man Informationen zu Sprachkursen und *Sprachschulen in Frankreich* benötigt? An welche Adresse in Freiburg kann man sich wenden, wenn man Informationen zu den Themen „Aupair", „Ferienjobs und Praktika in Frankreich" benötigt?

46. Wie heißt jene Art von „Personalausweis" (auch Aufenthaltsgenehmigung oder Arbeitsgenehmigung genannt), die Nichtfranzosen zum Daueraufenthalt bzw. zur Arbeitsaufnahme in Frankreich benötigen?

47. Frankreich ist wie Deutschland Vollmitglied der Europäischen Union (EU), deren Bürger im jeweils anderen Land – nahezu – die gleichen Rechte und Pflichten haben wie Inländer. Nennen sie bitte

   a. mindestens zehn Rechte, die auch von EU-Ausländern im jeweils anderen Land ausgeübt werden dürfen,

   b. mindestens drei Rechte, die Inländern vorbehalten sind und von EU-Ausländern im Gastland NICHT ausgeübt werden können.

   c. Nennen Sie bitte alle im Jahre 2003 der EU angehörigen Vollmitglieder.

   d. Nennen Sie bitte mindestens fünf europäische Länder, die nach 2005 die Chance haben, ebenfalls als Vollmitglied der EU aufgenommen zu werden.

   e. Welche humanen Kriterien muss ein EU-Beitrittsland – neben ökonomischen und sozialen Kriterien – für eine EU-Mitgliedschaft erfüllen?

48. In welcher Sprache müssen in Frankreich Verträge abgeschlossen, Briefe

geschrieben oder Urkunden ausgefüllt werden, um vor französischen Gerichten oder Verwaltungsstellen Bestand zu haben?

49. Nennen Sie bitte mindestens drei französische Polizeidienste.

50. Wieviel Buchtitel **in deutscher Sprache** gibt es zum Thema „Frankreich" oder alles was im engeren Sinne mit Frankreich oder dem deutsch-französischen Verhältnis zu tun hat?

   a. etwa 200

   b. etwa 500

   c. etwa 1500

   d. mehr als 1500?

51. Nennen Sie bitte drei Inseln an den Küsten der Normandie, die nicht zu Frankreich, sondern zu Großbritannien gehören.

52. Nennen Sie bitte mindestens zwei Inseln an der französischen Atlantikküsten sowie drei Inseln an der französischen Mittelmeerküste.

53. Wie heißen die beiden Zwergstaaten an den Grenzen Frankreichs, die offiziell nicht zu Frankreich (und damit nicht zur EU) gehören, sondern – teils – von kirchlichen Würdenträgern bzw. von einer Fürstenfamilie regiert werden und trotzdem begrenzt von Frankreich abhängig sind.

54. Französische Literatur:

   a. Welcher französische Schriftsteller hat „Die tolldreisten Geschichten" und „Die menschliche Komödie" verfasst und wann lebte er?

   b. Die 1935 geborene französische Schriftstellerin Francoise Sagan hieß eigentlich Quoirez; mit welchem Roman wurde sie weltberühmt?

   c. Nur 46 Jahre alt wurde der 1821 geborene französische Dichter und Lyriker, der (u.a. mit „Die Blumen des Bösen") zu den Vorläufern des Symbolismus gerechnet wird. Wie heißt der Künstler?

   d. Nennen Sie zwei berühmte literarische Vertreter des französischen Existenzialismus.

55. Französische Musik:

   a. In welchem Jahrhundert kamen in Frankreich die „Chansons de geste" und die Lieder der „Troubadours" auf?

   b. Wann und von wem wurde in Frankreich die „Italienische Oper" eingeführt?

   c. Aber wer gilt als eigentlicher Schöpfer der französischen Oper?

   d. Welche Künstlernamen fallen Ihnen ein, wenn Sie an jene Musik denken, die (etwa 1902) die sogenannte „französische Moderne" einleitete?

56. Kunst und Architektur:

   a. Die Zeit von Renaissance und Manierismus (etwa 1500-1620) war auch die Blütezeit der französischen Schlossbaukunst. Nennen Sie drei berühmte französische Schlösser und deren Baumeister aus dieser Zeit.

   b. Wie nennt man die Zeit zwischen etwa 1620 bis zur Französischen Revolution 1789?

   c. Nicht nur Francois (1598-1666), auch sein Neffe Jules (1646-1708) waren Baumeister und Hofarchitekten von König Ludwig XIV. Francois baute unter vielen anderen architektonischen Kunstwerken den Westflügel von Schloss Blois und das Schloss Maison-Lafitte; Neffe Jules war verantwortlich für den Invalidendom in Paris und die Schlosskapelle in Versailles. Wie hießen die beiden mit Familiennamen?

d. Er lebte von 1809-1891, war 1853 - 1870 Präfekt des Departements „Seine" und gilt als Schöpfer des modernen Paris (Anlage von Avenuen und Boulevards unter Vernichtung des alten und maroden Pariser Stadtbildes). Ein großer Pariser Boulevard ist nach ihm benannt. Wie ist sein Name?

57. Französische Geschichte:

a. In welchem Jahr schied Frankreich aus der NATO aus?

b. In welchen Jahren gab Frankreich seine Kolonien Indochina, Tunesien, Marokko und Algerien auf?

c. Frankreich verlor einen deutsch-französischen Krieg. In welchem Jahr?

d. In welchem Jahr fand die Februar-Revolution und der Sturz des „Bürgerkönigs" Louis-Phillippe statt?

58. Nennen Sie bitte mindestens fünf französische Überseegebiete (Dom-Tom's bzw. „Départements d'outre-mer)

59. Nennen Sie bitte mindestens fünf Staaten bzw. Gebiete der Erde, in denen Französisch entweder offizielle Amtssprache oder erste Verwaltungssprache - noch vor Englisch oder Spanisch - ist.

60. Wirtschaft:

a. Frankreich verfügt über zahlreiche Bodenschätze. Nennen Sie bitte mindestens fünf davon.

b. Nennen Sie mindestens fünf französische Landwirtschaftsprodukte.

c. Nennen Sie mindestens fünf französische Industrieprodukte.

61. Wein, Weinbrand, Schnaps & Champagner:

a. Nennen Sie bitte mindestens fünf bekannte französische Weinanbaugebiete.

b. Aus welcher französischen Region stammen *Knipperlé, Gewürztraminer, Riesling* und *Sylvaner?*

c. Aus welcher Region kommt der *Muscat noir?*

d. Nennen Sie zwei berühmte französische Regionen, wo vorzüglicher Weinbrand hergestellt wird, der natürlich nicht „Weinbrand" heißt, sondern ...

e. Nicht Reben, sondern Äpfel sind Grundlage des berühmten französischen „Apfelschnapses" aus der Normandie, und er heißt ...?

f. Nur welcher französische „Sekt" darf als *Champagner* bezeichnet werden?

g. Auf welcher Webseite kann man sich im Internet über französische Weine schlau machen?

62. Fromage, fromage!

a. Nennen Sie mindestens fünf französische Käsesorten!

b. Nennen Sie mindestens drei aus Ziegenmilch hergestellte Käsesorten, die werden!

c. Aus welchem Landesteil kommt i.d.R. der *Roquefort* und wie lange ist seine Reifezeit?

d. Aus welchem Landesteil kommt i.d.R. der *Camembert* und wie lange ist dessen Reifezeit?

e. Welchen Wein könnte man zu den Käsesorten *Carré du Poitou* bzw. zu *Brie Fermier* empfehlen?

f. Auf welcher Webseite kann man sich im Internet über alles rund um den französischen Käse informieren?

63. Flirt, Liebe und mehr...

Übersetzen Sie bitte ins Französische:

Ich liebe dich!

- Ich möchte Sie kennenlernen/wiedersehen!
- Wollen Sie mit mir tanzen/schlafen/essen gehen?

Übersetzen Sie bitte ins Deutsche:

- Chanson d'amour
- J'aime les calins!
- Ah! Les femmes francaises! Ola-la!

Antworten:

1. Isabelle Adjani
   b. „L'été meurtrier", „Nosferatus", „La Reine Margot", u.a.
   c. Luc Besson, Gérard Ouri, Claude Lelouche, Claude Chabrol, Agnès Varda, Josiane Balastro, u.a.
2. Général Charles De Gaulle und Dr. Konrad Adenauer
3. Paris = 75, Alpes-Maritime = 06, Var = 83
4. Reims
5. a = Stade de France, b = Zidane, c = Charles de Gaulle, d = Orly, e = Marseille, Nice, Toulon, Strasbourg, f = Paris St. Germain, Olympic de Marseille, FC Monaco, u.a
6. a = Navarro, b = Julie Lesco, Quai Nr.1
7. a = Cannes, b = Palme d'or d = (Schauspielerinnen): Catherine Deneuve, Miou-Miou, Isabelle Huppert, Charlotte Gainsbourg, Nathalie Baye, Fanny Ardant, Anémone, Sophie Marceau, Romaine Bohringer, Sandrine Bonaire, Jeanne Moreau, Bernadette Lafont, Emanuelle Béart, u.a.

(Schaupieler): Gérard Depardieu, Alain Delon, Pierre Richard, Michel Piccoli, Daniel Auteuil, Thierry Lhermitte, Gérard Jugnot, Pierre Brasseur, Philippe Noiret, Richard Berry, Michel Galabru, Fabrice Luchini, Michel Serrault, Jean-Louis Trintignant, u.a.

8. a = Heinrich Heine (1797-1856)
   b = Deutschland ein Wintermärchen, Reisebilder, Buch der Lieder, Romanzero... , c = Montmartre
9. a. Belgien, Luxemburg, Deutschland, Schweiz, Italien, Spanien
   b. Rubgy, Fechten, Judo, Tennis, Schwimmen, Basketball, u.a.
   c. Roland Garros
10. Deutsch-Französisches Jugendwerk (DFJW), www.dfjw.org

(Außenbüros in Berlin und Paris).

11. Avignon
12. a = Orsay, b = Manet, Monet, Pissaro, Degas, Renoir u.a., c = Louvre, d = La Gioconda (La Jaconde), gemalt von Leonardo da Vinci, etwa 1503-1505
13. a = Place de la Bastille, b = 14. Juli
14. Romy Schneider, Alain Delon
15. Paris, Rue Balard 8
16. email: frankreich.kontakte@wanadoo.fr
17. Web: www.frankreichkontakte.com
18. Carl Lagerfeld, Claudia Schiffer
19. a = Verdun, b = Erich Maria Remarque
20. Toulouse, Hamburg
21. TGV = Train à Grande Vitesse (Intercity Schnellzug)

SNCF = Société National de Chemin Fer (Französische Eisenbahn)

ANPE = Agence National pour l'Emploi (Arbeitsamt)

CPAM = Caisse Primaire d'Assurance Maladie (Gesetzliche Krankenkasse) CFDT = Confédération Francaise Démocratique du Travail (Einer der großen Französischen Gewerkschaftsverbände)

EdF = Electricité de France (Allgemeine Elektrizitätsgesellschaft)

21. (Tageszeitungen): France-Soir, Libération, L'Humanité, Figaro, Le Monde, Le Parisien, u.a. (Wochenmagazine): Le Point, L'Express, Nouvelle Observateur, Paris-Match...

22. ARTE

23. 747-814, Charlemagne, Carolusmagnus

24. Franz. Alpen, Vogesen, Franz. Ardennen, Pyrenäen, Massiv Central,

25. Rhein, Mosel, Saar

26. Jean-Paul Sartre, Simone de Beauvoir

27. Frankfurt am Main
www.franceguide.com

28. Sanary sur mer

29. Michel Sardou, Johnny Halliday, Vanessa Paradis, Patrick Bruel, Patricia Kaas, Julien Clerc, Jacques Dutronc, Alain Souchon

30. Gare de Lyon, Gare du Nord, Gare de l'Est, Austerlitz, Montparnasse, St. Lazare

31. Metz-Lothringen (Lorraine)

32. Bernadette, Pyrenäen

33. Sainte Marie de la Mer, Camargue

34. Jeanne d'Arc, um 1412 bis 1431, französisches Bauernmädchen, das sich im 100jährigen Krieg durch göttlichen Auftrag zur Befreiung Frankreichs berufen fühlte, befreite 1429 Orleans und führte Karl VII nach Reims zur Krönung. 1430 von den Burgundern gefangen, nach einem Kirchenprozess in Rouen als Ketzerin verbrannt, 1456 rehabilitiert, 1920 heilig gesprochen.

35. Da es in Frankreich keine Meldepflicht gibt, ist die genaue Zahl unbekannt; Schätzungen diplomatischer Stellen sprechen von über 50 000 fest in Frankreich lebenden Deutschen, plus einer Dunkelziffer von 100 Prozent.

36. Tribunal de Prud'homme (Arbeitsgericht) Tribunal d'Instance (Amtsgericht), Tribunal de Grand Instance (Berufungs- und Landgericht)

37. Madame Pompadour

38. a = Bonjour/Guten Abend/Bonne nuit/au revoir/sehr gut!

b = das ist ausgezeichnet/Glücklicherweise!

c = Aber ich bitte Sie/Je m'appelle...et je viens d'Allemagne!

d = Ich würde gerne in Frankreich arbeiten/ Comment vous vous apellez, s.v.p.?

e = Mon frère / père/ ma soeur/ mon cousin/mon enfant/ mon mari / ma femme (épouse)

f = Ich bin sehr glücklich, Frankreich zu besuchen!

g = J'aime le camembert, la baguette et le vin rouge!

39. Tagesgericht, Menü, die Rechnung, die Speisekarte, Vorspeise,

Getränke, Fleisch, Fisch, Nachspeise, Wein.

40. 1957

41. Daniel Cohn-Bendit

42. Raoul Dufy, Stilrichtung: Fauvismus

Weitere französische Maler, Auszug ihrer Werke und deren Stilrichtungen:

> **Lubin Baugin**, etwa 1610-1663, italienische Stilrichtung. Werke: Maria mit Kind, Louvre-Paris, sowie Maria mit Kind und dem hl. Johannes, *Musée des Beaux-Arts in Nancy.*

Emile Bernard, 1868-1941, Neoimpressionist, „Madeleine im bois d'amour", Privatsammlung Paris.

Georges Braque, 1886-1963, zunächst Fauvist, später Kubismus. „Le Guéridon noir", Musée d'Art Moderne, Paris.

Henri Edmond Cross, 1856-1910, Neoimpressionismus,

„Die Bucht von Cavalaire" Musée de l'Annonciade, St. Tropez.

Edgar Degas, 1834-1917, Impressionist, „Absinth im Café", Louvre, Paris.

Eugene Delacroix, 1798-1863, Romantik, „Die Freiheit führt das Volk auf die Barrikaden", „Die Frauen von Algier in ihrem Gemach", Louvre, Paris.

Paul Gauguin, 1848-1903, zunächst Impressionist, später Synthetismus. Werke u.a. in Paris, Göteborg, St. Petersburg.

Eustache Le Sueur, 1616-1665, Klassisismus, „Hagar und der Engel", Musée des Beaux-Arts, Rennes.

Jean-Babtiste Pater, 1695-1736, Rokoko,

„Soldaten bei einer Herberge", Schloss Sanssouci, Potsdam.

Und nun sind Sie eingeladen, die vielen hundert anderen französischen Maler und Malerinnen und die französischen Museen selbst zu entdecken.

43. Portemonnaie, Militär, General, Parapluie, Engagement, Tribunal, Plattform, Regenaration, Trottoir, fatal, Visagist, Kavallerie, Manege, Affäre, Relation, Offizier, Commerz ...

44. Wahlbach, Steinbrunn, Altkirch, Erstein, Mittelhausen, Hochfelden ...

45. Sprachschulen: Aktion Bildungsinformation (ABI), Alte Poststraße 5, D-7001 Stuttgart, Tel. 0711-299335, www.abi-ev.de

46. **„Ferienjobs, Praktika & feste Stellen, Frankreich",** ISBN 3-86040-114-0 von Claus Stefan Becker, erschienen bei interconnections, 79102 Freiburg, Schillerstr. 40, Tel. 0671 700 650, www.interconnections.de bzw. http://shop.interconnections.de

47. Carte de Séjour

48.

a) Freie Wahl des Wohnsitzes, Freie Wahl des Arbeitsplatzes, Gleiche Arbeitsrechte wie Inländer, gleiche Sozialrechte, Aktive Beteiligung an Kommunal- und Europawahlen, das Recht, Vereinen oder Parteien beizutreten oder Vereine und Organisationen zu gründen, dort zu wählen oder gewählt zu werden, gleiche Rechte vor allen juristischen Instanzen, freie Arztwahl, das Recht der freien Niederlassung auch zu beruflichen Zwecken, z.B. als Freiberufler oder zur Eröffnung eines Geschäftes, gleiche Behandlung in Verwaltungsangelegenheiten und Gleichbehandlung in Steuerfragen, das Recht zu heiraten oder in gleichberechtigter und anerkannter Lebensgemeinschaft zu leben, Immobilien und Grundstücke zu erwerben und zu veräußern, u.a.

b) kein aktives oder passives Wahlrecht für die französische Nationalversammlung oder den Senat, kein Recht zum Dienst in den französischen Streitkräften (Ausnahme: Fremdenlegion), kein Recht Staatspräsidentin oder Staatspräsident, Ministerin oder Minister zu werden, kein Recht auf Auslieferungsschutz bei Auslieferungsanforderungen von Drittstaaten an Frankreich, u.a.

c) Frankreich, Spanien, Portugal, Griechenland, Niederlande, Belgien, Luxemburg, Großbritannien, Irland, Italien, Dänemark, Deutschland

d) Polen, Litauen, Ungarn, Malta, Tschechien

e) Parlamentarische Demokratie, keine Anwendung der Todesstrafe, keine Folter, Anerkennung der Menschenrechte, u.a.

48. Nur die in französischer Sprache abgefassten Dokumente haben juristische Gültigkeit und werden von Verwaltungsstellen anerkannt.

49. Police Municipale = Orts- und Stadtpolizei,

Gendarmerie = Landpolizei (auch Straßenverkehr),

Police National = Nationalpolizei (besondere Aufgaben),

CRS = Corps Républicain de Sécurité (Kasernierte Sicherheitspolizei

für besondere Einsätze)

50. Mit Sicherheit mehr als 1500.

51. Jersey, Gernsey, Sark

52. Atlantik: Ile de Ré, Ile d'Oléron.

Mittelmeer: Ile de Poquerolle, Ile de Port-Cros, Ile du Levant, Ile St. Honorar

53. Andorra, Monaco.

54. a. Honoré de Balzac (1799-1850)

    h „Bonjour tristesse"

    c. Charles Baudelaire

    d. Jean Paul Sartre, Albert Camus, u.a.

55. a. Im 11. Jahrhundert

    b. Jules Mazarin

    c. Jean-Baptiste Lully, 1632-1687, franz. Komponist italienischer Herkunft.

    d. Debussy, Ravel, Milhaud, Honegger, Messiaen, Schaeffer, u.a.

56. a. Blois, Chambord, Fontainebleau (Escot, Du Cerceans, Ph. Delorme)

    b. Barrok und Rokkoko

    c. Mansart

    d. Georges Eugenio Baron Haussmann

57. a. 1966

    b. 1956-1962

    c. 1871

    d. 1848

58. Guadeloupe, Réunion, Martinique, Guyane, Nouvelle Calédonie, Tahiti

59. Im französischen Teil Belgiens (Wallonie), im französischen Teil der Schweiz, Luxemburg, Monaco, im französischen Teil Kanadas (Quebec/Montreal), Tunesien, Algerien, Marokko, in einigen Staaten Schwarzafrikas, u.a.

60. a. Kohle, Eisen, Bauxit, Erdöl, Erdgas, Kali, Kaolin, Zinn, Blei, Zink, Uran, u.a.

    b. Weizen, Weinbau, Obst und Gemüse, Viehzucht, Molkereiprodukte (Käse).

    c. Textilien, Automobil, Flugzeuge, Machinen und Motoren, Chemie, Lederwaren, Konfektion, Parfüm, u.a.

61. a. Alsace, Beaujolais, Bordeaux, Bourgogne, Champagne, Provence, Côte de Provence, Côtes du Rhône, Jura, Languedoc-Roussillon, Loire, Savoie

    b. Alsace

    c. Languedoc

    d. Cognac und Armagnac

    e. Calvados

    f. Aus der Region „Champagne" (Reims-Châlons sur Marne)

g. www.stpi.com/vins_de_france (generelle Informationen)

www.rouge-blanc.com (deutsch-französische Weinhandlung)

62.

a. Bleu de Bresse, Camembert, Camisard, Crème de Brie, Faisselle, Gruyère de Savoie, Le Rollot, Munster, Raclette, Reblochon, Rocamadour, Roquefort, Saint Félicien, Tête de moine, Tomme de Savoie, und etwa 200 weitere Käsesorten

b. Brique Chèvre, Camisard, Chabis, Crottins de Chavignol, Moulins pur chèvre, Palardon, Picodon, Selles sur Cher, Ste. Maure de Touraine, Valancay, u.a.

c. Midi-Pyrénées, vier bis fünf Monate

d. Normandie, vier bis acht Wochen

e. Beaujolais bzw. Médoc

f. www.francefromage.com

63.

■ Ich liebe dich! *„Je t'aime!"*

■ Ich möchte Sie kennenlernen / wieder sehen!

„J'aimerai faire votre connaissance!" „J'aimerai vous revoir!"

■ Wollen Sie mit mir tanzen/schlafen/essen gehen?

„Voulez-vous danser / coucher / diner (souper) avec moi?"

■ *Chanson d'amour:* „Liebeslied"

■ *J'aime les calins:*

„Ich mag Zärtlichkeiten (Streicheleinheiten / schmusen)!"

■ *Ah! Les femmes francaises! Olala!*

„Ah! Die französischen Frauen! Olala!"

Ferienjobs, Praktika u. Feste Stellen - Frankreich

ISBN 3-86040-114-9

Erhältlich über

http://shop.interconnections.de

Frankreich im Buch

Derzeit sind über 1500 Bücher zu französischen Sachthemen lieferbar. Mitgerechnet sind hierbei noch nicht die über 4000 Romane und Geschichten französischer, deutscher und internationaler Autorinnen und Autoren, die sich in der Literatur mit Frankreich befassen. Auch jene zigtausend Diplom-, Doktor-, und Forschungsarbeiten, die sich irgendwie mit Frankreich beschäftigen und in den Archiven und Bibliotheken der Universitäten schlummern, sind unberücksichtigt. In der Folge eine subjektive Auswahl aktueller Frankreichbücher, die uns einen Einblick in die Vielfalt geben soll, aber keineswegs vollständig ist und keinen Wertmaßstab darstellt.

Bücher zum Thema „Französische Sprache, Lernhilfen, Sprachreisen, Wörterbücher" finden sich bereits im Teil 1 dieses Ratgebers (Kapitel: Sprachreisen).

Die folgende Auflistung in den Rubriken „Geschichte", „Reise, Freizeit & Tourismus", „Essen & Trinken", „Geschäfte & Finanzen", „Deutschland-Frankreich", „Kunst, Kultur, Malerei, Musik", sowie „Literatur, Romane und Erzählungen" geschieht in der Reihenfolge: **Titel** / Verfasser / Verlag / Preis.

Alle Preise – ohne Gewähr – in EURO)

Geschichte:

Die Ursprünge Frankreichs bis zum Jahr 1000 / K. F. Werner / DTV / 18,40

Das Vaterland der Feinde / Michael Jeismann / Klett-Kotta / 50,10

Die verhinderte Großmacht / H.W.Maul & M. Meimeth / Leske & B. / 22,50

Das Vichy-Regime. Frankreich 1940-1944 / M.O. Baruch / Reclam / 6,15

Die Volksmassen in der Geschichte. England und Frankreich 1730-1848 / George Rude / Campus / 12,30

Vom König geküsst. Das Leben der großen Mätressen / C. Hanken / Berlin / 20,50

Vom Weltkrieg zum Bürgerkrieg / A. Wirsching / Oldenbourg / 75,60

Von De Gaulle bis Chirac. Das politische Sytem Frankreichs / Udo Kempf / Westdeutscher Verlag / 29,65

Von Liebe keine Spur. Das Elsaß und die Deutschen / M. Graff / Knesebeck / 20,40

Hexenglaube im Hainland von Westfrankreich / J. Favret-Saada / Suhrkamp / 6,65

Zentralismus und Raum / W. Brücher / Teubner / 17,40

1701-1792 / W. Pfister / Sauerländfer / 38,00

Absolutismus als Kriegsursache. Die französische Aufklärung zu Krieg und Frieden / M. Pekarek / Kohlhammer / 35,30

Der Atlantikwall. Band 1: Von Dünkirchen bis Cherbourg

Band 2: Von Cherbourg bis Brest mit den Kanalinseln

Band 3: Von Brest bis Biaritz / Schild-Vlg. / R.H. Zimmermann / je 22,50

Aufruhr in den Ardennen / Boris Vian / Wagenbach / 7,60

Aufrüstung und Innenpolitik in Frankreich vor dem Ersten Weltkrieg / G. Krumeich / v. Zabern / 34,80

Aus den Tagen der Okkupation / T. Fontane / Aufbau / 10,20

Die Pfalz unter französischer Besatzung / G. Zerfaß / S. Bublies-Vlg. / 19,50

Die Phatasie an die Macht. Mai 68 in Frankreich / I. Gilcher-Holtey / Suhrkamp / 16,80

Politischer Umbruch und gesellschaftliche Bewegung / E. Fehrenbach / Vlg. Oldenbourg / 65,50

Die Rechten in Frankreich. Von der Französischen Revolution zum Front National / B. Schmid / Espresso / 17,90

Ritter, Frau und Priester. Die Ehe im feudalen Frankreich / G. Duby / Suhrkamp / 20,45

Ludwig XIV. Von Frankreich. Leben, Politik und Leistung / K. Malettke / Muster-Schmitt / 12,30

Madame Pompadour. Ein Lebensbild / E. de Goncourt / Artemis-Patos / 20,40

Marseille 1942-1944. Der Blick der Besatzer / – / Temmen / 24,60

Die neue radikale Rechte im Vergleich. Frankreich-USA-Deutschland / M. Lallemell / Westdeutscher Vrl. / 25,45

Die Parias der Resistance / C. Levy / Schwarze Risse Vlg. / 12,90

Frankreichs fremde Söhne. Fremdenlegionäre im Indochina-Krieg / P. Bonnecarrere / Motorbuch / 15,30

Frankreich. Politik, Wirtschaft, Gesellschaft / R. Lasserre u.a. / Leske & B. / 15,30

Französische Könige und Kaiser der Neuzeit / P.C. Hartmann / C.H. Beck / 29,65

Die französischen Könige des Mittelalters / J. Ehlers / C.H. Beck / 34,90

Die französischen Königinnen / G. Treffer / F.Pustet Vlg. / 29,65

Die französische Sicherheitspolitik in der Ära Francois Mitterand / B. Greiff / Rita Fischer Vlg. / 15,30

Die Französische Revolution / A. Kuhn / Reclam / 6,20

Front National. Eine Gefahr für die französische Demokratie? / J-Y. Camus / Bouvier / 20,40

Für Demokratie, Brot, Frieden. Die Volksfront in Frankreich 1935-1938 / H. Köller / Pahl-Rugenstein / 39,40

Französisches Mittelalter. Lehrbuch-Romanistik / F.R. Hausmann / Metzler / 20,40

Geschichte Frankreichs / J. Favier / Deutsche Verlagsanstalt / 255,--

Geschichte Frankreichs / P.C. Hartmann / C.H. Beck / 7,60

Geschichte Frankreichs seit 1945. Von De Gaulle bis zur Gegenwart / E. Weisenfels / C. H. Beck / 14,40

Geschichte der Juden in Frankreich / E. Benbassa / Philo-Vlg. / 27,60

Dreyfus und die Folgen / J.H. Schoeps & H. Simon / Edition Hentrich / 24,90

Flucht aus Frankreich 1940. Die Vertreibung deutscher Sozialdemokraten aus dem französischen Exil / M. Lohring / Fischer / 8,70

Die langen Schatten von Vichy. Frankreich, Deutschland und die Rückkehr des Verdrängten / J. Altwegg / Hanser / 23.—

Linksunion und Kommunisten in Frankreich. 1972-1977 / R. Feld / Papyrossa / 10,30

Reise & Freizeit:

Auch Urlaub, Camping, Sport

Französische Alpen. Radwandern. Mit Mountainbike-Touren / L. Kasteel / Stöppel / 9,90

Die Kanäle Frankreichs / M-P. Simon / Heel-Vlg. / 39,38

Kompass Radwanderführer. Südfrankreich / B. Kleane & C. Rasmus / Dt. Wanderverlag / 12,90

Gault-Millau / Guide France – Guide Europe / H. Gault und Ch. Millau / Heyne / 35.—

Landurlaub in Frankreich. Ausgewählte Bauernhäuser / I. Cheradame / Landschriften-Vlg. / 12,70

Gewässerkarte Frankreich mit den Hauptwasserstraßen / – / Edition Maritim / 13,70

Angeln in Frankreich / – / Jahr-Vlg. / 12,30

Golf in Frankreich. Alle Plätze, alle Daten / – / Jahr-Vlg. / 15,30

Das neue Reisemobil-Touren-Buch Frankreich / – / Hallwag Karten / 15,30

Mit dem Wohnmobil an die französische Atlantikküste / J. Engel / Womo / 12,70

Nomadensommer. Bootswandern in Frankreich / I. Lippert / G. Schettler-Vlg. / 13,30

Ardéche und Cevennen. Wege durch eine alte Kulturlandschaft Südfrankreichs / M. Weinhold und T. Schmitt / Schelzky & Jeep / 20,40

Tauchreiseführer Frankreich Korsika / W. Baumaeister / Delius / 12,70

Tauchreiseführer Frankreich Die Inseln von Hyeres / M. und F. Ebersoldt / Delius / 12,70

Lust auf französische Alpen. Motorradtouren zu den höchsten Gipfeln der Alpen / – / Heel-Vlg. / 9,90

Architektur:

Auch Bauen, Möbel, Kirchen, Gärten ...

Young French Architects / Goddefroy & Käpplinger / Birkhäuser Vlg. / 39,50

Die Gotik. Die französische Kathedrale als Gesamtkunstwerk / E. Male / Belser / 29,65

Die gotische Architektur in Frankreich 1130-1270 / D. Kimpel & R. Suckale / Hirmer / 65,50

Gärten in Frankreich / D. von Schaewen & M-F. Valery / B-Taschen Vlg. / 25,60

Gärten in Frankreich. Ein Reiseführer zu den schönsten Gartenanlagen / P. Tylor / Birkhäuser / 20,40

Die französischen Möbel des 18. Jahrhunderts / G. Hojer u.a. / Prestel / 116,-

Die neue französische Architektur / W. Lesnikowski / Kohlhammer / 25,50

Häuser im Süden: Italien, Frankreich, Spanien / T. Drechsel / Callwey / 65,50

Historische Baumaterialien in Frankreich und Spanien / R. Freiherr von Godin / Suderburg / 25,--

Das Fachwerkhaus in Deutschland, Frankreich und England / W. Fiedler / Reprint Vlg. / 12,90

Landhäuser in Frankreich / B. und R. Stoeltie / Hirmer / 65,50

Die Kathedralen Frankreichs. Mit Handzeichnungen Rodins / A. Rodin / Phaidon Vlg. / 10,20

Die französische Bronze-Uhr / E. Niehüser / Callwey / 126,80

Das göttliche Auge im Menschen. Zur Ästhetik der romanischen Kirchen in Frankreich / P. Bopp / 19,50

Romanisches Frankreich / R. Oursel / Echter / 112,50

Die Kunst der Zisterzienser in Frankreich / M.A. Dimier & J. Porcher / Echter / 34,80

Springers Architekturführer 2o. Jahrhundert Frankreich / T. Pichlau & S. Melgari / Springer-Wien / 28,70

Essen & Trinken:

Auch Küche & Keller, Wein & Käse

Genießer unterwegs. Frankreich. Rezepte und kulinarische Genüsse / G. Brennan / Christian Vlg. / 9.90

Gourmet-Sprachführer. Ein kulinarischer Streifzug durch Frankreich / J-B. Bamps & J. Lennert / Hueber / 18,90

Die Provencalische Landhausküche. Spezialitäten aus dem Süden Frankreichs / E. Bourgeois / Mosaik / 45,60

Das große Frankreich-Kochbuch. Essen und trinken. Die schönsten klassischen und regionalen Gerichte /Naumann und K. Göbel / – / 18,40

Meine Rezepte aus der Provence. 200 schmackhafte und einfache Rezepte / Montignac / Artulen / 17,40

Bistro-Kochbuch / – / Mosaik / 20,40

Bordeaux-Weine / – / Krönemann / 5,--

Bordeaux-Kompass für Rotweine / Kühler & Kühler / Hallwag / 15,20

Bretagne. Kulinarische Reise / – / Ed. Reiseart-Lignum / 9.90

Pariser Bistros für jeden Tag / G. Wijnen / Droemer / 14,30

Parkers Wein-Guide / R. M. Parker / Heyne / 75,70

Promobil Stellplatz. Touren-Tipps. Sani-Stationen / – / Hallwag / 17,90

Der Reichtum der einfachen Küche: Frankreich / E. G. Bauer / DTV / 9,90

Restaurantführer Elsaß / – / Meininger / 13,70

Weinführer Frankreich gibt es zu allen Weinanbaugebieten. Erschienen bei Heyne, Hallwag, ars edition, Hädecke, Nara-Verlag, u.a.

Wirtschaft, Geschäfte, Recht & Finanzen

Geschäftspartner Frankreich im Wandel. Aktuelles Know-how und zeitgemäße Erfolgsstrategien / G. Hildebrand / Verlag der FAZ / 18,40

Gesellschaftsrecht in Frankreich. Eine Einführung mit vergleichenden Tabellen / B. Chaussade-Klein / Jehle-Rehm / 14,30

Grundsätze ordnungsgemäßer Bilanzierung in Frankreich /S. Wagner / IDW / 50,10

Gründung und Führung einer Niederlöassung in Frankreich / J. Langer & J. Viegener / Bertelsmann / 83,50

Handeln für Europa. Deutsch-französische Zusammenarbeit in einer veränderten Welt / A. Sauder & J. Schild / Leske u.B. / 18,40

Einführung in die französische Rechtssprache / C. Mestre & K. Oellers-Frahm / C.H. Beck / 29,90

Frankreich für Geschäftsleute / N. J. Breuer / Ullstein / 9,15

Deutsch-französische Produkthaftung im Spannungsfeld zwischen Vertrag und Delikt / A. Nordemann-Schiffel / 69,50

Einführung in das französische Recht / H.J. Sonnenberger & Ch. Autexier / Verlag Recht u. W. / 25,--

Die geldpolitische Konzeption der Banque de France und der Deutschen Bundesbank / W. Disch / Centaurus / 39,90

Die interkulturelle Problematik deutsch-französischer Unternehmenskooperationen / M. Strübling / Dt. Universitätsverlag / 50,10

Kaufvertrag in Frankreich. Zustandekommen, Inhalt, Abwicklung / F. Endrös / Alpmann international / 19,90

Arbeit & Soziales

Berufliche Mobilität in Deutschland und Frankreich / W. König / Campus / 29,65

Ferienjobs, Praktika und feste Stellen in Frankreich. Tausende von Jobmöglichkeiten / C. Becker / interconnections / 15,30

Zu Hause in Europa. Beruf, Studium, Schule / K. Setz & E. Kroll / Omnia / 10,--

Arbeitsrecht in Frankreich. Eine Einführung / F. Ranke / Vlg. Verwaltung / 17,40

Deutsch-französisches Verhältnis:

Deutsch-französische Beziehungen seit der Wiedervereinigung / W. Woyke / Leske-Vlg. / 24,50

Das Deutsche Historische Institut Paris / – / Thorbecke / 19,42

Die Franzosen in Berlin. Besatzungsmacht, Schutzmacht, Partner für Europa / U. Wahlich / Jaraon Verlag / 12,90

Franzosen und Deutsche. Orte der gemeinsamen Geschichte / H. Möller & J. Morizet / C.H. Beck / 24,50

Fremde Freunde. Deutsche und Franzosen vor dem 21. Jahrhundert / R. Picht u.a. / Piper / 18,40

Gleichschaltung in Frankreich 1940-1944 / R. Thalmann / Europa-Vlg. / 29,65

Nachbarn am Rhein / H. Kaelble / C. H. Beck / 24,50

Nachkriegsgesellschaften in Deutschland und Frankreich im 20. Jahrhundert / Mieck & P. Guillen / Oldenbourg / 39,90

Nackte Wahrheiten. Deutsche und Franzosen. Eine Polemik / M. Graff / Knesebeck / 18,40

Quellen zu den deutsch-französischen Beziehungen / W. Baumgart / Wissenschaft BG / 58,90

Adenauer und Frankreich / H.P. Schwarzt / Bouvier / 10,--

Hallo Berlin. Ici Paris. Deutsch-französische Filmbeziehungen 1918-1939

Kunst & Kultur:

Auch: Malerei, Literatur, Foto, Musik

Zeitgnössische Fotokunst aus Frankreich / – / Umschau/Braus / 20,40

Art Nouveau. Symbolismus und Jugendstil in Frankreich / R. Ulmer / Arnoldsche Vlg. / 64,50

Literaturimport und Literaturkritik: Das Beispiel Frankreich / F. Nies / G. Narr-Vlg. / 19,50

Lektüren romanischer Lyrik. Von den Trobadors zum Surrealismus / R. Warning / Rombach-Vlg. / 50,10

Einführung in die französische Literaturwissenschaft / J. Grimm / Metzler / 12,68

Französische Erzähler / H. Meier / v. Zabern / 50,10

Französische Erzähler / H. Meier / Menesse / 18,40

Französische Plakate des 19. Jahrhunderts / Ch. Torn / Gebr. Mann-Vlg. / 9,71

Gotische Skulptur in Frankreich / W. Sauerländer / Hirmer / 96,--

Farbe. Kunsttheoretische Reflexionen in Frankreich / M. Imdahl / W. Fink Vlg. / 18,40

Vincent van Gogh. Spurensuche... / G. Plazy / Gerstenberg / 34,90

Max Liebermann und die französischen Impressionisten / M. Liebermann / DuMont / 50,10

Kunstkritik in Frankreich 1900-1945 / U. Fleckner & T.W. Gaetgens / Akademie-Vlg. / 50,10

Das Atelierbild in der französischen Malerei 1855-1900 / I. Bauer / Böhlau / 39,90

Jenseits der Aufklärung. Die religiöse Malerei im ausgehenden Acien Regime / M. Schieder / Gebr. Mann -Vlg. / 76,60

Kinder- und Jugendtheater in Frankreich /
W. Schneider / dipa / 13,30

Kleine Geschichte der französischen Literatur / J. von Stackelberg / Böhlau / 12.--

Literatur:

Romane, Erzählungen und Theaterstücke

Aufgelistet werden auszugsweise 66 aus den ersten 300 Titel der Amazon-„Bestsellerliste" Anfang letzten Jahres. Die Gesamtliste von rund 2500 Titel finden wir im Internet bei www.amazon.de wenn der Suchbegriff *französische+Literatur* eingegeben wird. Sollten Sie nicht über Internet verfügen, helfen moderne Buchhandlungen oder (Stadt)Bibliotheken weiter.

Das sexuelle Leben der Chaterine M. / Chaterine Millet / Goldmann / 21,50

Elementarteilchen / Michel Houellebecq / List / 8,90

Der Kleine Prinz / Antoine de Saint-Exupery / Rauch / 5,--

Neununddreizigneunzig / Frederic Beigbeder / Rowohlt / 20,40

Die Purpurrose. Schamlos schöne Erotik / Anne-Marie Villefranche / 6,60

Tippi aus Afrika. Das Mädchen, das mit den Tieren spricht / Tippi Degre / Ullstein / 20,40

Pauline und Claudine / Vrginie Despentes / Rowohlt / 12,--

Der Planet der Affen. Der Roman zum Film / Pierre Boulle / Heyne / 7,95

Flug der Störche / Jean-Christoph Grange / Lübbe / 6,60

Total Cheops / Jean-Claude Izzo / Unionsverlag / 8,90

Geschlossene Gesellschaft / Jean-Paul Sartre / Rowohlt / 4,--

Ramses 5. Im Schatten der Akazie / Christian Jacq / Rowohlt / 10,20

Salz auf unserer Haut. Erotische Erzählung / Benoite Groult / Droemer Knaur / 8,70

Eine Sommerliebe in Paris / Louise Auger / Krug u. Schadenberg / 20,35

Die Philosophie im Boudoir. Oder: Die Lasterhaften Lehrmeister. Dialoge zur Erziehung junger Damen bestimmt / D.A.F. Marquis de Sade / Rowohlt / 13,70

Theos Reise. Roman über die Religionen der Welt / Chatarine Clement / DTV / 9,90

Die erste Frau. Protokoll einer verlassenen Frau / Francoise Chandernagor / Piper / 9,90

Die Klatschmohnfrau / Noelle Chatelet / Kiepenheuer u. W. / 7,90

Die Pest / Albert Camus / Rowohlt / 8,20

Das Spiel ist aus / Jean-Paul Sartre / Rowohlt / 5,--

Der gelüftete Vorhang oder Lauras Erziehung / Gabriel Honore Graf von Mirabeau / Insel / 8,--

Volles Leichenhaus / Jean-Patrick Manchette / Distel / 9,20

In den Armen der Männer / Camille Laurens / Claasen / 19,90

Der glückliche Tod / Albert Camus / Rowohlt / 7,50

Die Insel der Linkshänder / Alexandre Jardin / Ullstein / 8,60

Zwanzigtausend Meilen unter den Meeren / Jules Verne / Fischer / 10,20

Die Elenden. Les Miserables / Victor Hugo / Aufbau / 10,20

Das obszöne Werk / Georges Bataille / Rowohlt / 8,60

Inzest / Christine Angot / Tropen / 16,40

Der Fremde / Albert Camus / Rowohlt / 6,60

Justine. Oder die Leiden der Tugend / Marquis de Sade / Krönemann / 11,90

Gefährliche Liebschaften / Pierre Choderlos de Lactos / Diogenes / 10,70

Die Venusblüte. Die Zaubermuschel. Zwei Romane in einem Band / Anne-Marie Villefranche / Goldmann / 8,60

Reise um die Erde in 80 Tagen / Jules Verne / Diogenes / 7,60

In Swanns Welt. Auf der Suche nach der verlorenen Zeit / Marcel Proust / Suhrcamp / 12,90

Die Rosen des Lebens / Robert Merle / Aufbau / 10,20

Madame Bovary / Gustave Flaubert / Aufbau / 10,20

Warten auf Godot / Samuel Becket / Suhrkamp / 8,20

Das Unwetter / Regine Deforges / Ullstein / 5,60

Maigret und die alte Dame / Georges Simenon / Diogenes / 7,60

Candite oder der Optimismus / Voltaire / Diogenes / 7,55

Stark wie der Tod / Guy de Maupassant / Goldmann / 7,20

Alle Menschen sind sterblich / Simone de Beauvoir / Rowohlt / 10,20

Antigone / Jean Anouilh / Langen-Müller / 5,--

Der Schaum der Tage / Boris Vian / Wagenbach / 14,20

Tod unter der Glyzinie. Mord in der Provence / Pierre Magnan / Scherz / 20,50

Die weise Therese. Eine erotische Beichte / Marquis d'Argens / Aufbau / 6,60

Die ehrbare Dirne / Jean-Paul Sartre / Reclam / 1,60

Der Geizige. Eine Komödie / Moliere / Reclam / 2,--

Betty Blue. 37,2 Grad am Morgen / Phillipe Djian / Diogenes / 10,20

Die Straße nach Isfahan / Gilbert Sinoue / Droemer Knaur / 8,90

Ein sanfter Tod / Simone de Beauvoir / Rowohlt / 4,--

Die geheimnisvolle Insel / Jules Verne / Arena / 7,60

Die Blumen des Bösen / Charles Baudelaire / Distel / 10,20

Die Bartholomäusnacht (Königin Margot) / Alexandre Dumas / Aufbau / 10,20

Der Graf von Monte Christo / Alexandre Dumas / Insel / 20,35

Arthur Rimbaud. Sämtliche Werke / – / Insel / 12,90

Der eingebildete Kranke / Moliere / Reclam / 3,--

Au revoir les enfants / Louis Malle / Reclam / 3,60

Nachtflug / Antoine de Saint-Exupery / Fischer / 6,10

Gedanken regieren die Welt / Voltaire / Diogenes / 7,60

Ein Winter auf Mallorca / George Sand / Insel / 8,60

Papillon / Henri Charriere / Fischer / 10,20

Blüten, Koks und blaues Blut. Nestor Burma ermittelt in Paris / Leo Malet / Rowohlt / 5,--

Es geht noch ein Zug von der Gare du Nord / Fred Vargas / Aufbau / 8,20

Nana / Emile Zola / DTV / 10,90

Tolldreiste Geschichten / Honoré de Balzac / Heyne / 12,--

Frankreich im Internet

600 wichtige Webseiten

Frankreich hat relativ spät den Sprung auf den flott fahrenden Internet-Zug geschafft; wohl auch in Folge des zu lange propagierten eigenen "Minitel", eine Art nationales Internet, dass allerdings nur auf Frankreichs Grenzen beschränkt war und ist. Dieses französische Minitel besteht (vorerst?) weiter, aber auch Frankreich hat jetzt dessen Handicap und die Vorteile des weltweiten Internets erkannt. Täglich entstehen neue Webseiten, vom kleinen Campingplatz über Ersatzteillieferanten, Filmstars, Kochrezepte, bis zum französischen Staatspräsidenten ist jetzt alles vertreten. Hier nun jene Webadressen, die jedem den Einstieg ins französische Web ermöglichen. Gleichzeitig wird ein möglichst breites Spektrum geboten, um sich mit nahezu allen praktischen Frankreichfragen zu befassen. Für User eine wichtige Ergänzung zu den in diesem Buch bereits genannten deutschen Webseiten. In der Regel sind die französischen Webseiten auch in französischer Sprache gehalten. Etliche Sites können auch in Englisch, teilweise auf Deutsch angeklickt werden. (Grundlage und Quelle für die folgende Zusammenstellung waren die Suchmaschinen von altavista, yahoo, tripod, msn, netscape, voila und lycos.

Arbeit – Stellenmarkt

Französisches Arbeitsamt:
www.anpe.fr
Heim/Auslandsarbeit, Tele-Arbeit:

www.atoutjob.com

Arbeits- und Sozialministerium:
www.travail.gouv.fr

Arbeitsrecht:
www.drh-fr.com

Arbeitslosigkeit, Arbeitslosengeld:
www.assedic.fr

Berufsausbildung:
www.carif.asso.fr

Praktikanten & Volontäre:
www.promostages.com

Private Arbeitssuche, indem Sie Ihren Lebenslauf eingeben und per Email über offene Stellen informiert werden:
www.apr-job.com
www.jobline.fr
www.jobpilot.fr

www.emailjob.com
www.cybersearch.fr

Freie Mitarbeiter, Selbständige:
www.business-solo.com
www.independants.fr
www.freelancia.com
Automobilfreunde & Motorräder

Klassische Autos:
www.classicdriver.com

Internationale Anbieter:
www.ferrari.com
www.fr.porsche.de
www.lamborghini.itg.net
www.motornews.net
www.jaguarvehicles.com

Tuning-Center:
www.tunigcenter.com

Autos testen:
www.auto-moto.com

Kleinanzeigen:
www.autoatnet.com

Autopreise und Fahrzeugpapiere:

www.argusauto.com

Alle Modelle, Preise, Technik:
www.moniteur-automobile.presse.fr

Gebrauchtwagen:
www.procar.com

Harley Davidson:
www.harley-davidson.fr

Motorräder:
www.motoouene.com
www.guide-du-motard.com

Bannerwerbung im Internet

*Hier geht es um Bannerwerbung,
Banner- und Link-Tausch, sowie ums
Geldverdienen durch Banner- und
Link-Klicks auf französischen
Webseiten:*
www.fr.alladvantage.com
www.benefnet.com
www.topsurf.net

www.mediabarre.com
www.clickpartner.com
www.adverline.com

Behinderte

Allgemein:
www.handicap-international.org

Sport, Liebe, Arbeit für Behinderte:
www.hand-long.com

Blinde:
www.ccr.jussicu.fr/braillenet

*Soziales und Rechtsberatung für Be-
hinderte:*
www.handroit.com

Bibliotheken

Nationalbibliothek Frankreich:
www.bnf.fr

Bibliotheken Frankreich und weltweit:
www.abf.asso.fr/sitebib

Bücher & Literatur

Autorinnen und Autoren:
www.auteurs.com

Verleger und Verlage in Frankreich:
www.franceedition.org

Buchhändler und Bibliotheken:
www.bouquins.net

Alte, seltene und verlegte Bücher:
www.galaxidion.com

Comics:
www.bdnet.com
www.bdparadisio.com

Science-fiction:
www.sf.emse.fr

Buchbestellung online:
www.00h00.com

Schreiben und veröffentlichen:
www.calcre.com

Schreiben?
www.ecrirecom

Dekoration – Möbel – Innenein-richtung (Haus & Garten)

*Nachdem Sie Ihr Haus in Frankreich
gebaut oder gekauft haben und auch
der Garten vor der Vollendung steht,
taucht die Frage auf: "Welche Möbel?"
"Wie Haus und Garten gestalten und
einrichten?" Wer nicht gleich Innenar-
chitekten bemühen oder sich nicht in
Möbelhäusern müde laufen möchte,
könnte hier nachschauen:*

*Profidesigner zeigen ihre letzten
Kreationen:*
www.designautes.org

Arbeiten des Stardesigners Starck:
www.philippe-Starck.com

Modemarketing weltweit:
www.placeaudesigne.com

Massiv-Holzmöbel:
www.basic-system.com

IKEA-France:
www.ikea.fr

Verschiedene Möbel:
www.decomedia.tm.fr

Betten und Matratzen:
www.matelsom.com

Vorhänge und Bezüge:
www.1001couettes.com

Baumarkt:
www.castorama.fr
www.mr-bricolage.fr

Rund um den Garten:
www.jardinage.net
www.realgarden.com

Batik und Stoffe:
www.batiweb.com

Email-Service
www.arobase.org
www.iaf.net
www.annuairemail.voila.fr
www.french.whowhere.com
www.hotmail.fr
www.mailclub.com

Anti-Spamming:
www.spamantifr.cjb.net

Outlook-Express:
www.eu.microsoft.com/france/internet

Familie (Eltern, Kinder, Frauen, Senioren)
Rund ums Baby in Frankreich:

www.babyfrance.com

Kinder-Info:
www.enfance.com

Finanzfragen:
www.kidiweb.com

Rechte der Kinder:
www.bouclier.org

Französische Vornamen:
www.prenoms.com

Junge Mutter:
www.magicmaman.com

Kinder-Gesundheit:
www.wakama.com

Kindergarten:
www.boowakwala.com

Schulkinder:
www.apreslecole.fr
www.jailedroit.net

Schönheit, Gesundheit, u.a.:
www.amabilia.com

Küche, Karriere, Fitness, Liebe:
www.aufeminin.com

Karriere, Mode, Liebe, Reise:
www.femmesonline.fr

Frauenarzt:
www.gyneweb.fr

Weitere Frauen-Seiten:
www.femmesweb.com
www.vivrefemme.com

Heranwachsende und Jugendliche

Liebe, Sexualität, Gesundheit, Ausbildung:
www.droitdesjeunes.gouv.fr

Freizeit, Sport, Musik, Kino:
www.jeune2000.com

Verhütungsmittel:
www.pilado.com

Sonstige Jugendseiten:
www.juniorgeneration.org
www.mediajunior.com

SENIOREN:

Rente und Pension:
www.espaceretraite.tm.fr

Über 55:
www.55net.com

Fernsehsender

"Das Erste" in Frankreich ist nicht das Erste der deutschen ARD, sondern der einer Bau- und Betonfirma gehörende private TV-Kanal TF1:
www.tf1.fr

Das Zweite, France 2, ist staatlich:
www.france2.fr

Das dritte Programm, ebenfalls staatlich:
www.france3.fr

Euronews:
www.euronews.net

Das "Fünfte", La Cinquième, ist mit hochwertigen Sendungen tagsüber auf dem Kanal von Arte zu empfangen:
www.lacinqieme.fr

Der deutsch-französische Kulturkanal Arte auf Deutsch und Französisch abends ab 19 Uhr:
www.arte.fr

Der gebührenpflichtige Privatsender Canal +:

www.mon.cplus.fr

Fernseh-Programmzeitschriften:
www.teleobs.fr
www.t7j.fr
www.telerama.fr
www.teleprog.com

Auf der franco-belgischen Webseite von EuroTV findet man alle europäischen Fernsehsender und deren Programme, sortiert nach Serien, Filmen, usw.:
www.eurotv.com

Finanzen & Börse – Handel & Geschäfte:

Siehe auch: Marketing & Werbung>>>
Versicherungswesen:
www.assurweb.com
www.assurland.com

Finanzwelt und Börse:
www.finance-net.com

Alle Banken und mehr:
www.qualisteam.com

Wall-Street (US-Site):
www.wsrn.com

Kreditwesen:
www.credit-on-line.com

Sparen und investieren:
www.mieuxvivre.fr

Finanzamt und Familie:
www.lerevenu.com

Immobilien/Finanzierung:
www.meilleurtaux.com

Börse Frankreich & welt:
www.bourse-city.com

Einführung in franz. Börse:
www.ecole-bourse.tm.fr

Kommentare und Analysen:
www.cerclefinance.com

Börsendienste:
www.capitol.fr
www.comdirect.fr

Geschäftseröffnungen:
www.lentreprise.com

Betriebs- und Personalwesen, soziale Verpflichtungen, An- und Abmeldungen, Lohn- und Personalsteuern und Abgaben:
www.urssaf.fr

Sozialversicherungswesen in Frankreich:
www.canam.fr

Industrie- und Handelskammer:
www.ccip.fr

Kapitalsuche und Betriebsentwicklung:
www.capitaux.com

Handelsregister:
www.societe.com

Sekretariat-Service:
www.super-secretaire.com

Flugzeuge- Aeronautik

Französisches Verteidigungsministerium:
www.defense.gouv.fr/air

Flugsport, Aero-Clubs:
www.cybair.com

Andere:
www.onlinepilot.com
www.saint-exupery.org

Frankreichinformationen

Touristische Infos und Adressen, Regionen in Frankreich, örtliche und regionale Adressen, Urlaubsmöglich-

keiten, auch Wintersport, Camping, Hotels (in mehreren Sprachen):
www.franceguide.com

Vielseitige Frankreichinformationen, teils besser sortiert und noch übersichtlicher als die o.g. Adresse von franceguide ist:
www.doucefrance.com

Frankreichberatung

Sie wollen nach Frankreich "aussteigen"? In Frankreich vielleicht ein Haus kaufen oder ein Geschäft eröffnen? Oder am Mittelmeer leben und brauchen Hilfe, Beratung, Kontakte, Hilfe bei Behördengängen, Handwerker? Da können auch die Handelskammer oder die deutschen Konsulate (auf deren Tätigkeiten in diesem Buch ausführlich hingewiesen wurde) nicht mehr helfen. Individuelle Frankreich- und Auslandsberatung finden Sie unter dem Link "Auslandsberatung" auf der Webseite von
www.kussmanuskripte.de

sowie
www.frankreichkontakte.de

Freizeit – Ausgehen

Egal ob in der Kulturhochburg Paris oder ein Theater oder Kino auf dem Lande, also in der "Provinze" (wie die Pariser alles nennen, was sich außerhalb ihrer Stadtgrenzen bewegt): bevor Sie ausgehen – oder vielleicht ein besonderes Wochenende planen – könnten Sie sich die Angebote im Internet anschauen.

Kino und Film: Titel und Anfangszeiten der Filme in den meisten französischen Kinos; einige davon mit Platzreservierung und Filmbesprechung:
www.allocine.fr

Über 30 000 Filme werden hier erläutert:
www.cinefil.com

Rock & Pop, Jazz: Was sich in der modernen französischen Musikszene abspielt, welche Gruppen in sind und wo auftreten, wird hier – aufgeteilt in Gruppen, Regionen, Städte – aufgezeigt:
www.concertando.fr

Festivals: Frankreich, das Land kultureller Festivals. Nach Themen geordnet finden sich hier Klassik, Theater, Opernfestivals u.a.:
www.france-festival.fr

Ausstellungen, Galerien, u.a.:
www.nouba.voila.fr

Galerien und Künstler. Hier werden 500 weitere Sites aufgezeigt, sowie Künstler und Galerien vorgestellt:
wwwod-arts.com

Tickets und Reservierungen:
www.ticketclic.fr
www.ticketnet.fr

Weltweite Festivals:
www.festivalslive.com

Weitere Anbieter:
www.aolsorties.com
www.cultureobs.com

Freizeitparks

Den Asterix-Park visuell besuchen und gleichzeitig viel über den alten Gallier und seine Comics erfahren:
www.parcasterix.fr

Mickey und alles drum herum im Disney-Park Paris:
www.disneylandparkparis.com
und
www.disney.fr

Futuroscop, Technologiepark im Südwesten:
www.futuroscope.com

Gesundheit – Medizin

Spezialisten:
www.cismef.org

Medizin-Zeitschriften:
www.mediste.fr

Allgemein-Medizin:
www.atmedica.com

Zahnmedizin:
www.dentalespace.com

Gesundheitsministerium:
www.sante.gouv.fr

Ernährung und Gesundheit:
www.servicevie.com

Bio-Rhythmus und Natur:
www.biorganic-mag.com

Diät:
www.dietitian.com

Vegetarier:
www.vegebionet.com

Massagen:
www.kineconcept.com

Sportmedizin:
www.aps.lafirme.com

Aids-Hilfe:
www.sida-info-service.org

Anti-Tabak:
www.stop-tabac.ch

Hallo Pizza
(Restaurantservice)

Der schnelle Hunger, oder zu faul zum kochen? Nach Hause, ins Büro, ins Hotel das Essen bestellen? Oder als Galadinner für einen Empfang?

Pizza-Frankreich:
www.allopizza.com
Restaurant-Service nur Paris oder nähere Umgebung:

Restaurants, die verschiedene Gerichte ins Haus liefern:
www.canalfood.com
www.chronoresto.fr
www.floprestige.fr
www.panierdeshalles.fr

Chinesisch:
www.lotus-bleu.fr

Japanisch:
www.matsuri-sushi.com

Delikatessen:
www.thefoiegras.com

Käseplatten:
www.fromages.com

Hartwürste:
www.saucisson-sec.com

Neben Paris auch Marseille, Lille und Lyon:
www.eatonline.fr

Handel u. Wirtschaftsfragen

(s.: Finanzen & Börse >>>, sowie: Marketing und Werbung>>>)

Haus & Garten (auch Baumarkt)

Siehe: Dekoration – Möbel – Inneneinrichtung>>>

Horoskope
(Astrologie, Kartenlegen, usw.)

Wer's glaubt, wird selig, sagen die Einen. Andere machen eine Wissenschaft daraus. Wer sein Schicksal auf Französisch erforschen möchte, hat hier die Auswahl zwischen 15 "namhaften" Spezialisten beim Thema "Horoskop, Kartenlegen, Handlesen, Sechser im Lotto oder Glück in der Liebe".
www.clairavenir.com

Hotels und Buchung

Generell:
www.mappy.com
www.logis-de-france.fr
www.franceguide.com

Ardèche:
www.logis-d-ardeche.com

Provence-Lubéron:
www.bastide-voulonne.com

335 Drei-Sterne Hotels:
www.hotel.scie.fr

Schlosshotels:
www.enjoyfrance.com

Immobilien: (s. auch: Mieten und kaufen>>>)

Größte Immobilienzeitung, „Particulier a particulier", Nur Kleinanzeigen von Privatanbietern und –käufern. Zeitung im öffentlichen Verkauf, oder Web-Seite.
www.pap.fr

Die Immbilien-Seiten der Zeitung LE MONDE
www.lemonde.fr/immobilier

Hinter dieser in ganz Frankreich operierenden Immobilien-Agentur steckt

der Fernsehsender TF1 und Frankreichs größter Betonhersteller.
www.bouygues-immobilier.com

Eine der führenden französischen Immobilienagenturen, auch mit deutschsprachiger Web-Seite.
www.fnaim.fr/:

Einige Tausend Web-Adressen französischer Immobilien-Anbieter aus allen Regionen finden Sie in der Suchmaschine von www.google.fr unter Eingabe des Suchbegriffes „Immobiliers en France". Unter dem Folgesuchbegriff „In diesen Resultaten suchen" geben Sie dann die von Ihnen gewünschte Region oder den Namen des Departements ein (z.B. Ardeche, Perigord, Var, Paris, Toulouse, u.a.).
www.google.fr
www.immobilien-in-frankreich.com
www.villafrance.com

Internet-Service

Einer der französischen Internet-Anbieter ist Wanadoo, eine Tochter von France-Telecom. Einrichtungspauschale einschließlich Modem und bis zu fünf Emailadressen: etwa 100 Euro. Monatspauschalen für 30-Stunden-User: etwa 22 Euro.
www.wanadoo.fr

Weitere Anbieter:
www.france.aol.com
Übertrumpft andere Anbieter mit Billigangeboten, hatte aber unlängst einige Gerichtsprozesse am Hals, da die versprochenen Leistungen wegen technischer Mängel nicht immer wie erwartet und versprochen erbracht werden konnten.

Die folgenden Anbieter locken mit unterschiedlichen Pauschalen oder mit 50 Mo für die eigene Homepage und unbeschränkten Emailadressen.

www.club-internet.fr
www.free.fr
www.freesurf.fr
www.libertysurf.fr
www.worldonline.fr
www.mageos.fr

Kino & Filmschauspieler

Das französische Kino ist nicht nur Unterhaltung: Das französische Kino hat die Welt und die Menschen und damit die Gesellschaft bewegt, geformt, ist – von Ausnahmeblödeleien abgesehen – cine-revolutionär und Maßstab für internationale Kinokultur:

Französisches Kino:
www.lefilmfrancais.com

Kino-Aktualitäten:
www.allocine.fr/actus

Kunst-Filme und große Regisseure:
www.horschamp.qc.ca

Internationale Filmfestivals:
www.filmfestivals.com

Cannes Filmfestspiele:
www.festival-cannes.com

Kleinanzeigen:
(nur teilweise kostenlos)
www.ads-it.com
www.annoncesnet.com
www.annoncesgratuites.com
www.bonjour.fr
www.petites-annonces.fr

Tauschbörse:
www.trokers.net

Küche, Käse und Rezepte/Gastronomie: (siehe auch: Weine & Weinkeller>>>)

Gastronomie in Frankreich:
www.gourmetseeker.com

Kunst der Küche, Restaurants, Rezepte, Wein:
www.art-culinaires.com

Fischgerichte, Nachtische, Mikrowelle, u.a.:
www.boitearecettes.com

Große Köche – große Küche:
www.receptionfrance.com

Cocktails, Weine der Regionen:
www.mangez.com

10 000 Rezepte:
www.marmiton.org

Schokolade:
www.choco-club.com

Kochkurse, u.a.:
www.meilleurduchef.com

Delikatessen:
www.delices-defrance.com

Französischer Käse:
www.francefromage.com
www.fromagesdefrance.com

Französische Rezepte und Bankett-Gestaltung:
www.merichef.com
www.receptionfrance.com

Regionale Rezepte:
www.tourismenfrance.com

Französische Spezialitäten:
www.terroir-de-france.com

Kostenloser Net-Service

Hier geht es nicht nur um kostenlose Emailadressen, Kleinanzeigen oder Webseiten, sondern um alles, was es in Frankreich "kostenlos" gibt:
www.gratuit-du-net.com
www.gratuit-fr.com
www.gratuit.org

www.legratuit.com

Besonders zu empfehlen, da tägliche Überprüfung:
ww.webgratuit.com

Kultur: (Siehe auch Kunst>>> Museen>>> Kino>>>)

Französisches Kulturministerium:
www.culture.fr

Kinokritik:
www.telerama.fr

Europakultur:
www.culturekiosque.com

Oper-Theater, u.a.:
www.fnac.net

Musik & Show-biz:
www.showbizz.et

Theater:
www.theatre-contemporain.net

Kunst

Nationale französische Museen:
www.rmn.fr

Galerien und Ausstellungen:
www.musexpo.com

Malerinnen Tänzer, Photografen:
www.artotal.com

Allgemein:
www.artplanet.com
www.artincontext.com
www.artvisuel.com
www.artdata.com
www.artalent.fr
www.artcult.com

Architektur:
www.archicool.com

Fotografie:
www.itisphoto.com
www.photographie.com
www.photo.fr

Plastische Kunst:
www.musee-rodin.fr

Maler und Galerien:
www.entree.org

Kunstmarkt

Auktionen:
www.franceantiq.fr
www.auction.fr

Preise für Kunstwerke
www.artprice.com

Antiquitäten:
www.franceantiq.fr

Sotheby's:
www.sothebys.com

Liebe, Erotik, Sexualität

Kennenlernen, Kleinanzeigen:
www.123love.com

Heiraten:
www.alafolie.com
www.le-mariage.com
www.cortege.com

Kleinanzeigen:
www.aolcontacts.com

Erotische Seiten:
www.erotisme.net
www.topcharme.com

Sexseiten:
Anmerkung: Teilweise sind diese Seiten Volljährigen vorbehalten oder können nur gegen Gebühr/Bank- oder Kreditkarte benutzt werden, andere Seiten sind „harmlos" und Kosten frei.

www.sexavenue.com
www.parisvoyeur.com
www.pagesx.com

Marketing – Werbung, PR-Service

Adressenhandel:
www.gfm.fr

Wirtschaftsjournalisten:
www.acorus.fr/presse

Werbeagenturen und Strategien:
www.pqr.org

Messen & Ausstellungen:
www.foiresalon.com

Seminare & Kongresse:
www.reunir.tm.fr

Sekretariat-Service:
www.super-secretaire.com

Handelsregister:
www.societe.com

Medizin & Gesundheit

Siehe Gesundheit>>>

Mieten und Kaufen (s. auch Immobilien)

Mit deutscher Rechts- und Fachberatung:
www.immobilien-in-frankreich.com
www.villafrance.com

Wohnungen mieten (langfristig oder per Saison):
www.pap.fr

Umzüge, Wohnversicherungen:
www.homevilla.com

Immobilien in ganz Frankreich:
www.fnaim.fr

Juristische und fiskalische Hilfen und Ratschläge für den Immobiliensektor, Wohnung, Miete gibt:
www.anil.org

Mode & Kleidung

Französische Mode: Allgemein, Geschichte, Museen, Modeschöpfer, Modegeschäfte, Mannequins, Modeberufe:
www.lamodefrancaise.tm.fr

Mode und Kosmetik:
www.placedemode.com

Letzte Modekollektionen:
www.fashionlive.com

Männermode:
www.atlas-for-men.com
www.dressmart.fr

Schuhmode:
www.boy.tm.fr

Hemdenmode:
www.alain-gauthier.com

Billig- und Alltagskleidung:
www.tati.fr

Unterwäsche:
www.bertillelingerie.com
www.douai-lingerie.com

Teuere Markenartikel:
www.creeks.fr

Musik

Musikspektrum und Allgemein:
www.jugal.com
www.pagesmusique.com

Groov – Rock – Cyber – Elektro:
www.mcm.net

Techno:

www.mcity.fr
www.france-techno.fr

Pop:
www.popnews.com

Jazz:
www.lejazz.simplenet.com
www.jazzfrance.com

Top-Schlager:
www.top5online.com

Musikfestivals:
www.ecoutevous.fr

Französische Chansons:
www.rfmusique.com

Klassik:
www.arpeggione.fr
www.francefestivals.com

Oper:
www.operabase.com/fr

Salsa und Karibik:
www.zoukstore.com

CD's im Discount:
www.musicbox.fr

Museen

Nationalmuseen:
www.rmn.fr

Louvre:
www.mistral.culture.fr/louvre
www.louvre.fr

Centre George Pompidou Paris:
www.centrepompidou.fr

Nachrichten & Newsletter

Veranstaltungskalender, Freizeitmöglichkeiten, Kultur:
www.yil.fr

Technische Neuheiten, jeden Donnerstag Informationen zum PC- und Internet-Sektor:
www.internetactu.com

Wirtschaftsinformationen:
www.neteconomie.fr
www.journaldunet.com

Technologieinfos:
www.mmedium.com

Politik und internationale News:
www.france.internet.com

Politische Nachrichten und Kommentare aus der Tageszeitung

Liberation:
www.liberation.fr/multi

Organisationen (Europa & International)

In seiner politischen und wirtschaftlichen Gesamtheit kann Frankreich – genau wie Deutschland – nur im Zusammenhang mit europäischen und internationalen Organisationen gesehen werden. Wer sich nicht nur für französischen Wein oder Strandurlaub, sondern für große internationale Zusammenhänge interessiert, ist auf den folgenden Webseiten goldrichtig:

In 10 Sprachen wird u.a. zu den Themen Arbeit, Studium, Aufenthalt, Soziales, Alltag in einem der EU-Mitgliedstaaten informiert:
www.citizens.eu.int
www.europe-fr.com
www.inforegio.org

Europaparlament:
www.europarl.eu.int
www.info-europe.fr

Europarat:
wwwcoe.fr

Rotes Kreuz:
wwwicrc.org

Ärzte ohne Grenzen:
www.msf.org
www.medecinsdumonde.org

Weltgesundheitsorganisation:
www.who.ch

Reporter ohne Grenzen:
www.rsf.fr

UNO:
www.un.org

UNESCO:
www.unesco.org

UNICEF:
www.unicef.org

Suchmaschine für weitere internationale Organisationen:
www.oneworld.org

Presse, Zeitungen, Radio, TV

Welche Tages- und Wochenzeitungen gibt es in Frankreich? Welche Radio- und TV-Sender? Was bringen sie? Welche Nachrichten kann ich per Newsletter oder online erhalten?

Der nationale französische Presseverband listet mehr als 1400 Titel aus allen Lebensbereichen auf:
www.fnps.fr

Informationen zu 4000 in Frankreich erscheinenden Publikationen gibt:
www.francepress.com

Französische und internationale Radio- und TV-Sender, deren Anschriften, Programme und Kommentare:
www.mediaradiotv.com

Weitere Anbieter:
www.pagepress.com
www.planetepress.com
www.afp.com
www.presseweb.ch
Detaillierte Adressen siehe auch unter den
Stichworten: "Tageszeitungen", "Wochenzeitungen", "Regionalzeitungen", "Televi-
sion", "Radiosender", "Publikums- und
Frauenzeitschriften".

Pressebüros und Freie Journalisten deutscher Sprache

Die Presse- und Literaturwerkstatt
kussmanuskripte mit Sitz in Südfrank-
reich bietet nicht nur Pressemanu-
skripte zu zahlreichen Frankreichthe-
men (Soziales, Politik, Kultur, kriti-
scher Tourismus, Land und Leute),
sondern auch Romane, Kurzge-
schichten, Erzählungen und Sach-
buchthemen für Presseredaktionen,
Buchverlage, Literaturagenturen und
TV-Sender. Auf der Webseiten finden
sich außerdem Links und Beratungen
für Auslands- und Frankreichaufent-
halte.
www.kussmanuskripte.de

Sascha Burkhardt ist freier Journalist
und Fotograf, lebt in Südfrankreich
und berichtet zu den Themen "Luft-,
Wasser- und Skisport, Boote, Surfen,
Mittelmeer und Frankreich".
www.saschabur.online.fr

Rudolf Balmer ist engagierter Schwei-
zer Journalist und berichtet aus Paris
zu aktuellen und hintergründigen fran-
zösischen Themen aus Politik und
Gesellschaft.
www.frankreich-web.com

Publikums- und Frauenzeitschriften

ELLE, die Mode- und Frauenzeitschrift
in mehreren Sprachen, da auch die
internationalen Elle-Ausgaben aufgeli-
stet sind:
www.elle.fr

Die Frau von heute: Femmes Au-
jourd'hui, mit Beiträgen zur Gesund-
heit, Familie, Frauen-Berufsleben,
Sexualität, Mode, Frau in der Gesell-
schaft, Frauen-Erfahrungsberichten
und Biografien:
www.femmesaujourdhui.com

Marie-Claire (Frau, Mode, Schönheit,
Schönheitsprodukte, Reise, extrava-
gante Frau in der Gesellschaft):
www.marieclaire.com

Radiosender

Radio-France mit zahlreichen Regio-
nal- und Lokalsendern:
www.radio-france.fr

Weitere Anbieter:
www.europeinfos.com
www.rtl.fr
www.skyrock.fr
www.europ2.fr

Regionalzeitungen

In Deutschland hat nahezu jedes
Kreisgebiet (noch) seine eigene Zei-
tung. In Frankreich wurden kleine
Zeitungen zu großen und einflußrei-
chen Regionalzeitungen zusammen-
geschlossen, wobei die kleinen Orte
und Kreisgebiete jeweils mit eigenen
lokalen Redaktionen vertreten sind.
Alle Zeitungen führen Kleinanzeigen,
Stellenmarkt, Auto-, Motor-, Sport,
Immobilien, regionale Wirtschaft; die
nationalen und internationalen Nach-
richtenseiten werden von Zentralre-

daktionen beliefert. Hier die wichtigsten:

Das Elsaß ist mit *Les Dernières Nouvelles d'Alsace* vertreten; also das Gebiet nördlich und südlich von Straßburg.
www.dna.fr

Westfrankreich, das Gebiet der Loire-Mündung, Bretagne und Normandie, ist vertreten mit
www.ouest-france.com

Süden und Mittelmeer: Die Côte d'Azur von der italienischen Grenze bei Menton, über Monaco und Nizza bis Cannes hat den Nice-Matin mit einer Gesamt- und zahlreichen Lokalausgaben:
www.nicematin.com

Die westliche Côte d'Azur von St. Raphael über St. Tropez bis Toulon (im Landesinnern: Draguignan und Brignoles) wird ebenfalls vom Nice-Matin dominiert, allerdings heißt das volksnahe Blatt hier – dem Provinznamen entsprechend – Var-Matin:
www.varmatin.com

Noch weiter westlich, nämlich das Gebiet von Marseille, Aix-en-Provence, Avignon, Camargue, Nîmes und Arles wird von La Provence abgedeckt, auf deren Sportseite ausführlich über den legendären Auf- und Ab Fussballclub Olympic Marseille berichtet wird:
www.laprovence-presse.fr

Das Gebiet der Garonne rund um Toulouse wird von der Tageszeitung La Dépêche du Midi informiert, was auch die Departements Gers, Lot und Aude einschließt:
www.ledepeche.com

Lyon und seine Umgebung an der mittleren Rhône hat seit 1997 ein abrufbares Pressearchiv bei seiner Tageszeitung (mit großem Wirtschaftsteil) Le Progrès:
www.leprogres.fr

Lothringen, Ostfrankreich und die Provinz Franche-Comté sind vertreten mit L'Est Républicain:
www.estrepublicain.fr

Die Bretagne ist mit einem Onlinejournal verbunden (Wetterdienst, Hafennachrichten, Gezeitentabelle, Kleinanzeigen, Stellenmarkt):
www.bretagne-online.fr

Lothringen und die Champagne (Reims, Metz, u.a.): Le Républicain
www.republicain-lorrain.fr

Der Norden Frankreichs (Lille, Amiens) wird mit mehreren Regionalausgaben von La Voix du Nord beliefert:
www.lavoixdunord.fr

Recht & Justiz

Generelle Rechtsberatungen:
www.cyber-avocat.com
www.droit.org

Justizministerium:
www.justice.gouv.fr

Familien-, Wohn- und Arbeitsrecht:
www.vosdroits.admifrance.gouv.fr

Europarecht:
www.echr.coe.int

Menschenrechte und internationales Recht:
www.toile.org

Zivil-, Straf- und Verwaltungsrecht:
www.corpus-juris.org

Weitere Webseiten zu Rechtsfragen und Justiz:
www.juriscom.net
www.jurisexpert.net
www.panoranet.org

Die gesamte Öffentliche Verwaltung Frankreichs einschließlich Downloads von Dokumenten und Fragebögen:
www.service-public.fr

Regionen in Frankreich

Die Regionen Frankreichs sind landschaftlich und in der Mentalität so verschieden, wie Ostfriesland, Berlin und Niederbayern. Nach der voranschreitenden Dezentralisierung und Unabhängigkeit von der Pariser Zentralgewalt, beweisen die Regionen Frankreichs aber auch politisch, wirtschaftlich und kulturell mehr und mehr Unabhängigkeit und Selbstbewusstsein. Jede Region Frankreichs ist einzigartig. Das betrifft den Fremdenverkehr, den Wein, ebenso die landwirtschaftlichen Produkte wie Obst, Gemüse und Käse, die Verkehrsanbindung und die wirtschaftlichen Schwerpunkte. Hier die Einzelheiten per Mausklick:

Rhône und Alpen:
www.rhonealpes.com
www.alpavista.com

Normandie:
www.lanormandie.net

Languedoc-Roussillon:
www.cr.languedocroussillon.fr

Ile-de-France:
www.cr-ile-de-france.fr

Aquitaine:
www.aquiseeker.com

Bretagne:

www.bretagne.com

Provence – Côte d'Azur - Alpenvorland:
ww.cr.paca.fr
www.rivieraworld.com

Loire:
www.cr-pays-de-la-loire.fr

Limousin:
www.cr-limousin.fr

Elsaß:
www.tourisme-alsace.com

Französische Überseegebiete (DOM-TOM). Über Guadeloupe, Réunion, Nouvelle-Calédonie, la Guyane und Martinique informiert die Webseite:
www.outremer.com

Reisen, Urlaub, Hotel, Info, Reservierung

Wintersport:
www.skiin.com
www.skifrance.fr

Camping:
www.camping-fr.com

Schlosshotels:
www.relaischateaux.fr

Reiseideen:
www.webtour.fr

Europa Städte:
www.cityfox.com

Abenteuerurlaub:
www.abm.fr

Restaurant:
www.michelin-travel.com
www.gaultmillau.fr

Frankreich Städte:
www.petitfute.com

Fahr- und Flugtickets, Hotelreservierung:
www.anyway.fr
www.amadeus.net
www.francehotelreservation.com

Club Med.:
www.clubmed.fr

Last Minute:
www.fr.lastminute.com

Preisvergleiche für Urlaubsreisen:
www.travelprice.com

Landkarten, Autokarten:
www.ign.fr

Straßennamen in franz. Städten über 10.000 Einw.:
www.adde.fr

Stadtpläne ausgedruckt
www.mappy.com/plan.hei

Belebte Geschäftsstraßen in Frankreich:
www.ruescommercantes.com

Staumelder:
www.bison-fute.equipement.gouv.fr

Doktor und Medizin im Urlaub:
www.traveling-doctor.com

Touristenbüros:
www.office-de-tourisme.com
www.franceguide.com

Reisen – Französische Verkehrsunternehmen

Französische Bahn:
www.sncf.fr

Air France:
www.airfrance.fr

Fahr- und Flugpläne in Frankreich:
www.horaires.com

Die französischen Flughäfen:
www.aeroport.fr

Französische Autobahnen:
www.autoroutes.fr

Reisen, Ausgehen in Paris

Pariser Metro, Bahn und Busse:
www.ratp.fr

Ausstellungen, Cafes, Bar, Bistro, Konferenzen, Diskussionen, Kino, Theater, Musik, Oper u.a. in Paris:
www.zinguers.com
www.paris.webcity.fr
www.pariscope.fr

Restaurants:
www.eatinparis.com
www.tables-de-paris.com
www.restoaparis.com

Spaziergänge in Paris:
www.parisbalade.com

Pariser Touristenbüro:
www.paris-touristoffice.com

Pariser Webseiten: Rund 1000 (!) Webseiten sind hier nach Rubriken aufgelistet (z.B. Freizeit, Sport, ausgehen, Behörden, Polizei, Justiz, Kultur, Hotels, Jugend, Ministerien, Transport, Architektur, Film, Künstler, Firmen, Messen, etc., etc.):
www.paris-web.com

Religion: siehe Wissenschaft>>>

Restaurantservice: (siehe "Hallo-Pizza>>>)

Schule – Bildung – Universität

Gesamtsystem des französischen Schul- und Erziehungswesens. Seite des Erziehungsministeriums. Ferienkalender. Examenstabelle. Adressen:

www.education.gouv.fr

Fernstudium und Kurse:
www.cursus.edu

Schulen, Universitäten, Bildungseinrichtungen. 5000 Adressen und Angaben aus ganz Frankreich:
www.etudier.com

Schüler und Studenten, Bafög, Wohnungssuche, Sozial- und Rechtsfragen:
www.orientation.fr

Abitur und Examen:
www.france-examen.com

Studium in aller Welt:
www.letudiant.fr

Studentenwerke, finanzielle Beihilfen
für Studenten:
www.cnous.fr

Ausländische Studenten in Frankreich:
www.edufrance.fr

Sport

Sport steht neben Restaurantbesuch
in Frankreich ganz oben in der Be-
liebtheitsskala. Über Sport redet man
mehr als übers Wetter und mindestens so viel wie über Essen und Trinken. Der Platz würde nicht ausreichen;
deshalb hier die wichtigsten Webssei-
ten:

Sport allgemein: Yahoo verfügt über
die aktuellsten Sportergebnisse in
Zusammenarbeit mit den Pressea-
genturen Reuters und AFP (Agence
France Press), sowie über eine große
Link-Sammlung zum Thema "Sport in
Frankreich":
www.fr.sports.yahoo.com

Weitere Anbieter:

www.findsport.com

(Outdoor-Sport, z.B. Alpinisten,
Mountainbike, Angeln, Jagen, Höhlen-
kunde, Klettern, u.a.)
www.outdoor-attitude.com

Sportmeldungen:
www.sport.fr

Olympia:
www.olympic.org

Fußball:
www.fff.fr
www.maxifoot.com

Rugby:
www.ffr.fr www.rugbyrama.com

Tennis:
www.fft.fr www.top-tennis.com

Auto/Motor:
www.dailyf1.com (Formel 1)
www.rally-live.com (Motorradsport)

Fahrrad:
www.ffc.fr
www.cyclisme-info.com

Wassersport:
www.sail-the-world.com
www.sail-online.fr
www.ffnataion.org
www.surf4.com
www.aqualog.qc.ca

Bergsport:
www.alpinisme.com

Basketball:
www.bascetzone.com

Volleyball:
www.volley.asso.fr

Gymnastik:
www.ffgym.asso.fr

Reiten:
www.ffe.com

Golf:
ww.ffg.org

Leichtathletik:
www.iaaf.org

Boxen:
www.net-boxing.com

Boule – Petanque:
www.ffpjp.com

Shopping

Günstig einkaufen:
www.acheter-moins-cher.com

Preisvergleiche:
www.bottomdollar.com
www.laventis.com

Tele-Shopping:
www.kelkoo.com
www.web-marchand.com
www.teleshopping.fr

Verleihgeschäfte:
www.toutlouer.com

Hauslieferungen:
www.123achat.com

Sonderangebote:
www.promoselect.com
www.mistergooddeal.com

Quelle:
www.quelle.fr

CAMIF:
www.camif.fr

La Redoute:
www.redoute.fr

3 Suisses:
www.3suisses.fr

Staat, Regierung, Parlament, Verwaltung

Möchten Sie eine Email an den französischen Staatspräsidenten schikken? Oder herausfinden, welche Unterschiede zwischen deutschen und französischen Parlamenten bestehen? Oder Gesetzestexte nachlesen wollen? Oder die Namen und Berufe der Abgeordneten kennen? Oder die bürokratische Administration Frankreichs besser verstehen lernen? Oder einfach neugierig sein? Auf geht's:

Staatspräsident:
www.elysee.fr

Premierminister und Regierungschef:
www.premier-ministre.gouv.fr

Innenministerium:
www.interieur.gouv.fr

Außenministerium:
www.france.diplomatie.fr

Verteidigungsministerium:
www.defense.gouv.fr

Parlament (Assemblée nationale):
www.assemblee-nat.fr

Senat (Zweite Parlamentskammer):
www.senat.fr

Verwaltungsfragen:
www.admifrance.gouv.fr

Öffentlichkeit und Verwaltung:
www.service-public.gouv.fr

Soziales, Versicherung, Rente, etc.:
www.cerfa.gouv.fr

Gesetzestexte im "Journal Officiel":
www.journal-officiel.gouv.fr

Öffentliche Verwaltung:
www.service-public.fr

Hier können Gesetze und amtliche Be-
kanntmachungen eingesehen und – fast –
alle öffentlichen Formulare und Fragebogen heruntergeladen werden!

Städte in Frankreich

*Über diese Webseiten finden Sie die
Sites aller großen und mittleren französischen Städte, sowie deren Trans-
portmittel, Sehenswürdigkeiten, Kul-
turspektakel, u.a.:*
www.webcity.fr
www.toutenville.com
www.maire.info.com
www.maville.com

Paris:
www.mairie-paris.fr

*Für die Rathäuser anderer Städte
geben Sie ein:*
www.mairie-stadtname.fr

Suchmaschinen im Internet

www.yahoo.fr
www.netscape.fr
www.nomade.fr
www.altavista.fr
www.google.fr

Tageszeitungen

*Frankreichs weltberühmte Zeitung Le
Monde kann bis 17 Uhr zur aktuellen
Tagesausgabe eingesehen werden.
Umfangreiches Archiv ab 1987, wofür
allerdings gezahlt werden muss:*
www.info.lemonde.fr

*Da Franzosen mit ihren Kommunisten
unverkrampfter umgehen als z.B.
Deutschland, gehört die Tageszeitung
L'Humanité zu den landesweit beach-
teten Publikationen und Meinungsma-
chern.*
www.humanite.presse.fr

*Mit der deutschen TAZ vergleichbar ist
die Liberation mit wöchentlichem
Newsletter und Sonderseiten zu Mul-
timedia und Literatur.*
www.liberation.fr

Telefon

France-Telecom:
www.francetelecom.fr

Regierungsinfo:
www.telecom.gouv.fr

Qualitätstest und Preisvergleiche:
www.reseaux-telecoms.net

Preis- und Bedarfsvergleich:
www.budgedtelecom.com

Handys (Portables) Anbieter:
www.mobilesmagazine.com
www.motorola.fr
www.bouyguesttelecom.fr
www.francemobiles.com
www.itineris.tm.fr
www.sfr.fr
www.mobinet.com

Telefonbuch:
www.annu.com

Gelbe Seiten:
www.pagesjaunes.fr

Tiere und Tierschutz

Hunde und Katzen:
www.aniwa.com

Hunderassen:
www.cedia.fr

Pferde, Vögel, Fische:
www.furty.com

Pferde:
www.chevalplus.com

Kühe:
www.lavache.com

Tiergesundheit:
www.monanimal.com

Tierschutz:
www.spa.asso.fr

Tierarzt:
www.veterinaire.fr

Zoologische Gärten:
www.zooplus.fr

Verbraucherschutz

Testresultate:
www.clcv.org

Verschiedene Verbraucherschutzorganisationen:
www.conso.net

Wein und Weinkeller

(siehe auch: Küche & Rezepte>>>)
Sich über französische Weine informieren, direkt bestellen, oder der Frage nachgehen, wie man seinen Weinkeller baut, welche Kühlung angesagt ist, welchen Wein man wann, wo und wie serviert. Die folgenden Seiten haben von allem etwas, wollen aber logischerweise auch Wein verkaufen:
www.stpi.com
www.chateauinternet.com
www.chateaunet.com
www.lemarchand.com
www.rouge-blanc.com
www.millesimes.com
www.chateau-online.com

Wetterdienste – Meteo

Mit Wetterdiensten fischen zahlreiche Webseiten nach Surfern. Fast jede Webseite einer Tageszeitung, fast

jeder Verkehrsbetrieb oder Urlaubsanbieter haben einen "Météo-Service" im Anhang. Deshalb werden in der Folge nur jene französischen Meteodienste genannt, die sich tatsächlich ausschließlich aufs Wetter beschränken. Auf den Seiten erscheinen entweder Frankreich- oder Regionalkarten, wobei auf eine bestimmte Region oder Stadt geklickt werden muss, oder man gibt den Namen der französischen Stadt in die Schnellsuche ein:
www.meteo.fr
www.meteo.yahoo.fr
www.lachainemeteo.fr
www.meteoconsult.fr

Wissenschaft, Forschung, Technik

Wissenschaft in der Presse, Journalistenrecherche zu wissenschaftlichen Themen, Sendungen mit wissenschaftlichem und technologischem Inhalt, Artikelsuche, Adressen:
www.france-science.org
www.infoscience.fr
www.science-et-avenir.com

Technologiemuseum Paris:
www.palais-decouverte.fr

Institut Pasteur:
www.pasteur.fr

Ministerium für Forschung:
www.recherche.gouv.fr

Nationalinstitut für Forschung, Wissenschaft und Technik:
www.inist.fr

Partnersuche in Europa für Technologieprojekte:
www.cordis.lu

Mathematikzentrum:
www.carredas.free.fr

Schulmathematik:
www.webmaths.com

Physik:
www.sfp.in2p3.fr

Chemie:
www.sfc.fr

Biologie und Botanik:
www.univers-nature.com

Ökologie:
www.greenpeace.org
www.amisdelaterre.org

Franz. Umweltministerium:
www.environnement.gouv.fr

Meereskunde:
www.cousteau.org
www.ifremer.fr

Geologie (US-Site):
www.explorezone.com

Geschichte:
www.histoire.org

Geographie:
www.cybergeo.presse.fr
www.atlasgeo.net

Wirtschaftswissenschaft:
www.geoeconomie.com

Sprachen und Linguistik:
www.dfsf.com

Philosophie:
www.socrate.com
www.sosphilo.com

Psychologie:
www.psychonet.fr

Soziologie:
www.agorasoc.citeweb.net

Religion (Protestanten):
www.theolib.com

Katholiken:
www.vatican.va

Juden:
www.jewishdirectory.com

Islam:
www.iad.org

Hindu:
www.hindunet.org

Andere Religionen:
www.religioustolerance.org

Archäologie:
www.culture.fr
Technologie:

www.industrie.gouv.fr/francetech
Astronomie:

www.astrosurf.com

Wochenzeitschriften und Magazine

Etwa mit SPIEGEL und Focus vergleichbar:

Le Nouvelle Observateur (kritisch, links-liberal):
www.nouvelobs.fr

Le Point:
www.lepoint.fr

L'Express:
www.lexpress.fr

Marianne: Hier wird Frankreich satirisch, humorvoll aber auch sehr kritisch betrachtet:
www.marianne-en-ligne.fr

Webseiten der deutsch-franz. Zusammenarbeit

Dieser Link führt zur Internetversion einer kostenlosen Broschüre, die alle Akteure der deutsch-französischen Zusammenarbeit auflistet. Ausserdem enthält es einen Überblick über die Städtepartnerschaften und die Zusammenarbeit der Hochschulen.
www.amb-allemgne.fr
Wer Genaueres über Frankreich wissen will, kann unter dieser Adresse zahlreiche Seiten zu Frankreich finden.

Die Initiatoren des deutsch-französischen Netzwerks
www.shuttle.de

Das französische Aussenministerium in Paris präsentiert auf seiner Homepage die politischen Institutionen und zahlreiche Dokumente über das Leben in Frankreich: Wirtschaft, Kultur, Studium und die französische Gesellschaft.
www.france.diplomatie.gouv.fr

*Das **Auswärtige Amt in Berlin** präsentiert Informationen und Dokumente über die deutsche Aussenpolitik. Die Seite verfügt über Links zu zahlreichen deutschen Organisationen, die sich mit internationalen Beziehungen beschäftigen. Diese Seite ist nur auf deutsch verfügbar.*
www.auswaertiges-amt.de

Presse, TV, Radio, Medien

*Über diese Seite erhält man Zugriff auf die wöchentliche **deutsche Presseschau auf französisch**, die von der französischen Botschaft in Berlin herausgegeben wird. Die deutsche Botschaft bietet in Kooperation mit der französischen Botschaft ein kostenloses Emailabonnement des Pressespiegels an.*

www.botschaft-frankreich.de/

*Über diese Seite erhält man Zugang zur täglichen **Presseschau französischer Zeitungen in deutscher Sprache** der deutschen Botschaft in Paris.*
www.amb-allemagne.fr/

Diese Seite präsentierte das erste deutsch-französische Forum zur "Europäischen Informationsgesellschaft" am in Paris.
www.forumfranco-allemand99.net

Persönliche Empfehlung des Autors: Hier präsentiert sich der deutsch-französische TV-Sender ARTE, sein Programm sowie zahlreiche kulturelle Hinweise.
www.arte.fr

Diese Seite präsentiert die Sendung "Passe-partout", eine Kooperation der TV-Sender "La Cinquième" und "SWR".
www.passe-partout.de

Webseite über den Deutsch-Französischen Journalistenpreis sowohl die Adressen der ausschreibenden Organisationen.
www2.sr-online.de/dfjp/

*"**Deutsche Welle**", der internationale Radiosender, der Programme auf französisch sendet.*
www.dwelle.de/

*"**Radio France Internationale**", der internationale Radiosender mit deut. Programmen.*
www.rfi.fr/

Vereinigung deutscher und französischer Journalisten aus dem Saarland, Rheinland-Pfalz und Lothringen.
www.interhost.de/ipineu

Forum: Zweisprachige Zeitschrift mit Beiträgen aus Wissenschaft, Politik und Gesellschaft.

Kultur:
www.leforum.de/

Informationen zu den Aktivitäten des Deutsch-Französischen Kulturrates.
www.dfkr.org

Französische Kulturinstitute
www.goethe.de/fr/par/despartn.htm

Das Netzwerk der französischen Kulturinstitute in Deutschland präsentiert eine Karte der kulturellen Vertretungen Frankreichs. Ferner findet sich eine ausführliche Adressenliste und zahlreiche Hinweise zu kulturellen Veranstaltungen.
www.kultur-frankreich.de
Goethe-Institute

Das Goethe-Institut als wichtigste Mittlerorganisation der auswärtigen Kulturpolitik bietet im Internet ein umfassendes Serviceangebot über seine Arbeit an rund 140 Instituten in 75 Ländern sowie über Informationen in allen Bereichen von Kultur und Gesellschaft in Deutschland, WWW-Ausstellungen, Angebote für Deutschlehrer und Deutschlerner. Die Informationen über das Goethe-Institut sind auf deutsch und englisch erhältlich, die übrigen Informationen zum Teil nur auf deutsch.
www.goethe.de

Und hier die Liste der **Goethe-Institute in Frankreich** zur Informations-, und Kulturprogrammarbeit, zu den Sprachkursen, Prüfungen und Fortbildungsprogrammen für Deutschlehrer an französischen Schulen. Die Informationen sind auf deutsch und französisch erhältlich.

Bordeaux
www.goethe.de/fr/bor/

Lille
www.goethe.de/fr/lil/

Lyon
www.goethe.de/fr/lyo

Nancy
www.goethe.de/fr/nan/

Paris
www.goethe.de/fr/par

Toulouse
www.goethe.de/fr/tou
www.goethe.de
Hier findet man Informationen über das Erlernen der deutschen Sprache und einen Zugang zum weltweiten Netz der Goethe-Institute. Die Informationen sind auf deutsch und englisch erhältlich.

Kulturzentren

Die Seite des "Maison de la France" enthält einen Kulturkalender und einen praktischen Führer für Reisen nach Frankreich und vielerlei Informationen über das Leben in Frankreich. Diese Seite ist nur auf französisch und englisch abrufbar.

www.maison-de-la-france.com:8000/

Diese Seite präsentiert das Heinrich-Heine-Haus in Paris.
www.maison-heinrich-heine.org
Diese Seite präsentiert den Verbund der deutsch-französischen Häuser und enthält Links zu den einzelnen Häusern in Frankreich, zu einer Bibliothek, und gibt praktische Informationen zu den angebotenen Sprachkursen.

www.mnet.fr/maisonhd/franzose/federation.html

Deutsch-französisches Zentrum und das Heidelberg-Haus in Montpellier.
www.mnet.fr/maisonhd/

Literatur:

Diese Seite enthält zahlreiche literarische Texte aus Deutschland und zahlreiche Links über das kulturelle Leben in Deutschland sowie Links zur deutschen Presse. Die Seite ist französischsprachig.
pro.wanadoo.fr/jc-c/index.html

Bibliographien und Onlinetexte zahlreicher französischer Autoren in deutscher Sprache.
www.gutenberg.aol.de

Diese Seite, die Heinrich Heine gewidmet ist, wurde zum Heinrich Heine Jahr 1997 geschaffen. Sie enthält, unter anderem, ein deutschsprachiges Essay über Heine und Baudelaire.
www.heinrich-heine.com

Vereinigung Deutsch-Französischer Gesellschaften
www.vdfg.de/

Geschichte

Texte über die deutsch-französischen Beziehungen.
www.france.diplomatie.fr

Deutsches Historische Institut in Paris: besonders aktiv im Forschungsbereich der deutsch-französischen Geschichte
www.dhi-paris.fr/

Mission historique française in Göttingen.

Forschungsinstitute
www.mhfa.mpg.de

Aktivitäten des Zentrum Marc Bloch in Berlin.
www.amb-allemagne.fr

*Das **Deutsch-Französische Institut (DFI) in Ludwigsburg** ist ein Forschungs- und Dokumentationszentrum*
über Frankreich. Die Seite enthält zahlreiche Links zu Seiten ähnlicher Institutionen. Wie sein Partner, das Informations- und Forschungszentrum über Deutschland CIRAC, verfügt es über eine grosse Bibliothek.
www.dfi.de

Diese Seite, die sich noch im Aufbau befindet, ist die des CIRAC, dem Informations- und Forschungszentrum über Deutschland.
www.mhfa.mpg.de

***Mission historique française en Allemagne**, ein Forschungsinstitut, das sich mit der deutschen Geschichte beschäftigt.*
www.info-europe.fr

*Die Botschaft in Paris bietet Informationen über Kultur, darunter einen Kalender verschiedener **Veranstaltungen über Deutschland in Frankreich**.*
www.amb-allemagne.fr

Kulturkalender von Inter Nationes.
www3.inter-nationes.de/

Botschaften und Konsulate

*Die **deutsche Botschaft in Paris** präsentiert zum einen allgemeine Informationen und praktische Ratschläge über Deutschland und bietet Auskünfte über das kulturelle Leben in Deutschland sowie Informationen über Arbeit und Praktika. Diese Seite ist nur auf französisch verfügbar. Ein zweiter Teil ist den internationalen Beziehungen gewidmet, besonders der deutsch-französischen Zusammenarbeit. Wenn Sie genaueres über Deutschland wissen wollen, können Sie dort zahlreiche Seiten und Links in französischer Sprache finden, die Deutschland gewidmet sind.*
www.amb-allemagne.fr

Die **französische Botschaft in Berlin** präsentiert allgemeine Informationen über Frankreich und die deutsch-französische Zusammenarbeit.
www.botschaft-frankreich.de

Generalkonsulate

Die französischen Generalkonsulate bieten Informationen über die jeweiligen Länder, die französischen Aktivitäten in Deutschland und praktische Informationen an.

Düsseldorf
www.consulatfrance.de

Frankfurt am Main
www.consulatfrance.de/francfort

Hamburg
www.consulfrance-hambourg.de

München
www.consulfrance-munich.de

Saarbrücken
www.consulatfrance.de/sarrebruck

Stuttgart
www.consulat.stuttgart.france.de

Deutsche Generalkonsulate

Die meisten deutschen Konsulate in Frankreich verfügten bei Redaktionsschluss noch nicht über eine eigene Webseite. Informationen über die deutschen Generalkonsulate in Frankreich sind über die o.g. Seite der Botschaft in Paris erhältlich..
www.amb-allemagne.fr/botschaft/consulat.html

Jobbörse

Diese Homepage auf Deutsch und Französisch bietet **Stellenangebote für zweisprachige Fachkräfte** in der Regel im Rhein-Main Gebiet. Sie gibt auch praktische Auskünfte darüber,

wie eine Bewerbung aussehen sollte oder wie ein Anschreiben verfasst wird, etc.
www.athenajob.de

Diese Homepage auf Deutsch und Französisch, die für das **"Forum Unternehmen/Hochschulen/Studenten für Beschäftigung und Zusammenarbeit"** in Metz am 29. und 30. Oktober 1999 eingerichtet wurde, gibt zahlreiche praktische Auskünfte darüber, wie eine Bewerbung aussehen sollte oder wie ein Anschreiben verfasst wird, über die Partner der Veranstaltung Universitäten/Unternehmen. Sie enthält praktische Hinweise für den Auslandsaufenthalt, etc. Darüber hinaus verweist sie auf die wichtigsten Server der deutsch-französischen Zusammenarbeit in diesem Bereich.
www.Deutsch-Franzoes-Forum.org

Diese Seite ist ein gemeinsamer und kostenloser Arbeitsmarkt mit Stellenangeboten für qualifizierte Arbeiter die in deutschen Hotels oder Restaurants eine Arbeitsstelle suchen. Dies ist ein gemeinsames Projekt der Hotelfachschulen Alexandre Dumas in Mâcon und in Bad Überkingen.
www.robbo.bwue.de

Die **Deutsch-Französische Juristenvereinigung** (DFJ) und ihre französische Partnerin, die "Association des Juristes Franco-Allemands" sind bestrebt, die beruflichen und persönlichen Beziehungen zwischen deutschen und französischen Juristen zu fördern. Beide Vereinigungen sind auch bei der Vermittlung von Wahlstationen für Rechtsreferendare und Praktika für Studenten behilflich.
www.dfj.org

Diese Seite präsentiert die Vereinigung der **deutsch-französischen Parlamentspraktikanten**.

http://members.aol.com/MThStauch/index.html

Die französischen Stellenangebote für Deutschland erhalten Sie auf dieser Seite.
www.anpe.fr

Die Bundesanstalt für Arbeit in Nürnberg bietet Stellensuchenden einen umfangreichen Service an. Diese Seite existiert nur auf deutsch.
www.arbeitsamt.de
Bildung – Schule – Sprache – Studium:

Diese Seite enthält den Text der Broschüre "Französisch und Deutsch – Partnerschaften für Europa", mit der das Erlernen der Partnersprache gefördert werden soll.
www.goethe.de/fr/par/despartn.htm

Gesellschaft für die Entwicklung des Deutschen in Frankreich.
www.ac-nancy-metz.fr/

Franco-Romanistenverband der Universitätsprofessoren.
www.ph-erfurt.de/

Fédération Allemande des Professeurs de Français
www.edufrance.org/

Programme, Lehrveranstaltungen und Aufnahmebedingungen der französischen Gymnasien in Buc, Saarbrükken und Freiburg im Breisgau
www.dfg-lfa.com

Diese Seite wurde erstellt vom französischen Gymnasium in Berlin.
www.bln.de/fg/

Französisches Gymnasium De Gaulle-Adenauer in Bonn.
www.shuttle.schule.de/bn/ldga

Französisches Gymnasium in Hamburg.
www.hh.shuttle.de/hh/lfh

Bilingual deutsch-französischer Bildungsgang

*Diese Seite präsentiert die bilingual **deutsch-französischen Bildungsangebote** auf Deutschland und in Frankreich.*
www.biling.de

*Deutsch-französischer **Schüleraustausch** mit dem Deutsch-Französischen Jugendwerk*
www.dfjw.org/de/langue.html

Akademische Ausbildung:

Das Deutsch-Französische Hochschulkolleg (DFHK) präsentiert auf seine Seite eine Aufstellung der deutsch-französischen integrierten Studiengänge. Es wird in die Deutsch-Französische Universität integriert.
www.uni-mainz.de/~dfhk/indexb.html

*Auskünfte über die Ausbildung von Offiziersanwärtern der Deutschen Marine bei der **Marine nationale in Frankreich.***
www.bundeswehr.de/

*Auskünfte über einen deutsch-französischen **Managementabschluss und Universitätsdiplome**, die man an der Universität Metz erhalten kann.*
www.esm.univ-metz.fr/index2.html

*Deutsch-französische **Juristen-Homepage** der Universität Saarbrükken.*
www.jura.uni-sb.de/france/

Französisch-bayerisches Kooperationszentrum.
www.bfhz.uni-muenchen.de

Französischsprachigen Zugang zur
Bibliothek der Heinrich-Heine-
Universität Düsseldorf.
www.uni-duesseldorf.de

Das Projekt "Bijus" hat sich zum Ziel
gesetzt, die Kommunikation zwischen
**deutschen und französischen Juri-
sten** zu erleichtern und zu fördern. Es
erlaubt Onlinezugriff auf 5000 biblio-
graphische Referenzen über das
Recht im Partnerland in der jeweils
eigenen Sprache.
www.jura.uni-sb.de/bijus

Deutsch-Französisches Hochschulin-
stitut in Saarbrücken.
www.htw.uni-sb.de/htw-
koop/dfhi/dfhi.html

Gerhard Kiersch Verein, Verein der
Ehemaligen und Freunde des
Deutsch-Französischen Studienzy-
klus, **Kooperationsprogramm** zwischen FU-Berlin und IEP Paris.
http://agkv.free.fr

Forschung und Wissenschaft:

Diese Seite präsentiert "PROCOPE",
ein deutsch-französisches wissen-
schaftliches Austauschprogramm.
www.amb-allemagne.fr

Deutsch-französischer Studen-tenaustausch

Diese Seite präsentiert die Aktivitäten
des Deutsch-Französischen Jugend-
werks im Hochschulbereich.
www.dfjw.org/de/etude.html

Diese Seite präsentiert die Aktivitäten
des Deutschen-Akademischen-
Austauschdienstes DAAD, u.a. mit
Informationen und Adressen zu **Studium in Frankreich**
www.daad.de

Über diese Seite bekommen Sie di-
rekten Zugang auf die Seite des Büros
des **DAAD in Paris**.
www.amb-allemagne.fr/

Über diese Seite bekommen Sie Informationen, Beratung und Dokumentation über das **Studium in
Frankreich.**
www.studieren-in-frankreich.de

Zahlreiche Informationen über französischsprachigen Unterricht im Ausland
und über akademische Studien in
Frankreich.
www.edufrance.org

Informationen für Parlamentspraktikanten in Frankreich.
www.afaap.org

Gesellschaft für die Entwicklung des
Deutschen in Frankreich.
www.ac-nancy-metz.fr

Franco-Romanistenverband der Universitätsprofessoren.
www.ph-erfurt.de/

Fédération Allemande des Professeurs de Français
www.uni-giessen.de/~gb1041/vdf.htm

Allgemeine Informationen zum Studium in Frankreich vom DAAD
www.studentenwerke.de

Wirtschaft, Handel, Geschäfte

**Deutsch-französische Handels-
kammer**, bereits mehrmals in diesem
Ratgeber genannt.
www.ahk-ccifa.fr

Die **französische Handelskammer in
Deutschland** gibt Informationen über
die deutsche Wirtschaft, bietet eine
Jobbörse und veranstaltet Seminare
zu Wirtschaftsthemen. Sie leistet Hil-

festellung besonders für französische Unternehmen, die ihre Produkte oder Dienstleistungen auf dem deutschen Markt verkaufen wollen. Sie gibt das Magazin "Objectif Allemagne" heraus.
www.ccfa-saa.com

Statistische Angaben über Deutschland und Frankreich
www.dree.org/allemagne/

Die Seite der Europäischen Union präsentiert zahlreiche Informationen über die Mitgliedsländer, darunter Deutschland und Frankreich.
www.europa.eu.int

Auf diese Seite finden Sie einen **statistischen Vergleich zw. Deutschland und Frankreich**: unter anderem die Gesellschaft, Wirtschaft, Handel, Landwirtschaft, Presse, Bildung, Verteidigung, sowie Internetlinks für weitere statistische Recherchen.
www.amb-allemagne.fr

Index

A

ABI) Aktion Bildungsinformation 12
Akadem. Auslandsamt der Universität
    Mannheim, ... 75
Akadem. Auslandsamt, FH Albstadt-
    Sigmaringen 75
Association C.H.A.M 112
Au Pair Europea 65
Auswärtiges Amt............................. 51

B

Bayerisches Pilgerbüro, ... 170
Berufsakademie Lörrach 75
Bravonne....................................... 167
Bundesagentur für Außenwirtschaft
    (BFAI) 138

C

Camping Misonneuve..................... 163
Centre d'Information et de
    Documentation (CIDU) 73
Centre de Formation aux
    Enseignements Bilingues (IUFM) . 80
Centre d'Information et de
    Documentation Universitaire 80
Centre Juridique Franco Allemand.... 76
Académique d'Information et
    d'Orientation (CSAIO) 80
CIDU 80
CJFA.. 76
Club du Vieux Manoir,................... 112
CTS 167

D

Deutsch Französische Hochschule, ... 76
Deutsche Bahn AG, ... 76
Deutsche Evang. Christus-Kirche.... 140
Deutsche Gemeinde....................... 140
Deutsche Sozialwerk 65
Deutscher Akademischen
    Austauschdienst (DAAD) 12
Deutsches Generalkonsulat......121, 122
Deutsch-Französische
    Außenhandelskammer 38

Deutsch-Französische Brigade........ 112
Deutsch-Französische IHK 137
Deutsch-Französische
    Juristenvereinigung e.V. (DFJ)...... 48
Deutsch-Französisches Jugendwerk......
    .... 12, 110, 139, 164

E

EuRegio-Kolleg Rheinfelden GmbH. 76
Euroconnections............................... 65
Euro-Info-Verbraucher e.V. 47
Europäisches Berufsberatungszentrum
    (EBZ)....................................... 108

F

Fachhochschule Karlsruhe............... 76
Fachhochschule Offenburg 76
Falken-Jugendfahrten 168
Ferme de chèvre de Peigros............. 31
Foyer Le Pont................................. 65
Foyer Porta 65
Frankreich-Zentrum der Universität
    Leipzig,..................................... 77
Frankreichzentrum, Universität des
    Saarlandes, ... 77
Französische IHK in Deutschland ... 137
Franz. Fremdenverkehrsamt........... 109
Frosch-Sportreisen,........................ 171

G

Gesellschaft für übernationale
    Zusammenarbeit e.V............. 12, 77
Grünstadter Reisebüro 163

H

Hauptpostamt 148

I

IDA/France-Gruppe
    (Interessengemeinschaft
    Deutschsprachiger im Ausland/in
    Frankreich)................................ 103
IKD-Reisen 163
Infobest Vogelgruen 138
Inspéction Académique 81

Institut Supérieur Social 81
Institut Universitaire de Technologie 81
International Office/Büro für
    Internationale Beziehungen........... 78
Internat. Theater- und Musikreisen . 170
Invest in France Agency 137

J

Johannes Gutenberg-Universität, ... 78

K

Katholische Gemeinde in Paris 140
Konföderation der Fachhochschulen
    und Höheren Fachschulen der
    Sozialwesens in der Regio (RECOS)
    79
Konsularabteilung der Deutschen
    Botschaft Paris 121
Kulturinstitute 143

L

La Cordee Reisen 163
Les Casseroles de Provence 167
Les Compagnons du Devoir
    Deutschland e.V. 112
locaboat plaisance gmbh 162

M

Maison de la France Leipzig e.V..... 144
Marco Foyot.................................. 162
Miramare-Reisen........................... 169

O

Oböna-Reisen 169
Office Franco-Allemand pour la
    Jeunesse (OFAJ........................... 12
Office National d'Information sur les
    Enseignements et les Professions
    (ONISEP),................................... 81

P

Pegasus Internationale Reiterreisen, 170
Perlangues...................................... 65
Pferd & Reiter 172
Prix Bartholdi,................................ 82
Provence-Berlin 167

R

Romanisches Seminar, Frankomedia, 79
Rückenwind Reisen........................ 168

S

Schrade, Thomas Dr....................... 47
Secrétariat permanent EUCOR 81
Ski & Surf Company 164

U

Universität des Saarlandes 76
Universität Regensburg 80
Université Blaise-Pascal.................. 81
Université de Bourgogne, ... 81
Université de Haute-Alsace (UHA)... 81
Université Louis Pasteur, Institut
    professionel des sciences et
    technologies (IPST)..................... 82

V

villafrance 56

W

Wikinger Reisen.....................168, 171
Wirtschaftsinstitut Angell GmbH,..... 80

Y

Young-Trav 161

Z

ZAV (Zentralstelle für Auslandsarbeit)
    108